KB205717

목회상담

목회신학적 성찰과 실천

Pastoral Care and Counseling

Theological Reflections and Practices

목회상담
목회신학적 성찰과 실천

초판 1쇄 인쇄 | 2024년 12월 21일
초판 1쇄 발행 | 2024년 12월 26일

지은이 이창규
펴낸이 김운용
펴낸곳 장로회신학대학교 출판부

등록 제1979-2호
주소 (우)04965 서울시 광진구 광장로5길 25-1(광장동)
전화 02-450-0795
팩스 02-450-0797
이메일 ptpress@puts.ac.kr
홈페이지 http://www.puts.ac.kr

값 18,000원
ISBN 978-89-7369-495-2   93230

PASTORAL CARE AND COUNSELING
Theological Reflections and Practices

목회상담

목회신학적 성찰과 실천

이창규 지음

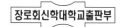
장로회신학대학교출판부

추천의 글

목회상담학의 제1 화두는 학제 간 연구에 있음을 부정할 수 없습니다. 이 책은 목회상담학의 학제 간 연구의 의의를 신학 비평적으로 또 복음적으로 제시하며, 그 방향이 어떠해야 하는지를 목회신학적 성찰을 통해 분명하게 보여줍니다. 더 나아가 목회신학적 성찰이 적용적 신학applied theology을 넘어 그 자체로 어떻게 신학 형성과 발전을 이루는 신학으로 자리 매김할 수 있는지를 명쾌하게 설명합니다. 이창규 교수님의 오랜 연구의 결과물들을 통해 교수님의 목회상담 나라를, 그리고 목회신학 세계를 경험하실 수 있을 것입니다. 목회상담에 관심을 가진 신학도와 전공생 모두에게 유익한 안내서이기에 이 책을 적극 추천합니다.

장로회신학대학교 목회상담학 **이상억 교수**

책을 받아본 순간, 직관적으로 느꼈습니다. '이 책에서 다루고 있는 주제들은 뭐 하나 뺄 것 없이 모두가 정말 목회 현장에서 고민하고 있는 이슈들이다.' 그 중에서 1부 3장에서 다루고 있는 '4차 산업혁명에 대한 목회신학적 비평' 부분이 눈에 번쩍 띄었습니다. 왜냐하면 얼마 전에 다음세대 학부모들을 대상으로 '4차 산업혁명 시대의 자녀 교육'이라는 주제로 특강을 했기 때문입니다. 만일 그때 이 책을 읽었다면 진짜 도움이 되었겠다는 생각 때문입니다. 책을 읽어가면서 계속 감탄사를 연발하였습니다. '와우~~~ 목회신학적 관점에서 목회 상황과 신학적 성찰이 이토록 잘 균형을 이루고 있다니!' 특히 2부에서 다루고 있는 주제들인, 사별, 동성애자, 용서, 아버지 부재, 고독의 시대를 살아가는 청년과 관련한 성찰은 놀라울 정도로 깊은 통찰을 우리에게 주고 있습니다. 생각해 보니, 책은 저자를 닮는가 봅니다. 이창규 교수님은 제가 대학 시절 하숙방을 같이 쓰기도 했고, 같은 교회에서 사역했으며, 지금도 한 교회에서 예배를 드릴 정도로 친한 사이입니다. 오랫동안 한결같이 교수님에게서 느껴지는 이미지는 깊은 학문성과 따뜻한 인성, 그리고 확실한 믿음입니다. 이 세 가지가 책에 고스란히 담겨 있습니다. 이 좋은 책! 적극 추천합니다.

사람살리는교회 **라준석 목사**

존경받는 교수이자 학자인 이창규 박사님께서 그동안 걸어온 목회신학 탐구의 결과물을 담아 『목회상담: 목회신학적 성찰과 실천』을 세상에 내놓았습니다. 저자가 밝히는 것처럼, 목회신학은 목회돌봄과 상담의 실천을 통해 신학함을 추구합니다. 책 곳곳에는 저자가 생각하는 목회신학의 구체적인 실천 과정이 생생하게 제시되고 있습니다. 그러기에 이 책은 목회자와 목회상담자에게 생생한 실천적 지혜를 제공하는 동시에, 사람들의 삶의 경험과 함께 신학함을 추구한다는 것이 어떤 것인지 훌륭한 사례를 제시하고 있습니다. 책을 통해 독자들은 '4차 산업혁명', '종교중독', '사별', '아버지 부재', '용서', '동성애', '고독' 등과 같은 현대 사회의 주요 이슈들을 붙들고 씨름해 온 한 목회신학자의 분투를 만날 수 있습니다. '삶가까이에서 신학하기'를 추구하는 모든 이들에게 이 책을 추천합니다.

서울여자대학교 기독교학과 **정연득 교수**

감사의 글

한 권의 책이 출판되기까지는 많은 분들의 사랑과 도움의 손길, 그리고 가르침과 지도가 있었음을 고백하지 않을 수 없습니다. 먼저 목회상담학을 학문적으로 가르쳐 주시고 목회신학적 성찰의 중요성에 대해 눈 뜨게 해 주신 미국 에모리대학교 목회신학 명예교수 로드니 헌터 Rodney J. Hunter 교수님께 감사를 드립니다. 헌터 교수님은 제 신학석사 Th.M. 논문의 지도교수이자 학문적 멘토이셨습니다. 그리고 저의 박사 과정 및 논문 주임교수님이셨던 미국 클래어몬트신학대학원의 캐서린 그라이더 Kathleen J. Greider 교수님께 감사를 드립니다. 그라이더 교수님은 뛰어난 목회신학자일 뿐만 아니라 저의 목회상담 수퍼바이저이셨으며, 신학적 성찰과 실천의 균형을 가르쳐주신 은사입니다. 그리고 저의 박사 논문 지도교수님 중의 한 분이셨던 필립 클레이튼 교수님 Philip Clayton 께 감사를 드립니다. 클레이튼 교수님은 탁월한 조직신학자로서, 저에게 신학적인 사고의 깊이와 넓이를 가르쳐주신 귀한 분입니다.

현재 저자가 몸담고 있는 장로회신학대학교 목회상담학 전공교수님인 홍인종, 이상억, 이재현, 김태형, 이두경 교수님께 감사를 드립니다. 장신대에서 가르치고 연구하는 동안 이 책에 출판된 다양한 주제들에 대해 학생들에게 강의하고 발표할 수 있는 좋은 기회를 제공해 주셨습니다. 그리고 학문적으로뿐만 아니라 따뜻하고 사랑가득한 공동체를 경험할 수 있도록 해주셨습니다. 또한 이 책이 출판될 수 있도록 지원해주신 장로회신학대학교

출판부에 감사드리며, 교정과 편집으로 수고해 주신 연구지원처 양정호 교수님을 비롯한 스탭들에게 깊이 감사를 드립니다. 무엇보다 저자의 수업에 열정적으로 참여하여 이 책에서 다룬 주제들에 대해 질문하고 토의하며 지적이면서도 실제적인 목회상담의 길을 함께 고민할 수 있도록 해 준 제자들에게 감사를 드립니다.

이 자리를 빌어 귀한 추천의 글을 써 주신 분들께 감사의 마음을 전합니다. 먼저 한국목회상담학계에서 중요한 리더십을 행사하고 계시며 "사랑의 목회상담"을 직접 실천하고 있는 이상억 교수님께 감사를 드립니다. 그리고 바쁜 목회 일정 가운데서도 이 책을 읽고 추천해 주신 라준석 목사님께 감사드립니다. 라 목사님은 저의 대학교 선배이자 인생 선배로서, 지칠 줄 모르는 열정과 사랑으로 기쁨의 목회를 감당하고 계신 분입니다. 라 목사님에게서 저는 성도를 향한 참된 사랑과 겸손한 성품을 배웁니다. 또한 서울여대에서 기독교상담과 목회신학을 가르치고 계시는 탁월한 목회신학자 정연득 교수님께 감사를 드립니다.

개인적으로는 지금까지 사랑과 격려로 축복하고 지지해 주신 존경하는 부모님께 감사드립니다. 또한 미국에서 유학하는 동안 영적 지지와 함께 재정적인 지원을 아끼지 않으셨던 존경하는 장모님께 특별히 감사를 드립니다. 장모님의 헌신적인 후원이 없었더라면 목회신학자로의 오늘의 저는 없었을 것입니다. 이 책을 장모님의 사랑과 후원에 대한 작은 보답으로 헌정합니다. 그리고 지금까지 곁에서 남편의 학문의 길을 진심으로 지지해주고 사랑과 기도로 함께 해 준 아내 영실과 지금은 장성하여 전문인으로서 자신의 길을 걸어가고 있는 사랑하는 딸 지원이와 자랑스러운 아들 진수에게 고마움을 전합니다.

마지막으로 삶의 여정마다 사랑과 신실함으로 함께 해 주시고, 목회신학적 성찰을 가능하게 해 주신 삼위일체 하나님께 모든 감사와 영광을 돌립니다. Soli Deo Gloria!

머리글

책을 본격적으로 읽기 전에 독자들의 이해를 돕기 위해 필자가 이 책을 쓰게 된 동기, 이 책에 나오는 주요 용어, 그리고 출판 목적 등에 대해 설명하는 것이 필요하리라는 생각이 든다. 이 책의 제목은 '**목회상담: 목회신학적 성찰과 실천**'이다. 따라서 먼저 필자가 목회신학이라는 용어를 어떤 의미로 사용하는지 언급하려고 한다.

목회신학 pastoral theology 이라는 용어는 아마도 일반 독자들에게는 생소하게 들릴지 모른다. 대학교나 신학교에서 가르치고 있는 교수나 학생들에게도 목회신학은 다양한 의미로 다가올 것이다. 미국에서 출간된 『목회돌봄과 상담사전』Dictionary of Pastoral Care and Counseling 에 의하면, 목회신학은 개신교와 로마 가톨릭교회에서 각각 다른 의미로 사용되고 있다.

먼저 로마 가톨릭교회에서 정의하는 목회신학은 교회가 하는 모든 형태의 목회활동을 뜻한다. 여기에는 크게 설교와 가르침 preaching and teaching, 성례를 통한 성화 sanctifying-especially through the sacraments, 그리고 목회사역 pastoring 등 세 가지 영역이 있다.[1]

반면, 개신교 진영에서 정의하는 목회신학은 크게 3가지 의미를 가진다. 첫째, 안수 받은 목회 영역에서 행해지는 **모든 목회 기능의 실천적인 원리, 이론, 절차 등을 다루는 신학 분야**로, 예배, 설교, 목회돌봄, 기독교교육, 교회행정 등이 여기에 속한다. 이는 로마 가톨릭교회의 정의와 일맥상통한다. 둘째, **목회돌봄 및 상담의 이론과 실제에 관한 실천신학 분야로,** 이 정의에 따르면 목회신학은 도덕적이고 종교적인 삶과 발달에 대한 연구, 성격이론, 대인관계 및 가족관계, 질병, 비애, 죄책감 같은 문제에 대한 관심을 포함한다. 셋째, 목회신학은 **신학적 성찰** theological reflection **의 한 형태로서, 목회경험이 기존의 신학적 이해에 대한 비평을 가능하게 하는 콘텍스트로 사용**된다. 따라서 질병, 죽음, 성, 가족, 개인 등과 같은 주제가 중요한 영역을 차지하며, 동시에 믿음, 소망, 사랑, 구원, 하나님 등과 같은 신학 주제가 목회적 관점 pastoral perspective 에서 고려의 대상이 된다. 세 번째 정의에 따르면, "목회신학은 목회돌봄의 신학 또는 목회돌봄에 관한 신학이 아니라 상황적 신학 — 목회적으로 신학함 — 을 말한다."²

필자는 기본적으로 위의 두 번째와 세 번째 정의를 취하며, 특히 세 번째 정의를 염두에 두고 있다. 즉, 이 책에서 말하는 **목회신학은 목회 경험을 비롯한 인간의 살아있는 경험** lived experience **을 중요한 신학적 성찰의 주제로 취하여 그것을 신학적, 목회적, 상담적 시각에서 비평하고, 보다 나은 상담 실천과 신학 지식을 도출하는 상황적 신학**을 말한다. 포괄적인 의미에서 목회신학은 "목회돌봄과 목회상담을 안내하는 이론과 실천과 방법론에 초점을 두는 신학 분야"로 볼 수 있다.³

목회신학은 학문의 특성상 **학제간** interdisciplinary **연구**를 지향한다. 즉, 성서, 기독교 신학과 교리 및 전통, 인간의 현실과 살아있는 경험, 심리학을 비롯한 사회과학적인 이론과 통찰, 목회적 실천 등을 종합적으로 검토하고 분석하여 인간과 세계를 이해하려고 시도한다. 그리고 이들 간의 비판적이고 건설적인 대화와 상호 작용을 통해 실천을 위한 보다 나은 이론을 만들어 내고, 그 이론을 바탕으로 보다 효과적인 실천을 제공하게 된다. 그러기에 목회신학은 어떤 신학 학문보다도 포괄적이고 통합적인 학문이라고 할 수 있다.

상담에 관심은 있지만 아직 익숙하지 않은 일반 독자들을 위해 이 책에 자주 등장하는 용어인 **목회돌봄**pastoral care 과 **목회상담**pastoral counseling 각각에 대해 간략하게 설명하고자 한다. 목회돌봄과 목회상담은 엄밀한 의미에서는 차이가 있는 돌봄의 형태이다. 먼저 **목회돌봄**은 역사적으로 교회 안에서 고통을 겪고 있는 사람들에게 행해진 목회자 및 교회 공동체의 의도적인 관심과 사랑을 의미하는 것으로, "영혼의 돌봄"cure of souls 이라는 전통을 지닌 교회의 행위이다. 따라서 목회돌봄은 전통적으로 교회의 중요한 목회 영역에 속해 있었으며, 치유healing, 지탱sustaining, 인도guiding, 화해reconciling 의 기능을 주로 수행해 왔다.[4] 반면, **목회상담**은 현대적이고 전문적인 영역의 돌봄을 말하는 것으로, 삶의 고통과 아픔을 겪고 있는 개인, 커플, 가족들에게 구조화되고 보다 체계적인 임상적 도움과 자원을 제공하는 것이다.[5] 이 책에서는 목회돌봄과 목회상담을 구별하여 사용하고 있으며, 넓은 의미에서는 목회상담을 목회돌봄의 한 형태에 속하는 것으로 간주한다.

역사적으로 **목회신학**은 시대의 아픔에 민감하게 반응하고 사회적 고통과 슬픔에 동참해 왔으며, 실존의 문제를 가지고 찾아오는 사람들에게 적절하고 효과적인 목회돌봄과 상담을 제공하려고 노력해 왔다. 이러한 과정에서 목회신학은 앞에서 언급한 것처럼 심리학을 비롯한 사회학, 문화인류학, 경제학 등과 같은 사회과학분야의 통찰을 폭넓게 사용해 왔으며, 정신분석학, 행동주의이론, 인지이론, 이야기치료관점 등과 같은 당대의 유력한 심리치료이론들을 폭넓게 활용한 오랜 역사를 가지고 있다. 그러나 목회신학자와 목회상담자의 과제는 유력한 심리치료이론들을 무비판적으로 수용하고 적용하는 것에 그치지 않고, 다양한 이론들에 대한 목회신학적 비평과 해석을 통해 그 적합성을 미리 검토하고 비판적인 시각에서 그 이론을 채택하고 사용하는데 있다. 이 부분에 있어서 과거의 목회신학자들이 늘 성공했던 것은 아니었다.

목회신학의 역사를 살펴보면, 목회상담이 당시에 영향력을 끼쳤던 심리학 및 관련 학문에 압도당하여 고유의 신학적인 정체성과 뿌리를 잃고 방황한 적이 있었고, 일련의 목회신학자들은 이러한 오류와 방향성을 바로잡기 위해 많은 노력을 기울이기도 했다.[6] 목회신학자들의 이러한 노력이 다른 학문과의 단절을 의미하는 것은 물론 아니다. 그러나 만일 목회신학의 중요한 기여 중의 하나가 인접 학문과의 건설적이고 비판적인 대화를 통하여 보다 효과적이고 유용한 실천신학방법론을 창출해 내고, 목회돌봄과 목회상담 이론을 발전시켜 나가는 것이라고 한다면, 목회신학자들은 목회상담 고유의 신학적인 뿌리와 정체성을 잃지 않으면서도 끊임없이 당대의 영향력 있는 사회과학이론 및 관련 학문과의 교류와 대화를 시도해야 할 것이다.[7]

필자가 생각하는 **목회신학적 성찰**pastoral theological reflection은 세 가지를 의미한다. 첫째, 성경적이고 기독교적인 세계관과 가치관을 바탕으로 해당 심리치료이론과의 대화와 소통을 시도하는 것이다. 둘째, 해당 상담이론에 담겨있는 철학적 전제와 윤리적 관점을 신학적인 입장에서 살펴보고 비평하는 것이다. 셋째, 해당 상담이론을 사용하는 상담자의 세계관과 상담방법론을 목회상담적 시각에서 분석하고 평가하는 것이다.

이 책에서 필자는 목회신학자의 정체성을 가지고 우리 시대의 정신을 보여주고 있다고 생각되는 **긍정심리학**과 **인간중심상담** 등과 진지한 대화를 시도하며, 시대의 변화를 주도하고 있는 **4차 산업혁명**에 대한 목회신학적인 성찰을 한다. 또한 오늘날 한국 사회에서 만연되고 있는 중독의 문제에 대한 목회신학적인 고민을 토로한다. 더불어 현 시대의 핵심 이슈들인 **상실과 비애, 동성애, 용서, 아버지 부재, 그리고 고독의 시대를 살아가는 청년들**에게 관심을 가지고, 이에 대한 목회상담적인 성찰과 실천적 방향성을 제시하려고 노력하고 있다. 따라서 이 책은 격변의 시대를 살아가고 있는 한 목회신학자의 깊은 고민과 성찰, 그리고 실천을 담고 있다고 할 수 있다.

이 책은 현재 장로회신학대학교에서 목회상담을 가르치고 있는 필자가 지금까지 다양한 학회지와 기독교 잡지에 게재한 글들을 모아서 출간한 것이다. 주지하는 대로 상담 학회지는 대학교나 신학교에서 상담학을 가르치는 교수들과 상담에 전문적인 관심을 가지고 있는 사람들이 주로 읽는 잡지이다. 따라서 상담학 교수나 상담학을 전공하고 있는 학생, 또는 상담전문가가 아닌 이상 학회지는 접근이 힘든 것이 사실이다. 그리고 상담 분야에 종사하고 있더라도 일부러 학회지를 찾아서 읽는 것은 쉽지 않다. 따라서 이 책은 상담 전문가를 비롯한 상담에 관심이 있는 일반 독자들에게 좀 더 가까이 다가가기 위해 쓴 것이다.

그러나 이 책을 출판한 더 중요한 이유는, 앞에서 이미 힌트를 준 것처럼, 목회상담학이 신학의 한 분야로서 실천에만 국한된 것이 아니라 **현대의 이슈들에 대한 신학적인 성찰**이라는 점을 강조하기 위해서이다. 흔히 상담이라고 하면 다른 사람에게 관심을 기울이고, 경청하며, 공감을 통해 반응하는 등 유능하고 효과적인 상담을 실천하는 것에 주목하는 경향이 있다. 물론 틀린 관점은 아니다. 그러나 상담학은 단지 상담 이론을 실제에 적용하는 것이나 실천에 옮기는 것만을 의미하지 않는다. 목회상담학은 **적용적 신학**applied theology**을 넘어서 그 자체로 신학 형성과 발전에 기여하는 중요한 신학 분야**이기 때문이다.

이제 책의 구성에 대해 간략하게 언급하고자 한다. 이 책은 전체 2부로 구성되어 있다. 1부는 '**목회신학적 성찰**'이라는 제목 아래 긍정심리학, 인간중심상담, 4차 산업혁명, 종교중독에 대한 목회신학적 성찰, 그리고 은혜와 진리의 목회신학에 대해 다룬다. 그리고 2부는 '목회신학적 실천'이라는 제목으로 사별의 슬픔, 아버지 부재, 용서, 동성애, 대학 청년들을 위한 목회돌봄과 상담의 실천에 주목한다. 이 책은 한 주제를 가지고 논리적으로 발전시켜나간 글은 아니다. 따라서 1장부터 순서대로 읽을 필요는 없다. 각 장이 독립적인 성격을 가지고 있기 때문에 독자들의 관심 영역을 따라 자유롭게 선택하여 읽어도 무방하다.

바라기는 이 책이 독자들에게 목회상담에 대한 이해와 관심을 불러일으키고, 더 나아가 현대 심리학과 주요 사회 이슈들에 대한 **목회신학적 성찰과 실천의 기회**를 제공한다면 필자에게는 더없이 큰 기쁨과 보람이 될 것이다. 아무쪼록 유익하고 의미 있는 책읽기가 되기를 소망한다.

2024년 청명한 가을날
장신대 광나루 연구실에서
이 창 규

목차

1부

목회신학적 성찰

Pastoral Theological Reflections

제1부에서는 목회상담 실천보다는 목회신학적 성찰에 무게 중심을 둔 글들을 모았다. 다루고 있는 주제는 긍정심리학, 인간중심상담, 4차 산업혁명, 중독, 그리고 은혜와 진리의 목회신학이다.

1장은 최근 각광받고 있는 긍정심리학, 즉 인간의 긍정적인 심리 현상을 과학적으로 연구하고 인간의 행복과 성장을 돕는 학문에 대한 목회신학적 평가와 해석을 한다. 긍정심리학에 대한 정의, 발달 배경, 주요 강조점, 기본 전제 및 입장에 대한 포괄적인 설명을 제공하며, 긍정심리학이 목회신학에 던져주는 가능성과 공헌 및 한계와 약점 등에 대해 목회신학적으로 비평한다.

2장은 인간중심상담에 대한 포괄적인 이해를 제공하고, 목회신학적 성찰을 통해 비평하며, 이를 토대로 목회상담현장에서 활용할 수 있는 방안을 모색한다. 인간중심상담의 창시자인 칼 로저스에 대해 소개하고, 인간중심상담의 철학적 전제와 핵심 이론에 대해 살펴본다. 또한 인간중심접근의 주요 임상적 특징에 대해 다룬다. 인간중심상담이 목회돌봄과 상담에 던져주는 공헌과 한계에 대해 목회신학적으로 살펴보며, 목회돌봄과 상담 영역에서 인간중심상담을 비평적으로 활용할 수 있는 가이드라인을 제시한다.

3장은 현재 개인 영역에서뿐만 아니라 사회 전체에 큰 반향을 일으키고 있는 4차 산업혁명에 대한 목회신학적 성찰을 담고 있다. 목회신학은 인간의 살아있는 경험을 중요한 신학적 성찰의 주제로 취하여 구체적인 목회돌봄과 상담을 위한 신학적, 비평적, 실천적 방향성을 제공하는 학문인데, 3장에서는 4차 산업혁명이 목회돌봄 및 상담에 미치는 기회와 도전에 대해 살펴본다. 4차 산업혁명의 주요 특징과 원칙, 핵심 영향과 과제를 소개하며, 이러한 이해를 바탕으로 4차 산업혁명이 초래하는 유익과 도전을 목회신학적으로 숙고한다.

4장은 중독 현상으로서의 신앙 경험에 대해 목회신학적으로 다룬다. 사례 연구를 통해 종교중독의 개념, 핵심 증상, 원인 등을 설명하며, 종교중독자의 내면 심리에 주목한다. 종교중독은 인간 내면의 깊은 갈망을 왜곡해서 표현하고 있다는 점, 인간에게 주어진 자유에 대한 그릇된 사용이라는 점, 우상 숭배의 한 형태라는 점을 목회신학적으로 분석하며, 종교중독에서 벗어날 수 있는 방법을 제안한다.

5장은 요한복음에 나타난 예수 그리스도의 목회를 은혜와 진리의 관점에서 고찰하면서, 이를 통해 현대 목회돌봄과 상담이 나아가야할 방향에 대한 힌트를 발견하고자 한다. 요한복음에서 예수가 사람들을 만나고 대화한 내용을 사례 연구로 제시하고 있으며, 은혜와 진리의 원리가 예수 그리스도의 목회 속에서 얼마나 적절하고 균형감 있게 사용되고 있는지에 주목한다. 그리고 이러한 통찰을 통해 우리 시대 목회상담자들을 위한 상담의 지혜를 제공하고자 한다.

1장

긍정심리학에 대한 목회신학적 비평

긍정심리학이란 무엇인가?

긍정심리학에 대한 목회신학적 비평

긍정심리학을 활용한 목회상담의 전망

긍정심리학에 대한 필자의 관심은 미국에서 박사공부 마지막 과정인 학위논문을 쓰면서 가지게 되었다. 필자의 박사학위논문은 미국에서 생활하고 있는 한국계 이민자의 삶과 기독교적 소망에 대한 주제였는데^{책 말미 참고문헌 참조}, 논문을 계획하고 쓰는 과정에서 어쩌면 자연스럽게 긍정심리학이라는 새로운 심리학 분야를 만나게 된 것이다. 사실 그때까지 목회상담학 공부를 하면서 성격 심리학, 상담 심리학, 임상 심리학, 이상 심리학, 사회 심리학 등 다양한 심리학 학문을 접했고, 정신역동이론을 비롯한 많은 상담 및 심리치료 이론과 실제를 공부할 기회가 있었지만, 긍정심리학은 정규 과목이나 주제로 만나지 못했다. 그러나 박사논문을 쓰면서 긍정심리학에서 소망이라는 주제가 아주 비중 있게 다루어지고 있음을 발견하게 되었다. 그 후 긍정심리학은 필자에게 정신병리학적 관점과 함께 인간의 심리와 행동을 이해하는 중요한 통찰을 제공하고 있다. 1998년 마틴 셀리그만에 의해 시작된 긍정심리학은 심리학의 후발 주자에 속하지만 지금까지 꽤 많은 연구 결과물을 쏟아내고 있다. 그러나 여전히 생소한 심리학 분야에 속하기에 1장에서는 긍정심리학에 대해 전반적으로 소개하면서 목회신학적 관점에서 긍정심리학의 목회상담적 활용 가능성과 한계 등에 대해 살펴보려고 한다.

긍정심리학이란 무엇인가?

긍정심리학을 한마디로 정의한다면, 인간의 긍정적인 심리현상을 과학적으로 연구하고 인간의 행복과 성장을 돕는 학문이라고 할 수 있다. 미국심리학회^{American Psychological Association}가 발간하는 전문잡지인 『미국심리학자』^{American Psychologist}가 긍정심리학을 특집으로 다룬 2,000년 특집호에서 긍정심리학의 대표적인 학자들로 알려져 있는 마틴 셀리그만^{Martin Seligman}과 마하이 첵센트미하이^{Mihaly Csikszentmihalyi}는 긍정심리학을 다음과 같이 정의한다.

> 긍정심리학 분야는 주관적 수준^{subjective level}에서 보면, 가치있는 주관적 경험^{valued subjective experience}에 관한 학문으로서, 과거에 있었던 안녕감, 만족감, 충족감, 미래에 대한 소망과 낙관주의, 현재에 경험하는 몰입과 행복 등이 여기에 속한다. 개인 수준^{individual level}에서 보면 긍정심리학은 긍정적인 개인 특성에 관한 학문으로, 여기에는 사랑과 직업을 영위하는 능력, 용기, 대인관계기술, 심미적 민감성, 인내심, 용서, 독창성, 미래지향성, 영성, 뛰어난 재능, 재능 등이 속한다. 집단 수준^{group level}에서 보면, 긍정심리학은 개인을 보다 나은 시민이 되도록 이끄는 시민적 미덕과 기관에 관한 학문으로, 여기에는 책임감, 양육, 이타심, 시민의식, 절제, 관용, 직업윤리 등이 포함된다.[1]

긍정심리학은 기존의 심리학이 탐구해 온 인간에 대한 이해와 진단, 치료의 방향성에 대한 비판적 성찰로부터 비롯되었다. 긍정심리학자들이 보기에 지금까지의 심리학은 한쪽으로 편향된 연구에 몰두해 왔다는 것이다. 즉, 인간이 가진 정신병리, 질병, 부적응 행동, 이상 심리 등에 대한 연구에만 몰두하는, 소위 인간 본성에 대한 "질병 모델"^{disease model}의 편향성에 반기를 들면서,[2] 인간이 가진 긍정 정서^{positive emotions}, 긍정 특질^{positive traits}, 성격적 강점과 덕성^{character strengths and virtues}, 행복 추구 등에 관심을 기울이기 시작했다. 다시 말하면, 긍정심리학은 지금까지의 심리학이 "반쪽짜리" 심리학이었다는 반성에서 비롯되어, 잃어버린 "다른 반쪽"을 찾아가는 과정에서 전개된 심리학 분야라고 할 수 있다. 긍정심리학의 창시자로 알려져 있는 셀리그만에 의하면, 긍정심리학의 목표는 "삶에서 일어날 수 있는 가장 최악의 사태들을 보수하는데 골몰해 있던 심리학을 최상의 삶의 질을 형성하는 방향으로 변화하도록 촉진하는 것"이라고 주장하면서, "이전의 불균형을 바로잡기 위해서는 강점의 계발을 정신질환의 치료와 예방의 전면에 내세워야한다"고 피력한 바 있다.[3]

> 긍정심리학 운동이 우리에게 전달하고자 하는 것은 심리학이 변형되어 왔다는 것을 상기시키는 것이다. 심리학은 단지 질병, 약점, 손상된 것에 관한 것이 아니다. 심리학은 강점과 미덕에 관한 학문이기도 하다. 심리학에서 치료라 함은 잘못된 것을 고치는 것만이 아니다. 옳은 것을 계발하는 것이기도 하다. 심리학은 단지 질병이나 건강에 관한 것만이 아니라 일하는 것, 교육하는 것, 깨닫고 사랑하고 성장하며 즐겁게 노는 것이기도 하다. 그리고 이렇게 최상의 것을 찾는 과정에서 긍정심리학은 단지 소망적 사고, 자기기만 혹은 방관자로서가 아니라 최상의 과학적 연구방법을 갖가지 복잡한 인간행동이 제시하는 독특한 문제들에 적용하려고 노력한다.[4]

다시 말하면, 긍정심리학은 인간의 부정적이고 어두운 측면에 관심을 가지기보다는 인간의 적응적이고 창의적이며 자기실현적 측면을 부각하고 이러한 측면을 증진시키기 위해 심리학 이론, 연구 방법, 치료 방법을 사용한다. 예를 들면, 임상 심리학이 지금까지 추구해 왔던 "질병 이데올로기"에 반기를 들고, 『정신장애의 진단 및 통계편람』*Diagnostic and Statistical Manual of Mental Disorders*, 혹은 간략하게 DSM으로 알려진 정신장애 중심의 인간 이해와 진단, 치료 대신에 긍정 심리학의 언어로 인간을 이해하고 치료하려고 시도한다. 그래서 질병 이데올로기라는 "우상"을 해체하고 인간의 심리적 건강, 적응성, 창조성 등에 관한 시각을 재구성함으로써 "긍정심리학 이데올로기"에 근거한 임상심리학으로의 방향 전환을 주장한다.[5]

그러나 긍정심리학의 이러한 방향전환은 기존의 질병 모델을 대치하려는 시도라기보다는 그동안 지배적으로 사용되어왔던 전통적인 심리학 모델을 보충하는 것으로 보는 것이 합당하다. 셀리그만도 그의 주저, 『진정한 행복』*Authentic Happiness* 에서 이러한 관점을 피력한 바 있다. 즉, 긍정심리학은 "기존의 일반 심리학의 핵심을 약간 변화시킨 학문"으로, "기존 심리학의 대체 학문으로 삼으려는 게 아니라, 보강하고 확충하는 학문"으로 여겼다.[6] 그런 측면에서 긍정심리학의 '긍정'이라는 용어로 인해 빚어질 수 있는 오해, 즉, 다른 심리학에서 하는 일은 '부정'심리학으로 여기는 것이 아닌가라는 불필요한 오해는 불식되어야 한다. 사실 대부분의 심리학자들이 인간의 긍정적 양상과 부정적 양상을 연결시키는 연속성 상에서 연구를 하고 있고 있으며, 부정적 양상에 대한 이해와 연구 또한 중요하고 필요한 일이기 때문이다. 긍정심리학자들의 주장은 지금까지 주류 심리학이 행해왔던 부정적 측면에 대한 지나친 관심과 연구의 편향성을 극복하고, 균형감을 가지고 긍정적 양상에 대해서도 연구하고 관심을 가져야 한다는 것이다.[7]

인간의 강점과 덕목, 긍정 정서, 긍정 특질, 긍정 기관 등을 연구하는 긍정심리학은 엄밀한 의미에서 보면, 아주 새로운 심리학 사조는 아니다. 아브라함 매슬로우Abraham Maslow , 칼 로저스Carl Rogers , 롤로 메이Rollo May , 빅터 프랭클Victor Frankl 등으로 대표되는 소위 인본주의 심리학자들이 훨씬 먼저, 인간의 건강하고 창의적이며 긍정적인 영역과 잠재력에 대해 관심을 보이고 연구를 했었다. '인간 잠재력 운동'human potential movement 으로 표현되는 이러한 인본주의 심리학자들의 영향은 자기계발서self-help books 에 대한 대중들의 식지 않는 관심을 통해 지금도 계속되고 있다고 볼 수 있다. 사실 "긍정심리학"이라는 용어도 인본주의 심리학의 주요 인물인 매슬로우가 1954년에 출간한 책, 『동기와 성격』Motivation and Personality의 마지막 장에서 '긍정심리학을 향하여' Toward a Positive Psychology라는 소제목을 붙여 사용함으로써 이미 언급된 적이 있다.[8]

하지만, 긍정심리학자들은 긍정심리학을 인본주의 심리학과 차별성을 가진 것으로 간주한다. 셀리그만과 첵센트미하이에 따르면, 인본주의 심리학은 과학적이고 실험적인 연구 기반을 제공하지 못했고, 다양한 심리치료적 자기계발 운동만 양산했다고 주장한다. 그리고 인본주의 심리학이 추구하는 자기self에 대한 지나친 관심과 자기중심성self-centeredness은 공공의 안녕과 행복에 대한 관심을 약화시켰고, 이는 결국 시대정신을 주도하지 못하고 일반 대중을 위한 심리학으로 전락하고 말았다고 비판한다.[9] 이와 대조적으로 긍정심리학은 비록 비슷한 주제를 다루고 있지만, 보다 엄정하고 과학적인 연구방법론을 취하여 심리학계에 긍정심리학 열풍을 불러 일으켰고, 후속 연구를 통해 많은 과학적이고 실증적인 연구물을 내놓기 시작했다는 것이다.[10] 그리고 긍정심리학이 주장하는 행복하고 의미있고 생산적인 삶은 자기중심적인 삶이 아니라 교육, 가족, 다른 사회 집단 등과 같은 보다 넓은 세계에 대한 헌신commitment이 있는 삶이며, 타인과의 관계에서 정직, 용기, 정의 등을 실천하는 보다 폭넓고 관계지향적인 삶이다. 긍정심리학은 인간의 자기성취는 사회적인 맥락에서 이루어져야 한다고 주장함으로써 인본주의 심리학과 거리를 둔다.[11]

긍정심리학이 주장하는 기본적인 전제와 입장은 네 가지로 정리해 볼 수 있다: 1) 인간의 근본적인 동기에 대한 입장; 2) 긍정 정서와 부정 정서의 관계성 및 부정 정서에 대한 입장; 3) 긍정 정서의 다양성에 대한 견해; 4) 긍정심리학의 행복관.[12]

첫째, 긍정심리학의 기본 전제는 "인간이 근본적으로 행복과 성장을 추구하는 존재"라는 가정이다.[13] 이것은 인본주의 심리학이 주장하는 바와 궤를 같이 하는 것으로, 인간이 지닌 행복 추구권, 자기실현의 욕구, 만족스러운 삶에 대한 욕구 등을 말한다. 이러한 긍정심리학의 입장은 인간을 성욕이나 공격성에 의해 지배당하는 존재나 내적 지향성이 없이 환경에 의해 결정되는 존재로 보는 입장과 구별된다. 인간은 타고난 기질과 어린 시절 형성되는 무의식적 갈등과 습관적 행동의 노예가 아니라 행복과 성장을 추구하고 이루어가는 존재이다. 그러기에 긍정심리학이 이러한 인간의 행복과 성장을 증진할 수 있는 방법을 연구과제로 채택하는 것은 자연스러운 일이다.

둘째, 긍정심리학은 인간이 지닌 부정 정서와 긍정 정서가 서로 독립적으로 작용한다는 점을 강조하며, 부정 정서의 존재와 가치에 대해서도 인정한다. 긍정심리학자들의 주장에 따르면, 기존 심리학의 결함 중의 하나는 부정 정서를 제거하면 자연스럽게 긍정 정서가 도출된다고 믿는다는 것이다. 그러나 이러한 믿음은 사실과 다르다는 것이 밝혀졌다. 예를 들어, 비관적인 사고를 약화시키고 제거하면, 자동적으로 긍정 정서가 생겨날 것이라고 생각하지만, 실제로는 부정 정서는 감소할지 모르지만, 그렇다고 긍정 정서가 증가하는 것은 아니다.[14] 긍정심리학자들이 강조하는 것은, 긍정 정서와 부정 정서가 서로 다른 심리적 과정과 신경학적 기제에 의해 작용하기 때문에, 예를 들어, 행복감을 증진시키려고 의도한다면, 비관주의를 줄여서 부정 정서를 줄이는 노력만으로는 부족하며, 낙관주의를 강화시켜 긍정 정서를 함양해야 한다는 것이다. 행복감과 불행감을 느끼는 심리적 과정이 서로 독립적으로 작용하기 때문에 불행감을 감소시키는 것만으로는 행복감을 증진시킬 수 없으므로 긍정심리학의 기본 전제인 행복과 성장을 증진시키기 위해서는 기존에 사용되었던 심리치료와는 다른 심리

기법과 개입방법이 사용되어야 한다.[15]

　　셋째, 긍정심리학은 인간이 경험하는 다양한 긍정 정서를 제시하며, 이를 함양할 수 있는 구체적인 방법론을 제공한다. 셀리그만은 인간이 누리는 긍정 정서를 과거, 현재, 미래와 같은 시간적 개념을 따라 배열하고 이러한 긍정 정서를 함양할 수 있는 실천 방법도 소개한다. 과거와 관련된 주요 긍정 정서에는 만족감, 안도감, 성취감, 평정심 등이 있으며, 과거와 관련된 만족감을 증진시키기 위해서는 감사와 용서 및 망각을 실천하고 연습하라고 권면한다.[16] 미래와 관련된 긍정 정서에는 낙관주의, 소망, 믿음, 신뢰, 자신감 등이 있으며, 미래에 대한 긍정 정서를 함양하기 위해서는 자신 안에 도사리고 있는 부정적인 자기 대화self-talk를 반박하고, 좋은 사건이 일어나면 영속적이고 보편적인 것으로 여기는 반면, 나쁜 사건이 일어나면 일시적이고 특수한 것으로 여기는 훈련을 하라고 강조한다. 이러한 셀리그만의 주장은 부적응적이고 왜곡된 사고 패턴을 인지하고 반박하는 인지행동치료 기술과 일맥상통하는 측면이 있다.[17] 현재와 관련된 긍정 정서로는 기쁨, 황홀경, 평온함, 열의, 정열, 즐거움, 그리고 가장 중요한 몰입flow이 있다. 셀리그만은 다양한 형태의 쾌락pleasure을 열거하며 이를 증대시키는 방법을 제시한다. 예를 들면, 음미하기다른 사람과 공유하기, 추억 만들기, 자축하기, 심취하기 등을 통한, 칭찬과 축하 받기, 은혜에 감사하기, 순간의 경이로움에 감탄하기, 만끽하기, 관심 기울이기 등을 통해 현재 삶의 즐거움을 증진시킬 수 있다는 것이다. 그러나 셀리그만은 긍정 정서는 쾌락보다 더 복잡하다고 지적하면서, 삶에 몰두하고 집중하는 과정에서 생겨나는 긍정 정서인 만족gratification — 칙센트미하이가 말하는 몰입 — 이 쾌락보다 인간에게 더 큰 행복감을 가져온다고 주장한다.[18]

　　넷째, 긍정심리학에서 행복은 중요한 자리를 차지한다. 셀리그만을 비롯한 긍정심리학자들에게 행복한 삶이란 세 가지 측면이 충족한 삶을 말한다. 이 세 가지 측면이란 1) 긍정 정서와 즐거움즐거운 삶, the pleasant life, 2) 적극성 engagement 적극적인 삶, the engaged life, 3) 의미의미 있는 삶, the meaningful life를 말한다.[19] 여기서 즐거운 삶이란 과거, 현재, 미래에 대해서 긍정적인 감정을 간직하고 살아가는 삶을 말한다. 위에서 이미 언급한 것처럼, 이러한 삶은 과거에 대해서는 "수용과 감사를 통해서 만족감과 흡족함"을 느끼고, 현재에 대해서는 '지금 이 순간'의 경험에 대한 "적극적 참여와 몰입을 통하여 유쾌함과 즐거움을 경험"하며, 미래에 대해서는 "도전의식과 낙관적 기대를 통해 희망감과 기대감"을 누리며 영위하는 삶이다.[20] 다시 말하면, 즐거운 삶이란 부정 정서를 최소한으로 줄이고, 긍정 정서를 최대화하는 삶으로 나타나며, 이러한 즐거운 삶으로서의 행복에 대한 관심은 개인이 가지는 주관적 안녕, 삶의 만족도, 긍정 정서의 고취와 부정 정서의 감소 등과 관련된 연구를 통해 나타난다. 행복한 삶의 두 번째 측면인 적극적인 삶이란 삶 속에서 자신이 하고 싶은 활동에 적극적으로 참여하고 몰입하며, 이를 통해 자신이 가진 성격적 강점과 잠재력을 최대로 발휘하여 자기실현을 이루어가는 삶을 말한다.[21] 긍정심리학자들은 사람마다 자신만의 재능과 강점이 있다고 믿으며, 이러한 강점들 가운데 개인의 독특성을 가장 잘 보여주는 강점들을 '대표 강점' signature strengths 이라고 칭한다. 행복한 사람은 자신의 대표 강점을 발굴하여 그것을 자신의 직업, 사랑, 자녀양육 등에 최대한 활용하는 사람이다. 그런 점에서 긍정심리학자들은 인간의 긍정적 성품과 강점, 덕목 등과 같은 긍정적 특성의 개발에 지대한 관심을 가지고, 인간의 삶을 풍요롭고 행복하게 만드는 인간의 강점, 재능, 미덕, 덕목 등의 함양에 큰 노력을 기울인다.[22] 행복한 삶의 세 번째 측면은 의미 있는 삶이다. 이는 삶을 살아가면서 의미를 발견하고 삶에 의미를 부여하는 것을 말한다. 아무리 삶 속에서 즐거움을 누리고 적극적이고 열정적인 삶을 살아간다고 할지라도 삶 속에서 제대로 의미를 발견하지 못한다면 진정한 행복을 누리기 어렵다. 그런 측면에서 의미 있는 삶은 단지 자기 자신만의 즐거움과 쾌락을 추구하는 이기적인 삶이 아니라 자신보다 더 큰 어떤 것 — 가족, 직장, 지역사회, 교회, 국가, 신 — 을 위해 봉사하고 헌신하는 삶으로 나타난다. 긍정심리학의 행복 추구는 개인적 차원에 머무르지 않고 더 넓은 사회와의 관계성 속에서 형성된다. 개인은 타인과 사회를 위해 봉사하고 기여할 때 더 큰 행복을 경험할 뿐만 아니라 사회적 환경의 개선을 통해 자신의 행복이 증진될 수 있기 때문이다.[23] 긍정심리학자들의 이러한 주장은 긍정심리학이 개인적 감정의 안정성과 건강유익성만을 행복의 척도로 여기는 서구적 틀에 사로잡혀 있다고 비판한 권수영의 지적과는 상반되는 것이다.[24] 긍정심리학이 긍정 정서를 중요시하는 것은 사실이지만, 의미있고 행복한 삶은 자기중심적인 차원이 아니라 보다 폭넓은 사회적 맥락에서 이루어지며, 사랑, 이타성, 공정성, 시민의식, 개방성 등과 같은 보다 폭넓고 관계지향적인 삶이란 점을 기억할 필요가 있다. 결론적으로 "행복한 삶은 일상생활에서 자신의 대표 강점을 날마다 발휘하여 행복을 만들어가는 것"이며, 의미 있는 삶은 행복한 삶에 한 가지를 덧붙여서 "대표 강점을 발휘하되, 지식과 능력과 선을 촉진시키는 데 활용하는 것이다. 그렇게 하면 참으로 의미 있는 삶이 될 것이며, 신을 자기 삶의 궁극적인 목표로 삼는다면 숭고한 삶이 될 것이다."[25] 셀리그만의 마지막 표현인 "신을 자기 삶의 궁극적인 목표로 삼는" 삶은 "숭고한 삶"이 될 것이라는 지적은 목회신학자 및 목회상담자가 기억하고 상담 현장 가운데 활용할 수 있는 중요한 지적으로 여겨진다. 왜냐하면 목회상담은 상담을 통해 내담자가 긍정심리학이 주장하는 인간적으로 행복한 삶을 넘어 하나님과 함께 함으로 진정한 만족을 누리는 숭고한 삶을 살아가도록 돕기 때문이다.

긍정심리학에 대한 목회신학적 비평

지금까지 포괄적으로 긍정심리학에 대해 소개해 보았다. 충분한 설명을 제공하지 못한 아쉬움이 남지만, 긍정심리학의 정의, 발달 배경, 유래, 주요 강조점, 그리고 기본 전제 및 입장에 대한 개략적인 이해가 되었으리라 생각한다. 긍정심리학은 약 25년 정도의 짧은 역사를 지닌 신생 심리학 분야이다. 그러나 앞에서도 설명한 것처럼 인본주의 심리학과 많은 부분 맥을 같이하면서도 지금까지 연구되어왔던 심리학의 연구 흐름에 새로운 파장을 불러일으키고 있다. 정신 질환을 진단하고 치료하는 기존의 심리학적 흐름의 물꼬를 돌려놓고 그동안 소홀히 취급되어왔던 행복, 만족, 몰입 등과 같은 긍정적인 성취에 대한 실증적인 이해와 효과적인 심리치료 및 개입방법을 제시해 왔다. 제니퍼 루악Jennifer Ruark은 긍정심리학 태동 후 초기 10년간1999-2008 있었던 긍정심리학 분야의 눈부신 학문적 성과와 괄목할만한 대중적 성공에 대해 지적한 바 있다.[26] 현재 미국 내에는 긍정심리학 석사과정을 제공하는 대학교가 생겨났고, 클레어몬트대학원 내에 박사과정이 개설되기도 했다. 긍정심리학에 대한 연구들은 대표적인 학술지인 『행복연구저널』Journal of Happiness Studies과 『긍정심리학저널』The Journal of Positive Psychology을 비롯한 다양한 학술지를 통해 발표되고 있다. 국제긍정심리학회The International Positive Psychology Association; www.ippsnetwork.org가 2008년에 발족되었고, 국제긍정심리학회가 개최하는 제1회 학술대회가 2009년 미국 필라델피아에서 개최되었다. 우리나라의 경우, 2006년 셀리그만 박사가 한국을 방문했고, 2007년 칙센트미하이 교수가 방문한 후 긍정심리학에 대한 관심이 증폭되었고, 현재 대인긍정심리교육재단http://daeinpp.com이 설립되었으며, 한국긍정심리학회가 출범해서 활동하고 있다.[27]

최근 주목받고 있는 긍정심리학이 목회신학자들에게 던져주는 메시지는 무엇일까? 긍정심리학이 목회신학 및 목회상담 분야에 불러일으키는 신학적 성찰은 과연 무엇일까? 미국의 목회신학자 메리 모스켈라^{Mary} ^{Moschella}가 지적한 것처럼, 아마도 긍정심리학의 대두와 흥왕 배후에는 현대인들의 기저에 깊이 숨어있는 행복과 삶의 안녕에 대한 뿌리 깊은 갈망이 자리 잡고 있는지 모른다. 이것은 또한 기존의 종교 단체나 상담 기관들이 제대로 제공해주지 못해 나타난 깊은 영적 갈망일 수도 있다.[28] 긍정심리학이 제기하는 중요한 목회신학적 질문 중의 하나는 인간의 실존에 대한 질문이다. 인간은 긍정심리학이 주장하는 것처럼 선하고 적응적이며 창의적인 존재인가? 만약 그렇다면, 인간 안에 도사리고 있는 죄악성과 사악성은 어떻게 이해해야 하는가? 선함은 악함이나 죄악만큼 실재하는 것인가? 이것은 단지 성선설과 성악설의 오랜 논쟁을 넘어서는 인간의 실존에 대한 새로운 관심을 촉발시키는 질문이다.

긍정심리학이 제기하는 또 하나의 중요한 목회신학적 질문은 하나님의 속성에 대한 것이다. 성경에 기록된 하나님은 과연 어떤 분이신가? 내담자들의 삶 속에서 만나는 하나님은 어떤 분이신가? 좀 더 구체적으로 언급하자면, 목회상담현장에서 만나는 내담자들의 고통과 아픔 앞에서 침묵하시는 것처럼, 숨어 계시는 것처럼 보이는 하나님의 모습은 어떻게 이해해야 하나?[29] 긍정심리학은 가까이는 인간의 선함, 본질적으로는 하나님의 선함에 대해 깊이 신학적으로 성찰할 기회를 제공한다. 목회신학자 페기 웨이$^{Peggy Way}$가 적절하게 제기한 것처럼, 인간은 하나님의 '전적으로 아름다운' 창조물로 지어진 존재이지만, 또한 "유한하고, 제한적이며, 역사적으로 상황 지어져 있고, 고통, 폭력, 죄악에 취약한" 존재로서, "죽음, 상실, 슬픔, 애도, 폭력의 상황, 민족학살과 자연 재해의 공포 속에 참여"하게 되어 있기에, 이렇게 깨어지기 쉬운 인간 실존의 상황 속에 함께 고민하고 씨름해야하는 목회상담자들에게 "하나님의 선하심과 관련된 신앙적 주장"은

많은 목회신학적 도전을 던져 준다.[30]

이러한 고민을 간직하면서 긍정심리학이 목회신학에 던져줄 수 있는 긍정적이고 창조적인 통찰에 대해 먼저 살펴보고, 이후에 목회신학적 시각에서 바라본 긍정심리학의 한계와 위험, 약점에 대해 기술할 것이다. 이러한 신학적 성찰의 과정을 통해 목회상담현장 가운데 긍정심리학의 통찰과 지혜를 사용할 수 있는 근거와 접촉점을 발견하게 될 것이다.

1. 긍정심리학의 가능성과 장점

긍정심리학이 제기하는 중요한 목회신학적 통찰 중의 하나는 인간이 지닌 기본적인 자질, 능력, 가능성에 대한 깊은 신뢰이다. 신학적으로 보았을 때, 인간이 지닌 죄성을 도외시하지 않으면서도, 하나님의 형상을 따라 창조된 인간의 가능성에 대해 깊이 생각해 볼 기회를 제공한다는 점에서 긍정심리학은 목회신학적 논의에 유익을 준다. 긍정심리학이 주장하는 가장 기본적인 전제 중의 하나는 "인간의 선함과 탁월함은 질병, 장애, 고통만큼이나 진정성이 있다[authentic]"는 것이다.[31] 앞에서 이미 논의한 것처럼 긍정심리학은 인간이 가진 부정적인 감정, 질병, 고통 등의 문제가 존재하지 않는다거나 중요하지 않다고 주장하지 않는다. 기존 심리학의 질병 모델을 대체하려고 시도하지도 않는다. 오히려 긍정심리학은 정신과적 질병의 복잡성에 대해 받아들이고 정신 병리를 줄이기 위한 노력에 공감을 표시한다. 그렇지만 긍정심리학은 현재 처한 정신 병리 문제의 너머를 보려고 애쓴다. 다시 말하면, 긍정심리학은 인간의 잠재력, 동기, 능력에 좀 더 많은 관심을 보이고 이러한 부분을 확장하려고 노력한다. 인간이 처한 상황이 주는 부정적이고 병리적 측면만 바라보는 편협한 생각 대신에 현실적이고 낙관적인 영역을 포함한 인간에 대한 보다 균형 잡힌 시각을 제공하려고 한다는 점에서 긍정심리학은 신학적 인간이해에 통찰을 제공한다. 그리고 문제에 집중하고 해결책을 제시하려 하기보다는 인간의 심리적 건강과 행복에 초점을 두고, 지금까지 심리학이 주목하지 않았던 주제들인 사랑, 용기, 심미적 감각, 인내, 용서, 창조력, 독창성, 영성, 지혜 등에 관심을 가지고 탐구함으로 기존 심리학의 인간 이해에 교정을 시도한다는 점은 상당히 고무적으로 보인다. 특히 정신 병리에 대한 연구와 진단, 치료에 치중하느라 소홀히 취급당하거나 연구가 도외시되었던 인간의 강점, 덕목, 긍정 정서, 긍정 특질 등의 영역에 관심을 가짐으로써 인간에 대한 균형 잡힌 이해와 탐구를 한다는 점은 목회상담자들이 관심을 갖고 귀를 기울여야 할 부분으로 여겨진다.

기독교 심리학자 시앵-양 탄Siang-Yang Tan은 긍정심리학을 기독교상담적 시각에서 비평하면서, 긍정심리학의 긍정 정서, 성격, 기관에 대한 강조점은 지금까지 주류 심리학과 심리치료가 중요시해왔던 정신병리, 정신 질병, 장애 등에 대한 집착에서 풀려나올 수 있도록 길을 텄다고 말한다. 그는 긍정심리학이 연구를 통해 정립한 인간의 6가지 덕목지혜와 지식, 용기, 인애, 정의, 절제, 초월과 이에 따른 24가지 성격강점을 상담에 적용한다면, 내담자들이 미처 발견하지 못한 자신들만의 강점을 발견하도록 돕고, 회복탄력성을 진작시키는데 유익을 줄 것이라고 주장한다.[32] 인간은 하나님의 형상을 따라 창조되었기에창 1:26-27, 비록 죄악으로 인해 오염되었다고 하더라도, 그 안에는 신의 성품 — 긍정심리학의 관점에서 본다면, 덕목과 성격강점 — 이 남아있다. 또한 비록 동일하지는 않더라도 성경이 말하는 성령의 아홉 가지 열매갈 5:22-23는 긍정심리학의 성격강점들과 많이 닮아있다.[33] 그리고 바울이 빌립보서 4장 8절에서 말하는 성경적인 덕목은 긍정심리학의 긍정적 덕성과 상당 부분 통한다.[34] 더불어 인간의 행복과 성취감, 그리고 의미에 대한 추구는 성경적 관점과 통합 수 있다.[35] 이러한 이유들 때문에 긍정심리학이 바라보는 인간에 대한 이해는 많은 부분 성경의 가르침과 맥을 같이하며, 목회상담자들이 상담현장에서 적절하게 사용한다면 임상적으로 많은 유익을 줄 것이라고 판단된다.

'인간의 선함' human goodness 에 대한 긍정심리학적 관점은 천지를 아름답고 창조하시고, 인류를 끝까지 사랑하시며, 고통과 아픔의 현장 가운데 침묵하지 않으시고 함께 하시는 '하나님의 선하심' goodness of God 에 대해 묵상하게 만든다. 긍정심리학이 역설하는 인간의 선함과 탁월함이 사실이라면, 하나님의 선하심은 더 진정성이 있고 탐구할 가치가 있는 영역이다. 앞에서 지적하였듯이, 지금까지의 목회신학이 하나님의 부재, 하나님의 모호성과 관련된 인간 경험에 지나친 관심을 기울였다면, 긍정심리학적 논의는 "하나님의 선하심"이라는 목회신학적 주제에 대해 깊이 있게 성찰할 기회를 제공한다.[36] 내담자의 삶의 경험 속에서 왜곡되고 뒤틀린 하나님 표상[37] 대신 선한 하나님에 대해 경험하고 묵상할 수 있는 기회를 제공하는 것이 목회상담자의 중요한 과업 중의 하나일 것이다.

긍정심리학은 또한 신앙공동체의 기능을 비롯한 종교적 경험과 실천에 긍정적인 시각을 지니고 있다는 점에서 목회신학적으로 유용하다. 정신병리학적 관점에서 임상과 연구를 하는 심리학자와 심리치료사들은 많은 부분 종교와 신앙에 대해 부정적인 시각을 견지하였다. 예를 들어, 정신분석학의 창시자인 지그문트 프로이트 Sigmund Freud 를 비롯하여, 합리정서행동치료로 잘 알려져 있는 앨버트 엘리스 Albert Ellis 등은 종교를 환상으로 보고, 종교적 신념이 모든 정신질환의 근본이라고까지 주장했다. 물론 칼 융 Carl Jung 이나 빅터 프랭클처럼 영성과 종교의 가치와 의미를 중요시한 이론가들도 있었지만, 정신과전문의를 비롯한 기존의 심리학자들은 종교에 대해 부정적인 경우가 많았다. 그러나 대조적으로 긍정심리학자들의 종교 및 신앙공동체에 대한 인식은 매우 긍정적이고 우호적이다. 예를 들어, 셀리그만은 신앙을 갖는 것은 건강과 행복에 직결된다고 보고한 바 있다.[38] 여기서 긍정심리학의 6가지 주요 덕목 중에 "초월"transcendence 이 있으며, 세부 항목으로 아름다움과 탁월함에 대한 인지력, 감사, 소망, 유머, 종교성 등이 포함되어 있다는 것은 목회신학적으로 큰 의미가 있다. 긍정심리학의 연구 영역은 목회신학과 역사를 함께 해 온 종교심리학psychology of religion과 깊이 연결되어 있으며, 특히 긍정심리학의 덕목과 성격적 감정은 종교심리학 분야와 많은 부분 잇닿아 있다. 어떤 측면에서는 긍정심리학자들이 종교심리학에서 이미 다루어진 주요 주제들 — 삶의 의미, 성장, 회복탄력성 — 에 대해 배우고 협력하여 연구할 필요가 있다.[39]

긍정심리학의 주요 주제들은 지금까지 목회신학자들이 다양한 관점과 방법론을 사용하여 다루어온 주제들 — 특히 인간의 성장growth과 번성flourishing과 관련하여 — 과 연결되어 있음을 알 수 있다. 예를 들면, 소망희망, 회복탄력성, 놀이, 즐거움 등은 긍정심리학의 관점과 일치하지는 않더라도 협력하여 연구할 수 있는 중요한 연구 주제로 여겨진다. 특별히 긍정심리학의 실험적이고 실증적인 연구 자료들은 목회신학자들이 이러한 주제를 발전시켜나가는데 도움을 줄 뿐만 아니라 임상 현장에서 내담자들을 돕는데 크게 기여할 것으로 보인다.[40]

임상적인 관점에서 긍정심리학은 행복과 긍정성, 정신건강 등 인간의 기본적인 복지와 안녕을 증진시키는 많은 실제적 도구들을 제공한다. 긍정심리학은 일반인들이 상담실에 찾아오지 않고도 스스로 실천할 수 있는 다양하고 손쉬운 실천 방법들을 제시하고 있다. 서구와 달리 아직까지 상담실에 찾아오기를 주저하는 한국의 내담자들에게 긍정심리학이 제공하는 실제적이고 효과적인 실천적 도구들은 생각 이상으로 큰 유익을 줄 수 있다. 예를 들어, 긍정심리학자들이 여러 책에서 제시하는 "감사"의 실천은 사람들이 가지고 있는 생각의 패턴과 습관을 바꾸어 주어 행복감을 높여줄 뿐만 아니라 우울증을 감소시키는 놀라운 효과를 가져왔다고 보고한다.[41] 감사는 성경이 가르치는 중요한 삶의 태도이기도 할 뿐만 아니라 공동체 ─ 가정, 교회, 집단 ─ 가 건강하게 유지되게 하는 중요한 요소이기도 하다. 이러한 감사의 연습이 개인뿐만 아니라 가정과 집단에서 정기적으로 행해질 때, 그 파급효과는 대단할 것이다. 그러나 긍정심리학이 제시하는 모든 실천 도구들이 목회상담적으로 바람직하고 유용한 것은 아니라는 것을 유념할 필요가 있다. 바로 여기에 목회신학적 분별력과 민감함이 요청된다. 모스켈라는 셀리그만이 제시하는 용서의 실천을 예로 들면서, 너무 급하고 쉽게 이루어진 강요된 용서는 오히려 비상담적이라고 지적한다.[42] 왜냐하면 용서는 목회신학적으로 매우 민감하고 중요한 ─ 그리고 많은 시간과 과정이 요구되는 ─ 작업이기에 획일적인 적용은 무리가 따른다. 예를 들어, 집에서 매맞는 아내를 생각해 보면, 그녀에게 일방적인 용서를 종용하고 강요하는 것은 문제를 해소하기보다 피해자의 심리적 고통만 가중시키는 결과를 가져올 수 있기에 도움이 되기보다는 해가 된다. 목회상담자들이 목회신학적 시각을 갖고 비평적으로 긍정심리학의 도구들을 사용해야 할 이유가 바로 여기에 있다.

긍정심리학은 정신질환이나 심각한 문제들에 대한 치료보다는 예방적인 차원의 유능성 개발에 초점을 두고 있음 또한 커다란 장점으로 보인다.[43] 문제가 있는 사람들을 진단하고 치료하는 것도 중요하지만, 인간의 강점들에 관심을 가지고, 낙관주의, 믿음, 희망, 용기, 인내심, 통찰력 등과 같은 정신질환을 극복할 수 있는 완충작용을 하는 기질 함양에 관심을 가지는 것은 매우 지혜로운 선택으로 보인다. "강점을 계발하는 것이…손상을 복구하는 것보다 우울과 불안을 효과적으로 예방한다"는 셀리그만의 주장도 실증적 증거가 있는 주장이다.[44] 물론, 예방하는 것이 능사도 아니고 모든 것을 예방할 수는 없을 것이다. 그러나 긍정심리학이 강조하는 예방적인 차원의 강점 함양, 그리고 긍정 치료적 관점에서의 다양한 영역에서의 임상 적용 — 예를 들면, 유익한 삶을 추구하는 가운데 생기는 가치와 선택, 건강과 안녕을 위한 생활방식 실천, 교육과 배움, 일, 건강 심리학, 임상심리학, 심리치료, 성격적 강점 실천, 생의 주기를 따른 긍정 발달단계, 건강한 공동체를 세우기, 공공 정책 입안 등 — 은 최적의 기능optimal functioning 을 하는 개인과 사회를 건설하는 데 유익을 줄 것이다.[45]

목회상담자의 역할은 길을 잃은 사람들과 사회적 약자들, 고통 중에 있는 사람들, 치유가 필요한 사람들, 즉 "길을 잃은 양떼들"에게 돌봄을 제공하는 것이다. 목회상담자가 이러한 필요를 가진 사람들에 대한 돌봄의 초점에서 떠나 건강, 선함, 강점, 행복, 성취 등에 대한 연구로 선회하는 것은 일견 부적합하고 비상담적으로 보여질 수 있다. 그러나 긍정심리학이 직접적으로 상실의 슬픔, 정신과적 질병, 각종 사회적 소외 등에 대해 다루지는 않지만, 고통 받은 이들에게 좋은 자원과 서비스를 제공할 수 있다. 셀리그만이 밝힌 것처럼, 긍정심리학은 기존의 정신과적 치료나 방법론을 무시하거나 대치하려고 시도하지 않는다. 대신 지금까지 소홀히 취급되어 왔던 인간의 삶의 긍정적인 요인들 — 긍정 정서, 강점, 행복, 안녕, 성취 — 등을 연구의 대상으로 삼아 심리학 분야에서 소외되고 중요하게 취급되지 않았던 부분을 보충하려고 시도했을 뿐이다.

그런 의미에서 긍정심리학에서 인간의 행복과 건강, 안녕 등을 함양하기 위해 사용하는 전략들은 정서 장애와 같은 만성 정신 질환을 가진 사람들이 문제를 극복하는 과정에 큰 유익을 줄 수 있다. 즉, 자신 안에 있는 재능이나 흥미 등과 같은 긍정적이고 생동감이 있는 부분을 찾아내어 확장할 수 있도록 도울 수 있다. 보통 정신 질환을 가진 사람들은 자신들의 상황에 대해 부정적인 꼬리표를 붙이거나 고정관념을 갖기 쉬운데, 이런 사람들이 지금까지 자신이 생각지도 못했던 잠재적인 강점에 대해 생각하게 하고 그러한 강점을 찾아내고 세워나가는 것을 보는 것은 굉장히 즐거운 경험이 될 것이다.[46] 이러한 활동과 습관 등을 통해 자신이 가진 증상에 집착하고 자신을 평가절하하기보다 자신의 고통과 아픔을 극복할 수 있는 길을 찾도록 도와주는 것이 긍정심리학이라면 목회신학자들은 긍정심리학의 이론과 도구들을 적극적으로 수용하고 활용할 필요가 있을 것이다.

2. 긍정심리학의 한계와 약점

목회신학자들이 유념해야 할 것은 어떤 심리학 이론이나 심리치료기술도 완벽할 수 없다는 것이다. 위에서 긍정심리학이 주는 목회신학적 통찰과 유용성, 목회상담활용가능성 등에 대해 살펴보았다. 이제는 비판적인 시각에서 긍정심리학이 지닌 내적, 외적 한계점과 취약점에 대해 알아보고자 한다.

첫째, 먼저 긍정심리학이 지닌 한계 또는 위험이라면 인간의 가능성과 자원에 너무 강조점을 둔 나머지 지금까지 목회상담학적 전통에서 중시되어왔던 정신분석학을 비롯한 방법론을 지나치게 경시하는 경향을 보인다는데 있다. 물론 셀리그만을 비롯한 긍정심리학자들은 자신의 새로운 심리학을 통해 기존 심리학을 대체하거나 무시하시려는 의도가 없다고 주장하고 있지만, 실제로는 그들의 책과 강연 등을 통해 음양으로 기존의 심리학적 방법론과 치료법을 평가절하하고 자신들의 이론과 치료법을 우월시하는 경향을 보이고 있는 것이 사실이다. 모스켈라는 긍정심리학자들이 자신들의 관점을 다른 심리학 학파들과 구별 지으려고 시도하며, 이러한 과정에서 다른 학파의 관점 ― 예를 들면, 프로이트와 프로이트 학파 ― 에 대해 동의하는 부분과 동의하지 않는 부분에 대한 주의 깊은 설명을 하지 않은 채 다른 학파의 생각을 지나치게 단순화하는 경향이 있다고 말하면서, 이러한 요소들이 많은 목회신학자들에게 긍정심리학의 관점이 너무 공격적이고 일방적이라는 인상을 갖게 만들고 있다고 전한다.[47]

둘째, 긍정심리학은 심리학 방법론적인 측면에서 지나친 일반화를 통해 현실을 왜곡할 수 있는 가능성이 있으며, 또한 비슷한 관점을 지닌 인본주의 심리학적 시각과 차별화를 시도하고 지나치게 긍정심리학을 대중매체화하는 문제점을 가지고 있다. 바바라 에렌라이히 Barbara Ehrenreich 는 긍정심리학이 주장하는 긍정사고가 현실성이 없고, 강박적이며, 무분별한 사고라고 비판하면서 이러한 사고가 건설적인 행동을 저해하고 상황에 대한 망상적인 평가를 가져오게 한다고 주장했다.[48] 바바라 헬드 Barbara Held 는 긍정심리학이 심리학 분야에 기여를 한 것은 사실이지만, 긍정심리학의 부정적인 부작용에 주목하면서, 긍정심리학 분야 내에 있는 학자들 간의 의견의 불일치, 부정 정서의 역할 이해에 대한 일관성의 결여, 너무 단순하고 일방적인 실천 적용 등을 비판하면서, 적용시 개인 간의 차이점에 좀 더 주목할 것을 주문하였다.[49] 위에서도 잠깐 언급했지만, 긍정심리학이 제시하는 실천적 도구들을 사용할 때 만능인 것처럼 일방적으로 사용하는 것은 목회상담적이지 못함을 기억할 필요가 있다예. 용서의 경우. 그리고 긍정심리학자들이 짧은 시간에 자신들의 이론과 실제를 소개하기 위해 많은 책들을 중복적으로 출판하고 유튜브, 컨퍼런스 등을 통해 지나친 홍보를 하다 보니 상대적으로 학문적인 깊이와 넓이를 결여한 작품들을 많이 양산했다는 비판이 있다.[50] 예를 들어, 긍정심리학의 주창자인 셀리그만과 피터슨의 경우, 긍정심리학을 널리 퍼뜨리려는 의도 때문인지는 모르겠지만, 그들의 책에서 자신들의 글을 너무 많이 인용하는 경향이 있으며, 여러 인쇄 매체에 자신들의 관점을 담은 글들을 너무 많이 반복하여 싣는 결함을 보인다는 것이다. 긍정심리학과 관련된 많은 서적들이 자기계발서적의 범위를 벗어나지 못하고 있으며, 대중성과 인지도는 확보했지만, 상대적으로 학문성이 떨어지는 약점이 있다. 대중들에게 쉽게 이론과 실제를 소개하는 것은 좋은 일이지만 학문함에 있어서 좀 더 신중하고 균형 잡힌 태도가 요청된다.

셋째, 긍정심리학이 사용하는 연구방법론과 관련된 비판이 있다. 긍정심리학자들은 과학적이고 실증적인 연구방법을 사용하여 자신들의 관점을 증명하는데 많은 관심을 기울인다. 이러한 과학적 방법론에 대한 관심은 목회신학자들에게 긍정적인 도전을 줄 수 있다. 그러나 과학적으로 여겨지는 이 방법론에도 장점과 함께 약점이 있음을 주의해야 한다. 예를 들면, 질병이나 장애 증상에 대한 자기보고서는 심리학과 목회상담에서 중요하게 취급되어 왔다. 그러나 자기 삶의 만족도 조사와 같은 자가진단질문지는 원인과 결과에 대한 설명을 제공하기보다는 문제의 상호관련성에 대해 보여주는 것으로 여기는 것이 합당하다. 즉, 자가보고 낙관주의는 많은 직업군에서 높은 성취욕의 정도와 관련성이 있다는 정도로 봐야지 낙관주의가 높은 성취를 가져왔다는 식의 인과론적인 설명은 불합리해 보인다.[51]

셀리그만은 긍정심리학이 선언적 prescriptive 이기보다는 서술적 descriptive 이라고 주장한다. 다른 말로 표현하면, 긍정심리학의 발견은 현상학이나 사례 연구와 같은 질적인 연구방법론보다는 실증주의 과학연구방법론에 근거를 두고 있기에 서술적이라는 것이다. 여기서 긍정심리학자들이 실증주의 과학연구방법론을 강조하는 이유는 중의 하나는 그들과 유사한 주장을 하는 인본주의 심리학과 차별성을 두기 위해서이다. 이들의 주장에 의하면, 인본주의 심리학은 방법론적인 측면에서 비과학적이며 실증적인 연구토대를 결여하고 있다는 것이다. 즉 매슬로우를 비롯한 인본주의 심리학자들이 사랑, 창조성, 자기 실현 등 그 때까지의 심리학의 주요 주제로 간주되지 못했던 주제들을 부각시키기는 했지만, 이러한 긍정적인 주제에 대한 "과학적인" 탐구를 하지 못하고 다분히 질적 연구와 현상학적 연구 차원에 머무르고 말았다는 것이다. 이에 반하여 셀리그만을 비롯한 긍정주의 심리학자들은 성격적 강점, 덕목 등 측정 가능한 항목들을 목록화하여 실증적인 양적 연구를 함으로써 인간의 행복과 안녕에 대한 과학적이고 전문적인 이해와 지식을 제공했다는 것이다. 그러나 맥도널드와 오칼라한이 주장한 것처럼, 이러한 긍정심리학자들의 시도는 결코 가치중립적이지 않으며, 서구의 개인주의적 사고방식에 바탕을 둔 신자유주의적인 가치관을 반영하고 있음을 알 수 있다.[52] 그런 점에서 긍정심리학은 서술적이기보다는 선언적인 성격이 더 강하다고 할 수 있다. 긍정심리학은 인간의 행복 연구에 대한 보다 설득력과 유연성이 있는 입장을 찾기 위해 다른 심리학 학파들의 대안적인 입장에 대해 열린 자세를 가져야 할 필요가 있다.

넷째, 긍정심리학이 가진 문화적 맥락과 다양성에 대한 이해의 부족을 언급하지 않을 수 없다. 권수영이 그의 논문에서 언급한 것처럼, 긍정심리학이 서구 문화권의 영향 아래서 배태된 것이기에 다른 문화권에 그대로 적용하기에는 무리가 따른다. 예를 들어, 서구 문화권에서 용인되고 인정되는 덕목과 성격 감정이 동양 문화권이나 다른 문화권에 바로 적용되기는 어렵다. 현대 목회신학은 문화적 감수성과 다양성 cultural sensitivity and diversity 에 대해 예전보다 훨씬 더 큰 비중을 두고 다룬다. 예전에는 특정 문화권 — 주로 백인중산층 — 에서 생겨난 심리치료법이 별 저항 없이 타문화권에 전해지고 받아들여졌다. 하지만 오늘날에는 어떤 탁월한 심리 이론과 치료법도 다른 문화권에 전해지고 적용될 때, 변형과 적응의 과정을 거쳐야 한다. 긍정심리학도 예외는 아니다. 긍정심리학이 전 인류에게 적용될 수 있는 긍정 정서와 성격적 강점, 그리고 덕목 등을 분류하는 것을 목표로 하고 목록을 만들었다고 하지만, 다른 문화권에 적용될 때는 그 문화권의 역사, 전통, 가치관이 반영되어야 한다. 그런 면에서 목회신학자들은 각 문화가 속한 사회적 자리, 권력 역동성, 문화적 특성 등에 대한 민감한 분별력과 감수성을 갖추어야 할 것이다.[53]

　　마지막 다섯째, 기독교신학적인 관점에서 긍정심리학은 너무 긍정적이고 인간의 가능성을 지나치게 높게 평가하는 듯한 인상을 준다. 그것은 상대적으로 인간 안에 도사리고 있는 죄악성과 사악함에 대한 인식의 부족을 보여주는 증거이다. 여기서 개혁주의 기독교신학이 말하는 인간의 실존, 즉 회개와 구속, 변화가 필요한 죄인으로서의 인간 이해가 요청된다. 긍정심리학이 말하는 덕목들과 긍정적 강점들, 의미 있는 삶이 참으로 가능해지려면 무엇이 가장 필요할까? 기독교신학은 그것이 바로 하나님의 임재와 역사라고 말한다. 물론 셀리그만도 그의 책에서 "신을 자기 삶의 궁극적인 목표로 삼는다면 숭고한 삶이 될 것이다"라고 언급했지만,[54] 마치 숭고한 삶이라는 인간의 목표를 이루기 위해 신이 필요하다는 식의 자기중심적 사고로 들린다. 기독교상담학자 래리 크랩 Larry Crabb 은 "긍정심리학: 자기도취를 더 조장하는가? 아니면 마땅히 환영받아야 할 교정점을 시사하는가?"라는 제목의 글에서 긍정심리학에 대한 균형잡히고 성경적인 관점 두 가지를 제시한다. 하나는 기쁨에 대한 관심은 일단 긍정적이라는 것이고, 둘째는 진정한 기쁨은 인간이 만들어 낼 수 없는 것임을 인식해야 한다는 것이다. 그리고 가짜 기쁨이 조장될 수 있다는 위험성을 인식해야 한다고 역설한다. 크랩이 요청하는 것은 세 가지이다. 인간의 깨어진 상태 brokenness 에 대한 바른 인식, 회개 repentance 의 촉구, 그리고 순종 surrender 이다. 단지 긍정적 행복만으로는 부족하다는 것이다.[55] 이러한 기독교적인 시각은 긍정심리학의 인간이해에 대한 건강한 균형감을 제시하는 입장으로 목회신학자들에게 요구되는 비판적 성찰일 것이다.

긍정심리학을 활용한 목회상담의 전망

지금까지 필자는 긍정심리학에 대한 목회신학적 고찰과 비평을 통해 긍정심리학이 가진 잠재적 가치와 유익을 대해 살펴보았고, 더불어 긍정심리학이 가진 한계 및 취약점에 대해 비판적으로 검토해 보았다. 요약하면, 긍정심리학이 주는 긍정적인 통찰 중의 하나는 인간이 지닌 기본적인 자질, 능력, 가능성에 대한 깊은 신뢰이다. 신학적으로 보았을 때, 인간이 지닌 죄성에 대해 깊이 인식하면서도, 하나님의 형상을 따라 창조된 인간 본연의 가능성에 대해 생각해 볼 기회를 제공한다는 점에서 긍정심리학은 목회신학적 논의에 큰 유익을 준다고 본다. 지금까지의 목회신학이 많은 경우 하나님의 부재, 하나님의 모호성과 관련된 인간 경험에 관심을 기울였다면, 긍정심리학적 논의는 "하나님의 선하심"이라는 신학적 주제에 대해 목회신학적으로 성찰할 기회를 제공한다. 그 외에도 긍정심리학은 인간의 행복과 긍정성, 정신건강 등 인간의 기본적인 복지와 안녕을 증진시키는 많은 실제적 도구들을 제공한다는 점, 신앙 공동체의 기능을 비롯한 종교적 경험과 실천에 긍정적인 시각을 지니고 있다는 점, 인간이 지닌 강점을 소중히 여기고 그러한 강점을 활용하여 사람들을 돕는 긍정적 기능 등 여러 측면에서 긍정적으로 평가할 수 있으며, 목회상담방법론 형성에 유익한 것으로 보인다.

긍정심리학이 지닌 한계 혹은 위험이라면 인간의 가능성과 자원에 너무 강조점을 둔 나머지 지금까지 목회상담학적 전통에서 중시되어왔던 정신분석학을 비롯한 정신병리적 방법론을 경시하는 경향을 보이고 있으며, 심리학 방법론적인 측면에서 지나친 일반화를 통해 현실을 왜곡할 수 있는 가능성이 있고, 또한 비슷한 관점을 지닌 인본주의 심리학적 시각과 차별화를 시도하고 지나치게 긍정심리학을 대중매체화하는 문제점을 가지고 있다고 할 수 있다. 무엇보다 긍정심리학이 지닌 자유주의적인 가치관과 세계관에 대한 목회신학적인 성찰이 요구된다고 할 수 있다.

글을 마치며 강조하고 싶은 것이 있다. 그것은 인간의 선함에 대한 긍정심리학적 탐구가 인간이 당하는 고통스러운 현실을 부정하는 것을 의미하지 않는다는 사실이다. 아이러니하게도 죄, 슬픔, 고통의 현장 한 가운데서 하나님의 선하심을 새롭게 인식하게 되고, 삶의 의미와 가치에 대해 고민하게 되기 때문이다. 인간은 삶에 대한 갈망, 소망의 재발견, 사랑의 의미에 대한 재인식 등을 통해 고통 가운데서 새로운 가능성을 찾아가는 존재이다. 그런 의미에서 하나님의 선하심에 대해 깊이 이해하고 성찰하는 목회상담자들은 삶이 주는 상처와 고통이라는 불확실한 상황 가운데서 역설적으로 치유와 희망을 꽃피울 수 있는 자원을 갖게 되는 것이다. 목회신학자 웨이가 주장한 것처럼, 인내, 저항, 견딤과 같은 덕목은 가꿀 만한 가치가 있는 덕목이다. 목회상담자들은 돌봄을 향한 부르심에 신실하게 응답하면서도 "피조된 존재가 누릴 수 있는 즐거움 안에서 기뻐할 수 있는"[56] 여유와 소명을 지닌 영혼의 안내자들이다.

2 장

인간중심상담에 대한 목회신학적 비평

왜 다시 칼 로저스인가?

인간중심상담의 철학적 전제와 핵심이론

인간중심상담의 주요 임상적 특징

인간중심상담에 대한 목회신학적 비평

인간중심상담이론을 활용한 목회상담

인간중심상담은 칼 로저스에 의해 창시된 상담 및 심리치료 이론이자 방법론이다. 정신분석이론과 행동주의이론이 상담의 핵심 이론으로 우뚝 서 있던 시대에 인간중심상담은 상담학계에 새로운 바람과 변혁을 불러일으킨 혁신적인 상담방법론이다. 필자는 상담 공부를 시작하던 초창기부터 로저스의 이론에 관심이 많았다. 로저스의 내담자를 대하는 태도, 방식, 자세 등이 마음에 들었고, 나도 이런 상담자가 되고 싶다는 생각을 어렴풋이 하게 되었다. 그러나 로저스식 상담을 상담 현장에서 실제로 사용하고 적용하는 것은 생각보다 어려웠다. 보다 근본적으로는 필자의 장로교 신학 전통에서 인간중심상담이 내포하고 있는 인본주의적인 인간 이해와 삶을 바라보는 방식에 대한 수용이 쉽지 않았다.

아래의 글은 이러한 필자의 고민과 생각이 담긴 글이다. 어떤 상담이든 상담에는 상담자의 삶의 철학과 신학, 그리고 심리학적 관점이 드러나기 마련이다. 로저스의 인간을 향한 사랑과 관심은 그대로 간직하면서도 상담자가 믿고 있는 기독교신학과 충돌하지 않는 상담 실천을 고민하며 목회신학적 성찰을 해 본다.

왜 다시 칼 로저스인가?

칼 로저스는 그의 이론의 태동과 발전 과정에서 찬사와 비판을 동시에 많이 받았다. 미국 심리치료분야에서의 로저스의 영향력을 분석한 한 논문에 따르면,[1] 로저스가 살아있을 당시인 1979-1980년, 상담관련 주요 학술지의 인용빈도수 분석 결과 로저스의 논문인용횟수는 1위를 차지했으며,

1982년 미국 내 심리학자 및 심리치료사들을 대상으로 한 설문 조사에서도 미국 상담 및 심리치료분야에서 가장 큰 영향력을 끼친 인물로 뽑혔다. 또한 로저스 사후 20년이 지난 2007년 미국 내 정신건강 전문가 2,000여 명을 대상으로 실시한 전자메일 설문조사 결과에서도 가장 많은 영향력을 미친 심리치료사로 로저스가 선택되었다. 로저스는 이처럼 심리학 분야에서뿐만 아니라 사회복지, 결혼 및 가족치료, 교육, 목회상담, 알콜중독치료, 정신의학 등 다양한 분야에서 포괄적인 지지와 사랑을 받아온 것이 사실이다.

그러나 로저스에게 찬사와 지지만 있었던 것은 아니었다. 로저스를 향한 질타와 비판 또한 대단했다. 로저스는 당시 각광받고 있던 정신분석이론과 행동주의 심리학에 반기를 들고 자신의 직접적인 임상경험을 바탕으로 일관되고 독창적인 이론과 심리치료를 주장했기 때문에 당대 심리학계뿐만 아니라 심리치료분야로부터 신랄한 비판을 받았다. 그는 자신의 삶을 회고하며 그 때의 심경을 이렇게 고백한 바 있다.

> 심리치료에 대한 나의 생각, 이론, 접근법에 대하여 지나가는 말로 언급되기는 했지만, 대체로 심리학계 사람들에게는 내가 몹시 껄끄러운 존재였던 것 같다. 한마디로 내가 거기 맞지 않았던 것이다. 그러한 평가에 나도 차츰 동의하게 되었다…대접을 잘 받아 보았자 심리학 관련 저자들 대부분이 나를 '비지시적 기법'을 개발한 사람으로 한마디 써 주는 것이 고작이었다. 나는 심리학계 내부에 속한 사람이 전혀 아니었다.[2]

그러나 1956년, 로저스는 미국심리학회가 수여하는 "현격한 과학적 공로상"Distinguished Scientific Contribution Award을 수상하게 됨으로 심리치료자 및 과학자로서의 그의 명예를 인정받게 되었으며, 1972년 첫 번째 "전문직

공로상"Award for Professional Contribution을 수상함으로 그의 업적은 심리학계에서 널리 공인받게 되었다.

로저스에 대한 당시 목회상담학계의 반응은 어떠하였을까? 당대의 많은 목회신학자 및 상담자들은 로저스의 이론을 긍정적인 시각으로 받아들였고, 자신의 목회신학과 상담방법론에 폭넓게 적용하였다. 예를 들어, 당시 목회상담학의 리더 중 한 명이었던 시워드 힐트너Seward Hiltner는 로저스의 상담이론을 상당 부분 수용하여 자신의 상담방법론을 제시하였다. 힐트너는 내담자의 창조적인 잠재력을 중시하였고, 목회자 혹은 상담자가 형식적이고 무의미한 도덕적인 훈계를 하거나 비효과적인 조언을 하는 고전적인 상담이 아니라 로저스식의 비지시적인 상담방법을 채택한 "유도적 방법"eductive method을 제안하였다.[3] 힐트너는 로저스의 심리학과 심리치료방법론을 긍정적인 관점에서 소개한 것이다. 힐트너 외에도 캐롤 와이즈Caroll Wise, 웨인 오츠Wayne Oates, 폴 존슨Paul Johnson 같은 목회상담의 초기 학자들 역시 직간접적으로 로저스의 상담방법론을 사용하거나 호의적으로 취급하였다.[4] 그만큼 인간중심상담이 당시 목회상담학계에 던져준 메시지와 파장은 강했던 것이다.

로저스의 인간중심상담은 이처럼 목회상담운동 초기부터 목회상담방법론의 발전에 중요한 역할을 감당해 왔다고 할 수 있다. 그러나 목회상담운동의 초창기 멤버였던 목회신학자들과 비평가들은 처음에는 인간중심상담방법론을 그대로 수용하고 자신의 이론과 실천에 사용했지만, 점차 인간중심상담이론과 목회상담의 관계 설정에 대해 고민하면서 교정적인 시각을 제시하였던 것을 목회상담의 역사를 통해 알 수 있다.[5]

로저스에 대한 연구는 한국에서도 활발하게 진행되었다. 우호적인 시각을 갖고 접근한 학자들이 대부분이었지만, 비판적이고 날카롭게 로저스 이론의 약점을 지적한 연구도 있었다.[6] 현재 한국의 목회상담 환경에서 로저스의 인간중심상담을 다시 거론하는 데는 두 가지 중요한 이유가 있다. 첫째는 목회돌봄과 상담이 교회 내의 목회자들에 의해 주로 실시되고 있는 한국교회의 현 상황에 기인한다. 필자의 개인적인 목회 경험과 목회자들을 대상으로 한 상담 수업을 되돌아볼 때, 아직도 많은 목회자들이 고전적인 목회돌봄과 상담의 패러다임에 속해 있다고 여겨진다. 여전히 목회자들은 교인^{내담자}들의 고통과 아픔에 귀 기울이고 공감하려 하기보다 영적 권위를 바탕으로 성급한 조언이나 해답을 제시하려는 경향이 있기 때문이다. 그런 점에서 경청과 상담관계형성에 초점을 두는 인간중심상담은 목회자를 비롯한 상담자들에게 유익과 시사점을 던져줄 것이라고 생각된다.

인간중심상담을 현시점에서 거론하는 두 번째 이유는 한국의 목회상담 환경에서 로저스의 이론에 대한 이해가 피상적이고 오해가 있으며, 상담 현장에서 제대로 사용되고 있지 못하다는데 있다. 인간중심상담은 대표적인 인본주의적 상담방법이기에 목회상담에서 사용하기에는 부적합하다는 인식이 강하며, 치료 기술 또한 초보적이고 기초적이라는 생각이 목회상담자들의 생각에 깊이 깔려 있는 것 같다. 물론 인간중심상담에 대한 이러한 인식이 전부 틀린 것은 아니다. 특히 인간의 죄성과 타락을 강조하는 개혁교회 전통에서 바라보았을 때, 로저스식 상담이론과 방법론은 많은 문제점을 가지고 있는 것이 사실이며, 이 부분에 대해서는 차후 자세하게 논의할 것이다. 그럼에도 불구하고 인간중심상담이 지닌 장점과 목회상담적 활용가능성이 과소평가되어서도 안 된다. 인간중심상담에 대한 바른 이해와 깊은 목회신학적 성찰과 논의가 필요한 이유가 바로 여기에 있다.

이 장은 로저스의 인간중심상담에 대한 목회신학적 성찰을 통해, 로저스의 상담이론과 기법을 비판적으로 이해하고 목회상담현장에서 활용할 수 있는 지혜를 찾는 것을 목적으로 한다. 필자는 머리말에서 목회신학의 특성에 대해 언급하면서, 목회신학이 다른 학문과의 학제 간 연구를 통해 학문의 대상이 되는 인간을 더 잘 이해하고 효과적으로 돕는 것을 목표로 한다고 역설한 바 있다.[7] 이를 위해 목회신학은 타학문과의 끊임없는 대화와 상호작용을 시도하며, 이러한 비판적인 교류와 상호 대화를 통해 보다 나은 실천을 위한 이론을 만들고, 그 이론을 바탕으로 보다 효과적인 실천을 제공하게 된다. 인간중심상담이론에 대한 신학적인 성찰과 비평은 목회상담 고유의 신학적인 뿌리와 정체성을 상실하지 않으면서 심리치료 이론의 지혜와 통찰을 접목한 보다 효과적이고 적용성이 있는 목회상담방법론의 창출에 기여할 것으로 여겨진다.

먼저 인간중심상담의 철학적 전제와 핵심 이론에 대해 살펴볼 것이다. 이를 통해 로저스 상담 배후의 철학적 전제와 윤리적 관점에 대한 보다 깊은 이해가 가능할 것이다. 이어서 인간중심상담의 주요 임상적 특징을 다룸으로 상담방법론과 치료적 기술을 파악할 것이다. 그 후 이 장의 핵심 부분인 인간중심상담에 대한 목회신학적 성찰과 비평이 진행되고, 이러한 비평을 바탕으로 목회상담현장에서의 인간중심상담의 적용점에 대해 간략하게 기술할 것이다. 이 글의 핵심 논제는 로저스의 인간중심상담이 가진 여러 가지 단점과 한계에도 불구하고 이 상담방법론이 목회신학의 발전에 도움을 주고, 목회상담 현장에 의미 있는 중요한 기여를 할 수 있다는 것이다.

인간중심상담의 철학적 전제와 핵심이론

모든 상담이론에는 상담기법 이면에 철학적인 전제와 윤리적인 관점이 내포되어 있다. 목회신학자 낸시 램지 Nancy Ramsay 는 심리치료 이론의 이면에는 두 가지 전제가 깔려있다고 주장했다. 하나는 성격 이론이고, 또 하나는 이론 배후의 철학적이고 윤리적인 관점이다. 즉 모든 심리치료이론에는 인간의 기초적인 문제들 foundational matters — 인간의 본성, 고통, 희망의 토대, 자유 실현을 위한 가이드라인, 진리의 본성, 힘의 사용 등 — 에 대한 가정 assumptions 을 가지고 있다는 것이다.[8]

그렇다면 인간중심상담의 철학적인 전제는 무엇일까? 인간중심상담 이론은 현대 심리치료 이론 중에서 인본주의 철학을 가장 충실하게 수용하는 이론이며, 이 이론의 창시자인 로저스는 인본주의의 관점을 가장 잘 드러내는 인물이다. 로저스의 인본주의적 철학 관점은 그의 인간 이해에서 가장 명확하게 나타나 있다. 로저스는 인간을 선하고 신뢰할만한 존재로 보며, 내면에 타고난 지혜를 간직하고 있다고 이해한다. 이러한 인간에 대한 긍정적인 이해를 바탕으로 인간중심상담은 인간이 스스로 자신의 성취를 향해 나아가는 방향성과 힘을 가지고 있으며, 자신을 초월할 수 있는 능력을 소유하고 있다고 역설한다. 그래서 인간중심상담의 중심은 상담자가 아니라 내담자가 되어야 한다고 주장한다. 내담자만이 자신의 성장을 방해하는 장애물이 무엇인지 자각할 수 있으며, 이 장애물을 제거할 자원을 간직하고 있다고 믿기 때문이다. 그래서 이 이론을 인간중심 person-centered 이라고 한다.[9]

"자기실현경향성" self-actualizing tendency 은 이러한 인간의 속성을 표현하는 로저스의 주요 용어이다. 인간에게는 기본적으로 자기 자신을 실현하려는 타고난 내적 경향성이 있다는 것이다.[10] 로저스는 이러한 실현 경향성을 모든 살아있는 유기체의 특성이라고 주장하면서, 생명이란 "수동적인 과정"이 아니라 "적극적인 과정"이라는 점을 강조한다.[11] 즉 생명체는 자신을 유지하고 발전시키며 재생산하는 방향으로 나아간다는 것이다. 그리고 이러한 실현 경향성은 방해받고 뒤틀릴 수는 있겠지만 유기체를 완전히 파괴하기 전에는 파괴될 수 없다. 로저스는 그의 유명한 감자 예화를 통해 자신의 관점을 설명한다. 자신이 어렸을 때, 겨울 동안 먹을 감자를 상자에 넣어 지하실 작은 창문에서 멀리 떨어진 바닥에 놓아둔 적이 있었다고 한다. 시간이 지나 지하실에 들렀을 때, 그 감자는 비록 봄에 땅 속에서 올라오는 건강한 초록색 싹은 피우지 못했지만 멀리 창문을 통해 들어오는 빛을 향하여 다소 창백해 보이지만 흰색 싹을 피우고 있었다. 그는 여기서 유기체의 생명을 향한 지향성을 보았다고 말한다.

> 그 싹들은 결코 나무가 되지 못했고 결코 성숙하지 못했으며, 본래 가지고 있는 잠재력을 결코 완전히 실현할 수 없었다. 그러나 최악의 상황에서도 그들은 분투했다. 생명이란 번성하지 못한다 하더라도 포기하려 하지는 않는다. 인생이 끔찍하게 비틀린 내담자들을 만날 때, 주립병원 뒤 수용 시설에 있는 남자들 및 여자들과 함께 일할 때 나는 자주 그 감자 싹이 생각난다. 그들이 자라 온 환경이 너무 열악해서 삶이 뒤틀리고 비정상적이며 거의 사람이라고 할 수 없을 정도까지 되었더라도 그들 안에 지향 성향이 있다는 것은 믿을 수 있다…이러한 강력한 적극적 성향이 사람-중심 접근법의 바탕이 된다.[12]

로저스는 그의 후기 글에서 자기실현경향성을 넘어서서 인간이 가지고 있는 보다 근본적인 성향인 "형성 경향성" formative tendency 을 주장한다. 그는 당시의 역사가, 화학 철학자, 사상가 등의 이론을 참고하여 인간은 기본적으로 엔트로피 증가의 법칙 노화, 퇴보, 부패로 향하는 것 의 지배를 받지만, 이와 함께 무생물과 생물 모두 안에 있는 질서를 향해 나아가려는 성향, 즉 상호작용의 복잡성을 통해 앞으로 움직이려는 경향이 있다고 역설한다. 로저스는 또한 인간은 표면적인 인식을 넘어서는 "변형 경향성" morphic tendency 을 지니고 있으며, 더 나아가 아름다움, 조화, 사랑 등과 같은 "초월적인 일치의 경험"을 향하여 나아가려는 영적인 경향성^{창조 성향}이 있음을 주장하였다.¹³ 로저스가 실현 경향성, 형성 경향성, 창조 성향 등을 언급하면서 영적 영역을 추구한 것에 대해 긍정적인 시선을 보이는 학자들도 있지만,¹⁴ 그의 철학적 전제에는 신^{하나님}에 대한 구체적인 언급이 없다. 그에게 하나님은 어떤 의미였는지 분명하지 않다.

스탠턴 존스^{Stanton Johns}와 리차드 버트만^{Richard Butman}은 인간중심상담이 다른 인본주의치료 이론들과 같이 7가지 핵심 가치를 공유하고 있다고 말한다. 첫째, 인간을 연구할 때, 구성요소로 나누거나 쪼개지 않고 전체적이고 독특한 존재로 다루어야 한다. 둘째, 경험을 직접 언급한 내용은 직접적 관찰이나 객관적 관찰에서 얻은 것보다 더 중요하고 가치가 있다. 셋째, 상담자는 내담자의 자기실현 과정에 동참하는 사람이므로 내담자의 의식과 경험 속으로 기꺼이 들어가야 하며, 또한 자신의 의식과 경험 속으로 기꺼이 들어가야 한다. 넷째, 이해와 통찰을 위해 공감적 이해와 직관을 중요한 수단으로 사용한다. 다섯째, 내담자의 동경이나 꿈, 목표, 가치를 아는 것이 내담자의 행동이 나타내는 생물학적, 환경적, 역사적 요소를 아는 것보다 내담자를 더 깊이 이해하는 길이다. 여섯째, 인간을 연구할 때, 선택, 창의성, 자기실현, 가치화와 같은 독특한 자질은 건강성과 정상성 연구와 함께 강조되어야 한다, 일곱째, 인간은 선택과 자유, 책임성을 지니고 행동하는 존재다.¹⁵ 이러한 핵심 가치는 로저스의 저작을 통해 계속해서 언급되고 있는 주요 전제이다.¹⁶

인간중심상담은 또한 현상학적인 관점을 유지한다. 그는 현상학의 아버지인 에드문트 후설^{Edmund Husserl}의 정신을 이어받아 외부 현실보다 개인적 경험의 내부 현실을 우선시한다. 그래서 상담 과정에서 내담자의 경험과 현실을 어떤 것보다 중요시한다. 로저스는 자신을 되돌아보며 자각할 수 있는 인간의 독특한 능력에 대해 무한한 신뢰를 보내며, 내담자의 주관적 세계를 인정하고 내담자의 관점에서 현실을 이해하려고 노력한다. 그는 경험에서 드러난 개인의 독특함과 개별성을 무엇보다 강조한다. 그의 초기 저서에서 로저스는 인간의 주관적인 경험이야말로 삶의 궁극적인 권위가 된다고 역설한 바 있다.

> 나에게 경험은 가장 강력한 권위를 가지고 있다. 정당성에 대한 시금석은 내 자신의 경험이다. 그 누구의 생각이나 나의 생각조차도 나의 경험만큼 권위를 갖고 있지 않다. 내가 다시 돌아가고 최종적으로 돌아가야 하는 것은 경험이며, 내 안에서 만들어지는 과정으로서 진리에 더 가깝게 접근하는 것 또한 경험이다. 성경도, 선지자도, 프로이트도, 연구조사도, 하느님이나 인간의 계시도 내 자신의 직접적인 경험보다 우선하지 않는다.[17]

로저스에 따르면, 삶에 대한 주관적인 경험은 인간의 판단과 행동의 기초가 된다. 그래서 인간의 행동을 결정짓는 것은 외적이고 객관적인 현실이라기보다는 현상학적이고 내적인 실재이다. 인간의 의식적이고 무의식적인 경험은 그 사람의 현상학적 장phenomenological field을 이루게 되는데, 의식적인 경험 혹은 자각은 말로 표현되거나 상징화 될 수 있는 경험인 반면, 무의식적인 경험은 표현되거나 상징화되기 어려운 경험이다. 로저스는 건강한 사람은 자신의 경험을 정확하고 적절하게 표현하고 상징화할 수 있지만, 건강하지 않은 사람은 자신의 경험을 왜곡시키거나 억압하며, 그 경험을 정확하게 상징화하거나 충분히 감지하지 못한다고 주장한다.[18] 로저스에게 상담은 결국 억압하고 왜곡하고 있는 내담자의 경험을 표현하고 상징화할 수 있는 공간을 제공하므로 보다 자유롭고 건강한 사람으로 나아가는 것을 돕는 과정인 것이다.

로저스에게 있어서 주관적 경험에 대한 가치 부여와 인간 본성의 기본적인 선함에 대한 믿음은 서로 깊이 연결되어 있는 개념이다.[19] 로저스는 상담자가 내담자의 주관적 세계를 깊이 이해하고자 노력할 때 내담자 또한 그것을 알아차리게 되어 점차 자신을 인정하고 건설적이고 긍정적인 행동을 하기 시작한다고 믿었다. 로저스는 인간은 자신의 주관적 경험이 이해받고 존중된다고 느끼게 될 때 점차 신뢰할 만한 존재가 되어간다는 것이다. 이것은 로저스의 인간관계의 철학을 잘 보여주는 전제이다.[20]

미국의 종교역사학자 브룩스 홀리필드 E. Brooks Holifield 는 로저스의 심리치료적 관점의 배후에는 자유주의 개신교 정신이 깊이 깔려 있다고 주장한다. 로저스는 근본주의적 기독교 신앙을 간직했던 부모의 영향으로 인해 어렸을 적부터 대학교에 다닐 때까지 엄격하고 타협할 줄 모르는 보수주의 신앙을 유지했다. 그러나 학생 대표로 참여한 중국 여행과 당시 개방적이고 자유주의적인 교육, 그리고 개인적인 성격 성향 등으로 인해 점차 보수적인 신앙을 떠나 자유주의 노선을 따르게 되었다. 인간의 본성에 대한 낙관론적인 견해, 인간의 성취와 성장에 대한 집착 등은 로저스가 인정하든 하지 않든 이러한 자유주의적 기독교적 세계관을 반영한 것이다. 그리고 인간의 경험을 종교적 권위를 비롯한 모든 권위의 중심에 놓았던 것 또한 자유주의적 견해와 맞닿아 있다. 그런 의미에서 비록 제도권 종교의 테두리 안에 머무르지는 않았지만 정신적으로는 전통적인 개신교 자유주의 진영을 떠나지 않았다는 홀리필드의 주장은 일리가 있어 보인다.[21]

인간중심상담의 주요 임상적 특징

인본주의 철학과 심리학의 전통에 서서 로저스는 인간의 본성에 대한 기본적인 신뢰와 자기실현을 향해 나아가려는 경향성을 받아들였고, 경험의 우선성을 강조하는 현상학적 관점을 취하였다. 그리고 인간은 자유로우며 스스로 결정할 수 있는 존재이기에 개개인의 주관적 경험을 존중하고 배려해 주어야 한다고 보았다.

이러한 기본적인 철학적 전제와 윤리적인 관점을 바탕으로 로저스는 자신만의 독특한 상담방법론을 발전시켰다. 그의 초기 저서에서 로저스는 "효과적인 상담"을 다음과 같이 정의하였다: "내담자 자신이 선택한 새로운 방향으로 적극적으로 행동할 수 있도록 자기 자신을 이해할 수 있게 해 주는 명확하고 구조화된 허용적인 관계."[22] 여기에 효과적인 상담의 세 가지 특징이 등장한다: 첫째, 자유롭고 허용적인 관계를 발전시키는 것, 둘째, 상담 및 다른 관계에서 내담자 자신에 대한 이해를 증진시키는 것, 셋째, 긍정적이며 자신이 솔선하여 행동하는 경향을 발전시키는 것이다. 이처럼 로저스에게 심리치료는 내담자의 성장을 위하여 특정한 관계를 제공하는 것이다. 즉 성장 경험으로서의 치료적 관계를 제공함으로 내담자의 성격, 태도, 행동 영역에 중요한 변화를 가져오도록 돕는 것이다. 궁극적인 인간중심치료의 목표는 신뢰적인 분위기를 만들어 개인의 실현화 경향성을 촉진하는 것이다.

인간의 자기실현경향을 촉진시키기 위해 인간중심상담은 전통적이고 고전적인 의미의 상담방법을 거부하고, 새로운 심리치료방법을 주창하였다. 즉, 명령과 금지, 훈계, 서약, 칭찬, 격려, 제안, 충고, 설명이나 해석 같은, 로저스가 생각하기에 내담자의 자기실현에 도움을 주지 못하는 상담방법의 사용을 지양하고, 내담자가 더 많은 통합과 독립을 이루고 자기 개념을 변화시키고 재구성할 수 있도록 내담자를 자유롭게 해 주고 장애물을 제거해 주는 방법론을 제안하였다. 내담자에게 무엇을 해 주거나 무엇을 하도록 지시하기보다는 내담자의 성장을 막는 장애물을 덜어 내주고 정상적으로 성장할 수 있도록 도왔다. 이를 위해 상담의 중점을 지적인 측면보다는 정서적인 요인에 두고, 지적인 방법으로 정서적인 재구조화를 이루려고 하기보다 직접적으로 감정과 정서의 영역을 다루려고 하였다. 그리고 개인의 과거를 추적하고 해석하는 소모전적인 방식보다는 현재의 상황에 초점을 두는 능동적인 방식을 취하였고, 무엇보다 건설적 치료 관계를 경험함으로 성장을 가져오도록 하였다.[23]

로저스는 성장경험으로서의 치료적 관계의 특징을 네 가지로 정리하였다. 첫째, 상담자의 따뜻함과 반응성이다. 상담자의 이러한 태도는 내담자와의 라포rapport를 형성하게 하며, 더 깊은 정서적 관계로 나아갈 수 있도록 돕는다. 상담자는 내담자를 한 사람의 인간으로 수용하되, 상담자 자신은 초인인 체 하거나 내담자와의 정서적 개입 가능성에 초연한 척하지 않는다. 상담자는 지나치게 중립적이고 무관심해 보이거나 또는 너무 지나치게 개입하지 않으면서 적절한 따뜻함과 관심으로 반응한다. 둘째, 내담자가 자신의 감정을 자유롭게 표현할 수 있도록 허용한다. 상담자는 내담자가 살아오면서 자신을 혼란스럽게 했던 금지된 충동과 말할 수 없었던 갈등 — 예를 들면, 아버지에 대한 증오, 성적 충동으로 인한 갈등, 과거의 행동에 대한 후회 등 — 을 거부감이나 죄책감을 느끼고 않고 표현할 수 있는 관계를 제공한다. 셋째, 적절한 치료적 한계를 제공한다. 여기에는 책임, 시간, 공격적 행동, 애정의 한계 등이 있으며, 이러한 한계 설정은 상담자에게는 편안하게 자신의 역할을 효과적으로 감당할 수 있도록 해 주며, 내담자에게는 적절하고 자연스러운 틀을 제공함으로 상담자가 내담자의 과도한 요구에 휘둘리지 않도록 도와준다. 넷째, 다양한 종류의 압력이나 강제로부터의 해방이다. 상담자는 내담자가 특정한 방향으로 행동하도록 제안하거나 강요하지 않으며, 내담자의 성격이 발달하고 성숙해 가도록 돕고 의식적인 선택과 자기 주도적인 통합을 향해 나아가도록 인도한다.[24]

로저스에 따르면, 이러한 상담관계를 통해 내담자는 무엇보다 도덕적인 승인과 불승인으로부터 자유롭게 되며, 자신의 행동을 정당화하려는 습관적인 심리적 방어를 취할 필요가 없어진다. 내담자는 또한 비난받는 것도 아니지만 그렇다고 지나치게 동정적인 관용이나 칭찬도 받지 않는다. 그만큼 자연스럽고 자유로운 관계를 배워간다는 것이다. 그리고 상담자가 필요 이상으로 지지를 보내거나 불쾌한 적대심을 가진 것이 아님을 알게 된다. 이러한 경험을 통해 내담자는 점차 진정한 자신이 되어 가며, 세상을 감당하기 위해 자신이 사용해 왔던 방어기제와 과잉보상을 벗어버리게 된다. 이러한 과정을 통해 내담자는 자신의 충동과 행동, 갈등과 선택, 과거의 패턴과 현재의 문제에 대해 보다 진실하게 평가하게 되며, 더 이상 자신을 방어하지 않고 보다 자유로운 사람으로 살아가게 된다.[25]

로저스는 학문적인 영역에서 가장 널리 알려지고 영향력을 끼친 기념비적인 짧은 논문에서 치료적 성격 변화를 위해 필요하고 충분한 상담 조건들에 대해 언급한 바 있다.[26] 건설적인 성격 변화를 이루기 위해서는 6가지 조건이 일정기간 동안 존재하고 계속되어야 한다는 것이다.

1. 두 사람이 심리적인 접촉을 갖는다.
2. 내담자는 불일치의 상태, 즉 상처입기 쉽고 불안한 상황에 처해 있어야 한다.
3. 치료자는 관계 속에서 일치성과 통합성을 보여주어야 한다.
4. 치료자는 내담자에 대한 무조건적인 긍정적 존중을 경험한다.
5. 치료자는 내담자의 내적 준거 체계를 공감적으로 경험하며, 이러한 경험을 내담자에게 전달하려고 노력한다.
6. 치료자의 공감적 이해와 무조건적인 존중이 내담자에게 최소한의 정도라도 전달되어야 한다.

여기에 건설적 치료를 위해 치료자가 제공해야 할 상담의 필요충분조건인 "삼중 조건"이 제시된다. 일치성, 수용, 공감이 바로 그것이다. 이들 각각의 의미와 임상적 중요성에 대해서는 본 논문에서 자세히 취급하지 않는다. 이미 많은 학자들에 의해서 연구되고 정리되었기 때문이다.[27] 여기서는 각각의 중요한 특징과 의미 정도만 언급하고 넘어가려고 한다. 먼저 일치성 congruence, 혹은 진실성 genuineness은 치료관계에서 내담자에 대한 상담자의 존재 상태를 보여주는 것으로서 치료자가 상담 관계에서 일치되고 진실하며, 통합적인 사람이 됨을 의미한다. 상담자가 가면을 쓰거나 아는 척하지 않고 자유롭고 깊이 있게 자신이 자각한 경험에 충실한 것을 말한다. 로저스는 일치성을 상담자의 상담 활동뿐만 아니라 전체 존재를 특징 짓는 "존재의 방식" a way of being 으로 보았으며, 내담자에게 가식적이거나 방어적이지 않은 상태로 반응할 때 일치성이 드러난다고 하였다. 수용은 상담 관계에서 내담자를 향한 상담자의 근본적인 태도를 말하는 것으로, 내담자를 소중히 여기고 그의 가치를 평가절하하지 않으며, 내담자를 향해 일관된 수용과 지속적인 따뜻함을 보여주는 것이다. 내담자를 존귀하게 여기고 돌보되 내담자를 소유하려 하거나 내담자의 욕구를 단순히 만족시켜 주려고 시도하지 않는다. 공감 empathy은 상담 관계에서 내담자와 함께 하는 과정으로, 내담자의 경험에 대한 자각을 정확하고 분명하게 이해하는 것을 말한다. 공감은 동정심 sympathy과 달리 내담자의 사적 세계를 마치 자신의 것으로 인지하되 "마치 ~ 것처럼"의 특성을 상실하지 않고 내담자의 세계로 들어간다. 즉, 내담자의 공포, 분노, 갈등을 마치 자신의 것처럼 인지하지만 자신의 공포, 분노, 갈등과 그것을 연계시키지 않는 것을 말한다. 가장 높은 수준의 공감적인 표현은 수용과 무비판이며 진정한 공감은 평가적이고 진단적인 성격을 배제한다.[28]

인간중심상담을 통해 내담자가 구체적으로 경험하는 것은 무엇일까? 로저스는 치료적인 상담관계 형성을 통해 내담자는 잠재적 자기 경험을 하게 된다고 말한다. 자신을 왜곡하거나 거부할 필요가 없어지기에 지금까지와는 달리 본연의 자기 모습을 알아차리고 경험하고 표현하게 된다는 것이다. 또한 호의적인 관계를 충분히 경험하게 되는데, 이는 내담자가 자신을 향한 상담자의 긍정적 감정을 두려워하지 않고 충분하고 자유롭게 받아들이게 된다는 데 있다. 이를 통해 내담자는 타인의 호감에서 나오는 따뜻함을 경험하고 삶을 살아가는 데 긴장과 두려움을 줄여 나갈 수 있게 된다. 더불어 내담자는 심리 치료 과정을 통해 자신에 대한 부정적인 태도가 줄어들고 보다 긍정적인 태도가 증가하게 되며, 이를 통해 점차 자기 자신을 좋아하게 되는 경험을 한다. 더 나아가 치료적 상담 관계를 통해 내담자는 자기기만이나 왜곡 없이 완전하고 충분히 기능하는 인간이 되어간다. 로저스는 역설한다: "치료에서 개인은 인간 유기체가 내포하고 있는 모든 풍부함을 가지게 된다고 볼 수 있다. 그는 현실적으로 자신을 통제할 수 있고, 요구하는 대로 뿌리 깊은 사회성을 갖고 있다. 사람 안에 짐승은 없다. 사람 안에는 사람만이 있을 뿐이다. 그리고 우리는 이를 해방시켰을 뿐이다."[29]

진정한 자기 자신이 된다는 것은 무엇을 의미하는가? 로저스에 따르면, 상담을 통해 내담자는 점차 가면, 의무, 타인의 기대에 부응하는 것, 다른 사람을 기쁘게 하는 것으로부터 벗어나게 되며, 대신 자율성, 변화의 과정 수용, 변화의 복잡성 인정, 경험에 대한 개방, 타인 수용, 자기 신뢰의 방향으로 나아가게 되어 보다 자유롭고 본연의 모습에 가까운 자기 자신이 되어 간다.[30] 이러한 과정을 통해 내담자는 로저스가 표현한 대로 "충분히 기능하는 사람"fully functioning person — 개인적 성장을 경험하고 자기실현을 향해 나아가는 사람 — 이 되어 가는데, 이들은 자신의 다양한 감정을 인정하고 모든 경험을 자연스럽게 받아들이며, 매 순간을 더욱 충실하게 살아가는 실존적 삶을 추구하고, 자기 자신을 신뢰하며, 창의적이고 보다 풍성한 삶을 추구하게 된다.[31]

인간중심상담에 대한 목회신학적 비평

지금까지 로저스의 심리치료이론의 철학적이고 윤리적인 전제와 임상적인 주요 특징에 대해 살펴보았다. 그러면 로저스의 인간중심상담이 목회상담에 던져주는 메시지는 무엇일까? 먼저 로저스 이론이 지닌 건설적인 통찰과 목회신학적 공헌에 대해 다룬 후, 이어서 인간중심상담의 한계와 취약점에 대해 비평하려고 한다. 이러한 신학적 성찰과 비평의 과정을 통해 목회상담현장에서 인간중심상담이론을 분별력 있게 이해하고 효과적으로 사용할 수 있는 바탕이 제공되었으면 한다.

1. 인간중심상담의 공헌과 기여

인간중심상담의 가장 큰 공헌 중의 하나는 내담자를 향한 치료자의 인식 변화에 있다. 로저스 이전까지만 해도 대부분의 상담자는 내담자를 다분히 부정적이고 수동적이며 치료자의 절대적인 돌봄이 필요한 피동적인 인간으로 이해했다. 로저스 당시 각광받고 있었던 프로이트의 정신분석학 전통에 따르면, 인간은 본래 공격적인 성향과 성욕을 지니고 있으며, 문명화의 구조와 발달과정을 통해서만 길들여질 수 있는 "야만스러운 동물"이라는 인식이 강했다.[32] 또 하나의 주요 심리치료이론이었던 행동주의에서는 인간의 내면 활동에 대한 모든 가설을 부적절한 것으로 보고, 인간의 결정, 선택, 가치는 허상이라고 주장하였다.[33] 반면에 로저스는 그의 오랜 임상 경험과 치열한 학문적 탐구의 과정을 통해 인간에 대한 새로운 인식을 선보였다. 즉, 인간은 자율성과 책임성을 가지고 있으며, 변화의 가능성과 잠재력을 지닌 긍정적인 존재라는 것이다. 그래서 로저스는 내담자를 깊이 존중했다. 이러한 분명한 입장과 가치관이 있었기 때문에 로저스는 상담현장에서 내담자에게 집중하며 내담자-중심의 치료를 제공할 수 있었다.

로저스의 인간에 대한 긍정적 가치 부여와 관심은 인간이 하나님의 형상을 따라 창조된 존귀한 존재라는 기독교 신학적 전통과 부합한다. 비록 삶을 살아가는 과정에서 깨어지고 상처입어 왜곡되었을지라도 여전히 인간 안에는 하나님을 닮은 창조의 원형이 존재한다. 복음주의신학자 밀라드 에릭슨Millard J. Erickson은 하나님의 형상은 인간 속에 보편적으로 내재하며, 죄와 타락의 결과로 인해 결코 상실된 것이 아니라고 역설한다. 하나님의 형상을 따라 인간은 자신의 운명을 실현할 수 있으며, 타인과 상호 작용하고, 생각하며 반추할 수 있는 자유 의지를 지닌 존재로 지어졌다는 것이다.[34] 이것은 인간이 완벽하고 완전한 존재라는 말은 물론 아니다. 인간이 가진 약점과 한계, 유한성은 분명히 존재한다. 그러나 그럼에도 불구하고 인간은 "하나님께서 특별히 계획하신 존재"이며, 하나님의 인격을 닮은 최고의 걸작품 중에 하나임에 틀림없다.[35] 로저스는 당시 주류 심리치료이론의 부정적이고 폐쇄적인 내담자 이해에 긍정성과 가능성을 지닌 인간이라는 관점을 더함으로 인간에 대한 보다 균형 잡힌 인식을 가질 수 있도록 하였다.

로저스의 또 하나의 중요한 공헌은 성장 경험과 과정으로서의 상담 관계에 대한 혁신적인 시각이다. 그는 당시만 해도 중립적이고 다소 냉담했던 상담자와 내담자의 관계에 불만을 품었고, 쌍방 간의 상호교류적이고 치료적인 만남이 내담자의 성장과 변화를 가져올 수 있다는 것을 임상 경험을 통해 밝혀내었다. 로저스는 상담관계는 다른 곳에서는 경험하지 못한 사회적 유대 관계이며, 그 관계는 치료자가 일방적으로 무엇을 해 주거나 무엇을 하도록 지시하는 것이 아니라 내담자가 자기 자신을 알아가고 통합과 독립을 이룰 수 있도록 함께 해 주는 존재의 방식이라는 점을 강조하였다.[36] 이러한 상담자와 내담자의 인격적인 관계 속에서 내담자는 성장과 변화를 경험한다.

기독교 신학도 관계성을 강조한다. 기독교의 하나님은 관계 안에 계신 하나님이다. 하나님은 삼위일체라는 신적인 관계 속에서 일하시며, 인간과 함께 하시는 임마누엘의 하나님이시다. 칼 바르트 Karl Barth 는 하나님과 인간 사이의 만남을 강조하면서, 이 만남이 치유를 가져오고 참인간이 되게 한다고 말한다.[37] 그런데 이러한 하나님과 인간 사이의 관계의 유사성이 인간 간의 관계성에서도 드러난다. 인간이 하나님의 형상을 따라 지음 받았기에 인간 안에는 여전히 하나님의 형상이 현존한다. 그리고 인간과 하나님 사이의 수직적 관계뿐만 아니라 인간들 사이의 수평적 관계를 통해서도 하나님의 형상이 드러날 수 있다. 즉, 인간은 하나님을 닮은 존재이며, 따라서 하나님과 동역자가 될 수 있다. 바르트는 인간 안에 있는 하나님의 형상은 네 가지를 포함하고 있다고 주장한다: 1 우리는 이웃을 동료 인간으로 간주한다; 2 우리는 서로서로 말하고 듣는다; 3 우리는 서로서로에게 도움을 준다; 4 우리는 이런 일들을 기쁨으로 행한다.[38] 에밀 브루너 Emil Brunner 는 하나님의 첫째 계명이 하나님을 사랑하는 것이지만, 둘째 계명은 인간을 사랑하는 것이라는 점을 강조하면서 "사랑해야 할 책임"은 동료 인간과 관계를 가질 때 비로소 시작된다고 했다.[39]

상담 관계는 독특하고 특별한 관계이다. 그것은 사랑의 관계이며, 돌봄의 관계이다. 로저스의 공헌은 상담자와 내담자 사이의 관계를 상담자가 일방적으로 도움을 주는 관계가 아니라고 보았다는 점이다. 오히려 상담자는 자신이 전문가라는 권위 의식을 내려놓고 내담자의 목소리와 감정에 주의를 기울이며 보다 인격적이고 인간적인 관계 안에서 내담자를 보려고 하였다. 사실 로저스 당시만 해도 이러한 생각은 너무나 혁신적이고 도발적인 것처럼 보였으며, 당대의 정신과 의사 및 심리치료전문가들의 전문성과 역할을 위협하는 시각으로 여겨졌다. 그러나 상담 관계에 대한 로저스의 혁신적인 생각은 정도의 차이는 있겠지만 오늘날 정신분석을 비롯한 대부분의 심리치료이론에서 긍정적으로 받아들여지고 있으며, 효과적인 상담자의 태도임이 임상적으로도 밝혀지고 있다.[40]

목회신학적으로 보았을 때 인간중심상담의 중요한 공헌은 목회돌봄과 상담의 패러다임 변화에 크게 기여하였다는 점이다. 목회신학자 존 패턴 John Patton 은 목회돌봄의 패러다임이 세 가지 단계를 거쳐 변화하였다고 역설하였는데, 로저스는 첫 번째 단계에서 두 번째 단계로 나아가는데 크게 도움을 주었다. 패턴이 말하는 첫 번째 단계는 고전적 패러다임으로, 현대적 의미의 목회상담이 보급되기 전 교회 안에서 행해졌던 돌봄의 형태를 말한다. 이 패러다임에서는 목회돌봄의 "메시지"가 강조되고 기독교 신학과 전통에 기초한 돌봄이 주를 이루었다. 교인이나 내담자가 목회자나 상담자를 찾아오면 성경말씀으로 권면하거나 기도 등을 통한 영적 돌봄을 제공하였다. 두 번째 단계는 임상목회적 패러다임인데, 여기서는 돌봄의 메시지를 제공하고 받는 "사람"이 강조된다. 돌봄의 행위뿐만 아니라 "존재" 자체에 관심을 기울이게 되었으며, 상담자의 임재와 돌봄의 관계가 중요시되었다.[41] 존재, 관계, 사람을 강조하는 로저스의 심리치료이론이 이 패러다임의 발전에 크게 기여하였음은 말할 필요도 없다. 고전적 패러다임이 가진 많은 장점 — 하나님의 메시지 전달, 영적, 신앙적 자원 사용, 교회 공동체의 사랑 표현 등 — 에도 불구하고 이 패러다임의 치명적인 약점은 내담자의 고통과 아픔의 소리에 귀 기울이기보다는 형식적인 권면과 피상적인 조언, 공감 없는 대화로 이어지기 쉽다는 데 있다. 로저스의 이론은 그런 측면에서 목회자와 상담자가 내담자와 함께 머물러 주고, 고통과 곤경에 공감하며, 깊이 경청하고 반응하는 것의 중요성을 인식시켜 주었다.

사람, 존재, 관계 등에 대한 로저스의 의미 부여는 오늘날 목회자와 교회 현장에서 여전히 귀를 기울여야 할 중요한 통찰로 여겨진다. 아직도 많은 목회자들이 교인들을 돌보는 과정에서 사람보다는 문제, 존재보다는 행동, 관계보다는 목회적 권위에 우선권을 두고 있다고 여겨지기 때문이다. 물론 돌봄의 메시지와 신앙적인 자원이 불필요하다거나 영향력이 없다는 뜻은 결코 아니다. 여기서 강조하고자 하는 것은 그러한 메시지와 영적 자원들이 찾아오는 내담자에 대한 배려와 고려 없이 무분별하게 사용될 때 본래의 의도를 그르칠 수 있으며, 잘못 사용되면 오히려 해가 될 수 있다는 것이다. 목회상담현장에서도 마찬가지이다. 좋은 상담자가 되어가는 과정에서 가장 힘들고 시간이 많이 걸리는 어려운 수련 과제 중의 하나가 바로 상담자의 관점과 생각을 섣불리 전달하려는 충동을 제어하고 먼저 내담자에게 관심을 기울이고 경청하며 공감을 통해 내담자의 세계를 이해하고 받아들이는 인내의 과정이다.[42]

로저스에게서 배우는 가장 중요한 목회상담적 유산은 아마도 인간에 대한 깊은 존중과 사랑일 것이다. 인간중심상담은 다른 사람에게 깊은 관심을 가지고 경청하며 함께 하는 것이 무엇인지 우리에게 분명히 가르쳐 준다. 로저스의 인간에 대한 사랑과 인내는 우리를 향한 하나님의 사랑과 많은 부분에서 닮아 있다. 물론 아가페적인 하나님의 사랑을 인간인 상담자의 사랑과 비교하는 것은 어불성설이다. 하지만 지금까지 존재했던 수많은 상담자들 중에서 로저스만큼 사람을 신뢰하고 변함없는 사랑과 인내로 함께 했던 상담자도 드물 것이다.[43] 그런 측면에서 인간중심상담사가 "아

가페 사랑을 구현하는 한” 목회상담자는 이들에게 “동료 의식과 깊은 존경”을 표해야 할 것이다.[44]

2. 인간중심상담의 한계와 취약점

위에서 언급한 것처럼 인간중심상담이 목회돌봄과 상담에 끼친 기여와 공헌 — 내담자에 대한 치료자의 인식 변화, 상담관계에 대한 새로운 시각, 목회상담 패러다임 제공, 사람, 존재, 관계에 대한 의미부여, 인간에 대한 존중과 사랑 — 은 지대하다. 이러한 많은 공헌에도 불구하고 인간중심상담이론이 가진 치명적인 약점과 한계 또한 분명히 존재한다. 앞에서 기술한 것처럼 인간중심상담은 인본주의 철학과 심리학을 바탕으로 하고 있다. 그렇기에 목회신학적 관점에서 바라보았을 때 상당히 위험하고 우려가 되는 부분이 곳곳에서 발견되며, 목회상담자는 이것들을 예리하고 비판적인 눈으로 분별해야 한다. 여기서는 로저스의 인간관, 자기실현경향성, 그리고 임상적인 관점에 대해 비평할 것이다.

먼저 인간중심상담의 인간관에 대해서 살펴보도록 하자. 인간은 과연 어떤 존재인가? 인간은 과연 로저스가 말하는 것처럼 선하고 긍정적인 존재인가? 로저스의 인간관은 성경과 기독교 전통에 부합하는가? 로저스가 주장하는 것처럼 인간이 허용적이고 구조화된 상담 관계를 통해 충분히 공감과 이해, 지지를 받게 되면 스스로 선택한 방향으로 적극적으로 행동할 만큼 가능성이 있는 존재인가? 인간 본성에 대한 이러한 질문은 로저스 생전에도 로저스를 힘들게 했던 질문이었고, 많은 신학자와 기독교 상담자들이 문제 삼았던 부분이다. 인간중심상담자이자 로저스 연구가인 브라이언 손Brain Thone에 따르면, 로저스는 인간 본성에 대해 지나치게 낙관적인 견해를 가졌다고 비판하는 사람들에게 항상 똑같은 대답을 하였다고 한다. 그의 관점을 요약하면 아래와 같다.

> 인간의 가장 기본적 특성에 대한 나의 관점들은 심리치료에서 내가 스
> 스로 경험한 것을 토대로 형성되었다. 그 관점들은 내 경험에 비추어 어
> 떤 것이 인간을 묘사하는 것인지, 그리고 어떤 것이 인간을 묘사한 것이
> 아닌지에 대한 나의 관찰이다…나는 기본적으로 적대적이라거나, 비사
> 교적이라거나, 파괴적이라거나, 사악하다라는 용어로 묘사될 만한 본성
> 을 지닌 인간을 발견하지 못하고 있다…내 경험을 통하여 나는 인간의
> 종 species 속에서 선천적인 듯한 특성들을 지닌 인간을 발견해 왔고, 그리
> 고 그런 특성들을 묘사할 수 있는 용어들은 긍정적이며, 앞으로 나아가
> 고, 건설적이고, 현실적이며, 신뢰할 만하다는 것이다.[45]

우선 언급할 수 있는 것은 로저스의 인간관은 인간이 하나님의 형상을 따라 창조되었기에 인간 안에 자율성과 책임성, 그리고 가능성을 지니고 있다는 기독교적 관점과 일맥상통하는 측면이 있다는 것이다. 그러나 로저스가 간과하고 있는 것은 인간 안에 있는 도사리고 있는 죄성과 악의 실재성이다. 앞에서 인용한 로저스의 글에서 나타나 있는 것처럼 인간의 본성에 대한 로저스의 긍정적인 견해는 상담자로서의 자신의 경험에 전적으로 의존하고 있다. 손이 지적한 것처럼, 로저스는 자신의 마음속에 깊이 자리잡고 있는 신학적 전통에 대해 무지한 사람처럼 보인다.[46] 아이러니한 것은 로저스가 인간 본성에 대해 본질적으로 적대적이며 죄책감을 조장하는 근본주의 기독교 가정에서 자랐다는 것이다. 아마도 어릴적 율법주의적이고 원죄론적인 신앙 교육의 반대급부로 로저스는 인간의 죄와 악의 문제에 대해 무의식적으로 눈을 가린 것인지 모른다.

롤로 메이는 1982년 『인본주의 심리학 저널』이라는 학회지를 통해 로저스에게 보낸 공개편지에서 내담자-중심 치료자들은 "내담자의 악의 감정인 분노, 적대감, 부정적인 감정을 다루지 않았다"고 지적하며, "악에 직면하지 않는 문제가 인본주의 심리학을 심하게 역행시키는 결과를 초래"했다고 지적한 바 있다.[47] 실제로 로저스는 자신의 많은 상담 현장에서 의식적이든 무의식적이든 내담자의 부정적인 감정을 깊이 다루지 않았다.[48] 로저스는 내담자와 상담자의 상호작용에 초점을 두었지만 내담자의 어둡고 부정적인 면은 탐색하지 않고 건강하고 긍정적인 측면만 다룸으로 내담자가 균형 잡히고 통합된 자기 개념을 발전시키는 과정을 방해하고 말았다. 또한 인간중심상담이 부정적인 감정을 다루는 것을 피하고 자기애에 기초한 자기도취적 개인주의를 조장하는 결과를 낳았다. 기독교 신학적으로 보았을 때, 인간중심상담은 인간의 죄와 율법은 무시하고 하나님의 형상과 은혜는 일방적으로 강조하는 오류를 범하고 있다.[49]

여기서 우리는 인간에 대한 보다 균형 잡힌 신학적 이해가 필요함을 깨닫게 된다. 인간에 대한 로저스의 견해가 전부 잘못되었다는 식으로 치부하기는 힘들다. 그렇다고 로저스가 인간에 대해서 정확하게 이해했다고 볼 수도 없다. 기독교 신학이 인간에 대해서 무엇이라고 말하고 있는지 귀를 기울여야 한다. 성경은 인간이 하나님의 형상을 따라 창조되었으며[창 1:27-28], 타락 이후 죄인이 되었다고 말씀한다[창 3장]. 그러나 예수 그리스도의 구속으로 인해 의인으로 인정받게 되었지만[롬 5:18], 여전히 죄의 영향권 아래 살고 있다[롬 7:15-20]고 분명히 말씀하고 있다. 종교개혁자 마르틴 루터[Martin Luther]의 표현을 빌린다면, 인간은 자신이 "의인인 동시에 죄인"[simul justus et peccator]임을 고백하고 인정해야 한다.[50] 신학자 에릭슨은 인간은 하나님의 형상을 따라 창조되었지만 분명히 한계가 있다고 보았다. 그러나 인간의 한계는 본래부터 나쁘거나 악한 것이 아니다. 오히려 이러한 한계와 유한

성 때문에 인간은 자신을 돌아보고 행동함은 물론 변화에 대한 책임성을 느끼게 된다. 또한 인간이 부족하고 연약하지만 그럼에도 불구하고 인간은 하나님 보시기에 아름답고 귀한 존재이다. "인간은 위대하다. 그러나 인간을 위대하게 하는 것은 바로 하나님께서 그를 만드셨다는 사실에 있다"[51] 중요한 것은 인간은 하나님과의 올바른 관계 속에서만 온전한 인간성을 알게 되며,[52] 모든 인간이 본질적으로 하나님과 관계되어 있지만, 그 관계는 하나님의 은혜에 근거해 있는 것이지 인간의 본성, 곧 인간 안에 내재해 있는 어떤 선한 상태에 근거해 있는 것이 아님을 명심할 필요가 있다.[53] 그런 점에서 로저스의 인간 이해는 신학적으로 보았을 때, 상당히 왜곡된 견해임에 틀림이 없다.

인간 본성에 대한 왜곡된 이해와 함께 중요한 비평의 대상이 되는 것은 인간이 가진 자기실현경향성에 대한 로저스의 확고한 신념과 주장이다. 홀리필드는 미국의 목회돌봄 역사에 관한 책을 쓰면서, 책의 부제를 "구원에서 자기실현으로"From Salvation to Self-Realization 라고 붙였다. 교회의 목회돌봄과 상담의 방향성이 내세적 구원에서 인간의 자기실현으로 변모하게 되었다는 것이다.[54] 현대 심리학, 특히 인간중심상담을 비롯한 인본주의 심리학의 영향으로 개인의 선택, 자유, 책임 등과 같은 가치들이 중요한 상담의 화두로 등장하였고, 자기실현은 당대의 핵심적인 문화적 현상이 되었다.[55] 기독교 심리학자 폴 비츠Paul Vitz 는 로저스를 비롯한 인본주의 심리학은 자기self를 우상으로 숭배하는 하나의 종교가 되고 말았다고 비판했다. 문제는 심리학을 통해 만들어진 자기의 가치는 위조지폐와 같아서 내담자를 거짓된 번영으로 이끌 뿐 참된 가치와 현실로 인도하지 못한다는 것이다. 비츠의 판단에 따르면, "인본주의적 자[기]주의는 과학이 아니라, 대중적이고 세속적인 종교를 대체한 것으로, 오늘날 만연한 자[기] 숭배를 장려하고 번영시켜 온 장본인"이라는 것이다.[56] 존스와 버트만에 따르면, 이러한 자기에 대한 강조는 19세기의 관념론과 낭만주의 철학에서 유래한 것이라고 지적하면서, 인간중심상담의 개인주의적이고 경험적이며 상대주의적인 입장은 과장된 자기개념과 연결된다고 비평하였다. 그들이 보기에 인간중심상담은 "순진하면서도 낭만적으로 낙관적"인 견해이며, 성장을 향한 잠재력에 대한 로저스의 "고삐 풀린 낙관론"은 오히려 자기실현에 걸림돌이 되며, 고통 중에 있는 사람들에게 효과적이지 못하다고 주장하였다.[57]

로저스의 개인주의적이고 자기실현에 대한 강조를 목회신학적으로는 어떻게 보아야 하나? 로저스는 그에게 찾아와 고통을 호소하는 다양한 사람들과의 임상 경험을 통해 자신의 이론을 발전시켰다. 인간의 자기실현경향성 또한 로저스의 상담 경험에서 나왔다. 그는 상담현장에서 만난 사람들과의 대화와 치료 과정을 통해 인간이 가진 기본적인 욕구 ― 성장을 향한 경향성, 자기실현을 향한 욕구 ― 를 발견했다. 그리고 이러한 경향성은 그 사람의 왜곡되고 뒤틀린 심리적 방어기제 속에 깊이 묻혀 있지만 적절한 환경을 만나면 회복되고 표현될 수 있다는 것이다.[58] 로저스는 인간을 포함한 모든 유기체는 극도의 악조건이 아닌 이상, 혐오나 자기 파괴를 향해 나아가지 않는다고 믿었다. 오히려 모든 유기체는 내적인 선함을 간직하고 있기에 사회가 그들에게 도움을 주고 협조하는 방식으로 대할 때 실현경향성은 더욱 진작된다. 로저스가 인간에 대한 낙관적인 시각을 가지고 있었던 것은 분명하지만, 그렇다고 그가 인간이 지닌 미성숙함과 반사회적인 모습을 부정한 것은 아니다. 인간은 때로 미성숙하고 파괴적으로 행동한다. 그러나 이러한 파괴적인 행동은 인간의 기본적인 본성이라기보다는 두려움, 무지, 방어 등과 같은 미성숙한 심리 요인에 기인한 것으로, 이러한 행동의 배후에는 잘못된 사회적 개입과 영향이 있었다는 것이다. 그래서 로저스는 사회가 인간의 자기실현경향성을 진작시킬 수도 있지만, 때로는 가로막을 수 있다는 사실을 강조했다. 그만큼 사회의 역할이 중요하다

는 것이다.[59]

로저스의 이러한 견해는 분명 일리가 있는 것이 사실이다. 그는 인간 안에 있는 선한 본성과 이에 바탕을 둔 자기 성장과 발전 가능성을 상담 과정을 통해 직접 경험했기 때문이다. 그러나 기독교적 관점에서 보았을 때 여전히 의문이 생긴다. 인간은 정말 자기실현을 향해 나아가는 존재인 가? 극도의 악조건 속에서만 인간은 파괴적이 되고 미성숙하게 행동하는 것인가? 사실 인간만큼 예측이 불가능한 존재는 없다. 겉으로 그럴싸하고 근사한 모습을 가진 사람이 상상도 할 수 없는 죄악과 일탈을 일삼을 수 있다. 또한 사회에 모든 책임을 돌리는 로저스의 생각과 태도도 받아들이 기 어렵다. 문제를 일으키는 인간 본인에게는 아무런 책임이 없는 것인가? 이것은 인간의 도덕적 책임성과 가치관에 대한 질문을 불러일으킨다. 돈 브라우닝 Don Browning 은 로저스를 비롯한 인본주의 심리학자들이 자기실현 의 개념을 "도덕적 규범"으로 발전시키고, 자기실현을 통해 모든 도덕적 문제들을 해결할 수 있다고 주장한다고 지적하였다. 그러나 이러한 로저스 의 견해는 설득력이 부족하다. 왜냐하면 자기실현이 선하며 모든 도덕적 결정으로 인도한다는 주장에는 논리적인 근거가 부족하며, 각자의 자기실 현이 서로 충돌하지 않고 성취될 수 있다는 가정은 인간의 현실을 부정하 는 낭만적인 견해에 지나지 않기 때문이다.[60]

마지막으로 로저스의 임상에 대한 비평이 필요하다. 로저스의 심리치 료모델은 심플하면서도 굉장히 매력적인 것이 사실이다. 상담 관계, 공감, 진실성, 수용 등과 같은 로저스의 주요 개념들은 이제는 모든 상담자들에 게 요구되는 기본 자질이 되었다. 그럼에도 로저스의 상담방법론이 가진 맹점이 있다. 먼저 로저스가 주장하는 치료의 핵심 조건 — 수용, 공감, 일 치성 — 을 구체적으로 실현할 수 있는 치료자의 인간적 능력에 대한 질문 이다. 즉, 모든 치료자가 이러한 상담 조건을 성공적으로 제공할 수 있는가

하는 것이다. 로저스는 생전에 자신의 치료 기법을 전수하거나 가르치는 상담기관이나 학회를 만드는 것을 거부했다. 상담자마다 독특성과 개별성이 있기에 획일적으로 상담교육을 할 수 없다는 이유에서였다. 그러다 보니 로저스의 상담기법은 후학들에 의해 각자 나름의 방식으로 전달되었다. 사실 로저스가 말하는 상담 관계의 본질에 대해 모호성이 다분히 존재한다.[61] 현실이 이러하니 로저스식 상담의 현장을 만드는 것은 상담자 각자의 몫이 되고 만 느낌이 든다. 물론 로저스 사후 학회가 만들어지고 관련 학회지가 출판되고 있지만, 여전히 상담의 핵심 조건을 충족시키는 상담자 개인의 관점과 수련이 중요한 영역을 차지하게 되었다.

인간중심상담의 임상에 대한 또 다른 비판 중의 하나는 상담 과정에서 어떤 단호함이나 훈육이 없고, 불승인을 표현하거나 부정적인 감정에 반응하지 않는다는 것이다. 인간을 "있는 모습 그대로" 인정하고 받아주는 것은 목회상담자에게 요구되는 중요한 태도이지만, 그렇다고 내담자 안의 악과 모순을 눈감아주고 모른 척 하는 것은 기독교 상담자가 취할 태도가 아니다. 수용과 공감은 무척 중요하다. 그러나 "연단이나 도덕적인 책임성, 심판, 또는 회개" 같은 기독교적 윤리의식을 배제해 버린다면 그것은 "도덕적인 상대주의"나 "이빨 빠진 윤리"로 전락하고 말 것이다. "진실을 말하는 것은 거기에 따르는 위험부담과 책임이 있다. 하지만 진실을 말하지 않고 회피하는 것 또한 위험부담과 책임이 있는 것이다."[62] 사실 많은 크리스천들이 경청하고 위로하는 능력보다는 설교하고 권면하는 능력이 더 많은 것 같다. 그래서 상담 관계에서는 내담자를 기다려주고 수용하는 환경을 먼저 제공하는 것이 정말 중요하다. 그러나 변화와 성장이 일어나기 위해서 직면해야 하는 깊은 이슈에 들어가지 않은 채 공감적 경청과 수용에만 만족하는 것은 바람직하지 않다. 목회상담자들은 내담자에게 사랑과 돌봄을 제공하면서도 동시에 도덕적 책임과 윤리성을 간과하지 않는 임상적 지혜를 배워야 할 것이다.

그리고 무엇보다 인간중심상담에는 분명한 하나님 개념이 없다. 로저스는 한때 신실한 크리스천이었지만 후에 기독교 신앙을 떠나 인본주의적이고 자유주의적인 자신만의 종교 세계 속에서 살았다. 인생의 끝 무렵 아내가 세상을 떠난 후 그는 영적인 세계의 실재에 대해 보다 깊이 인식하기 시작했지만 여전히 무신론적인 세계관 속에 머물러 있었다.[63] 로저스의 상담 현장에는 사랑과 열정, 공감과 수용은 있었지만, 겸손하게 자신을 내어 드릴 수 있는 신적 실재나 성령의 역사 같은 영적인 공간은 없었다. 로저스의 상담실은 어떤 곳보다도 뜨거운 탐구심과 집중력, 관심과 애정이 가득한 곳이었지만, 그가 그토록 사랑하고 열정을 쏟아 부은 인간을 만드신 하나님에 대한 인식과 인정이 없었기에 지극히 인간적이고 자기애적인 공간이 되고 말았다. 로저스가 기독교 신앙을 유지하고 상담자로 활동했다면 어떤 상담을 펼쳤을지 정말 궁금해진다.[64]

인간중심상담이론을 활용한 목회상담

이 장을 마무리하면서 로저스의 인간중심상담이론이 목회상담현장에 던져주는 메시지와 적용 포인트를 간략하게 기술하려고 한다. 첫째, 로저스 상담은 상담자의 태도에 대한 보다 치료적이고 효과적인 관점을 제공한다. 목회상담자가 기억해야 할 것은 내담자가 필요로 하는 것은 형식적인 조언이나 피상적인 해결책, 섣부른 해석이 아니라는 점이다. 특별히 목회자나 영적 지도자를 찾아오는 내담자의 경우, 그들이 영적인 권면과 지도를 바라는 측면이 분명히 있겠지만, 그럼에도 불구하고 그들은 먼저 이해와 공감을 바라고 있다는 것을 잊지 말아야 한다. 상담자는 겸허한 마음으로 내담자의 목소리에 귀를 기울이고 그들의 내면의 세계에 대한 깊은 이해를 추구해야 한다. 그러나 임상 현장에서 이러한 태도를 가지는 것은 쉽지 않다. 이러한 태도와 가치는 많은 시간과 수련이 요구되는 어려운 과정이기 때문이다. 목회상담자는 "네 이웃을 네 자신과 같이 사랑하라"^마 ^{22:39}라고 하신 예수님의 말씀을 기억하면서 매순간 내담자를 향하여 깊은 사랑과 인내를 보여주어야 할 책임과 의무가 있다. 이것이 바로 인간중심 상담이론이 우리에게 던져주는 가장 중요한 통찰이자 배움이다.

둘째, 인간중심상담이론은 다른 심리치료이론과 달리 상담자의 전문성과 권위를 주장하지 않는다. 내담자 자신이 자기 삶의 주체요 전문가라는 것이다. 로저스의 상담 장면을 연구해 보면, 로저스는 내담자에게 권위 있는 전문가로 다가가기보다는 섬세하고 따뜻한 친구로 다가간 것을 볼 수 있다. 이것은 상담자에게 전문성이 요구되지 않는다거나 전문적인 훈련이 필요 없다는 의미는 결코 아니다. 로저스 사후 후학들이 로저스의 상담 사례를 연구하고 분석한 자료에 의하면 로저스는 최소한 13가지의 상담 기법을 사용한 것으로 나타나 있다. 여기에는 집중력 있게 듣기, 이해한 것 점검하기, 재진술, 내담자가 진술하지 않은 감정에 대한 인식, 해석, 직면, 자기 개방 등이 있다.[65] 그만큼 로저스는 전문가적인 지식과 경험을 가지고 내담자를 대했던 것이다. 그러면 로저스가 자신의 전문성과 권위를 주장하지 않았다는 것은 어떤 의미인가? 그것은 로저스가 내담자의 자원과 가능성을 신뢰했다는 의미이며, 자신의 전문성을 자랑하거나 드러내어 해답을 주거나 주도하지 않았다는 뜻이다. 로저스의 상담은 기법이 없는 듯하지만 임상적인 예민함과 영민함이 돋보인다. 목회자를 비롯한 목회상담자는 로저스의 이러한 겸손과 내려놓음을 배울 필요가 있다. 내담자의 삶에 침투적으로 개입하기보다는 "알지 못함의 태도"를 가지고 따뜻한 친구처럼 곁에서 함께 해 줄 때 영적 권위는 오히려 더 큰 힘을 발휘할 것이다.

끝으로, 인간중심상담이론은 인간에 대한 보다 긍정적이고 적극적인 가치관을 제공한다. 앞에서 논의한 것처럼 인간에 대한 로저스의 견해는 다분히 인본주의적이고 지나친 감이 없지 않다. 그럼에도 불구하고 우리는 로저스의 입장에 귀를 기울일 필요가 있다. 하나님의 형상을 따라 창조된 인간이 지닌 기본적인 선함과 성장과 변화의 가능성을 인정하지 않을 수 없기 때문이다. 특히 로저스가 진정한 인간이 되어가는 과정에서 언급한 변화의 덕목들 ― 가면, 의무, 기대에의 부응, 타인 기쁘게 하기 등에서 벗어나고, 자율성, 과정 받아들이기, 변화 인정, 타인 수용 등으로 나아가는 것 ― 은 크리스천들이 꼭 소유해야 할 중요한 목록들로 보인다. 다소 과장된 측면이 있는 것은 사실이지만, 기독교인들이 세상 사람들보다 더 완고하고 불친절하며 이기적이라는 소리를 듣는다. 타인을 위로하고 격려하기보다는 가르치고 앞지르려 한다. 로저스가 말하는 "충분히 기능하는 사람"의 모습 ― 경험에 대한 개방성, 실존적 삶, 자신에 대한 신뢰 확대, 창의적이고 풍성한 삶 ― 을 추구하되, 인간으로서의 자신의 한계와 죄성을 망각하지 않는 크리스천들이 필요한 시대이다. 인간중심상담 수련 과정에는 이론적 지식이나 치료적 기술 습득 이전에 자기 자신을 이해하고 소중히 여기는 훈련을 시키며, 자신에게 귀 기울이고, 자기를 수용하며, 공감을 개발하고, 진정성을 배우는 것이 상담자의 기본적인 소양이라고 가르친다고 한다.[66] 목회상담자가 배워야 할 것이 바로 이러한 인간중심상담의 기본 소양이 아닐까? 그런 점에서 인간중심상담이론은 목회상담자들에게 자기 자신을 돌보고 보살필 것을 요청한다.

위의 논의를 바탕으로 필자는 로저스의 인간중심상담은 목회상담자들에게 이론적인 영역에서 뿐만 아니라 임상적인 영역에서 많은 도전과 유익을 던져주며, 목회신학적으로 분별력 있게 사용한다면 목회상담의 세계를 더욱 풍성하고 알차게 만드는 데 긍정적으로 기여할 것이라고 확신한다.

3 장

4차 산업혁명에 대한 목회신학적 비평

4차 산업혁명에 대한 전반적인 이해

4차 산업혁명의 기회와 도전: 목회신학적 성찰

4차 산업혁명에 대한 목회상담적 제언

이 글은 2018~2019년 필자가 재직하고 있는 장로회신학대학교에서 추진되었던 교외연구과제의 일환으로 준비된 것이다. 4차 산업혁명은 2016년 도보스포럼에서 클라우스 슈밥에 의해 주창된 이래로 전 세계적인 관심을 끌고 있으며, 이제는 역사적 흐름으로 받아들여지고 있다. 이 글에서 필자는 우리 시대 혁신과 변혁을 이끌고 있는 4차 산업혁명의 주요 특징, 영향, 과제 등을 소개하며, 4차 산업혁명이 이미 초래하고 있으며 이후로 가져올 공헌과 도전을 목회신학적 관점에서 밝히고 있다.

4차 산업혁명은 이미 우리에게 도래했기에 목회신학자로서 이에 대한 분명한 이해가 필요하다고 생각하며 깊이 있는 목회신학적 성찰 또한 요청된다. 필자는 4차 산업혁명이 가져다주는 목회신학적 공헌을 밝히는 동시에 4차 산업혁명이 내포하고 있는 세계관, 관계성, 가치관 등을 비판적인 시각으로 비평한다. 그러나 4차 산업혁명을 위협으로 받아들이는 입장을 취하기보다는 목회돌봄과 상담을 위한 중요한 기회로 바라보는 관점을 견지하고 있다.

스위스에 바탕을 둔 세계경제포럼World Economic Forum, 일명 "다보스포럼"의 창립자이자 회장인 클라우스 슈밥Klaus Schwab이 2016년 세계경제포럼 연례모임에서 4차 산업혁명Fourth Industrial Revolution을 공식 천명한 후 이와 관련된 논의가 활발하게 진행되고 있다.[1] 4차 산업혁명이라는 용어에 대한 찬반 논의는 여전히 유효하지만[2], 세계경제포럼을 주축으로 새로운 과학기술과 혁신을 바탕으로 비즈니스, 정치, 사회, 환경 등 다방면의 영역에서 국제적이면서도 지역적이고 산업적인 어젠더를 구축하고, 협력적이고 공정한 세계의 발전과 성장을 도모하려는 국제적인 노력이 이루어지고 있다.[3]

4차 산업혁명을 인정하든, 인정하지 않든 이미 우리는 엄청난 변화와 변혁의 소용돌이 속에 놓여있는 듯하다. 역사 속에서 지금까지 이루어진 산업혁명이 인류에게 많은 유익과 발전을 가져다 준 것은 사실이지만, 이와 함께 엄청난 부작용과 위협을 초래했다는 점에서 4차 산업혁명을 바라보는 시각이 곱기만 한 것은 아니다. 소위 "4차 산업혁명"은 인류에게 어떤 유익을 가져다 줄 것인가? 그리고 4차 산업혁명으로 야기되는 위협과 과제는 무엇인가? 이 질문은 정치, 경제, 사회, 윤리적인 질문을 넘어서 신학적이고 실존적인 질문으로 여겨진다.

이 글은 4차 산업혁명에 대한 목회신학적인 성찰을 목표로 한다. 목회신학은 목회 경험을 비롯한 인간의 살아있는 경험을 중요한 신학적 성찰의 주제로 취하여 구체적인 목회돌봄과 상담의 신학적, 비평적, 실천적 방향성을 제공하는 역할을 해 왔다.[4] 목회신학은 무엇보다 하나님께서는 인간이 사랑의 관계성 안에서 살아가기를 바라신다는 믿음 위에 바탕을 두고 있다. 따라서 영혼의 돌봄과 치유에 큰 관심을 기울인다. 이런 측면에서 4차 산업혁명으로 초래될 수 있는 기회와 도전은 중요한 목회신학적 성찰의 대상이 된다. 또한 학문의 특성상 목회신학은 학제 간 연구를 강조한다. 즉, 성서, 기독교 신학과 교리 및 전통, 인간의 현실과 살아있는 경험, 심리학을 비롯한 사회과학적인 이론과 통찰 등을 종합적으로 검토하고 분석하여 인간과 세계를 이해하려고 시도한다. 그렇기에 어떤 학문보다도 포괄적이고 통합적인 학문이라고 할 수 있다.

이 장에서는 4차 산업혁명에 대한 목회신학적인 성찰과 비평을 통해 현시대를 위한 보다 전인적이고 총체적인 돌봄과 상담에 대해 생각해 보려고 한다. 먼저 4차 산업혁명에 대한 개괄적인 이해를 위해 주요 특징과 원칙, 핵심 영향과 과제에 대해 살펴볼 것이다. 이러한 과정을 통해 4차 산업혁명이 가져다주는 기회와 유익 및 위협과 도전이 무엇인지 파악할 수 있을 것이다. 그 후 이러한 논의를 바탕으로 4차 산업혁명에 대한 목회신학적 함의를 도출해 낼 것이다.

4차 산업혁명에 대한 전반적인 이해

1. 주요 특징 및 원칙

슈밥에 따르면, 4차 산업혁명은 크게 2가지 특징을 가지고 있다. 첫째, 과학기술혁명으로, "디지털 혁명"으로 일컬어지는 3차 산업혁명에 기반을 둔 새로운 최첨단 기술의 개발에 바탕을 두고 있다. 즉, 디지털화와 정보통신기술이 가져온 획기적인 발전에 기초하고 있다. 세부적으로는 물리학, 디지털, 생물학 기술 분야에서의 발전을 일컫는다.[5] 먼저 인간이 살아가는 물리적 세계를 재구성할 수 있는 물리학 기술 분야에서는 인공지능과 로봇공학, 자율주행자동차, 드론 등을 비롯한 무인운송수단, 적층가공과 3D 프린팅, 그래핀과 같은 최첨단 신소재를 들 수 있다.[6] 디지털 기술 분야에서는 퀀텀 컴퓨팅과 같은 새로운 컴퓨팅 기술, 블록체인과 분산원장기술, 사물인터넷의 발전이 거론된다. 그리고 생물학 기술 분야에서는 생명공학, 신경기술, 가상현실과 증강현실을 들 수 있다. 2018년에 발간된 책에서 슈밥은 이러한 물리학, 디지털, 생물학 기술에 더해서 인류가 개척해야 할 환경의 최전선에 에너지 확보, 저장, 전송, 지구공학, 우주기술 등을 언급한 바 있다.[7] 이처럼 4차 산업혁명은 과학기술의 획기적인 발전을 전제로 하고 있다. 4차 산업혁명의 두 번째 특징은 파괴적 혁신 disruption 인데[8], 이는 기존의 비즈니스 모델을 과감하게 탈피하여 생산과 소비, 운송과 배달 시스템의 전면적인 재편을 통한 산업 전반의 거대한 변화를 말한다. 즉, 위에서 언급한 첨단 과학기술을 융합하여 개개인뿐만 아니라 경제, 기업, 사회 전반에 패러다임 전환을 가져오는 것을 목표로 하며, 이를 통해 국가 간, 기업 간, 산업 간, 그리고 사회 시스템 전체의 변화를 추구한다.[9] 그렇기에 4차 산업혁명은 한 기업이나 국가의 변화를 넘어서는 세계적인 변혁과 혁신을 도모하는 전 지구적인 노력인 셈이다.

슈밥은 과거의 산업혁명 및 4차 산업혁명을 이끄는 주요 기술들 간의 역학 관계를 종합적으로 분석한 다음, 4차 산업혁명이 추구해야 할 네 가지 핵심 원칙을 제시하였다.[10] 첫째 원칙은 "기술이 아니라 시스템"으로, 단순히 기술 개발과 사용에만 집중하는 것이 아니라 인류의 안녕과 번영을 책임질 수 있는 시스템을 구축하는 것이다. 이를 위해 정치적 의지, 적절한 투자, 이해당사자들 간의 협력 등이 요구되며, 이러한 노력이 없으면 신기술은 오히려 현재의 시스템을 악화시킬 수 있다고 본다. 둘째 원칙은 "기술 결정론이 아닌 권한의 부여"인데, 이는 인간의 의사 결정을 가치 있게 여기고 새로운 기술이 사람들에게 더 많은 기회와 선택, 자유와 삶의 통제권을 보장할 수 있도록 의도되어야 한다는 것이다. 이를 위해 기술에 대한 지나친 의존과 편향성을 지양하고 기술을 통제하고 선용할 수 있는 인간의 능력과 권한을 강조한다. 셋째 원칙은 "사고하는 기술 개발"로서, "디자인 사고"design thinking, 즉 인간 중심의 개발 철학을 기술에 적용하는 사고를 강조하고, 시스템적 사고systems thinking를 통해 새로운 기술을 현존 시스템에 효과적으로 전환시키는 것을 말한다. 마지막 넷째 원칙은 "가치 지향적 기술 개발"인데, 기술을 가치중립적인 도구로 생각하기보다는 기술 개발과 사용에 내포된 가치의 문제를 중시하며 이를 검토하고 숙고하는 것을 의미한다.[11] 이러한 네 가지 원칙은 4차 산업혁명이 지닌 가능성과 효과를 극대화하고 위험을 최소화하려는 노력에서 나온 것으로 보인다.

2. 핵심 영향

4차 산업혁명이 인류에게 미칠 영향은 무엇일까? 이에 대해 슈밥은 다섯 가지 항목 — 경제, 기업, 국가 및 세계, 사회, 그리고 개인 — 으로 나누어 자세하게 4차 산업혁명이 초래할 변화와 결과에 대해 언급하였다.[12]

먼저 경제 영역에서는 기본적으로 과학기술 혁신이 경제 성장에 긍정적인 영향을 미칠 것이라는 전망을 내어놓으며, 저성장의 주요 원인인 자본 분배의 왜곡, 과도한 채무, 인구구조의 변화예: 고령화의 문제를 극복하는 것이 관건인데, 4차 산업혁명이 이러한 문제에서 벗어날 수 있도록 건설적인 동력예: 생명연장, 생산성 향상, 잠재적 경제성장 촉진 등을 제공할 수 있을 것이라고 주장한다.

기업 영역에서는 파괴적 혁신을 통하여 보다 민첩하고 혁신적인 경쟁력을 갖춘 기업들이 배출될 수 있을 것이라고 전망하면서, 이러한 기업들은 연구, 개발, 마케팅, 판매, 유통 분야에서 거대 기업을 추월할 능력을 갖추게 될 것이라고 말한다. 그리고 4차 산업혁명의 혁신 기술은 고객의 기대에 보다 민감하고 신속하게 반응하는데 도움을 줄 것이며예: 실시간 데이터와 분석 결과를 활용하여 고객층을 선정하고 최적화된 서비스 제공하기 등, 빅 데이터를 활용하여 품질을 향상시킬 수 있고, 산학협력을 통해 혁신을 가속화하며, 물리학, 디지털, 생물학 기술을 다차원적으로 결합하고 활용한 신기업 운영모델의 개발과 산업의 융합이 가능할 것이다.

4차 산업혁명은 또한 국가에서 정부가 감당해야 할 역할에 대해 재고하게 만드는데, 이는 전통적인 의미에서의 통치 기관으로서의 정부의 역할을 탈피하여 시민사회 및 민간부문과의 협력을 보다 강화하는 형태로 나아가야 할 것이라고 전망한다. 이는 기술의 발달로 인해 시민사회가 목소리를 낼 기회가 증가예: 인터넷, 소셜 미디어(SNS) 등을 통한 참여하고 국가의 분열과 양극

화로 인해 정부의 효율성이 떨어질 것이기 때문에 투명성과 효율성이 높은 작고 효과적인 정부 구조로 변모해야 함을 의미한다. 결국 정부는 민첩한 통치 시스템의 구축을 통해 업계 및 시민사회와 협력하고 국민과 효율적으로 소통하며 배움과 적응을 위한 정책 실험을 감행해야 한다는 것이다.

세계적인 global 영역에서는 새로운 디지털 경제의 주요 분야에서 국제 규범과 규정을 구축하는 일이 우선적으로 요구되는데, 최신기술혁신이 가져다주는 기회를 최대한 활용할 수 있는지에 대한 여부는 해당 국가나 지역의 정책 결정에 달려 있다고 본다. 특히 혁신의 중심지이며 경제성장과 사회 발전을 주도해 온 도시의 활용 여부가 중요한 변혁의 발판이 될 것으로 여겨진다.[13] 더불어 4차 산업혁명은 국가 간의 관계뿐만 아니라 국제안보 측면에서 중대한 도전을 던져줄 것이며, 권력 이동과 함께 안보 위협의 성격을 바꿀 만큼 국제적으로 중대한 파급효과예: ISIS 같은 테러단체의 소셜 미디어 활용, 사이버 전쟁, 자율 전쟁 등를 가지게 될 것이라는 전망을 내어 놓았다.

사회 영역에서는 과학의 급속한 발전과 상업화, 그리고 혁신 기술의 확산으로 말미암아 전문적 기술을 보유하고 전 세계적으로 연결된 디지털 플랫폼과 시장을 석권한 소수의 특권층과 전문인 기술자들, 그리고 새로운 아이디어를 창출하고 혁신할 수 있는 사람들에게는 커다란 기회가 될 것이라고 전망한다. 그러나 이러한 전문화와 기술혁명은 심각한 불평등을 양산하고 사회 공동체 형성과 관계에 부정적인 영향을 미칠 수 있다는 우려가 있다. 즉, 이러한 불평등의 증가는 단순한 경제현상에 그치는 것이 아니라 중요한 사회 문제로 나타날 수 있다는 것이다. 불평등 수준이 높아질수록 사회적 불안 또한 증가할 수 있다는 점에서 4차 산업혁명이 내포한 잠재적 위험 요소를 엿볼 수 있다.

마지막으로 개인 영역에서는 4차 산업혁명으로 인해 개인의 정체성,

도덕성, 윤리 등에 심각한 변화와 혼란을 초래할 수 있을 것으로 본다. 예를 들어, 우리의 생각과 예상보다 빠르게 증강 인간human augmentation이 실현되어 인간 존재의 본질에 대한 도전을 던져줄 수 있다는 것이다.[14] 그리고 4차 산업혁명이 초래하는 사회적 불평등을 뛰어넘어 "존재론적 불평등"을 조장할 수 있다는 우려가 있다. 즉, 사람을 물질적인 관점에서 승자와 패자로 갈라놓거나 혁신과 변화를 수용하는 사람과 수용하지 않고 저항하는 사람으로 분리시켜 위화감을 조장할 수 있다는 것이다. 또한 기술혁신이 인간의 정체성에 영향을 미쳐 자기반성, 연민, 공감 같은 인간됨의 본질적 능력을 축소시킬 가능성이 존재한다. 그리고 무엇보다 인공지능과 생명공학을 포함한 4차 산업혁명을 통해 이루어진 놀라운 혁신은 인간이란 무엇인가에 대한 기본적인 개념까지도 위협할 수 있다. 인간의 수명, 건강, 인지, 능력의 한계점이 기술혁신을 통해 확장되고 있기 때문이다. 또한 4차 산업혁명이 자랑하는 첨단 과학기술과 발전은 인간성의 중요한 영역인 관계성 형성예: 사색의 시간, 친밀한 대화 등에 심각한 부작용을 초래할 수 있다.[15] 그리고 인터넷과 상호연결성은 개인의 사생활을 침해하고 개인 정보 관리에 수많은 문제점을 야기할 가능성이 있다.[16]

3. 당면한 과제

위에서 살펴본 것처럼 4차 산업혁명은 또 다른 산업혁명으로 불려도 손색이 없을 만큼 인간의 삶의 방식과 행동에 지대한 영향을 미치고 있음에 틀림이 없다. 그러나 앞에서 짧게 언급한 대로 4차 산업혁명이 초래하는 과제와 위협 또한 엄연한 사실이다. 슈밥이 자신의 말로 표현한 것처럼, "제4차 산업혁명이 주는 기회가 강력한 만큼 그것이 불러올 문제점 역시

벅차고 무겁다."[17]

　전체적으로 보았을 때, 4차 산업혁명이 인간에게 가져다 줄 기회와 유익은 적지 않다. 무엇보다 첨단 기술과 혁신을 통해 인간의 삶의 질과 복지를 개선하는데 도움을 줄 수 있을 것으로 보이며, 사물인터넷, 블록체인, 로봇공학, 3D 프린팅 등은 인간에게 편리함과 유익을 제공할 것이다. 예를 들어, 사물인터넷 혹은 "만물인터넷"을 통해 세 개 이상의 기능 영역에서 정보통신 기술을 통합한 스마트 시티 smart city의 건설이 가능한데, 이 혁신 도시는 도로, 건물 등 전통적 인프라를 기술과 결합하고 도시 에너지를 절약할 수 있도록 하며, 지능형 센서와 네트워크로 연결된 관리시스템을 통해 최적의 혁신 도시를 만들어낼 수 있다.[18] 이러한 도시는 인간의 삶의 질을 향상시키고 자원을 효과적으로 활용할 수 있도록 도와주며, 범죄를 감소시키는 효과를 가져 올 것이다.[19] 또한 빅 데이터를 활용하여 더욱 효율적이고 신속한 의사결정이 가능해질 뿐만 아니라 실시간 의사결정 가능성도 늘어나게 되어 사고 과정의 복잡성은 줄이고 효율성은 늘어나는 유익을 가져다 줄 것이다.[20] 그리고 첨단 신경기술의 발달은 장애인들에게 획기적인 도움을 제공할 수 있는데, 휠체어뿐만 아니라 의수와 의족을 의식으로 움직이는 것이 가능해 질 것이다. 그 외에도 새로운 에너지를 확보하고 저장하며 전송하는 기술의 혁신을 통해 에너지 효율은 높이되 손실은 낮출 수 있게 되고, 인공 지능과 접목한다면 대규모 시스템 차원에서 효율성을 극대화하여 인류의 에너지 문제 해결에 획기적인 기여를 할 수 있을 것이다.[21] 또한 첨단 지구공학의 힘을 사용하여 지구온난화 문제 해결을 비롯한 자연 시스템에 대한 광범위한 개입이 가능할 것으로 여겨진다.[22]

　그러나 이러한 많은 기회와 유익에도 불구하고 해결해야 할 과제 또한 산적해 있다. 슈밥은 4차 산업혁명이 가져다주는 경제 성장과 생산성 향상, 그리고 혜택을 누리기 위해서는 3가지 어려운 도전 과제를 극복해야 한다고 역설한 바 있다.[23] 첫째, 4차 산업혁명의 혜택이 공정하게 배분되도록 보장하는 것이다. 지금까지 여러 차례의 산업혁명을 통해 형성된 부와 번영이 균등하게 배분되지 못했고 현재도 불균등하게 배분되고 있다. 예를 들어, 과거의 산업혁명이 만들어낸 새로운 시스템의 경우, 특정 방향으로 편향되거나 혜택이 사유화되어 소수의 사람들에게만 부와 기회가 집중되었던 것을 기억할 필요가 있다는 것이다. 둘째, 4차 산업혁명이 초래할 수 있는 위험과 피해를 최소화하는 것이다. 과거 산업혁명의 경우, 변화의 비용, 간접 영향 혹은 의도적인 오용으로 인해 취약 계층들이 큰 피해를 입었다. 산업 혁명으로 인해 자연이 파괴되었고, 미래 세대를 보호하기 위한 노력 또한 거의 이루어지지 않았던 것을 잊어서는 안 된다. 셋째, 4차 산업혁명이 인간 중심이 되는 혁명이 되도록 보장하는 것이다.[24] 즉, 인간은 그 자체로 존중받아야 할 대상이며, 이 세계를 위한 의미 있는 대리자로서 권한과 힘을 부여받아 행사해야한다는 것이다. 문제는 인공지능, 로봇공학, 생명공학, 신경기술, 그리고 증강인간의 실현 등은 인간의 본질과 정체성에 대한 질문을 던질 뿐만 아니라 인간의 생존까지 위협할 수 있다는 점이다.[25] 그러므로 산업혁명의 기술이 인류에게 빈곤, 불평등, 차별, 불안정과 혼란, 환경 파괴 등을 야기하거나 인간 존재의 가치를 하락시키는 결과를 초래하지 않도록 하는 것이 중요하다.

4차 산업혁명이 가져다 줄 수 있는 이러한 위기와 과제에 대한 인식은 공공선이라는 가치에 기반을 둔 기술 개발의 중요성을 부각시키고 있으며, 권력을 가진 소수의 일방적인 주도와 조정보다는 상호신뢰와 협력에 바탕으로 둔 "시스템 리더십"의 필요성을 강조하고 있다. 그래서 일방적인 톱다운top-down 방식의 리더십 대신 다양한 사람들이 함께 소통하고 협력하는 협치 거버넌스, governance 의 형태를 취하고, 변화를 위한 공동의 비전을 세워나가고 글로벌 사회의 모든 일원들이 힘을 모아 더 나은 미래를 위한 변화를 이끌어 내는 노력을 지향하고 있는 것이다. 슈밥은 이를 위해 "줌인, 줌아 웃"zoom-in, zoom-out 전략을 제시하고 있는데, 이는 첨단 과학기술의 성격과 잠재적 파괴력을 이해하는 것 "줌인"과 여러 기술들을 상호 연결하는 패턴과 그 영향력을 전체적으로 보는 것 "줌아웃"을 말한다.[26] 관건은 이러한 줌인, 줌 아웃 전략을 통해 인류의 공공의 이익과 욕구를 충족시킬 수 있는 방식으로 과학기술을 통제할 수 있어야 한다는 점이다.

슈밥은 최첨단 과학기술과 파괴적 혁신을 통해 지속가능하고 공평하며 포용적인 성장이 가능하기 위해서는 다차원적인 지능이 요구된다는 점을 강조하였다. 그것은 첫째, 인지한 것을 이해하고 적용할 수 있는 "상황 맥락contextual 지능정신", 둘째, 생각과 감정을 정리하고 결합하여 자기 자신뿐만 아니라 다른 사람과 관계를 맺는 능력인 "정서emotional 지능마음", 셋째, 변화를 이끌어 내고 공공의 이익을 위해 개인뿐만 아니라 공동의 목적과 신뢰, 덕목을 활용할 수 있게 해 주는 "영감inspired 지능영혼", 마지막으로 넷째, 변화에 필요한 에너지를 얻기 위해 자신의 건강과 행복을 구축하고 유지하게 하는 "신체physical 지능몸"이다.[27] 그리고 4차 산업혁명의 도전을 기회로 바꾸기 위해서 세 가지를 제안하였다. 하나는 의사결정 과정에서 칸막이식 사고방식을 벗어나 포용적 접근을 하는 등 사회 모든 분야에서 인식과 이해를 높여야 한다는 것이며, 둘째는 현재를 포함한 미래에 대한 "긍정적이고 포괄적인 공동의 담론" 구축인데, 이를 위해 공동의 가치와 윤리적 원칙을 수립하고 "관용과 존중"을 넘어 "배려와 연민"으로 나아가야 한다는 것이고, 셋째는 경제, 사회, 정치 시스템을 개편하여 최적화하는 것이다.[28] 그리하여 4차 산업혁명이 꿈꾸는 미래는 "새로운 문화적 르네상스"의 구축이며 "진정한 글로벌 문명사회"를 만들어가는 것이다.[29]

4차 산업혁명의 기회와 도전: 목회신학적 성찰

그러면 4차 산업혁명이 목회신학과 상담에 던져주는 함의는 무엇일까? 먼저 4차 산업혁명이 가져다주는 건설적인 기회와 공헌에 대해 다룬 후, 이어서 문제점과 도전에 대해 살펴보려고 한다. 이러한 신학적 성찰과 비평의 과정을 통해 4차 산업혁명으로 인한 변화와 혁신을 목회상담현장에서 보다 분별력 있고 효과적으로 선용할 수 있는 통찰을 얻을 수 있을 것이다.

1. 기회와 공헌

4차 산업혁명이 던져주는 중요한 공헌 중의 하나는 인간의 삶의 질을 향상시키고 복지와 건강에 커다란 유익을 가져다줄 수 있다는 점이다. 이는 단지 인간에게 편리함과 안락함을 제공하는 차원을 넘어서 불치병을 치료하고 장애를 극복하도록 도우며 인간이 가진 난제들을 해결하는데 중요한 기여를 할 수 있다는 데 있다. 역사적으로 목회신학은 시대의 아픔을 함께 하면서 인간의 고통과 슬픔, 그리고 실존의 문제를 적절하고 효과적으로 돕기 위해 노력해 왔다. 목회돌봄 pastoral care 은 전통적인 교회의 목회 영역에 속해 있었고, 치유, 지탱, 인도, 화해의 기능을 수행해 왔다.[30] 그리고 현대에 와서는 양육 nurturing, 능력부여 empowering, 해방, 저항의 기능이 추가되어 돌봄이 진행되고 있다.[31] 4차 산업혁명은 첨단 기술과 혁신을 통해 이러한 돌봄의 기능을 보다 효과적이고 능률적으로 감당할 수 있는 좋은 자원이 될 수 있다.

우선 생명공학의 발달로 인해 의료 분야에 획기적인 변혁이 가능해짐으로 인간의 건강을 증진하고 치유와 회복, 성장을 가능하게 하고 있다. 예를 들어, 암이나 심장병과 같은 난치병에는 유전적인 요소가 있는 것으로 알려져 있는데, 유전자 염기서열분석이 가능해지고 간소화됨에 따라 이러한 질병에 관여하는 유전자 구성을 파악하고 환자에게 적합한 치료법을 개발하고 적용할 수 있게 될 것이다.[32] 이미 IBM의 슈퍼컴퓨터 왓슨Watson 은 몇 분 내에 질병을 정밀 검사하고 유전자 데이터 등을 포함한 최신 의학지식을 비교분석하여 암 환자들에게 개인맞춤형 치료법을 권해주고 있다.[33] 이러한 소위 "정밀 의학"은 암 치료에 가장 많이 사용되고 있지만, 낭포성 섬유증, 천식, 당뇨병, 자가면역질환, 심혈관 질환, 신경 퇴행 등 다른 질병에도 효과를 나타나고 있다고 한다.[34] 또한 생명공학은 가까운 미래에 새로운 생물소재"biomaterial를 첨단 공학기술과 융합하여 골다공증과 같은 노화와 관련된 문제를 해결하는데 도움을 줄 수 있을 것이다.[35] 그리고 3D 바이오프린팅 bioprinting, 생체조직 프린팅 기술을 통해 이미 피부와 뼈, 심장과 혈관 조직을 만들어내고 있으며, 이후에는 이식용 장기를 만들 수 있을 것으로 예측하고 있다.[36] 또한 3차 산업혁명은 장애인들의 삶의 질을 많이 향상시킬 것으로 기대되는데, 신경기술과 로봇 공학의 도움으로 자신의 의식을 사용하여 의수와 의족, 휠체어를 움직일 수 있게 될 것이다.[37] 그 외에도 4차 산업혁명으로 인해 원격 의료 및 모바일 의료 제공이 가능해지며, 환자를 지원하는 로봇 시스템 등을 통해 인간의 건강과 복지에 획기적인 기여를 할 것으로 보인다.[38] 물론 생명공학, 신경기술, 그리고 로봇 공학의 발전이 야기할 수 있는 사회적, 의학적, 윤리적 문제들이 산적해 있는 것 또한 사실이다.[39] 그러나 그럼에도 불구하고 4차 산업혁명의 기술과 혁신이 분별력 있게 개발되고 사용된다면 인류에게 큰 유익과 기여를 할 것이 분명하다.

4차 산업혁명은 또한 공공선을 추구하고 가치를 우선시하고 있다는 점에서 목회신학적으로 중요한 기여를 할 것으로 보인다. 4차 산업혁명을 인공지능, 로봇 공학, 사물인터넷, 3D 프린팅과 같은 과학기술의 발전과 혁신에만 강조점을 둔 지능화 혁명으로 보는 경향이 있다. 물론 전적으로 틀린 견해는 아니다. 앞에서 이미 언급한 것처럼, 많은 부분 기술의 비약적인 발전과 생산성에 바탕을 두고 있기 때문이다. 그러나 4차 산업혁명은 출발단계부터 "공공의 목표와 가치를 반영한 공동의 미래를 구현"하는 것을 목표로 삼았다는 것을 기억할 필요가 있다.[40] 그리고 파괴적 혁신과 과학기술을 통해 공공선을 이루기 위해서는 미래에 대한 공공의 책임의식을 가져야 함을 강조하고 있다.[41] 그런 의미에서 4차 산업혁명은 개인의 번영과 성장에만 초점을 맞춘 이기적인 혁명이 아니라 함께 잘 살아가는 사회와 세계를 만들고자 하는 이타적인 노력으로 보인다. 목회신학은 인간이 사랑의 관계성 안에서 살아가는 것을 중요시한다. 그런 점에서 4차 산업혁명이 추구하는 공공선과 가치는 목회신학의 지향점과 서로 깊이 연결되어 있다고 할 수 있다.

최근 목회신학에서는 개인적인 차원의 돌봄과 치유를 넘어서서 사회, 문화, 정치, 국가 등 공공의 영역이 개인에게 미치는 영향에 주목하면서, 이러한 공공 영역에 대한 분석과 변화에 지대한 관심을 가지고 있다.[42] 개인이 아무리 변화를 시도하고 애를 쓴다고 해도 주변 사회가 달라지지 않고 부정적인 영향을 계속 미치고 있다면, 일시적인 치유와 변화는 가능할지 몰라도 장기적이고 근본적인 회복은 어렵기 때문이다. 그런 측면에서 4차 산업혁명이 가치에 기반을 둔 접근방식을 강조하면서, 4차 산업혁명이 가져올 수 있는 부의 집중화, 불평등, 차별, 빈곤, 일자리 문제 등을 미리 예견하고 거시적인 관점에서 공공선을 추구하고 "존경받는 개인, 서로에 대한 헌신, 다음 세대에 대한 존중"이라는 가치관을 지향하고 있다는 것은 굉장히 고무적인 현상이 아닐 수 없다.[43] 물론 이러한 이상은 쉽게 달성될 수 있는 쉬운 목표는 아닐 것이다. 그러나 충분히 고민하고 지향해야 할 가치 있는 목표로 보인다.

4차 산업혁명이 가져다줄 수 있는 또 하나의 목회신학적 공헌은 협력을 통한 시너지 효과이다. 슈밥은 하버드 대학교의 수학 및 생물학 교수인 마틴 노왁Martin Nowak의 말을 빌려와서 협력cooperation의 중요성을 강조한 바 있다.[44] 4차 산업혁명이 제대로 정착되고 성공하기 위해서는 상호 협력이 무엇보다 요청된다는 것이다. 앞에서도 언급한 바 있지만, 4차 산업혁명은 권력을 지닌 소수의 엘리트나 전문가의 일방적인 주도나 조정을 지양하고 상호 신뢰와 협력에 바탕을 둔 시스템 리더십을 강조한다. 즉, 톱다운 방식의 일방적인 리더십보다는 다양한 이해당사자들이 서로 소통하며 협치를 만들어 내는 형태를 선호한다. 함께 공동의 비전을 만들어내고 협력하여 더 나은 미래를 위한 변화를 시도한다. 이런 점에서 4차 산업혁명은 목회신학이 오늘날 강조하는 공동체성 및 상호연결성과 맞닿아 있다.[45]

목회신학의 역사를 살펴보면, 목회돌봄의 패러다임은 시대에 따라 변화해 왔는데, 고전적classical 패러다임, 임상목회적clinical pastoral 패러다임, 공동체 맥락적communal contextual 패러다임으로 변천하면서 점차 공동체와 맥락이 중요시되고 있음을 알 수 있다.[46] 최근에는 상호문화적intercultural 패러다임이 강조되면서, 문화적 다양성과 상호작용에 주목하고 있다.[47] 즉, 백인 중산층 중심의 목회신학적 패러다임을 탈피하고, 보다 포괄적이고 상호문화적인 관점과 가치관이 부각되고 있다는 것이다. 4차 산업혁명은 기술과 혁신에 바탕으로 둔 경제적, 사회적, 정치적 세계운동이지만 이들이 추구하는 협력과 협치, 그리고 상호연결성은 오늘날 목회신학의 방향성에 중요한 시사점과 함께 긍정적인 도전을 주고 있다고 생각된다.

2. 도전과 과제

우리는 앞에서 4차 산업혁명이 목회신학에 던져주는 건설적인 공헌 — 인간의 삶의 질 향상과 복지 및 건강에 기여, 공공선과 가치 추구, 협력을 통한 시너지 효과 — 에 대해 살펴보았다. 그렇다면 4차 산업혁명은 어떤 도전과 과제를 목회신학에 가져다주고 있을까?

먼저 4차 산업혁명이 강조하고 있는 인간 중심성에 대해 성찰해 볼 필요가 있다. 슈밥은 4차 산업혁명이 인간중심의 산업혁명이 되어야 한다는 점을 강조하면서, 불평등 가속화, 사회적 결속력 약화, 일자리 상실, 부정적인 외부 효과 등을 피하고 공공의 이익과 인간의 욕구를 충족시켜야 한다고 주장하였다.[48] 이러한 인간중심의 목표와 가치관은 상당히 설득력이 있고 매력적으로 보인다. 그러나 4차 산업혁명이 표방하고 있는 인간중심성은 다분히 낙관적이고 인본주의적인 세계관에 바탕을 두고 있다는 점을 간과해서는 안 된다. 4차 산업혁명에 대한 책을 읽으면서 느껴지는 불편함이 있었다. 그것은 인류의 번영과 성장, 그리고 지속발전가능성에 대한 무언의 확신과 열정이다.[49] 물론 이러한 열정과 확신이 지닌 장점과 유익함이 없는 것은 아니다. 그러나 지나친 성장주의와 진화론적 사고는 위험성이 있다.

기독교 신학은 인간이 하나님의 형상을 따라 창조되었기에 인간 안에 자율성과 책임성, 그리고 가능성이 있음을 인정한다. 인간 안에 신의 성품이 남아 있으므로 하나님의 선하심을 닮아 선함과 탁월함으로 나아갈 수 있는 잠재력이 다분히 남아 있기 때문이다. 신학자 밀라드 에릭슨은 하나님의 형상은 인간 속에 보편적으로 내재하며, 죄와 타락의 결과로 인해 완전히 상실된 것은 아니라고 역설한 바 있다.[50] 인간에게는 자유의지가 있으며, 미래를 개척하고 주체적으로 살아갈 수 있는 동력이 주어졌다는 것이다. 그러나 인간이 가진 한계와 약점, 유한성 또한 분명히 존재한다. 인간 안에 도사리고 있는 죄성과 악의 실재성은 인간이 지닌 잠재력과 가능성을 덮을 정도로 심각하고 뿌리가 깊다. 성경은 인간이 하나님의 형상을 따라 창조되었지만^{창 1:27-28}, 죄로 인해 타락하였음을 말씀한다^{창 3장}. 예수 그리스도께서 이러한 죄의 문제를 해결하기 위해 이 땅에 오셨고^{요 3:16}, 인간에게 구원을 선물로 주셨지만^{롬 5:18}, 여전히 인간은 죄의 영향력 안에 살아가고 있음을 증거하고 있다^{롬 7:15-20}. 중요한 것은 참인간으로 살아가기 위해서는 하나님과의 바른 관계를 가지고 있어야 한다는 점이다. 인간 자신만의 노력과 열정, 그리고 확신만으로는 부족하다. 여기에 4차 산업혁명이 표방하는 인간중심적 세계관의 맹점과 위험성이 있다. 목회신학자와 상담자들은 4차 산업혁명이 근거하고 있는 진화론적 사고와 인본주의적 관점에 대해 분명히 인식할 필요가 있으며, 4차 산업혁명의 도구와 기술들을 활용하되 목회신학적 정체성과 시각을 견지하면서 비판적으로 수용하고 받아들여야 할 것이다.[51]

　　4차 산업혁명은 또한 관계의 이슈에 대한 논의를 제기한다. 인간은 혼자 살아갈 수 없고 관계성 안에서 살아가는 존재이다. 4차 산업혁명이 주도하고 있는 초연결성 hyperconnectivity 은 이러한 인간의 욕구를 반영하는 노력으로 보인다. 실물과 디지털의 연계를 가능하게 해 주는 사물인터넷, 언제 어디서나 인터넷에 접속할 수 있도록 해 주는 유비쿼터스 모바일 인터넷 ubiquitous and mobile internet, 대규모 소셜네트워크인 페이스북 등은 이러한 인간의 욕구와 바람을 실현한 도구들이다. 그러나 이러한 최첨단 기술들이 인간에게 진정한 관계성을 제공하고 있는지는 의문이다. 앞에서도 언급했지만, 기술의 발전이 오히려 인간의 공감 능력을 감소시켰다는 미시간대학교의 연구가 있었으며, 온라인 세상과의 연결에 집착하다보니 가족 또는 친구와의 진정한 관계는 더욱 소원해지고, 미디어에 휩쓸린 젊은 세대들은 다른 사람의 말을 듣거나 눈을 맞추는 등 직접적인 대인 관계를 형성하는데 큰 어려움을 겪고 있다. 더 나아가 초연결성은 잠시 멈추고 사색하는 시간을 빼앗고 있으며, 진정한 대화와 소통의 시간을 제약하고 있다.[52] 그런 의미에서 현대인들은 관계성을 추구하면서도 오히려 참된 관계성을 상실한 채 살아가는 역설을 경험하고 있다고 해도 과언이 아니다.

박보린은 정신분석적 관점에서 4차 산업혁명에 대해 고찰하면서, 현대 사회에서의 관계성추구 현상에 대해 비판적으로 분석한 바 있다. 기계에 대한 인간의 집착 기저에는 대상과의 완전한 접촉을 원하는 갈망이 배어 있는데, 이는 관계 본능을 충족시키기 위해 첨단 기술을 남용하고 있는 상태로 볼 수 있다는 것이다.[53] 그리고 온라인상에서 맺는 대상관계는 자신의 참자기를 나타내기보다는 거짓 자기로 포장하기 쉬우며, 상호 간의 협의 하에 오가기에 "충분히 좋은 접촉"이 아니라 자신이 통제할 수 있는 만큼의 접촉을 제공한다고 지적한다. 그리고 이러한 행위의 기저에는 너무 가깝지도 멀지도 않는 심리적 거리를 성취하고 싶은 욕구가 깔려 있다고 보았다.[54] 문제는 이러한 접촉은 진정한 관계성과 소통으로 인도하지 못한다는 점이다. 또한 가상현실이나 기계를 통해 경험하는 함께함의 느낌은 진정한 친밀감이라기보다는 자신의 고통스러운 외로움을 해소하기 위한 거짓 위로일 수 있으며, 편리함과 효율성을 담보로 인간의 홀로 있을 수 있는 능력을 박탈하고 고립으로 밀어 넣는다고 지적한다.[55] 결국 기대했던 풍성한 관계 경험은 차치하고, 외로움만 더 부각시키는 결과를 낳고 만다는 것이다. 진정한 관계 경험은 자기 자신과 홀로 있을 때, 그리고 바로 옆에 있는 타인과의 짧은 상호작용을 통해서도 얻어질 수 있다는 점에서 현대 문명과 기술은 인간의 관계 경험을 확장하기보다는 제한하고 있다고 해도 과언이 아니다.[56]

기독교 신학은 관계성을 강조한다. 기독교의 하나님은 관계 안에 계신 하나님이기 때문이다. 하나님은 삼위일체라는 신적인 관계 속에서 일하시며, 인간과 함께 하시는 임마누엘의 하나님이시다. 예수 그리스도는 하나님과 인간 사이의 관계성의 절정으로, 이 땅에 오신 하나님이시다. 칼 바르트는 하나님과 인간 사이의 만남을 강조하면서, 이 만남이 치유를 가져오고 참인간이 되게 한다고 말한다.[57] 그런데 이러한 하나님과 인간 사이의 관계의 유사성이 인간 간의 관계성에서도 드러난다. 바르트는 인간 안에 있는 관계성을 네 가지 차원으로 설명한 바 있다: 1 우리는 이웃을 동료 인간으로 간주한다; 2 우리는 서로 서로 말하고 듣는다; 3 우리는 서로 서로에게 도움을 준다; 4 우리는 이런 일들을 기쁨으로 행한다.[58] 바르트의 관계성에 대한 이해는 4차 혁명의 시대를 살아가는 현대인들에게 중요한 시사점을 던져준다. 진실하고 직접적인 관계성을 역설하고 있기 때문이다.

상담 관계는 독특하고 특별한 관계이다. 그것은 사랑의 관계이며, 돌봄의 관계이다. 칼 로저스는 상담 관계 형성의 중요성을 누구보다 강조한 심리치료자였는데, 그는 인격적이고 인간적인 관계 안에서만 치료와 회복이 가능하다고 보았다. 타인에게 귀 기울이는 예민한 마음, 더욱 진실하게 될 수 있는 능력, 사랑을 주고받을 수 있는 민감성 등을 통해 상호 간의 진정한 의사소통이 가능하며, 이러한 만남이 있을 때 사람은 변화하기 시작한다는 것이다.[59] 4차 산업혁명의 시대에 절실하게 요구되는 것이 바로 이러한 의사소통과 관계성 형성이다. 그런 측면에서 목회돌봄과 상담의 필요성은 어떤 시대보다 더 요청된다고 할 수 있다. 이미 인공지능, 빅 데이터, 딥 러닝, 증강 현실과 혼합 현실과 같은 최첨단 기술을 사용한 상담이 어떻게 가능하며, 어떤 문제점과 유익을 가져다줄 것인지에 대한 연구가 진행되고 있어서 다행이다.[60] 그러나 이러한 기술들을 인간의 근원적인 관계성의 욕구를 건설적으로 충족시켜 줄 수 있는 방향으로 사용하는 분별력이 필요하다.

마지막으로 위의 논의에서 이미 힌트를 제공했다시피, 4차 산업혁명은 공공선, 가치, 인간중심성이라는 중요한 기준과 방향을 제시했으나, 하나님에 대한 인식이 없는 다분히 무신론적인 세계관에 바탕을 두고 있다는 점을 지적하고 싶다. 인간의 가능성과 잠재력, 그리고 협력을 통한 상승효과, 문명의 발전 등은 강력하게 제시되고 있지만, 인간을 창조하고 역사를 섭리하는 하나님에 대한 시각은 찾아볼 수 없기 때문이다. 슈밥이 그의 책에서 희망차게 역설하였던 4차 산업혁명을 통한 "새로운 문화적 르네상스의 도래" 혹은 "진정한 글로벌 문화사회로의 진입" 등은 마치 인간이 새로운 바벨탑을 쌓는 현대판 바벨탑 사건처럼 보인다. 구약성경에서 바벨탑 사건^{창 11장}은 노아 홍수 이후에 벌어졌는데, 그 사건의 발단은 사람들이 함께 모여 성과 대를 쌓고 자기 이름을 내고자 했던 지극히 인간적인 야망에서 비롯된 것이다. 하나님은 도외시한 채 인간들끼리 함께 모여 협력을 통하여 명성을 누리고자 했던 교만한 행위를 하나님께서는 그냥 놔두지 않으셨다. 바벨탑 건축 계획은 결국 실패하였고 그들은 온 지면에 흩어지게 되었다고 성경은 전하고 있다. 4차 산업혁명은 과학기술과 혁신을 통해 유토피아를 건설하고 인간의 위대함을 나타내려는 인간적 시도로 볼 수도 있다.

정신분석적 시각에서는 4차 산업혁명이 추구하는 기술 혁신의 기저에 인간의 전능환상과 통제 욕구가 깊게 깔려 있다고 역설한다. 이러한 욕구는 인간이 유아기를 살아갈 때 꼭 충족되어야 할 건강하고 건설적인 욕구이며, 이후의 삶에 희망과 용기를 제공하는 중요한 자원이다.[61] 무의식적 환상과 욕구는 성장해 감에 따라 점차 현실성을 갖게 되고 소멸해 가는데, 이 과정에서 부모와의 건강한 관계가 무엇보다 요청된다. 문제는 어린 시절 이러한 욕구가 충족되지 못하고 좌절되면 삶을 살아가면서 끊임없이 전능환상을 갈구하고 통제를 통해 타인과 사물을 조종하고 자신을 구현하려는 충동에 이끌린다는 것이다. 그런 의미에서 기술 혁신과 발전에 목을 매는 현대인의 노력은 어떤 의미에서는 자신의 충족되지 못한 전능환상과 통제 욕구를 채우려는 몸부림이며, 자신의 욕구를 만족시키려는 미성숙하고 유아적인 탐욕으로 볼 수 있다.[62] 이러한 정신분석적 관점은 설득력이 있는 주장으로 여겨진다. 왜냐하면 무엇인가에 지나치게 집착하고 매달리는 것은 깊은 상실과 공허감을 바탕에 두고 있기 때문이다. 그런 의미에서 4차 산업혁명이 시도하는 인본주의적인 노력은 사상누각이 될 수 있으며, 이렇게 집착적인 인간에게 필요한 것은 하나님과의 깊은 관계성, 즉 하나님 안에서 누리는 안식과 쉼이다.

기술이 비약적으로 발전하고 문명이 발달함에도 불구하고 역설적으로 인간이 느끼는 불안과 공허, 두려움은 더 증폭되고 있다. 인간의 불안과 공허의 기저에는 바르트가 말하는 무das Nichtige가 숨어 있는 듯하다. 바르트에 따르면, 무는 사탄의 역사이며, 피조물을 위협한다. 그런데 무를 이기는 방법이 있다. 그것은 하나님을 바라보는 것이다. 하나님만이 유일하게 무의 위협을 극복하고 다스릴 수 있는 정복자이기 때문이다. 하나님께서 무를 정복하는 방법은 예수 그리스도의 성육신을 통해서이다. 즉, 무의 위협과 힘은 예수 그리스도를 통해 극복되고 제거된다.[63] 4차 산업혁명의 시대를 살아가는 현대인들에게 가장 절실하게 요청되는 것이 바로 이러한 깊은 영성과 신앙이다. 현대 목회상담에서 심리치료와 함께 영적 지도spiritual direction가 중요한 자리를 차지하고 있는 것도 이러한 맥락에서 이해할 수 있다.[64] 4차 산업혁명은 목회신학자와 상담자들에게 인간적인 열심과 열정을 넘어서는 하나님의 역사와 일하심을 묵상하게 한다. 현대인들에게는 살아 계신 하나님의 사랑과 실존에 대한 인식과 경험이 무엇보다 절실하다.

4차 산업혁명에 대한 목회상담적 제언

지금까지 4차 산업혁명에 대해 살펴보면서 이러한 현대적인 발전과 혁신의 주요 특징과 원칙, 핵심 영향과 과제에 대해 알아보았다. 그리고 4차 산업혁명이 초래하는 기회와 공헌, 그리고 도전과 위협에 대해 목회신학적으로 성찰해 보았다. 위의 논의를 통해 우리는 4차 산업혁명은 분명히 목회신학적으로 중요한 기여를 할 수 있다는 점을 발견하였다. 특히 인간의 삶의 질을 높이고 복지와 건강을 증진시키는데 도움을 줄 수 있다는 점, 공공선과 가치에 강조점을 둔 건설적인 관점이라는 점, 그리고 협력과 협치를 통해 더 나은 미래를 위한 변화를 시도하고 있다는 점 등을 주목하게 되었다. 그러나 4차 산업혁명 이면에 내포되어 있는 인본주의적인 세계관과 관점의 위험성, 초연결성이라는 이름하에 거짓된 유사 관계성을 제공할 오류, 그리고 하나님 없는 무신론적인 가치관의 함정이라는 중요한 목회신학적 비평을 시도해 보았다.

그러면 4차 산업혁명의 시대를 살아가는 목회신학자들과 상담자들은 어떤 생각과 마음으로 상담과 돌봄을 진행하여야 할까? 앞에서 논의한 내용을 바탕으로 간략하게 3가지 포인트를 제안하려고 한다.

첫째, 여전히 개인에 대한 돌봄과 상담은 어느 시대보다 중요한 의미와 중요성을 띤다고 할 수 있다. 초연결성이 오히려 인간 간의 자발적이고 친밀한 관계 형성을 방해하고, 깊이 있고 진실한 관계에 장애 요소가 되고 있다고 앞에서 지적하였다. 따라서 내담자에게 인격적이고 진정한 치료 관계를 제공할 수 있는 훈련과 경험이 어느 때보다도 요청된다. 이를 위해 상담자로서 자신의 관계 형성 방식을 살피고 반추해야 할 것이다. 4차 산업혁명의 기술이 제공하는 첨단 도구와 자원 ― 인공지능, 빅 데이터, 가상현실, 증강현실, 및 혼합현실, 딥 러닝 등 ― 을 활용하되, 이러한 도구들이 내담자에게 진정한 관계와 정체성을 함양하는데 건설적으로 기여할 수 있도록 분별력과 지혜를 갖고 사용해야 할 것이다.

둘째, 4차 산업혁명의 시대는 무엇보다 진실하고 결속력 있는 참된 공동체를 필요로 한다. 휴먼 커넥션이 진정한 의미에서의 연결성을 띠기 위해서는 함께 할 수 있는 공동체가 필수적이기 때문이다. "안전하고 포괄적이며 공정한" 공동체의 역할을 감당해 줄 수 있는 신앙공동체가 존재한다면, 첨단 기술의 발달과 혁신으로 인해 두려움과 불안, 공포 속에 신음하고 있는 현대인들에게 사막의 오아시스와 같은 역할을 감당할 수 있을 것이다.[65]

셋째, 4차 산업혁명의 도전과 변화는 인간의 능력과 가능성을 극대화시키고 있지만, 이러한 기대와 기준이 높아지면 높아질수록 인간은 더욱 고독해지고 공허해지는 것 같다. 공공선과 가치관에 기반을 둔 기술개발이 진행되는 동안 인간 내면에 도사린 불안과 공포는 더욱 커지고 있다. 따라서 인간의 내면과 영적 차원에 대한 개입과 중재가 무엇보다 필요하다. 근본적으로 인간은 영적인 존재라는 사실과 하나님과의 관계성 없이는 진정한 의미의 인간이 될 수 없다는 점에서 목회상담의 역할과 중재가 더욱 중요해지는 시대를 살아가고 있다.

끝으로 4차 산업혁명은 위협이라기보다는 목회돌봄과 상담을 위한 좋은 기회라는 생각이 든다. 변화와 변혁의 시기에 목회상담적 개입을 통해 상담적 전문성이 발휘되고 진정한 의미에서의 치유와 회복, 성장과 발전을 도모할 수 있는 사명이 주어졌기 때문이다. 오늘의 목회신학자들과 상담자들에게 요청되는 것은 4차 산업혁명이 제공하는 도전과 기회를 충분히 인식하되, 목회신학적인 시각과 분별력을 가지고 이를 효과적으로 수용하고 활용하는 지혜일 것이다.

4 장

종교중독에 대한 목회신학적 비평

종교중독: 사례 연구

종교중독: 개념, 주요 증상과 원인, 중독의 심리와 진단

종교중독에 대한 목회신학적 성찰

중독의 도전 앞에 선 신앙인

종교도 중독이 될 수 있는가? 필자는 이 글에서 중독 현상으로서의 신앙 경험에 대해 다룬다. 필자는 종교중독을 하나님이 부여한 자유를 심각하게 훼손하는 강박적이고 습관적인 신앙 행위로 규정하며, 신학적으로 우상 숭배의 한 형태라는 점을 부각한다. 사례 연구를 통해 종교중독의 개념, 핵심 증상, 원인 등에 대해 다루며, 특히 종교중독자 내면의 심리, 즉 죄책감, 수치심, 회피의 기제, 자신에 대한 불신과 낮은 자존감 등에 주목한다. 이어서 종교중독에 대한 목회신학적 성찰을 통해 종교중독 현상에 깃들여 있는 인간의 영적 갈망에 대한 분석하고, 중독에서 벗어날 수 있는 은혜의 방편에 대해 제안한다. 그리고 중독의 노예로부터 벗어나기 위한 최적의 환경으로서의 신앙공동체의 역할과 책임에 대해 역설한다.

　"중독 없는 세상을 위한 다학제적 연구 네트워크"를 표방하는 우리나라의 대표적인 중독 연구 및 정책 제안 기구인 중독 포럼Korean Addiction Forum 은 지난 2012년, 우리나라가 국민 8명 중 1명이 중독자인 중독 사회라고 발표하여 세간에 큰 충격을 주었다. 중독 포럼의 연구에 의하면, 4대 중독알코올, 도박, 마약, 인터넷 중독에 걸린 사람이 전체 인구 약 5000만 명 중 618만 명에 달하며, 이로 인한 사회 및 경제적 비용은 무려 109조 5000억 원에 이른다고 하였다.[1] 2022년 서울시 한 해 예산이 약 44조원인 것을 감안하면, 우리나라의 중독 상황이 얼마나 심각한 수준인지 알 수 있다. 안타까운 것은 미국을 비롯한 서구 사회에서는 오래 전부터 중독의 위험성과 심각성을 인식하고 해결책과 함께 사전 예방을 위해 다각도의 노력을 기울이고 있는데 반해, 우리나라는 중독과 중독으로 인해 발생하는 문제에 대해 사회적 인식이 여전히 낮고, 그 심각성에 비해 적절한 개입이 이루어지지 못하고 있는 실정이다. 중독 포럼의 역사도 10년밖에 되지 않을 정도로 짧다.

문제를 더 심각하게 만드는 것은 중독 현상이 전통적으로 이해되어왔던 영역 예를 들어, 위에서 언급한 4대 중독을 넘어 계속해서 그 영역을 확장하고 있다는 데 있다. 미국의 정신의학협회American Psychiatric Association가 2013년에 발간한 『정신질환의 진단 및 통계 편람』DSM-5에 의하면, 중독 현상에 대한 공식적인 진단명은 "물질-관련 및 중독 장애"Substance-Related and Addictive Disorders인데, 여기에는 알코올, 타바코, 마약제와 같은 물질-관련 장애와 함께, 비물질-관련 장애인 도박 장애가 포함된다.[2] 그러나 인터넷 중독은 DSM의 다음 개정판에 편입될 것이 유력해 보이며, 그 외에도 성 중독, 성형 중독, 쇼핑 중독, 다이어트 중독, 운동 중독 등은 중독 현상과 매우 유사한 특징과 증상을 보인다.[3]

이 장은 중독 현상으로서의 신앙 경험에 대해 다룬다. 소위 "종교중독"religious addiction이라고 명명되는 현상의 특징은 무엇인지, 다른 중독과 어떤 점을 공유하는지 살펴볼 것이다. 특히, 목회신학적 관점에서 종교중독 현상에 대해 분석하고, 종교중독을 경험하고 있는 내담자들을 위한 목회돌봄 및 상담 방법을 제안할 것이다. 주지하는 대로 종교중독은 미국정신의학협회의 승인을 받은 장애 명칭은 아니다. 그러나 신앙인들이 삶 속에서 경험하고 있는 중독 현상이며, 다른 중독과 마찬가지로 중독된 사람들에게 심각한 삶의 불편감과 고통, 그리고 어려움을 가져다주기에 목회상담자들이 관심을 기울여야 할 영역임에 틀림없다.

먼저 종교중독현상을 이해하기 위해 몇 가지 사례를 제시할 것이다. 그리고 사례를 바탕으로 종교중독의 개념, 핵심 증상, 그리고 중독자의 심리, 중독에 대한 진단 등에 대해 다룰 것이다. 이어서 종교중독에 대한 이해에 근거하여 종교중독현상에 대한 목회신학적 성찰을 한다. 여기에는 인간의 갈망, 자유, 그리고 하나님의 은혜에 대한 깊은 성찰과 묵상이 포함된다. 이러한 목회신학적 성찰을 통해 종교중독에 빠져있거나 종교중독이 의심되는 내담자들을 위한 목회돌봄과 상담 방법을 제시하며, 무엇보다 중독을 치유하고 예방하는 최적의 환경으로서의 신앙공동체의 역할에 주목할 것이다.

종교중독: 사례 연구

흔히 마약이나 알코올, 담배 등이 중독의 주요 대상으로 여겨져 왔지만, 오늘날 정신의학계에서는 사회적인 규범에서 크게 벗어나지 않는 중독현상에도 주목한다. 여기에는 종교중독도 포함된다. 앞으로 전개될 글에서 종교중독에 대한 깊이 있는 논의를 진행하겠지만, 종교중독에 대한 간략한 정의를 내리는 것이 도움이 될 것이다. 종교중독에 대한 정의는 다양하겠지만, 필자는 기독교 심리치료사 패트리치아 앤 밴더헤이든 Patricia Anne Vanderheyden 이 내린 정의를 바탕으로 종교중독을 정의하고 싶다. 왜냐하면 이 정의는 간단하면서도 비교적 정확하게 종교중독현상을 이해하도록 돕기 때문이다. 종교중독은 "삶에서 경험하는 고통을 피하고 자존감을 발견함으로서 좋은 기분이 들게 하기 위하여 지나치게 엄격한 종교 활동과 행위를 의식적 혹은 무의식적으로 선택하는 것"이다.[4] 아래의 사례들은 종교중독을 보여주는 현상의 예들이다.[5]

사례1. 서울에 사는 40대 직장여성 A. 그녀는 몇 년 전 개인적인 불행을 겪은 뒤, 매일 밤 10시가 되면 집에서 통성기도로 아픔을 달래는 습관이 생겼다. 이 습관은 4년 전 외동딸이 모 교회 유년부 여름캠프에서 물놀이를 하다가 익사한 후부터 시작되었다. A씨는 기도가 부족해서 이런 일이 생겼다고 자책하며 밤마다 대성통곡하며 속죄의 기도를 드린다. 지인들은 그 심정은 이해하면서도 그녀의 종교적 행동이 너무 지나친 것은 아닌지 염려하고 있다.

사례2. 30대 중반의 여성 B. 기독교 가정이지만 역기능적인 가정에서 자랐고, 자기 자신에 대해 확신이 없다. 25살 때 같은 교회 청년이 사랑을 고백하면서 청혼하였고, 별로 결혼하고 싶지 않았지만 부모의 강요에 못 이겨 결혼을 했다. 결혼 이후 6년여 동안 세 명의 자녀를 낳았고, 남편은 친절하고 애정이 많은 사람이지만, 어느 순간 남편이 자신을 사랑하지 않는다는 것을 깨달았다. 그때부터 B는 종교 활동에 몰두하기 시작했고, 가는 곳마다 성경을 들고 다녔다. 교회의 각종 모임뿐만 아니라 동네 마트나 초등학교 학부모회, 미장원, 심지어는 영화관에까지 들고 다녔다. 남편은 아내의 이러한 행동을 처음에는 신앙적 열심으로 보았다. 그러나 점차 아내가 성경을 들고 다니기만 할 뿐 전혀 읽지 않는다는 것을 알게 되었다. 어느 날, 아내가 성경을 가지고 잠이든 후, 남편이 성경을 머리맡에서 옮겨 놓으려 하자 아내는 기겁을 하며 성경을 도로 움켜쥐고는 베개 밑에 두었다. 남편은 아내가 하나님의 말씀보다는 성경 자체에 집착한다는 것을 알게 되었고, 목사님께 도움의 손길을 요청하기에 이르렀다.

사례3. 교회의 거의 모든 모임에 참석하는 C 집사. 그는 주일 예배는 물론, 수요 예배, 금요기도회, 새벽기도회에도 거의 빠지지 않는다. 각종 교회 모임과 봉사 활동에도 열심이다. 교회에서는 없어선 안 될 일꾼인 셈이다. 그러나 역설적으로 C 집사에 대한 주위의 평가는 좋지 않다. 가정을 잘 돌보지 않을뿐더러 아내와의 관계도 원만하지 않다. 성격이 급하고 괴팍하여 주변 사람과 시시때때로 싸우며, 교회에서 분란을 자주 일으켜 목회자들에게도 악명이 높다.

사례4.[6] 종교중독이 아닌 경우 50세인 D는 너그러운 심성의 아버지와 자상한 어머니의 2남 2녀 중 막내아들로 태어났다. 어려서부터 성격이 밝고 사교적이었으며, 고등학교를 졸업하고 한 전자계열 회사에서 근무하던 중 친척의 중매로 지금의 아내를 만났다. 그는 남자답고 활발하며 낭만적인 기질의 소유자로, 연애시절 가끔씩 이국적인 분위기의 술집에서 데이트도 하고 나이트클럽에도 가끔씩 갔지만, 음주문제가 생긴 적은 한 번도 없다. 결혼 후 아내와 함께 교회를 다니기 시작하면서 술은 거의 마시지 않는다. 최근 그는 성경말씀에 대한 갈급함을 많이 느끼고 있으며, 운전을 하면서 설교 테이프를 듣기도 하고, 성경을 읽다가 잠이 드는 경우도 자주 있다. 그리고 기회가 있을 때마다 사람들에게 전도를 한다. 하지만 이러한 신앙적인 열정 때문에 결혼생활이나 직장생활에 지장을 주는 일은 없다.

종교중독: 개념, 주요 증상과 원인, 중독의 심리와 진단

위의 사례에서 볼 수 있는 것처럼 종교중독으로 의심되는 현상은 일반적으로 행하는 종교 행위와 깊이 연결되어 있다. 따라서 중독적인 종교 행위와 일반적인 신앙 행위를 구분할 수 있어야 한다. 그러면 어떻게 정상적이고 건강한 신앙 행위와 종교중독에 기인한 종교 행위를 구별할 수 있을까? 이 둘 사이의 차이를 알기 위해서는 중독에 대한 이해가 선행되어야 한다.

1. 중독: 개념, 특징, 요건들

중독이라는 용어는 크게 두 가지 의미로 사용된다. 하나는 "독으로 지칭되는 유해 물질에 의한 신체 증상인 중독intoxication, 약물 중독"으로, 이 경우 중독은 생물학적이고 의학적인 측면을 지닌다. 다른 하나 "알코올, 마약 등과 같은 물질, 혹은 도박, 인터넷, 쇼핑 등과 같은 행위로 인해 생기는 정신적인 중독addiction, 의존"으로, 이것은 보다 심리적이고 행위로 나타나는 의존증이다.[7] 종교중독은 후자의 경우로, 정신적인 의존증으로의 중독이라고 할 수 있다.

그러면 중독의 주요 특징은 무엇이며, 이러한 특징들은 종교중독과 어떻게 연결되어 있는가? 중독에 대한 많은 연구들이 있지만, 정신과 의사이자 영성지도자spiritual director였던 제랄드 메이Gerald May의 관점을 먼저 언급하고 싶다. 메이는 일반적인 중독 연구자들과 달리 중독 문제를 신경학적신체적이고 심리학적인 문제를 넘어서서 신학적이고 영적인 문제로 여겼기 때문이다. 중독에 대한 메이의 종합적이고 균형 잡힌 견해는 종교중독의 실체를 밝히는데 큰 도움을 준다. 메이에 따르면, 중독addiction은 "인간 욕구의 자유를 제한하는 강박적이고 습관적인 모든 행동"이다. 메이는 중독이 특정 대상을 향한 강박적인 집착과 속박에서 온다는 점을 강조하는데, 이것은 모든 중독이 공통적으로 공유하는 특징이다.[8]

주지하는 대로 중독이라는 영어 단어addiction는 라틴어 addicere에서 왔으며, 이는 전쟁에서 패하여 노예가 된 사람을 지칭하는데 사용되었다.[9] 따라서 중독은 은유적으로 자유로운 상태가 아니라 주인 — 즉, 중독 물질이나 행동 — 에게 구속되고 양도된 채 명령에 따라야 하는 노예 상태를 가리킨다. 이처럼 중독 현상의 심연에는 종속과 속박이 자리 잡고 있다. 따라서 만일 종교적인 행위나 믿음이 자유가 아닌 속박을 가져온다면 종교중독을 의심해 볼 수 있다. 왜냐하면 참된 종교나 신앙은 사람들에게 진정한 자유를 가져다주기 때문이다.[10] 메이는 중독의 주요 특징에 대해 언급하면서, 중독이 사람들의 주의력을 왜곡하여 마땅히 가져야 할 하나님에 대한 관심을 빼앗고, 대신 중독 물질이나 행동을 거짓 신, 즉 우상으로 숭배하게 만든다고 역설한다. 따라서 신학적으로 중독의 위험성은 하나님을 향한 열망을 자신이 집착하는 대상들을 통해 채우게 만든다는 데 있으며, 이런 의미에서 중독은 "고질적인 형태의 우상 숭배" 라고 해도 과언이 아니다.[11]

기독교 심리학자 채규만은 중독 상태에 빠졌다고 판단하기 위해서는 최소한 3가지 요건을 충족시켜야 한다고 말한다. 첫째, 중독 대상에 대한 갈망이 심해서 그 대상을 강박적으로 추구하는 경향이 높아야 하며, 둘째, 중독 대상으로 인해 자신의 삶, 가족 및 사회적인 삶에 부정적인 결과를 초래해야 하고, 셋째, 중독 대상으로부터 벗어나려고 노력하지만 중독 현상으로 인해 자기 통제력이나 자기 조절력을 상실하여 심리적, 신체적 의존에 빠진 상태여야 한다는 것이다.[12] 예를 들어, 알코올 중독자의 경우, 위의 세 가지 요건을 충족시키는 경우를 자주 본다. 그들은 술을 강박적으로 마시며, 술 문제로 인해 자신뿐만 아니라 가족과 직장 생활에 큰 위험을 초래한다. 그리고 술로부터 벗어나고 싶어 하지만 통제력을 상실하고 계속해서 술에 의존하는 상태에 빠진다.[13] 엄밀한 의미에서 종교중독은 앞에서 언급한 일반적인 중독의 요건과는 조금 성격이 다른 중독으로 보인다. 그러나 알코올 중독에서 회복된 자신의 경험을 토대로 왜곡된 신앙 행위가 알코올처럼 삶을 황폐하게 만들 수 있음을 발견하고, 종교중독에 대한 중요한 연구를 한 성공회 신부 레오 부스Leo Booth의 목소리에 귀를 기울일 필요가 있다. 부스가 강조하는 것은 알코올에 중독되듯이 종교에도 중독될 수 있다는 것과 다른 중독 치료와 같이 종교중독에도 치료가 필요하다는 것이다.[14] 예를 들어, 앞에서 언급한 사례1의 경우, A씨는 물놀이로 딸을 잃은 이후 밤마다 통성기도로 아픔을 달래는 습관이 생겼다고 했다. 통성기도를 하는 것은 지극히 자연스러운 신앙 행위이다. 그러나 이러한 신앙 행위가 강박적이 되어 "매일 밤 10시가 되면 집에서 통성기도"를 하고, 또한 습관성이 되어 4년 동안이나 계속 이어지고 있다. 사실 지나치게 자신을 자책하고 "밤마다 대성통곡하는 것"은 건강한 신앙인의 모습은 아니다. A씨에게는 적절한 도움이 필요해 보인다.

2. 종교중독의 주요 증상과 원인

그렇다면 종교중독의 주요 증상은 무엇일까? 종교중독을 이단 문제와 연결시켜 오랫동안 연구해 온 강경호에 의하면, 종교중독은 몇 가지 일반적인 증상을 보여주는데, 여기에는 강박적인 종교 행위, 지나친 예배에의 심취, 지나치고 적극적인 종교서적 탐닉 및 기도회, 집회, 세미나 참석, 믿음과 신앙 활동의 동일시, 종교 활동을 통해 성취감을 맛봄 등이 있다.[15] 종교중독의 주요 증상은 지나치고 탐닉적이며 성취지향적인 종교 활동임을 알 수 있다. 예를 들어, 앞의 사례3 C 집사의 경우, 강경호가 언급한 종교 중독의 증상을 일부 보여준다. 그는 교회의 거의 모든 예배뿐만 아니라 각종 모임에 지나치리만큼 열심히 참석하는 신앙적 열심을 보이고 있다. 그러나 그의 신앙 행위는 삶과 조화를 이루지 못하고 있으며, 다분히 강박적이고 탐닉적이다. 그리고 자신의 삶뿐만 아니라 가족 및 대인 관계에 부정적인 영향을 미치고 있다. 따라서 종교중독을 의심해 볼 수 있다. 물론 여기서 우리가 간과하지 말아야 할 것은 예배에 정기적으로 참석하고, 신앙서적을 꾸준히 읽으며, 믿음의 삶을 살아가려고 애쓰는 것은 건전한 신앙을 위해 필수적이고 중요한 활동이라는 점이다. 다만 상담자로서 우리가 분별해야 할 것은 신앙이라는 이름으로 행하는 활동이 당사자에게 얼마나 자유와 기쁨을 가져다주는가에 있다. 종교중독으로서의 신앙 행위는 참된 종교와 신앙이 주는 선한 열매가 아닌 강박과 속박이라는 악한 열매를 가져온다는 점을 주목해야 한다.

앞에서 언급한 종교중독 연구의 선구자이자 중독치료자로 활동한 부스는 종교중독의 주요 증상 15가지를 제시하였다.[16] 그 증상들을 성격에 따라 분류해 보면 5가지 특징이 나타난다. 첫째, 사고의 경직성이다. 중독자들은 흑백논리에 기초한 유연성이 결여된 단순한 사고체계를 가지고 있으며, 권위에 대한 의심이나 질문을 잘 하지 못한다. 그리고 육체적 쾌락은 악이므로 성은 더러운 것이라고 믿는 경향이 있다. 둘째, 완고하고 강박적이다. 이들은 과도하게 꼼꼼하여 규칙이나 규범에 지나칠 정도로 집착하며, 매우 판단적이어서 타협이 불가능하다. 그리고 재정 사용에 있어서도 매우 비현실적인 모습을 보인다. 셋째, 수치심에 기초한 신앙을 가지고 있다. 이들은 자신에 대해 낮은 자존감을 가지고 있으며, 이로 인해 자신을 지나치게 평가절하하고 무시한다. 넷째, 신체적인 질병을 호소한다. 이들은 충동적으로 과식을 하거나 아니면 지나치게 금식을 하며, 과학, 의학, 교육 등을 거부한다. 자주 불면증, 두통, 등 통증 등의 신체적 질병에 시달리며, 신체적, 정서적, 심리적으로 붕괴되어 입원하거나 도움을 청한다. 그리고 다섯째, 신비적이고 마술적인 신앙을 소유하고 있다. 이들은 성경을 자기 방식으로 이해하고 인위적으로 조작하여 스스로 선택받았다는 느낌을 갖거나 하나님으로부터 특별한 메시지를 받았다고 주장한다. 그리고 황홀경과 종교적 고양 상태를 좋아하며, 가식적으로 행복한 얼굴을 보이려고 가장한다. 또한 하나님에 대해서도 마술적인 사고와 믿음을 가지고 있다. 부스가 열거하는 종교중독의 증상들은 정신장애를 가진 내담자들이 보여주는 증상들을 많이 내포하고 있음을 알 수 있다. 즉, 종교중독은 강박장애, 급식 및 섭식장애, 일부 성격장애특히 자기애성 성격장애, 강박성 성격장애, 그리고 경미한 조현병 등의 형태로 나타날 수 있다.

그러면 사람들은 왜 종교중독에 빠지는 것일까? 종교중독에 빠지는 이유는 다른 일반적인 중독에 노출되는 현상과 일맥상통하는 면이 있다. 정신과 의사이자 중독전문가인 해롤드 어쉘Harold C. Urschel, III에 의하면, 중독을 일으키게 하는 몇 가지 중요한 요인들이 있다.[17] 먼저 유전적 요인으로, 특정 유전자가 중독에 대한 취약성을 증가시킬 수 있다.[18] 둘째는 감정적 요인으로, 높은 수준의 스트레스, 분노, 감정적인 고통 등이 사람들을 알코올과 마약 같은 중독 물질로 이끌 수 있다. 셋째는 심리적 요인인데, 우울증이나 낮은 자존감 등으로 고통 받으면 중독 물질이나 행동 등에 의존할 수 있다. 또 하나는 사회문화적 요인으로, 친구나 가까운 지인이 알코올에 의존하거나 마약을 정기적으로 하면 과음이나 마약을 할 유인이 커진다. 광고나 미디어도 중독에 영향을 미칠 수 있다. 그리고 가족력이 작용할 수 있는데, 예를 들어, 부모가 중독자일 경우 중독률이 더 높다.[19] 엄격한 가톨릭 가정에서 자라면서 가족 내에서 종교중독을 경험했던 체릴 테일러Cheryl Taylor는 자신의 경험을 바탕으로 종교중독에 걸리기 쉬운 가족 환경에 대해 알려준다. 테일러에 따르면, 종교중독자들은 엄격한 부모 밑에서 자라난 경우가 많으며, 대부분 부모의 이혼 등과 같은 깊고 고통스러운 상처를 간직하고 있다. 또한 낮은 자존감을 가진 경우가 많은데, 이로 인해 소속감을 갖기를 원하고 소외감과 외로움을 보상하기 위해 종교 행위에 강박적으로 집착하는 경우가 많다. 그리고 신체적, 정서적, 성적 학대를 당한 경우, 자신을 이러한 고통에서 구해 줄 "구원자"를 필요로 하며, 이로 인해 종교 집단에 끌리기 쉽다는 것이다.[20] 앞에서 언급한 사례2의 30대 여성 B의 경우, 그녀가 속한 가정의 역기능적인 모습으로 인해 종교중독에 빠졌을 수 있다. 그녀는 신앙은 있지만 경직되고 융통성이 없는 가정에서 자라났고, 결혼도 그녀가 자발적으로 선택한 것이 아니었다. 남편도 자신을 사랑하지 않는다. 따라서 그녀가 성경에 집착하는 것은 불행한 결혼 생활에서 도피하고 성경 그 자체를 통해 안정감을 누리며, 내면의 고통과 어려움에서 벗어나려는 회피의 수단으로 볼 수 있다.[21]

3. 종교중독자의 심리와 종교중독 진단

종교에 중독된 사람들의 심리에 대한 이해는 중독의 매커니즘을 파악하는데 매우 중요하다.[22] 먼저 종교중독자들의 마음 깊은 곳에는 죄책감이 있는 경우가 많다. 그들은 깊은 죄의식으로 인해 강박적인 죄책감에 시달리며, 종교적 열심, 즉 종교 활동이나 행위로 자신의 죄책감을 씻어내려고 애쓴다.[23] 그들의 죄책감은 많은 경우 그들이 속한 종교 단체의 경직된 가르침이나 교리에 기인하고 있으며, 진정한 자각이나 도덕적 판단에 의해 생긴 참된 죄책감이 아니라 타인이나 사회적 암시에 의해 생긴 건강하지 않은 죄책감이다. 프로이트는 죄책감을 사회적 속박의 결과로 이해하는데, 종교중독자들이 경험하는 죄책감은 왜곡된 믿음과 종교적 가르침이 속박이 되어 생긴 죄책감이며, 그러기에 더 치명적이고 중독성이 있다.[24]

죄책감과 함께 종교중독자의 심리에는 강한 수치심이 숨어 있다. 종교중독자들이 경험하는 수치심은 자신의 한계와 유한성을 인식하고 자신을 있는 그대로 받아들이는 "건강한 수치심"이 아니라 자신을 부정하고 자신이 아닌 다른 모습이나 행위로 자신을 위장하며 스스로를 가치 없는 존재로 여기는 "해로운 수치심"이기에 더 큰 문제가 된다. 저명한 가족치료자이자 중독전문가인 존 브래드쇼John Bradshaw는 모든 중독과 강박적 행동의 심연에 "신경증적인 수치심"이 있다고 주장했다. 그가 말하는 신경증적 수치심은 병적인 수치심으로, 자신이 열등하고 불안정하다는 생각에 뿌리를 두고 있다. 브래드쇼는 병적 수치심의 출처로 첫째, 역기능적인 가정 배경 유기, 학대 등으로 인한 자기 존재에 대한 수치심, 둘째, 학교 체계 완벽주의, 합리화, 왕따 등을 통해 또래집단 내에서 경험하는 수치심, 셋째, 종교 시스템 가혹하게 별주는 신, 인간의 의지를 부인하고 감정을 부정, 종교적 율법 강조, 그리고 넷째, 문화 시스템 강박적이고 중독된 사회, 성공 신화, 감정의 부정을 조장하는 문화 등을 들고 있다.[25] 종교중독 또한 수치심에 뿌리를 둔 것이기에 종교중독자의 수치심의 근원과 출처를 파악하는 것이 치료에 필수적이다.

죄책감, 수치심과 함께 종교중독자의 심리에는 회피의 기제가 작동한다. 목회신학자 정연득은 여러 종교중독 전문가들의 의견을 종합적으로 분석한 후 종교중독의 가장 핵심적인 역동으로 회피를 꼽았다. 종교가 현실의 고통에서 벗어날 수 있는 도피처 역할을 한다는 것이다.[26] 회피의 기제는 종교중독뿐만 아니라 알코올이나 마약 중독 같은 일반적인 중독에도 적용되는 현상으로, 종교중독의 경우 고통스러운 현실이나 감정을 직면하기보다 일시적인 위안과 만족을 얻기 위해 강박적으로 종교 행위에 집착한다는 점에서 차이가 있다. 많은 경우, 종교중독자들이 취하는 종교 행위는 그들이 처한 현실과 괴리되어 있으며, 따라서 현실을 솔직하게 직면하기보다는 회피하기 위해 선택한 것이다. 앞선 사례1의 내담자의 경우, 매일 밤 10시마다 행하는 통성기도는 고통스러운 현실과 정서에서 벗어나기 위한 일종의 도피 수단으로 볼 수 있다. 문제는 이러한 신앙 행위가 습관적이고 강박적이 되어 중독 성향을 띄고 있으며, 이로 인해 밤마다 자책하며 대성통곡하는 등 정상적인 삶을 방해하고 있다는 데 있다.

또한 종교중독자의 깊은 내면에는 자기 자신에 대한 불신과 낮은 자존감이 있는 경우가 많다. 이로 인해 그들은 자기를 평가절하하고 혐오하며, 심지어는 학대하기까지 한다.[27] 일반적으로 건강하고 균형 잡힌 자기 이미지를 가진 사람들은 주체적으로 결정하고 자기 내면의 직관과 지혜를 따라 살아간다.[28] 반면에 자기에 대한 건강한 감각이 없거나 현저하게 축소된 사람들은 타인의 생각과 결정에 쉽게 휘둘리는 경향이 있다. 따라서 이런 사람들이 종교를 가지게 되면 자유롭고 주체적인 신앙생활을 하기보다는 주변 사람들에 쉽게 영향을 받아 비자발적이거나 강박적인 선택을 하기 쉽다. 그리고 종교가 소속감과 안정감을 가져다주기에 강박적으로 종교 행위에 몰두하게 되는 것이다. 따라서 종교중독의 치료를 위해서는 내담자의 깨어지고 무너진 자기 이미지를 발견할 수 있도록 돕고, 적절한 직면과 도전 등을 통해 건강한 자기 이미지를 가질 수 있도록 인도하는 것이 필요하다.

그러면 내담자가 종교중독이라는 것을 어떻게 진단할 수 있을까? 건강한 신앙생활과 중독적인 종교 활동을 구별하는 것은 쉬운 일이 아니다. 자칫 잘못하면 일반적인 신앙 행위를 종교중독으로 낙인찍을 수도 있다. 따라서 진단을 하더라도 매우 조심스럽게 해야 하며, 최대한 객관적이고 신뢰할 만한 데이터를 바탕으로 시행해야 한다. 일반적으로 이상심리학에서는 이상 행동 및 정신장애를 진단할 때 네 가지 판별기준을 제시하는데, 여기에는 적응적 기능의 저하와 손상, 주관적 불편감과 개인적 고통, 문화적 규범의 일탈, 그리고 통계적 기준의 일탈 등이 있다. 그리고 상담실 만남을 통한 면접뿐만 아니라 가능하다면 행동 관찰, 심리 검사 등 다양한 방법을 사용하여 종합적인 진단을 실시하는 것이 좋다.[29] 그리고 내담자가 가진 종교의 전통과 가치, 그리고 그가 몸담고 있는 사회와 문화 등과 같은 주변 환경도 고려해야 한다. 무엇보다 종교중독은 아직 공식적인 정신질환 진단체계에 등재되어 있지 않으므로, 종교중독현상의 전체적인 맥락을 파악하고 여기에 덧붙여 신앙적이고 윤리적인 관점도 포함하는 종합적인 진단이 되어야 최대한 오류를 줄일 수 있다.[30]

종교중독에 대한 구체적인 진단 방법을 제시하는 것이 이번 장의 목적은 아니지만, 이미 개발된 종교중독 진단지가 있어서 소개하는 것은 효과적인 종교중독 진단을 위해 도움이 될 것이다. 미국의 목회자이며 심리치료사인 스티븐 아터번과 잭 펠톤Stephen Arterburn & Jack Felton은 20개의 질문지를 사용하여 종교중독을 진단하는 시도를 했다. 이들에 따르면 20개 항목 가운데 3개 이상이 예로 나오면 종교중독으로 진단한다. 아래는 그들이 개발한 대표적인 질문들이다.[31]

- 가족들이 당신에게 그들과 함께 시간을 보내기보다는 항상 교회모임에 가려고 한다는 불평을 하는가?
- 당신은 단 한 주라도 교회를 나가지 않으면 심한 죄책감을 느끼는가?
- 당신은 때때로 스스로 옳다고 느끼기 때문에 자녀들에게 이유를 불문하고 무엇인가를 하라고 말하는가?
- 당신이 대화 가운데 성경구절을 너무 많이 사용하기 때문에, 사람들은 당신과 대화하는 것이 힘들다고 불평한 적이 있는가?
- 당신은 사역자[목회자]와 성적으로 혼외관계를 가진 적이 있는가?
- 당신은 목사를 다른 사람보다 더 능력이 있다고 보는가?
- 당신은 사소한 실수나 불충분함에 대해서 심한 죄책감을 느끼는가?
- 당신은 하나님께서 당신에게 화를 내신다고 느끼는가?
- 당신이 좀 더 열심히 일한다면, 하나님께서 결국 당신을 용서하실 것이라고 느끼는가?
- 누군가 당신에게 목사가 당신의 생각과 느낌을 조종하고 있다고 말한 적이 있는가?

아터번과 펠톤의 자가진단문항은 종교중독의 증상과 특징을 비교적 충실하게 반영한 진단지로 보인다. 여기에는 강박적이고 습관적인 종교 활동 참여, 종교로 인한 병적 죄책감과 수치심, 종교로 인한 일탈 행위, 하나님에 대한 경직된 사고와 관점, 비주체적이고 상황적인 사고와 행동 등이 포함되어 있다. 그러나 다분히 서구의 종교 전통과 가치관을 반영한 것이기 때문에 보다 정확한 진단을 위해서는 우리 실정과 상황에 부합하는 "한국형 종교중독 진단질문지"의 개발이 필요하다.

종교중독에 대한 목회신학적 성찰

그렇다면 종교중독이 목회신학자와 상담자들에게 던져주는 함의는 무엇일까? 목회신학은 기독교 신학과 인간의 경험, 심리학과 같은 사회과학의 통찰, 그리고 실천적 지혜를 종합적으로 검토하고 상호 대화를 통해 목회돌봄과 상담을 위한 보다 발전된 이론과 실천 방법을 찾아가는 학문이다. 지금까지의 논의를 바탕으로 종교중독에 대한 목회신학적 성찰을 하려고 한다. 이러한 성찰의 과정을 통해 종교중독에 대한 목회돌봄과 상담의 기본적인 방향성이 제시될 것이다.

1. 인간의 갈망과 자유: 중독의 출발점

모든 인간에게는 갈망longing이 있다. 의식적이든 아니면 무의식적이든 인간이 바라고 기대하고 소망하는 것들이 있다. 예를 들어, 사랑, 행복, 안정감, 소속감 등은 인간이 추구하는 가장 기본적인 갈망에 속한다. 그러나

이 모든 것보다 더 근본적인 갈망이 있다. 그것은 하나님을 향한 갈망이다. 메이는 자신의 오랜 상담 경험과 세계 종교에 대한 깊은 연구를 통해 "모든 인간은 선천적으로 하나님을 향한 욕구를 품고 있다All human beings have an inborn desire for God"고 역설하였다. 하나님을 향한 인간의 욕구는 종교를 가진 사람이건 그렇지 않은 사람이건 모든 사람에게 적용되며, 그러기에 인간의 "가장 깊은 갈망"deepest longing 이자 "가장 값진 보물"most precious treasure 이라는 것이다.[32] 문제는 사람들이 하나님을 향한 욕구를 억압하거나 부인하고, 다른 대리적인 것으로 자신들의 욕구를 채우려 한다는데 있다. 중독은 하나님을 향한 열망을 자신이 집착하는 대상을 통해 채우려는 시도이다. 중독의 대상이 무엇이 되었든 — 그것이 알코올이든, 마약이든, 심지어 종교적인 행위이든 — 중독 물질이나 행위가 그 사람의 하나님이 되어 버린 현상이 중독이다. 따라서 중독은 생리적이고 심리적인 문제를 넘어서서 영적인 문제로 볼 수 있다. 심리치료사 밴더헤이든은 중독을 "영적인 질병"spiritual disease 으로 규정하는데, 그 이유는 중독이 인간 자신에 대한 직접적인 강습 direct assault 이요, 사람의 영과 혼에 대한 직접적인 공격 direct attack 이기 때문이다.[33] 중독은 인간의 영혼을 파괴하고 하나님이 부여하신 자유를 빼앗아간다. 인간을 하나님으로부터 멀어지게 하고, 하나님으로부터 소외시킨다. 그리고 하나님을 향한 열망을 다른 대체물로 채운다. 중독되어 있는 대상들에 매달리고 집착하고 얽매이게 한다. 이것이 바로 중독의 영적 본질이다.

중독은 또한 하나님께서 인간에게 부여하신 자유에 대한 그릇된 사용이다. 하나님께서는 인간을 본래 자유로운 존재로 만드셨다. 그러나 인간은 그 자유를 오용하고 남용한다. 구약 성경의 타락 이야기 창세기 3장는 인간이 하나님께서 주신 자유를 어떻게 남용했는지를 보여주는 대표적인 이야기이다. 아담과 하와는 사탄의 유혹에 빠져 하나님을 의지하기보다는 스스로 자기의 운명의 주인이 되려고 한다^{창3:2-6}. 하나님이 부여하신 자유 의지를 하나님께 반역하는 자율적인 의지로 왜곡시키고 만 것이다. 첫 인류의 타락 이후, 집착은 인간의 일반적인 속성이 되고 말았다. 순수한 욕구에서 비롯되는 바람이나 열망, 갈망은 자연스럽고 삶에 필수적이며 창조적인 반면, 집착은 자신과 타인을 속이고, 행동을 합리화하며, 책임을 회피하도록 만든다. 이것이 중독의 관점에서 바라본 아담과 하와 이야기의 핵심적인 메시지이다.[34] 중독의 위험성은 중독 물질이나 행동이 하나님이 부여하신 인간 욕구의 고유한 자유를 제한하고 인간을 강박적이고 습관적으로 몰아간다는데 있다. 종교중독도 예외는 아니다. 종교중독은 하나님을 향한 갈망을 겉으로 드러나는 종교 활동이나 행위로 둔갑시킨다. 문제는 이로 인해 신앙이 자유를 선사하기보다는 굴레와 속박이 된다는데 있다. 이것이 바로 종교중독이 지닌 치명성이다.

종교중독을 비롯한 중독 현상이 인간의 갈망 및 자유와 깊이 관련되어 있다면, 목회상담자들은 어떻게 중독자들을 도울 수 있을까? 상담자가 먼저 관심 가져야 할 것은 내담자의 겉으로 드러난 중독 물질이나 행동 이면의 영적 갈망이 무엇인가 하는 것이다. 중독에 빠진 대상물은 영적 갈망을 충족시키기 위한 가짜 도구에 지나지 않은 것이기 때문이다. 강박적인 종교 활동이나 실천을 통해 내담자가 진정으로 얻기 원하는 것이 무엇인지 살피는 것이 무엇보다 중요하다. 앞의 사례2에서 내담자는 성경책에 강박적으로 중독되어 있다. 과연 그녀에게 성경은 무엇을 상징하는 것일까? 성경이라는 대상물을 통해 그녀가 정말 얻기 원하는 것, 즉 갈망은 무엇일까? 그것은 아마도 그녀가 어릴 때부터 받지 못했던 사랑과 인정인지 모른다. 그녀의 인생에서 지금까지 그녀를 진정으로 사랑해 주는 대상은 아무도 없었다. 부모도 현재의 남편도 그녀가 원하는 사랑을 주지 않았다. 그녀는 버림받은 존재로 살아왔고, 그렇기에 사랑을 간절히 필요로 했다. 성경은 그런 그녀에게 사랑을 보여주는 상징물이었던 것이다. 만일 내담자가 자신의 진정한 갈망이 무엇인지 알아차리기 시작한다면 내담자의 성경에 대한 집착은 많은 부분 해소될 것으로 보인다. 이처럼 내담자의 진짜 갈망이 무엇인지 인식하도록 돕는 것이 종교중독 상담의 첫걸음이 될 수 있다.

2. 은혜: 중독의 해결책

종교중독을 비롯한 중독은 인간의 적나라한 모습, 즉 나약함과 깨어짐, 실패와 무력감을 보여주기에 중독에서 벗어나고 회복되기 위해 무엇보다 필요한 것은 은혜이다. 메이는 자신이 중독전문가이기 이전에 니코틴, 카페인, 설탕 등과 같은 물질뿐만 아니라 일, 성취, 책임감, 친밀감 등에 중독되어 살아왔음을 솔직하게 고백하면서 "살아 있다는 것은 중독되어 있는 것이므로 우리에게는 은혜가 필요하다"고 역설한다. 생각해 보면 우리 모두는 크든 작든 무엇인가에 중독되어 있는 것이 사실이다. 엄밀한 의미에서 자제하지 못하는 반복적이고 강박적인 행동이나 습관이 있다는 말이다. 종교중독의 경우도 증상과 정도의 차이만 있을 뿐 이것으로부터 완전히 자유로운 사람은 없다. 따라서 "은혜는 중독을 다루기 위한 유일한 희망이며, 중독의 파괴력을 진정으로 극복할 수 있는 유일한 힘이다"라는 메이의 외침은 중독에 빠진 사람들뿐만 아니라 중독으로부터 고통당하고 있는 사람들을 도우려는 상담자들에게 큰 용기를 준다. 메이의 주장처럼 "은혜는 세상에서 가장 강력한 힘이다. 은혜는 억압과 중독 그리고 그 밖의 모든 인간 내면의 자유를 억압하는 내적 혹은 외적 힘들을 능가할 수 있다."[35]

그러나 문제가 있다. 그것은 중독에서 벗어나기 위해 은혜의 경험이 필수적이지만 그 중독이 은혜를 받아들이는 것을 방해한다는 사실이다. 중독이 집착, 즉 중독 대상을 움켜쥐고 소유하며 중독대상에 매달리는 것이라면, 은혜는 움켜 쥔 손을 펴고 하나님의 사랑을 그대로 받아들이는 것이기 때문이다. 메이는 중독이 야기하는 딜레마를 이렇게 표현한다: "손이 비어있지 않다면, 그 손은 우리가 중독된 일들로 가득 차 있는 것이다. 손뿐만 아니라 마음도, 생각도, 주의력도 중독으로 막혀 있다. 은혜가 흘러 들어와야 할 우리 안의 공간을 중독이 채우고 있다." 중독에서 벗어나고 회복되는 과정이 길고 험난한 이유가 바로 여기에 있다. 중독 물질과 행동이 우리 안의 공간을 가득 메우고 있기 때문이다. 이처럼 중독은 은혜의 적이다. 그러나 또한 역설적으로 중독은 강력한 은혜의 통로가 될 수 있음도 기억해야 한다. 메이는 고린도후서 12:7-10을 인용하면서 소위 "육체의 가시"^{여기에는 중독도 포함된다}가 하나님의 은혜를 경험하는 통로로 사용될 수 있음을 역설한다. 중독은 인간이 교만하지 않도록 가르치며, 자신이 하나님이 아니라는 사실을 확인시켜 준다는 것이다.[36]

그렇다면 중독의 문제를 다룰 때 상담자들은 어떻게 내담자들이 하나님의 은혜를 경험하고 받아들이도록 이끌 수 있을까? 먼저 기억해야 할 것은 은혜는 상담자가 통제하거나 조작할 수 없는 실체라는 것이다. 하나님의 은혜는 자유로우며 인간이 소유하거나 통제할 수 없다. 신학자 칼 바르트는 그의 후기 한 논문에서 하나님의 은혜의 속성에 대해 이렇게 설명한다: "하나님의 은혜는 순수하고 자유로우며 [인간에게] 어울리지 않는 것이다…그러나 더욱 중요한 것은 하나님의 은혜는 남아 있고, 승리하며, 통치하고, 그 유효성을 유지한다는 것이다."[37] 메이 또한 은혜는 선물로 온다는 점을 강조하며 인간의 힘으로 은혜를 소유하거나 가로챌 수 없다고 말한다.[38] 그러면 중독 상담에서 목회상담자가 할 수 있는 것은 무엇일까? 바르트의 말에서 힌트를 얻는다. 하나님의 은혜는 자유롭고 순수하여 인간이 통제할 수 없지만, 하나님의 주권적인 개입으로 인간에게 다가오며 인간의 삶 속에서 역사하신다는 것이다. 따라서 상담자는 내담자와 함께 자유롭게 역사하시는 하나님의 은혜에 참여할 수 있다. 메이는 은혜에 참여하는 전통적인 방법을 추천하는데, 기도, 묵상, 행동이 그것이다. 기도를 통해 내담자는 자신의 갈망의 근원을 인정하고 진정한 욕구를 표현하며, 자신의 의지를 하나님께 드릴 수 있다. 또한 묵상을 통해 자신을 속박하고 있는 집착의 실체를 대면하고 하나님 안에 머물며 은혜를 경험할 수 있다. 그리고 행동을 통해 최선을 다해 현재를 살아가며, 믿음의 도전을 감당하고 다 이해할 수는 없지만 하나님의 사랑의 임재를 신뢰하는 것이다.[39] 이처럼 상담자는 내담자와 함께 하나님의 은혜에 참여함으로써 내담자에게 은혜의 방편이 될 수 있다.

메이는 『중독과 은혜』*Addiction and Grace*에 이어 후속편인 『사랑의 각성』*The Awakened Heart*이란 책에서 중독을 극복하고 은혜로 가득한 삶, 즉 사랑의 삶을 살아가는 방법으로 관상*contemplation*을 거론한다.[40] 관상은 일반적인 의미에서 볼 때 "할 수 있는 한 실재를 있는 그대로 수용하고자 하는 단순하고 용기 있는 노력"이며 "삶을 진정한 무방비 상태로, 열린 눈으로 대면하고자 하는 것"이고, 좀 더 신학적인 의미에서는 "하나님 안에서 자신의 전 존재로 살아가는 것"이다.[41] 관상을 심리학적인 용어로 바꾼다면, 아마도 직면이나 도전이 될 것이다. 즉, 삶을 있는 그대로 바라보고, 자신의 허물이나 수치를 숨기려 하지 않으며, 중독 물질이나 행동으로 포장하지 않는 것을 말한다. 이러한 직면과 도전은 중독 치료에 매우 효과적이다. 왜냐하면 중독은 회피, 가장, 왜곡의 매커니즘을 가지고 있기 때문이다. 물론 상담 초기부터 직면을 사용한다면 오히려 역효과를 낼 수 있다. 따라서 내담자가 준비되었다고 판단되었을 때 상담자는 조심스럽게 적용해 볼 수 있다. 중요한 것은 내담자가 하나님의 은혜에 참여하고 바른 선택을 할 수 있도록 기회를 제공하고, 자유롭게 탐험하고 시도해 볼 수 있는 환경을 마련해 주는 것이다. 메이에 따르면, 관상에는 많은 시간과 훈련이 요구된다. 마치 제2의 언어를 배우는 과정과도 비슷하다. 그러나 관상만큼 중독의 치유와 회복 과정에 효과적인 방법은 없다는 생각이 든다. 왜냐하면 관상을 통해 우리는 하나님의 실재에 보다 가까이 다가가게 되며, 이를 통해 자신을 속박하고 굴레 씌워왔던 중독의 집착에서부터 벗어나 하나님이 주시는 진정한 자유와 은혜를 맛볼 수 있기 때문이다.[42]

3. 신앙공동체: 중독 치유와 예방을 위한 최적의 환경

많은 중독 연구가들은 공동체야말로 중독에서 회복되고 치유되는 과정에서 최적의 환경을 제공한다고 말한다.[43] 왜냐하면 중독에서 벗어나기 위해서는 상호 교제와 책임을 함께 나누는 관계를 필요로 하기 때문이다. 알코올 중독 치료에서 알코올중독자 자조모임 Alcoholic Anonymous 이 놀라운 치유 효과를 가지는 것은 그 모임이 제공하는 친교와 나눔, 그리고 공동체 의식 때문일 것이다. 사실 많은 파괴적인 중독들은 전문가의 도움을 필요로 한다. 그리고 목회자나 상담자, 그리고 영적 지도자의 개입이 필요하다. 그러나 이러한 도움과 함께 중독자가 몸담고 있는 공동체의 지지와 사랑이 무엇보다 요청된다. 중독자가 종교를 가지고 있다면 그가 속한 신앙공동체의 후원과 지지가 무엇보다 중요하다.

그러나 진작 더 중요한 것은 그 공동체가 어떤 공동체인가 하는 문제일 것이다. 종교중독의 경우, 내담자의 중독적인 종교 활동은 많은 부분 중독자가 속한 신앙공동체의 가르침, 교리, 경험 등에서 비롯한 것이기 때문이다. 경직된 종교적 가르침, 지나치게 엄격한 교리, 권위적이고 강압적인 교회 리더십 등은 종교중독현상을 강화한다.[44] 따라서 포용적이고 수용적인 공동체가 무엇보다 요구된다. 목회상담가 마가렛 콘펠드 Margaret Kornfeld 는 건강하고 진실한 신앙공동체의 필요성을 누구보다 강하게 역설하였다. 왜냐하면 참된 신앙공동체야말로 치유가 일어나는 장소이며 치유를 있게 하는 방편이 되기 때문이다. 콘펠드는 참된 신앙공동체는 사랑에 근거한 공동체이며, 중독을 포함한 약한 자들에게 관심을 가지고 세상 속에서 하나님의 사랑을 구현하는 공동체라는 점을 강조했다. 그리고 구체적으로 참된 공동체의 모습을 그려 보여준다. 참된 공동체는 사람들이 집처럼 편안하게 느끼며, 있는 그대로의 자신이 될 수 있는 공동체이다. 함께 있으면 안전감을 느끼고, 자유롭게 화를 내고 반대 의견을 피력할 수 있는 공동체, 그리고 자신과 다르다고 느끼는 구성원도 받아들일 여유가 있는 공동체이다. 다른 구성원들에게 진심으로 관심을 가지고 있으며, 무엇보다 하나님의 은혜를 경험하도록 하는 공동체이다.[45] 이러한 공동체를 심리학적으로 풀어 보면 대상관계이론가 도널드 위니컷 Donald Woods Winnicott 이 말하는 "안아주는 환경"을 제공하는 공동체일 것이다.[46]

문제는 어떻게 이런 공동체가 가능한가 하는 것이다. 지구상에 이런 참된 공동체가 존재할 수 있을까? 그러나 여기서 우리는 다시 한번 하나님의 놀라운 은혜의 역사 앞에 겸손해야 한다. 모든 참된 공동체는 은혜의 산물이기 때문이다. 신앙공동체만큼 하나님의 은혜의 능력이 빛나고 신비롭게 나타나는 곳은 없기 때문이다. 분명한 것은 바르트가 역설한 것처럼 신앙공동체 — 바르트는 교회라고 분명히 밝힌다 — 는 하나님의 은혜가 인식되고 선포되는 곳이라는 것이다.[47] 인간의 불가능함이 하나님의 불가능은 아니다[눅 18:27]. 따라서 상담자들은 중독의 문제를 다룰 때, 그리고 중독에서 신앙공동체의 자리를 생각할 때, 인간의 죄, 죄책감, 수치를 뛰어넘어 자유롭게 그러나 강력하게 역사하시는 하나님의 은혜를 기대하며 겸손해야 할 것이다.

중독의 도전 앞에 선 신앙인

지금까지 중독의 한 현상으로 여겨지는 종교중독에 대해 탐구해 보았다. 종교중독은 일반적인 중독과 많은 부분 공통점과 유사성을 가지면서도 종교 활동이나 행위가 중독의 대상이 된다는 점에서 특이점이 있음을 알게 되었다. 그리고 신체적이고 정서적인 영역을 넘어서 영적인 질병이라는 점을 분명하게 인식하게 되었다. 신앙이 중독이 될 수 있다는 점에서 목회상담자는 내담자를 대할 때 이를 중요한 진단과 돌봄의 주제로 삼아야 할 것이다. 그리고 무엇보다 종교중독은 인간의 갈망과 자유에 대한 왜곡이며 그러기에 하나님의 은혜가 필수적으로 요구됨을 알게 되었다. 그리고 중독이라는 이름으로 인간을 속박하고 굴레 씌우는 일상의 삶 가운데 하나님 앞에 솔직히 거하며 고요히 머무르는 관상적 자세가 요청됨을 보았다.

사실 중독의 문제는 단지 내담자만의 문제는 아니다. 상담자 또한 자신도 모르는 사이에 중독의 포로가 되어 있을 수 있다. 정신과 의사이자 영성지도자였던 메이조차도 자신이 중독에 사로잡혀 살아왔다고 고백하였다. 메이의 주장처럼 우리 모두는 중독으로 고통받고 있는지 모른다. 중독의 문제는 상담자 자신의 문제일 수 있다. 그리고 많은 경우 상담자가 교회의 지도자이거나 평신도 리더라는 점에서 종교중독으로부터도 자유로울수 없다. 그러나 우리에게 희망을 주는 것은 하나님의 은혜가 오늘도 우리와 함께 하고 있다는 것이다. 비록 우리가 하나님의 은혜를 통제하거나 소유할 수는 없을지라도 하나님의 은혜는 우리 곁에 늘 살아 숨 쉬고 있기 때문이다. 바로 이것이 신앙인의 특권이 아닐까 싶다. 중독의 도전 앞에서 신앙인은 자신을 맡기고 기댈 진정한 존재가 있기 때문이다. 메이가 남긴 격려의 말로 이 글을 맺으려고 한다. "하나님은 중독이 우리의 자유를 결코 완전히 파괴할 수 없도록 우리를 창조하시고 돌보신다."[48]

5 장

은혜와 진리의 목회신학

목회상담의 정체성에 대한 물음

은혜와 진리의 관점에서 바라본 예수 그리스도의 사역

예수의 목회돌봄과 상담: 사례 연구

은혜와 진리의 목회신학

은혜와 진리의 목회돌봄과 상담을 지향하며

이번 장은 목회돌봄과 상담의 정체성을 찾아가는 하나의 시도로서, 요한복음에 나타난 예수 그리스도의 사역을 은혜와 진리의 관점에서 살피며, 이를 통해 목회돌봄과 상담의 정체성을 찾고 목회상담 방법론을 제공하고자 한다. 요한복음은 예수의 정체성을 은혜와 진리로 요약하고 있는데요 1:14, 이는 유비적으로 목회상담자의 정체성으로 표현될 수 있다고 보았다. 은혜는 근본적으로는 인간을 향한 하나님의 사랑과 긍휼을 의미하지만, 하나님의 사랑이 바탕이 되어 타인에게로 향하는 호의와 친절, 선의 등으로도 이해할 수 있다. 이러한 은혜의 관점은 상담 현장에서 내담자와의 치유적 관계를 형성하기 위한 필수 요소이며, 실제 상담에서 하나님의 사랑과 인자하심을 반영하는 것으로 볼 수 있다. 반면에 진리는 언약을 성실하게 지키시는 하나님의 성품을 가리키는 것으로, 한결같음, 진실성, 신실함 등으로 나타난다. 이는 상담 현장에서 내담자를 향한 진실성, 일치성, 성실성 등으로 표현되며, 사랑 가운데 진실을 말하고, 성령이 이끄는 직면을 사용하는 것으로 나타날 수 있다.

5장은 은혜와 진리 각각에 대한 성서신학적인 이해와 목회신학적인 분석을 담고 있으며, 요한복음에서 예수가 만나고 대화했던 사람들의 이야기를 사례로 제시하고, 이를 은혜와 진리의 관점에서 목회상담적으로 분석한다. 나아가 은혜와 진리의 관점을 상담과 심리치료의 주요 이론들과 연결시킴으로써 실제 목회돌봄과 상담 현장에서 은혜와 진리의 관점이 어떻게 작동하는지를 보여준다. 목회상담자가 은혜와 진리의 관점을 가지고 상담을 진행한다면 예수가 보여주었던 것처럼 매우 효과적이고 이상적인 목회돌봄과 상담을 할 수 있을 것이다.

목회상담의 정체성에 대한 물음

목회상담을 '목회적'이 되게 하는 것은 무엇인가What makes pastoral counseling pastoral? 이 질문은 일반상담과 구별되는 목회상담의 정체성에 대해 묻는 물음이다. 지금까지 목회신학자들은 이 질문에 답하기 위해 부단히 노력했다.[1] 목회상담학은 역사적으로 당대의 주류 심리학과 진지한 대화를 해왔으며, 이러한 대화를 통해 목회돌봄과 상담을 위한 방법론을 개발하고 적용해 왔다.[2] 그러나 이러한 과정 중에서 목회상담이 "심리학의 포로"가 되고 말았다는 반성이 생겨났고, 이로 인해 목회상담의 정체성에 대해 깊이 고민하기도 하였다. 이 문제를 해결하기 위해 보수주의 및 근본주의 신학 입장에서는 복음주의적 목회상담운동이 일어났으며[3], 자유주의 주류main-stream 목회상담학에서는 목회돌봄 및 상담의 기독교적 뿌리와 교회 전통을 회복하고자 하는 정체성 찾기 운동이 진행되기도 하였다.[4]

이 장은 목회돌봄과 상담의 정체성을 찾으려는 하나의 시도이다. 필자는 복음주의적인 개혁교회, 특히 장로교 전통에서 신학 훈련을 받았으나 목회상담학은 미국의 자유주의적인 주류 신학교에서 공부하였다. 따라서 필자의 신학적 입장은 복음주의 진영에 속하나 목회상담적 입장은 자유주의에 더 가깝다. 이러한 독특한 목회신학적 정체성으로 인해 혼란을 겪을 때도 있었으나, 두 전통의 통합과 연합이 오히려 신학적 지평과 목회상담의 관점을 폭넓게 해 주었다고 생각한다. 이 장에서는 성경에 나타난 예수 그리스도의 사역 속에서 목회돌봄과 상담의 정체성을 찾아보려고 한다. 특히 요한복음에 나타난 예수의 사역을 은혜와 진리의 관점에서 살펴보고, 이를 통해 목회돌봄과 상담의 새로운 정체성을 제시하고자 한다.

이 장의 핵심 논제thesis는 예수 그리스도의 정체성인 은혜와 진리가 목회상담자의 정체성이 될 때, 은혜와 진리에 기초한 목회돌봄과 상담이 가능하다는 것이다. 필자는 이 핵심 논제를 성서신학적으로, 그리고 목회신학적으로 기술하려고 한다. 먼저 요한복음에 나타난 예수 그리스도의 사역을 은혜와 진리의 관점에서 살펴보면서 예수가 사람들과 만나서 대화하고 상담하는 방식에 주목할 것이다. 이어서 예수 그리스도의 은혜와 진리 관점이 목회돌봄 및 상담으로 어떻게 연결될 수 있는지 다양한 현대 상담 및 심리치료 이론과의 비판적인 대화를 통해 밝힘으로 소위 '은혜와 진리의 목회신학'을 제안할 것이다.

은혜와 진리의 관점에서 바라본 예수 그리스도의 사역

목회돌봄과 상담을 신학함의 장으로 삼는 목회신학[5]에서 성경을 고찰해야 하는 분명한 이유가 있다. 조직신학자 미로슬라브 볼프 Miroslav Volf 는 신학함에 있어서 성경 연구와 고찰의 중요성을 일깨워준바 있다.

> 오늘날과 관계가 있는 모든 기독교 신학은…궁극적으로 성경의 깊은 샘에서 물을 길어야 한다. 물론 신선한 물이 다른 원천으로부터 올 수도 있다. 가장 자주 방문하는 세 가지 샘을 들자면 이성과 전통과 경험이다. 그렇지만 기독교 신학의 모든 것은 결국 성경의 내용에서 나오기 마련이고, 이런저런 방식으로 그 내용으로 평가 받게 되어 있으며, 그 가운데 핵심은 예수 그리스도에 대한 성경의 증언이다.[6]

볼프가 언급한 대로, 신학함에는 다양한 자원이 사용된다. 그러나 신학이 성경을 소홀히 취급한다면 기독교 공동체의 존재와 정체성, 그리고 생명력의 바탕을 이루는 가장 중요한 자원을 방치하는 것이 된다. 목회신학은 다학제간interdisciplinary 학문을 추구한다. 이로 인해 의도적으로 다양한 자원들 — 예를 들면, 기독교 전통, 인간 경험, 교회, 문화 — 을 사용한다. 문제는 그렇게 하다 보니 성경의 가치와 중요성을 놓치기 쉽다는 것이다. 이장에서는 성경 읽기와 연구를 신학함의 주요 위치로 되돌려 놓으려고 한다. 그러나 성경을 신학함의 주요 자원으로 삼는 과정에서 자칫 잘못하면 편협한 성경중심적 근본주의로 회귀할 수도 있다.

따라서 이 장에서는 소위 "존경의 해석학"hermeneutic of respect을 사용하여 성경을 읽고 연구함으로 목회상담의 새로운 정체성과 방법론을 찾고자 한다. 존경의 해석학은 성경을 하나님의 자기계시적 기록으로 받아들이고, 존경과 수용적 태도로 읽는다. 그러나 이는 비판적인 판단을 하지 않거나 수동적으로 성경을 읽는 것을 의미하지는 않는다. 오히려 성경을 읽는 독자들의 비판적인 시각과 능동적인 참여를 포함한다. 즉, 이 관점은 성경을 하나님의 계시의 말씀으로 인정하고 수용적인 태도로 읽지만, 성경이 가진 역사성을 인정하고, 역사 및 개개인의 삶에 개입하신 하나님의 사건으로 읽는 것을 말한다. 따라서 성경을 읽는 독자들이 성경의 능동적인 참여자가 되는 것이다.[7]

요한복음을 목회신학적 성찰을 위한 텍스트로 선택한 까닭은 요한복음이 가진 신학적 깊이와 독특성 때문이다. 다른 복음서와 달리 요한복음은 긴 서막요 1:1-18을 통해 예수 그리스도의 신성과 인성을 신학적으로 설명하고 있으며, 예수 그리스도의 정체성을 분명하게 보여준다.[8] 특히 목회상담의 정체성 발견이라는 논문의 목적에서 보았을 때, 요한복음 1장 14절은 매우 의미심장한 선언으로 다가온다: "말씀이 육신이 되어 우리 가운데 거하시매 우리가 그의 영광을 보니 아버지의 독생자의 영광이요 은혜와 진리가 충만하더라." 말씀이신 예수 그리스도께서 육신의 모습을 입고 이 땅에 오셨으며, 아버지의 외아들로서 예수는 하나님의 영광을 환하게 보여주셨고, 그 영광은 은혜와 진리로 나타났다는 것이다.

필자는 여기서 예수 그리스도의 속성을 표현하는 은혜와 진리에 주목하고자 한다. 은혜와 진리는 사실상 하나님의 속성으로, 이 땅에 인간의 몸으로 오신 예수 그리스도 안에서 그대로 구현되었다. 은혜와 진리는 히브리어 개념 쌍으로, 구약 성경에 자주 등장하며, "은혜/호의와 진리/진실"로 번역된다.[9] 예를 들어, 출애굽기 34장 6절에서는 하나님께서 친히 모세에게 자신의 이름의 뜻을 알려주시며 '선포하시되' "인자와 진실이 많은 하나님"이라고 말씀하신다. 하나님은 인자를 천대까지 베푸시고 악과 죄를 용서하신다출 34:7상. 그러나 진실하셔서 벌을 면제하지는 않으시고 보응하신다출 34:7하. 미가 7장 20절에는 하나님께서 "옛적에 [이스라엘] 조상들에게 맹세하신대로 야곱에게 성실을 베푸시며 아브라함에게 인애를 더하시리이다"라고 기록하고 있다. 시편에서는 다윗의 시를 통해 "주의 인자와 진리"시 40:10-11를 선포하고 있으며, 고라 자손의 시를 통해 하나님의 "인애와 진리"시 85:10를 찬양하고 있다. 이를 통해 인자와 진리는 하나님의 속성인 것을 확인할 수 있으며, 예수 그리스도를 통해 충만하게 나타난 것이다. 보다 깊은 이해를 위해 은혜와 진리에 대해 각각 좀 더 상세하게 설명하고자 한다.

은혜. 은혜로 번역되는 헬라어 카리스(χάρις)는 당시의 일반적인 의미로는 "기쁘게 하는 것"what delights을 의미했다. 즉, 기쁨을 있게 하거나 수반하는 상태를 뜻하였다. 이는 즐거운 존재 또는 매력을 의미했으며, 아름다움 가운데 발견되는 환희나 행운에 의해 나타난 호의 등을 뜻했다. 정서나 기분으로서 카리스는 기쁨을 선사하는 동정심이나 친절 등을 의미하였고, 어떤 경우에는 감사의 의미로도 사용되었다. 그리스 신들gods이 베푸는 호의로 사용되기도 하였으나 특별히 종교적이거나 철학적인 용어는 아니었다. 플라톤은 "선한 쾌락"good pleasure, "선의"goodwill, "호의"favor, "쾌락"plea-sure, "감사"thanks 등의 의미로 사용하였으며, 스토아철학에서는 기질disposi-tion의 측면을 강조하였다. 헬레니즘 시대에는 통치자가 보여주는 호의를 뜻하는 고정된 용어가 되었는데, 이는 관대한 기질이나 은혜로운 선물과 같은 뉘앙스를 가지고 있었다. 나중에는 은혜의 능력을 강조하게 되었는데, 이 능력은 하늘로부터 오며, 신적인 인간 안에 나타나고, 마술적으로 표현된다고 이해하였다.[10]

은혜는 구약의 히브리어로는 두 단어로 표현되는데, "헨"(חֵן)과 "헤세드"(חֶסֶד)이다. 구약성경의 헬라어 번역본인 70인역LXX은 대부분 헨을 카리스로 번역하였다. 헨은 자비로운 행동으로 표현되는 관대한 기질을 뜻한다 창 33:5, 시 119:29 참고. 이는 주로 사람의 행동을 나타내는데 사용되어, 어려움 중에 있는 사람을 관대하게 대하는 것을 의미하였다. 처음에는 신학적인 의미로 사용되기보다는 가난한 사람에 대한 동정심잠 14:31 참고, 약자에 대한 관심신 7:2 참고, 때로는 친절한 말잠 26:25 참고을 의미할 때 사용되었다. 그러나 구약성경의 대부분56번 중에서 41번은 하나님의 속성을 나타내는 의미로 사용되었다. 특히 시편에 26회나 나오는데, 고난 중에 있는 사람의 기도를 들으시고시 4:1, 치유하시며시 6:2, 구원하시고시 26:11, 베푸시며시 41:10, 죄악을 사하시고시 51:1, 힘을 주시는시 86:16 은혜로운 하나님을 표현할 때 사용되었다. 하나님의 은혜는 하나님의 사랑, 그리고 그의 말씀과 언약에 근거하여 나타난다. 그러나 하나님의 은혜는 자유로운 선물이다출 33:19 참고. 그리고 종종 은혜와 함께 심판도 함께 언급되어암 5:15 참고, 하나님의 은혜가 무분별한 은혜가 아님을 나타내고 있다.[11]

헤세드는 70인역에서 자비, 불쌍히 여김, 동정 등을 뜻하는 헬라어 엘레오스(ἔλεος)로 주로 번역되었으나, 카리스로도 번역된다. 헤세드는 옳은 것, 의무 등과 연관되어 언약과의 관계성을 나타내는데 사용되기도 하고,

의지와 행동으로서의 친절함으로 이해되기도 한다. 그러나 일반적으로는 특정 관계나 지속적인 우정 관계에서 자발적인 선함이나 은혜를 표현할 때 사용되었다^{창 19:19; 47:29; 삼상 20:8; 삼하 16:17 참고}. 구약성경에서는 많은 경우, 하나님과 관련되어 있으며, 용서^{출 20:6}, 자비^{출 34:6; 시 25:6}, 신실함^{신 7:9}, 구원^{시 13:5}, 기쁨^{시 107:8}, 찬양^{시 31:7; 138:2} 등의 맥락에서 사용되었다. 그러나 기본적으로는 사람들과의 관계를 나타낼 때 사용되어, 의무, 충실, 충성, 성실 등을 뜻하였다. 호세아, 예레미야, 이사야와 같은 예언서에서는 헤세드가 다른 사람을 향한 인자함을 나타내는데 사용되었는데, 이는 하나님의 인자하심을 반영하는 인간 행위로서의 인자함이다^{호 4:1; 6:4; 렘 2:2; 사 55:3 참고}. 특히, 하나님과의 언약 관계에 기초하여 하나님의 사랑을 타인에게 나타내는 것이 강조되었다. 일반적으로 헤세드는 헨 계열의 단어를 대치하는 명사로 사용되었으며, 헨과 달리 특정 관계에서 자유롭게 친절을 베푸는 것을 강조하며, 반드시 강자가 약자나 가난한 자에게 보여주는 것은 아니라는 차이점이 있다.¹²

카리스는 신약성경에 157번 나오는데, 마태복음, 마가복음, 요한 1서, 3서에는 나오지 않는다. 누가복음과 사도행전에 자주 등장하는데^{25번}, 좋은 소식을 나타날 때^{눅 4:22; 행 14:3}, 성령 충만한 사람을 표현할 때 사용되었다^{행 6:8}. 카리스는 바울에게 매우 중요한 단어이며, 주로 하나님의 구원의 은혜를 표현할 때 사용되었다. 카리스는 하나님의 자유로운 베풂의 사건 속에 나타났으며, 십자가를 통해 구현되었다^{갈 2:21 참고}. 그리고 인간은 오직 은혜로 구원을 얻게 되었으며, 의롭다하심을 얻게 되었다. 따라서 바울에게 은혜는 부름받은 사람들이 경험하는 상태이다^{롬 5:2 참고}. 또한 공로가 아닌 하나님이 부여한 선물이다.¹³ 요한복음에서는 카리스가 3번 사용되었는데^{요 1:14, 16, 17}, 그렇다고 해서 은혜를 소홀히 취급하고 있다고 보기 어려운 것은 신학적인 서언격인 서막에서 연이어 3번씩이나 언급하고 있기 때문이다. 요한복음에 사용된 카리스는 앞에서 언급한 구약성경의 헤세드와 비슷한 의미를 가진다. 즉, 언약적 사랑, 자비로운 사랑, 자비하심, 긍휼히 풍성한 사랑, 사랑으로 가득한 자비 등을 뜻한다.[14]

요약하면, 은혜는 근본적으로는 인간을 향한 하나님의 사랑을 가리키지만, 하나님의 사랑이 바탕이 되어 타인에게로 향한 호의와 친절, 선의 등으로 이해할 수 있다. 특히 요한복음에 나오는 카리스는 아래에서 설명할 진리라는 단어와 함께 등장한다는 점에서 하나님의 속성을 나타내는 구약성경의 히브리어 개념 쌍인 은혜와 진리와 매우 깊은 연관성을 가지고 있다.

진리. 구약성경과 그리스-로마 철학 모두 "진리에 대한 사랑"을 강조한다. 일상생활에서 거짓말을 하지 말 것을 강조하는 등 둘 사이에 중복되는 영역도 많다. 그러나 대조되는 영역도 존재한다. 진리로 번역되는 헬라어 "알레데이아"(ἀλήθεια)는 히브리어의 에메트(אֶמֶת)와 비슷한 뜻을 가지고 있으며, 확고함, 안정성, 한결같음 등을 뜻한다. 그리고 사람에게 적용하면 변함없음, 믿을 수 있음 등을 의미한다.[15] 이처럼 알레데이아는 어떤 사물이나 사람, 또는 말이 진실을 나타내고, 약속한 바를 실천하며, 믿을 만한 참된 것을 의미한다. 이는 역사 속에서 거듭하여 경험한 것을 말하며, 한결같음, 성실함 등을 뜻한다. 따라서 히브리적으로 이 단어는 주로 하나님께 해당하며, 언약에 대한 성실하심으로 나타난다.[16] 이는 하나님의 중심적인 속성이기도 하다.[17] 그러나 하나님이 이처럼 진실한 분이기에 구약성경은 하나님의 백성들이 하나님을 닮아 마음에 진실을 말하고시 15:2 참고, 거짓을 피하며잠 12:19 참고, 윤리적이고 도덕적인 삶을 살아갈 것을 요구한다. 진리는 심판을 가져올 수 있다는 점에서 하나님의 진리와 사랑 사이에서 갈등이 생길 수 있다. 그러나 진리가 사랑보다 먼저 올 경우에도, 진리와 사랑은 둘 다 하나

님의 중심적인 속성으로 작용한다.[18]

어원적으로 헬라어 알레데이아는 숨기지 않음을 뜻한다. 따라서 숨겨지거나 거짓된 것이 아닌, 보여진 것, 표현된 것, 또는 밝혀진 것, 즉 실재하는 것을 의미한다. 예를 들면, 법 속에 내재된 진실, 역사 속의 실제 사건들, 또는 철학 속의 실재하는 존재 등을 말할 때 사용된다. 그리고 사실에 부합하는 진실, 환각illusion과 반대되는 실재reality를 뜻한다. 따라서 헬라어적으로 진리는 지식과 관련되는 경우가 많다. 그리고 사람이 진실에 근거하여 진실을 말할 때, 믿을만하다고 여겨지며, 따라서 신실함은 인간의 중요한 자질을 뜻하기도 한다.[19]

신약성경에서 알레데이아는 히브리적 의미와 헬라적인 의미를 함께 내포한다. 때로 알레데이아는 확실성과 힘을 가진 것으로 이해되며엡 4:21, 갈 2:5 참고, 의지할 만한 것, 즉 믿을만함, 진실함, 정직을 뜻하기도 한다롬 3:3; 고후 7:14, 11:10; 요이 1; 요삼 1 참고. 그 외에도 밝혀진 상태롬 1:18, 25 참고, 참된 가르침이나 믿음고후 13:8 참고 등의 의미를 가진다. 그리고 확실성, 신적 실재, 계시 등을 의미하기 위해 사용되었는데, 이는 요한복음에 잘 나타나 있다.[20] 알레데이아는 요한복음의 핵심 용어로서, 인간에게 계시된 하나님의 영원한 실재를 표현할 때 사용되며, 예수 안에서 가까이할 수 있게 된 하나님의 실재를 의미한다. 이 실재는 사람들에게 자유, 빛, 생명을 뜻하며요 8:31-32, 3:21, 14:6 참고, 예수께서 죽으시고 부활하신 후에는 하나님의 영인 성령을 통해 가까이할 수 있다요 16:12-15 참고. 따라서 성령은 "진리의 영"이라고 불린다요 14:16-17; 15:26.[21] 이 실재는 타락으로 인해 도달할 수 없는 것이었지만 말씀에 의한 계시를 통해 믿음으로 주어진 것이다요 8:44; 요일 1:8; 2:4 참고. 또한 이는 복잡한 지식이 아니라 진리 자체이며 진리로 거룩하게 되신 그리스도와의 만남이다요 14:6; 17:17, 19 참고. 하나님 자신이 은혜와 진리로 충만한 성육신하신 몸으로 자신을 나타내신 것이다.

요약하면, 진리는 한결같음, 진실성, 신실함, 성실함, 실재, 믿을 만함, 정직, 신적 실재 등의 의미를 가진 것으로 이해할 수 있다. 주목할 것은 히브리적 의미와 그리스-헬라적 의미가 함께 사용되어 더 깊고 풍성한 의미를 가지게 되었다는 점이다. 특히 요한복음에 나타난 진리는 예수 그리스도를 통해 나타난 하나님의 실재이며, 이는 자유, 빛, 생명으로 나타나고, 이 진리가 믿는 사람들의 삶을 결정한다는 점이다요 4:23-24; 요일 1:6, 8; 2:4 참고.

예수의 속성인 은혜와 진리는 전체적인 시각에서 보았을 때, 상호보완적인 측면을 지니고 있다. 앞의 논의를 통해서 은혜를 사랑과 호의로 이해하고, 진리를 진실과 신실함으로 이해해도 큰 무리가 없을 것이다. 지나친 일반화일 수 있으나 은혜가 사랑의 측면을 강조한 것이라면, 진리는 정의의 측면을 강조한 것으로 볼 수 있다. 그런데 이 두 속성이 예수 그리스도 안에서 공존하며, 함께 작동한다. 주목할 점은 하나님의 아들로 이 땅에 오신 예수는 은혜와 진리로 충만하였으며, 균형과 조화를 이룬 아름다운 목회 사역을 감당하셨다는 것이다.

예수의 목회돌봄과 상담: 사례 연구

요한복음에는 은혜와 진리로 사람들을 만나고 사역했던 예수의 이야기가 많이 수록되어 있다. 그 중에서 은혜와 진리의 상호작용을 가장 잘 보여준다고 생각되는 세 가지 사례를 제시하고, 예수가 어떻게 사람들을 돌보고 상담했는지를 목회신학적으로 살펴볼 것이다.

사례 1. 예수와 사마리아 여인 이야기 요 4:1-42

예수께서 사마리아 여인과 나눈 대화는 많은 기독교상담학자들의 관심을 받아왔으며, 상담자로서의 예수에 대해 다룬 책이나 글마다 빠지지 않고 나온다.[22] 이 이야기는 예수가 당시 멸시의 대상이었던 북 이스라엘 출신의 소외받던 한 여성 내담자를 어떻게 대하시는지를 사실적으로 보여준다. 사마리아 여인을 대하는 예수의 이야기 속에 이 논문이 지향하는 은혜와 진리의 상담 원리가 잘 나타나 있다.

먼저 유대인 남성인 예수가 서슴없이 당시 상종조차 하지 않았던 사마리아 사람에게 ― 그것도 여인에게 ― 먼저 말을 걸었다[9절]는 것은 은혜의 측면, 즉 대상을 향한 호의와 친절이 아니면 불가능한 일이다.[23] 현대 상담 심리학에서는 상담자가 내담자에게 찾아가기보다 내담자가 상담실로 찾아와 상담자를 만나는 것을 일반적인 상담 형태로 본다. 그러나 상담의 오랜 전통 가운데 상담자가 내담자를 직접 찾아가는 일이 없었던 것은 아니다. 이런 경우, 대부분은 목적이 있는 방문이었으며, 상담자 입장에서는 내담자가 찾아오기를 기다리는 것보다 더 많은 시간과 노력이 요구되는 행동이었다.[24] 이처럼 예수께서 사마리아를 직접 방문하여 여인을 만난 것은 분명히 은혜의 장면이다. 그리고 사랑과 호의로 사마리아 여인을 대하는 예수의 모습 속에서 긍휼히 여기는 마음으로 인내하며 대화를 이끌어가는 모범적인 상담자의 모델을 만나게 된다.[25]

그러나 예수는 단지 은혜의 시선으로만 여인을 대하지 않는다. 사실과 진실을 드러내는 진리의 원리도 함께 사용한다. 예를 들어, 생수에 대해 언급하는 장면[7-15절], 남편을 불러오라고 하는 장면[16-18절], 그리고 영적 예배에 대해 가르치는 장면[21-24절], 자신이 메시야이심을 말씀하는 장면[25-26절] 등은 진리의 측면이 부각되어 있다.[26] 예수는 긍휼과 인내라는 은혜의 측면에만 머물러 있지 않고 내담자가 자신을 제대로 인식하도록 돕고[17-18절], 더 나아가 내담자가 미처 깨닫지 못하고 있는 영적 현실을 직시할 수 있도록 도전하고 직면하신 것이다[21-24절, 26절 참고]. 이러한 예수의 균형 잡힌 대화 방식은 오늘의 목회신학자와 상담자들에게 큰 도전을 주며 자신의 상담 방식을 돌아볼 수 있는 소중한 기회를 제공한다.

사례2. 베데스다 연못가의 병자 치유 이야기 요 5:1-18

38년 동안이나 불치의 병에 걸려 몸을 움직일 수 없었던 병자를 치유해 주신 사건은 은혜와 진리의 시각에서 사람을 대하는 예수의 모습을 보여주는 또 하나의 이야기이다. 이 병자는 다른 많은 병자들과 함께 당시 베데스다 연못가에서 자신의 병 치유를 간절히 기다리고 있었다[2-4절 참고].[27] 그러나 병세가 너무 오래되고 곁에서 도와주는 사람도 없다보니 사실상 병에서 고침 받을 수 있다는 믿음을 거의 잃어버린 상태였다.[28]

이 절망적인 병자에게 예수는 은혜의 손길을 내민다. 사마리아 여인에게 했던 것처럼 먼저 말을 걸어오고, 치유와 회복의 소망을 불러일으킨다[6절 참고]. 이는 병자에 대한 사랑과 호의가 없이는 할 수 없는 일이다. 예수는 이처럼 고통 중에 있는 사람에게 진정한 관심을 가졌던 것이다. 사실 상담자는 능력 면에서 예수를 대신할 수 없다. 그러나 인간의 모습으로 이 땅에 오신 예수가 보여준 사람에 대한 진정한 관심과 사랑은 배울 수 있다. 그리고 이러한 사랑의 정신이 내담자의 삶에 믿음을 가져다주고 변화를 가져올 수 있다.

그러나 이 치유 이야기 속의 예수는 은혜의 행위에만 머무르지 않는다. 병자가 놓치고 있었던 진리의 문제를 함께 거론한다. 병자는 병이 낫고 육신적으로 치유되었지만, 죄의 문제로부터는 자유롭지 않았기 때문이다.

치유 사건 후 예수는 예루살렘 성전에서 그를 다시 만나 이렇게 말한다: "보라 네가 나았으니 더 심한 것이 생기지 않게 다시는 죄를 범하지 말라"14절. 당시 유대교 신학에 의하면 질병은 죄의 결과이며, 죄의 용서 없이는 건강도 가능하지 않다고 믿었다.[29] 그러나 예수는 모든 질병이 죄의 결과라는 당시의 가르침에 동의하지 않았다.[30] 그러나 죄를 가볍게 여기지도 않았다. 그래서 병이 나은 사람에게 다시는 죄를 범하지 말라고 말한 것이다.[31]

우리 시대의 목회상담자들은 예수가 이 병자에게 한 것처럼, 사랑과 호의로 내담자를 대하되, 진리의 측면을 도외시해서는 안 된다. 즉, 예수가 병자에게 죄의 위험성에 대해 직접 경고하고 죄를 짓지 않도록 교육했다는 점에 주목하고, 상담 현장에서 내담자의 죄 문제가 대두되었을 때 이를 무시하거나 다루어서는 안 될 문제로 취급해서는 안 될 것이다.[32] 오늘의 상담자에게 요구되는 것은 사랑 안에서 진리를 말할 수 있는 용기와 분별력이다엡 4:15 참고.

사례3. 간음한 여인 이야기 요 8:2-11

간음하다 현장에서 붙잡혀 죽음의 위기 앞에 선 한 여인과 그 여인을 이용하여 예수를 곤란에 빠뜨리려고 시도했던 유대 종교지도자들을 상대하는 예수의 모습 속에서 은혜와 진리의 원리를 또 다시 볼 수 있다. 당시 유대인들이 따르던 모세의 율법에 의하면 간음은 금지되어 있었으며, 사형으로 처벌하도록 규정되어 있었다.[33] 한 여인이 음행 중에 잡혔고, 유대 지도자들은 그녀를 예수께로 데리고 와서 돌로 쳐서 죽이겠다고 위협한다. 만약 예수가 율법에 따라 죄를 집행하는 것을 거부하고 여인을 그냥 풀어주라고 한다면 모세의 율법을 어기는 셈이 되고, 반대로 율법에 따라 그녀를 죽게 내버려 둔다면 자신이 지금까지 죄인들에게 보여준 자비와 사랑에 반하는 결정일 뿐만 아니라 당시의 로마법을 어기는 결과를 가져오게 된다.[34]

이러한 진퇴양난의 상황에서 예수는 진리의 원리를 사용하여 유대 지도자들의 악한 계략을 무력화시킨다. "너희 중에 죄 없는 자가 먼저 돌로 치라"[7절]는 예수의 말씀은 양날의 검과 같이 작용한다. 먼저 이 말씀은 모세의 율법에 따라 처형하는 데는 동의한다는 점에서 율법을 인정하신 것으로 볼 수 있다. 그러나 하나의 조건을 붙였는데, 그 조건은 죄의 집행을 불가능하게 만드는 것이었다. 죄가 없는 사람은 아무도 없기 때문이다[롬 3:23 참고]. 따라서 이 말씀에 따르면 간음한 여인에게 돌을 던질 수 있는 사람은 아무도 없게 된다[요 8:8]. 예수의 말씀을 들으며, 유대지도자들은 간음한 여인을 향해 들었던 그 돌들이 그들 자신에게 던져질 수 있음을 깨닫게 되었을 것이다.[35] 이처럼 예수는 유대 지도자들을 진리에 입각해서 다룸으로 그들이 아무런 저항도 하지 못하고 그 자리를 떠나도록 한다.

반면에 간음한 여인을 대하는 예수의 모습에는 은혜와 진리가 함께 나타난다. 예수는 그녀를 정죄하던 모든 사람이 떠나간 것을 확인한 후, 그녀에게 말한다: "나도 너를 정죄하지 아니하노니"[11절상]. 예수는 그녀가 비록 죄를 지었지만 유대 지도자들처럼 정죄하지 않는다. 오히려 사랑과 긍휼의 시선으로 그녀를 바라본다. 그러나 덧붙여서 하는 말씀을 통해 예수는 그녀에게 진리를 나타낸다: "가서 다시는 죄를 범하지 말라"[11절]. 예수는 결코 죄를 하찮은 것으로 여기지 않았던 것이다. 그러나 예수가 더 중요하게 생각한 것이 있었는데, 그것은 회개와 새출발이었으며, 따라서 이 두 가지를 선물로 부여한다.[36] 목회상담은 이처럼 진리와 은혜에 입각해서 죄와 악을 정죄하기보다는 삶을 돌아보고 회개할 수 있는 기회를 제공하며, 새로운 마음으로 삶을 살아갈 수 있도록 돕는 과정이 되어야 한다.

지금까지의 논의를 통해 예수는 은혜와 진리의 원리에 입각해서 사역을 감당했음을 알 수 있다. 예수의 균형감 있고 조화로운 상담 방식은 이 시대의 목회신학자와 상담자에게 큰 도전과 귀감이 되며, 귀중한 목회상담적 통찰을 얻게 된다. 흥미롭게도 예수는 때때로 강조점을 달리하여 사람들을 다룬다. 즉, 사람들의 필요와 의도를 파악하고 의도성과 목적을 가지고 사람들을 만난다. 예를 들어, 니고데모와 같은 유대 지도자는 은혜보다는 진리에 입각해서 다룬다요 2:23-3:21 참고. 니고데모는 서기관이자 바리새인으로 지식층에 속하였는데, 예수는 일견 심할 정도로 니고데모를 몰아붙인다요 3:10-21 참고. 영생의 진리를 가르치려는 분명한 의도가 있었기 때문이다. 예수는 이처럼 진리 측면을 강조하여 니고데모를 대했지만, 이야기 전체에 나타난 직접적이고 직설적인 예수의 대화법은 니고데모를 향한 관심과 사랑에서 우러나온 것이었다. 반면에 왕의 신하의 아들을 치유할 때는 진리보다는 은혜의 측면에서 다룬다요 4:46-54 참고. 죽을병에 걸린 아들을 긍휼히 여겼기 때문이다. 그러나 여기서도 예수는 표적과 기사가 아니고는 자신을 믿지 않은 사람들을 책망함으로 진리를 드러내고 있다요 4:48 참고.

이처럼 예수는 유능하고 분별력 있는 상담자처럼, 사람들의 필요에 적절하게 반응하면서도 필요할 때는 도덕적 상담자moral counselor로, 때로는 바보 현자wise fool로, 그리고 사랑 가득한 목자shepherd로 행동한다.[37] 필자는 예수에게서 내담자의 필요와 요구에 가장 적절하고 효과적으로 반응하는 소위 "맞춤형" 상담자의 모습을 본다. 무엇보다 은혜와 진리의 두 영역을 자유롭게 넘나들며 목적과 의도성을 갖고 사람들의 필요와 요구에 민감하게 반응하는 최고의 상담자를 만난다.

은혜와 진리의 목회신학

목회상담자로서 우리는 최고의 상담자인 예수가 보여준 상담 방식에서 소중한 통찰력과 지혜를 얻는다. 예수는 은혜와 진리에 기초하여 적절하고 효과적으로 목회돌봄과 상담을 실천하였다. 그러면 현대 목회돌봄과 상담 현장에서 예수가 보여 준 상담 모델을 어떻게 구체적으로 구현해 낼 수 있을까? 이를 위해 목회돌봄과 상담을 은혜와 진리 측면으로 나누어 논의를 전개하면서, 예수의 상담 모델이 오늘날의 주류 상담 및 심리치료 이론과 어떻게 연결될 수 있는지 살펴보려고 한다.

1. 은혜 측면에서 바라본 목회돌봄과 상담

현대 상담심리학에서 가장 중요시하는 것 중의 하나는 내담자와의 상담 관계 형성이다. 상담 이론에 따라 강조점의 차이는 있지만 내담자와 치유적 관계therapeutic relationship를 형성해야 한다는 점에서는 동의한다. 상담 이론의 모태와 같은 정신분석학 전통에서도 처음에는 내담자의 내면 심리 역동에 주목했으나 시간이 지나면서 심리 역동에 대한 이해와 함께 상담자와 내담자의 관계 형성에 주안점을 두는 방향으로 변화하게 되었다. 예컨대, 대상관계이론이나 자기심리학에서는 상담 관계 형성을 상담의 기본으로 여긴다.[38]

치유적 관계 형성이라는 상담의 목표를 목회신학적으로 표현한다면 은혜에 기초한 상담이라고 말할 수 있을 것이다. 이는 내담자에 대한 상담자의 관심, 호의, 배려, 사랑, 수용 등으로 표현되며, 앞에서 다룬 예수의 목회돌봄 모델을 통해서도 확인할 수 있었다. 사실상 사랑이 배제된 상담은 불가능하다. 사랑이 없으면 관계 형성 자체가 불가능하기 때문이다. 그러나 상담에서 말하는 사랑은 일반적인 의미에서의 사랑과는 다르다. 매우 전문적이고 의도적인 관계 형성으로서의 사랑을 말하는 것이기 때문이다. 이는 원칙이나 목적이 없는 맹목적인 사랑이나 분명한 의도와 방향성이 없는 무분별한 사랑이 아니다. 예수가 사람들에게 보여준 상담은 원칙과 주관이 있으면서도, 분명한 목적과 방향성을 가진 사랑의 상담이었다.

필자는 은혜 측면에서 예수의 상담 모델이 보여주는 몇 가지 중요한 특징에 주목하고자 한다. 첫째, 예수는 만나는 사람의 내적 및 외적 필요를 정확하게 인지하고 돌봄을 진행한다. 예를 들어, 예수는 사마리아 여인의 내적 고민을 잘 알고 있었으며 그 고민을 해결해 주었을 뿐만 아니라 외적 행동에도 큰 변화 — 예수와의 긴 대화, 증언자가 됨 등 — 를 가져오게 하였다. 이는 베데스다 연못가의 병자, 간음한 여인, 니고데모와의 대화 속에서도 발견할 수 있는 특징이다. 둘째, 예수의 상담에는 대화를 나누는 상대방에 대한 진정한 관심과 사랑이 나타나 있다. 앞에서 살펴본 대로 예수는 당시에는 대화의 상대로 부적절하다고 여겨졌던 사마리아 사람, 그것도 여인에게 먼저 말을 걸고 대화를 하심으로 대상에 대한 진정한 호의와 친절을 보여주었다. 또한 간음하다 현장에서 잡힌 여인을 정죄하기보다 사랑과 긍휼의 시선으로 그녀를 대하였다. 셋째, 예수의 상담은 찾아오기를 기다리는 상담이 아니라 직접 찾아가는 상담이다. 앞에서도 언급한 것처럼 이는 일반적인 형태의 상담은 아니다. 그러나 분명한 목적과 의도를 가지고 찾아가는 상담은 우리 시대 목회상담자들이 재고해 볼 만한 상담 방법이라는 생각이 든다. 왜냐하면 내담자가 선뜻 상담실을 방문하여 도움을 청하는 것이 어려운 경우가 많기 때문이다. 물론 모든 상담을 찾아가는 상담으로 진행하는 것은 현실적으로 불가능하다. 그러나 찾아가야 할 이유가 분명하고 확실한 목적이 있다면 내담자를 찾아가서 만나는 상담도 고려해 볼 만하다. 넷째, 예수의 상담은 예방적 상담의 성격을 띠는 경우가 많다. 베데스다 연못가의 병자의 치유하신 후에 예수는 그를 다시 만난 자리에서 "…더 심한 것이 생기지 않게 다시는 죄를 범하지 말라"고 했다요 5:14. 이는 예수가 이 병자가 다시 죄를 범할 가능성이 있었기에 이를 예방하기 위해 직접적인 언급을 하신 것으로 볼 수 있다. 간음한 여인에게도 다시는 죄를 짓지 말 것을 명했다요 8:11. 다섯째, 예수의 상담은 죄에 대한 정죄가 아닌 회개와 새 출발을 격려하는 상담이다. 이는 예수는 죄는 미워하시지만 죄인은 사랑하심을 보여준다. 은혜의 상담은 이처럼 진심으로 내담자의 형편을 살피고 새로운 가능성과 출발을 독려하는 상담이다. 여섯째, 예수의 상담은 치유와 회복이 있는 희망의 상담이다. 예수를 만난 사람들은 병에서 치유되었으며, 더불어 죄의 용서 또한 선물로 받았다. 예수는 질병이 온전하게 치유되기 위해서는 죄의 용서가 동반해야 함을 알았던 것이다. 이처럼 예수의 상담에는 질병의 치유와 함께 관계의 회복을 포함한 죄의 용서가 수반된다.[39]

예수의 상담 모델을 목회상담 현장에 그대로 적용하기에는 분명히 한계가 따른다. 인간에 불과한 목회상담자가 인간의 모습을 입고 이 땅에 온 하나님인 예수가 보여준 병 치유의 기적과 영적 권위를 그대로 행사할 수는 없기 때문이다. 그러나 이러한 한계에도 불구하고 예수의 상담 정신과 기법은 배울 수 있다. 그리고 제한성을 가지고 있지만 상담 현장에 적용할 수 있다. 은혜 중심적 상담 방법론은 칼 로저스의 인간중심치료를 통해 많은 부분 구현되었다. 로저스는 내담자가 치유적으로 변화되기 위한 필요충분조건 중에 "무조건적 긍정적 존중"과 "공감적 이해"를 들고 있는데, 이는 예수가 보여준 은혜의 상담의 일면을 잘 보여준다.[40] 무조건적 긍정적 존중은 내담자를 향한 상담자의 수용을 의미하는 것으로, 상담자가 내담자를 있는 그대로 존중하고 소중히 여기며, 내담자의 가치를 평가절하하지 않고, 지속적으로 따뜻하게 대하는 것을 말한다. 공감은 상담자가 내담자와 함께 하면서 내담자의 경험에 대한 자각을 정확하고 분명하게 이해하고 반응하는 것을 뜻하는데, 이는 동정심과 달리 내담자의 세계로 들어가 내담자의 공포, 갈등, 분노 등을 마치 자신의 것처럼 인지하지만 그것을 자신과 연계시키지 않는 전문적인 상담 기법이다. 높은 수준의 공감적 표현은 수용과 무비판이며, 진정한 공감은 평가적이거나 진단적인 성격을 배제한다.[41] 예수의 상담에는 로저스가 말하는 수용과 공감이 그대로 드러나 있다. 예수는 만나는 사람들을 있는 그대로 존중하고 배려하였을 뿐만 아니라 쉽게 평가하거나 진단하지 않고 수용하였다.

인간중심치료는 인간에 대한 깊은 존중과 사랑을 보여주는 대표적인 은혜 중심 상담이다. 내담자를 부정적이고 수동적이며 치료자의 절대적인 돌봄이 필요한 피동적인 인간으로 이해하기보다 자율성과 책임성, 변화의 가능성을 가지고 있는 긍정적인 존재로 보았다. 그리고 내담자의 성장과 변화를 위해 상호교류적이고 치료적인 상담 관계를 중요시하였다. 즉, 상담자가 일방적으로 무엇을 해 주거나 무엇을 하도록 지시하는 것이 아니라 내담자가 자기 자신을 알아가고 통합과 독립을 이룰 수 있도록 함께 해 주는 존재의 방식이라는 점을 강조하였다.[42] 또한 상담자가 취해야 할 태도는 자신이 전문가라는 권위 의식이 아니라 내담자의 목소리와 감정에 주의를 기울이고 인격적이고 인간적인 관계를 제공하는 것이라는 점을 부각하였다. 이러한 로저스식 상담 방식은 많은 부분 예수가 보여준 상담 속에 잘 드러나 있다. 기독교상담적 관점에서 보면, 인간중심치료는 인본주의적 상담이라는 비판을 많이 받는데, 아이러니하게도 실제로는 예수의 상담에 가장 유사한 상담 관계를 제공하는 상담으로 보인다는 점이다.

로저스의 인간에 대한 사랑과 인내는 우리를 향한 하나님의 사랑과 많은 부분에서 닮아 있다. 물론 아가페적인 하나님의 사랑을 인간인 상담자의 사랑과 비교하는 것은 어불성설이다. 하지만 지금까지 존재했던 수많은 상담자들 중에서 로저스만큼 사람을 신뢰하고 변함없는 사랑과 인내로 함께 했던 상담자도 드물 것이다. 그런 측면에서 인간중심상담사가 "아가페 사랑을 구현하는 한" 목회상담자는 이들에게 "동료 의식과 깊은 존경"을 표해야 할 것이다.[43]

목회신학적인 관점에서 보면, 은혜의 측면에서 제공하는 목회돌봄과 상담은 하나님의 사랑과 인자하심을 반영하는 상담이다. 즉, 인간을 향한 하나님의 사랑에 바탕을 두고 타인에게 호의와 친절, 선의를 실천하는 것을 말한다. 인간이 지닌 죄성과 악, 유한성에도 불구하고 인간을 있는 그대로 사랑하고 용납하시는 하나님의 마음을 담은 상담을 말한다. 이는 내담자를 향한 상담자의 기본적인 태도 ─ 인자함, 선함, 친절 등 ─ 로 나타난다. 그리고 은혜라는 용어가 가지고 있는 깊은 의미를 반영한 상담이다. 즉, 어려움 중에 있는 사람을 관대하게 대하고, 관심을 표명하며, 친절하게 대하고, 자발적으로 선을 행하는 상담이다. 이러한 은혜 측면의 목회돌봄과 상담은 실제 상담 현장에서 관심 기울이기, 경청, 감정 반영, 지지, 공감, 피드백, 보호 등의 전문적인 상담 기법을 통해 표현될 수 있다. 그리고 이는 예수의 상담 모델에서 살펴본 것처럼 찾아가는 상담, 예방 상담, 회개와 새 출발을 격려하고 치유와 회복이 있는 희망의 상담을 지향한다.

2. 진리 측면에서 바라본 목회돌봄과 상담

예수의 상담이 보여주는 또 하나의 중요한 측면은 진리에 근거하여 상담을 진행하였다는 것이다. 첫째, 예수는 사람들과 대화할 때 사실과 진실을 드러내는 진리의 원리를 사용하였다. 이는 사마리아 여인과의 대화 속에서 극명하게 나타나는데, 예수는 그녀가 숨기고 있었던 과거를 직면하게 하고 자신이 처한 상황을 분명하게 볼 수 있게 하였으며, 보다 근본적이고 영적인 대화로 인도하는 계기를 만들었다.[44] 둘째, 내담자의 자기 인식을 돕고 영적 현실을 직시할 수 있도록 인도하였다. 이는 간음한 여인에게 돌을 던지려고 덤벼드는 사람들에게 예수가 한 행동 속에 잘 드러나 있다. 예수는 "죄 없는 자가 먼저 돌로 치라"고 함으로 그들의 삶에 가득했던 죄를 인식할 수 있도록 만들었으며, 자신들도 죄인이라는 영적 현실을 깨닫게 했다. 셋째, 회개와 죄의 용서를 부각하였다. 예수는 간음한 여인을 긍휼과 은혜의 시선으로 대하면서도 죄를 결코 하찮은 것으로 취급하지 않았다. 죄를 범한 그녀에게 회개할 수 있는 기회를 부여하실 뿐만 아니라 용서받은 죄인으로 살아갈 것을 당부했다. 넷째, 사랑 안에서 진리를 말하는 용기와 영적 분별력을 보여주었다. 이는 간음한 여인의 죄를 지적하며 자신의 죄를 깨닫지 못하던 있었던 유대지도자들을 대하는 장면요 8:7-9 참고 속에, 그리고 다시는 죄를 범하지 말라고 하시는 장면요 5:14; 요 8:11 참고 속에 잘 나타난다. 예수는 사랑 안에서 진리를 말해야 하는 정확한 타이밍을 알고 있었고, 그 때가 왔을 때 주저하지 않고 용기와 분별력을 가지고 행동했다. 다섯째, 예수는 성령이 이끄는 직면을 사용했다. 상담 현장에서 진실을 말하는 것은 쉽지 않다. 따라서 진리의 영인 성령의 음성과 인도하심에 민감해야 한다. 예수는 자신을 이 땅에 보낸 아버지 하나님께서 원하시는 진리를 알고 있었고, 성령의 인도함을 받아 진리를 담대하게 말씀했으며, 이를 통해 사람들이 자신들의 환상 속에 살지 않고 하나님의 실재 안에 살도록 인도하신 것이다.

진리 측면의 상담 방법론은 다양한 상담과 심리치료 영역에서 사용되고 있다. 로저스는 치료적 인격 변화를 위한 또 하나의 필요충분조건으로 진실성genuineness을 강조했는데, 이는 진리에 근거한 상담의 한 방편으로 이해할 수 있다. 진실성은 다른 표현으로는 일치성 congruence 이라고도 하며, 상담자가 내담자에게 보여주는 존재의 상태를 의미한다. 즉, 상담자가 가면을 쓰거나 아는 척하지 않고 상담 과정에서 자신이 자각한 경험에 최대한 충실하고 솔직하게 임하는 것을 말한다. 이는 상담자가 외적으로 표현하는 것과 그의 내적 경험이 일치하는 것으로 뜻한다. 로저스는 진실성을 상담자의 상담 활동뿐만 아니라 존재 전체를 특징짓는 "존재의 방식" a way of being 이라고 했으며, 내담자에게 가식적이거나 방어적이지 않을 때 나타난다고 했다.[45] 예수의 상담에는 로저스가 말한 진실성과 일치성이 잘 드러나 있다. 사람을 대하는 예수의 모습 속에는 가식이나 가면이 없으며, 가장 진실하고 솔직하며 일치된 모습이 발견되기 때문이다. 이러한 진리 측면의 목회돌봄과 상담은 목회상담자가 반드시 배우고 실천해야 할 매우 중요하고 필수적인 상담의 자세이다.

게슈탈트치료에서도 진리 측면의 돌봄과 상담의 방법론이 사용되고 있다. 예를 들어, 게슈탈트치료는 지금-여기 here and now 의 경험을 강조하는데, 현재 내담자가 어떤 자각을 하고 있는지, 무엇을 생각하고 있으며, 무엇을 느끼고 있는지를 자주 묻고, 자신의 자각과 생각 및 감정에 최대한 충실할 것을 요구한다. 내담자가 자신을 있는 그대로 자각하고 살피는 일은 생각처럼 쉽지 않다. 왜냐하면 일반적으로 사람들은 외부 환경에서 가면을 쓰거나 자신이 아닌 다른 사람으로 행동하는 경향이 있기 때문이다. 따라서 상담자는 내담자가 자신을 있는 그대로 자각할 수 있도록 격려하고 도와주어야 한다. 이를 위해 강요하거나 통제하지 않으면서도 내담자가 있는 그대로의 자신을 살피고 표현할 수 있는 기회를 제공하는 것이 중요하다. 내담자의 자각을 증진시키기 위해 상담자는 내담자가 자신에 대한 지식, 선택에 대한 책임, 환경과의 접촉, 현재 경험에의 몰입, 자기 수용 등을 성취할 수 있도록 진리 측면에서 돌보고 상담할 필요가 있다.[46] 그 외에도 정신분석학 전통에서 주로 사용하는 해석, 직면, 도전 등은 상담 과정에서 진리의 측면을 잘 보여주는 기법이다.

목회신학적으로 보면, 진리 측면의 목회돌봄과 상담은 성실하게 언약을 지키시는 하나님의 성품을 반영하는 상담이다. 또한 인간이 거짓이 아닌 진리 안에 거하고 살아가기를 원하시는 하나님의 마음을 담은 상담이다. 따라서 진리 측면의 돌봄과 상담은 상담자의 진실성, 일치성, 그리고 성실함을 요구한다. 이를 위해 상담자는 하나님의 성품을 닮아 상담과정에서 거짓을 피하고 진실을 말하며, 내담자가 윤리적이고 도덕적인 삶을 살도록 촉구하는 용기가 필요하다. 이런 점에서 진리의 목회돌봄과 상담은 일반 상담과 차별성을 가질 수밖에 없다. 일반 상담이 내담자의 유익을 위해 내담자에게 거의 무한정한 선택의 자유와 권리를 부여하는데 비해, 진리에 근거한 목회상담은 내담자의 유익을 위한다는 목표는 유지하면서도 내담자가 비윤리적 삶을 살도록 부추기거나 허용하지 않는다. 돈 브라우닝이 언급한 것처럼, 목회돌봄과 상담 현장에서 도덕적인 측면을 결코 간과해서는 안 된다.[47]

진리 측면의 목회돌봄과 상담은 진리의 영인 성령에 민감한 상담이다요 16:13 참고. 이재현은 웨인 오츠Wayne Edward Oates의 주장을 빌려와 목회상담은 상담자와 내담자 두 사람의 대화dialogue가 아닌 삼자 간의 대화trilogue여야 한다고 말한다.[48] 즉, 상담 현장에 상담자와 내담자만 있는 것이 아니라 하나님이 개입하여 함께 하고 있다는 것이다. 만일 그의 주장이 옳다면 이는 목회상담을 일반 상담과 구별 짓는 중요한 특징이 될 수 있다. 다만 삼자 간의 대화가 상담 현장에서 구체적으로 어떻게 이루어지는지에 대해서는 깊은 논의를 진행하고 있지 않다. 필자가 생각하기에 삼자 간의 대화는 상담에 임하는 상담자와 내담자의 자세와 태도와 깊이 관련되어 있다. 상담 현장에서 의도적으로 성령 하나님의 임재를 인정하고 성령이 개입할 수 있는 여지를 남겨놓는다면 상담자와 내담자의 대화 속에서 의식적이든 무의식적이든 성령이 역사할 수 있다고 믿기 때문이다. 예를 들어, 상담 과정 중에 성령께서 주도하는 직면이 이루어져서 상담자가 내담자에게 진실을 말하고, 이로 인해 내담자가 자신의 생각이나 환상 속에 살지 않고 하나님의 실재 가운데 살도록 인도할 수 있는 것이다.[49]

　진리 측면의 목회돌봄과 상담을 진행하는 목회상담자는 먼저 자신이 말과 행동에서 믿을만한 사람이 되어야 하며, 상담 과정에서 진실함을 유지해야 한다. 그리고 진리에 입각해서 말하고 필요한 개입할 수 있어야 한다. 또한 사실에 부합되는 진실을 말할 수 있는 용기를 지녀야 하며, 사랑 안에서 진리를 말할 수 있는 명민한 분별력을 간직해야 한다. 실제 상담 현장에서는 적절한 질문, 효과적인 해석, 도전, 직면, 평가, 저지 등의 기법을 통해 표현될 수 있는데, 주의해야 할 점은 은혜 측면의 목회돌봄과 상담의 관계를 먼저 형성하고 난 뒤에 사용해야 효과적이라는 것이다.

은혜와 진리의 목회돌봄과 상담을 지향하며

　지금까지 예수 그리스도의 신적 정체성인 은혜와 진리에 입각한 목회 돌봄과 상담의 새로운 정체성에 대해 고민해 보았다. 목회신학자와 상담자는 역사적으로 효과적인 목회돌봄과 상담을 위해 당대의 최첨단 심리학적 통찰과 치료 기법을 사용해 왔다. 이 장에서는 요한복음에 나타난 예수 그리스도의 사역을 은혜와 진리의 관점에서 목회신학적으로 분석하였으며, 이를 통해 목회상담자의 새로운 정체성을 위한 기초를 제공해 보았다. 서두에서 밝힌 것처럼 예수 그리스도의 정체성인 은혜와 진리가 목회상담자의 정체성이 될 때, 은혜와 진리에 입각한 목회돌봄과 상담이 가능할 것이다. 바라기는 이 시대의 목회신학자들이 심리학에 너무 의존하기보다 예수의 목회 속에서 상담을 위한 모델을 찾고 정체성을 발견할 수 있기를 소망하며, 이후로 성경에 근거한 새로운 목회돌봄과 상담의 모델이 계속하여 발굴되고 연구되기를 기대한다.

목회상담
목회신학적 성찰과 실천

2부

목회신학적 실천

Pastoral Theology in Practice

2부는 목회신학적 실천, 즉 목회돌봄과 상담에 비중을 둔 글들을 모았다. 그러나 이 글들 속에도 목회신학적 성찰이 포함되어 있다. 다만 1부가 목회신학적 성찰에 보다 집중했다면, 2부는 목회적 실천을 더 염두에 두고 쓴 글들이다. 2부에서 취급하는 주제는 상실과 비애, 동성애, 용서, 무신론 신앙, 그리고 대학 청년들을 위한 목회돌봄과 상담이다.

먼저 6장에서는 사별의 슬픔에 대한 현상학적 이해와 함께 상실과 비애의 과정에 있는 사람들을 위한 목회돌봄에 대해 다룬다. 특히 배우자를 먼저 떠나보내고 홀로 남겨진 이들이 겪게 되는 신체적, 심리적, 정서적, 사회적, 영적 고통에 대해 관심하면서 이들에게 필요한 목회상담적 돌봄 방안에 대해 고민한다.

7장은 아버지 부재가 자녀들에게 미치는 신앙적 영향력에 대해 관심을 가지고, 이 시대 아버지의 역할과 책임에 대해 고찰한다. 특히, 정신역동적 관점에서 아버지와의 긍정적 혹은 부정적 경험이 신앙 형성에 주는 의미와 영향에 대해 분석하며, 이러한 논의를 통해 좋은 아버지가 된다는 것이 무엇이며, 어떻게 좋은 아버지가 될 수 있는지에 대해 설명한다.

8장은 목회돌봄 및 상담 현장에서 내담자들이 고민하는 중요한 문제 중의 하나인 용서의 이슈를 다룬다. 용서는 전통적인 기독교적 덕목이자 행위로 강조되어왔지만, 용서를 실천하는 데에는 많은 어려움이 따른다. 용서에 대한 이해와 실천을 돕기 위해 용서를 현상학, 심리학, 신학 등으로 나누어 설명하며, 목회상담에서 용서를 어떻게 다루어야 하는지를 제안한다.

9장은 한국 사회와 교계에 이슈가 되고 있는 동성애 문제에 대한 목회상담적 대응에 대해 다룬다. 사례 연구를 통해 동성애의 실상에 대한 실제적이고 구체적인 이해를 제공하며, 동성애자들이 경험하고 있는 주요 건강 문제, 동성애의 선천성 여부, 변화와 치유의 가능성 등에 대해 언급하고 있다.

10장은 어느 시대보다 고독을 경험하며 살아가고 있는 크리스천 대학, 청년세대들을 위한 목회돌봄과 상담을 다룬다. 대학, 청년세대들이 경험하는 고독의 실태를 설문 데이터를 통해 실증적으로 제시하며, 이들이 고독한 이유가 무엇인지 살펴보고, 고독을 해소할 수 있는 장소로서의 신앙공동체의 의미와 가능성에 대해 역설한다.

6 장

사별의 슬픔 이해와 목회돌봄 및 상담[1]

사별의 충격과 슬픔

사별에 대한 현상학적 이해: 설문조사

사별의 슬픔에 대한 목회상담: 신앙공동체의 역할을 중심으로

사별자들을 위한 목회돌봄과 상담

이번 장은 사별 여성의 슬픔에 대해 다룬다. 필자가 크리스천 사별 여성들의 슬픔에 관심을 가진 이유는 여러 해 동안 이들을 대상으로 상담목회를 했던 경험과 함께 우리 문화권에서 여성들이 겪는 사별의 슬픔이 다양한 뉘앙스를 보여주며, 목회돌봄과 상담의 필요성을 요청한다고 느꼈기 때문이다. 한국 문화권에서 남편을 상실한다는 것은 단순히 사랑하는 사람을 먼저 떠나보내는 신체적이고 정서적인 의미를 넘어서 매우 깊고 복잡하며 심층적인 상실을 의미한다. 여기서 필자는 상실을 경험한 이들에게 필요한 목회상담적, 교회공동체적, 영적 지원과 접근법에 대해 다룬다. 무엇보다 사별을 경험한 이들에게 신앙공동체가 보여주는 이중적인 모습에 주목한다. 그러나 여전히 사별자를 위한 목회돌봄과 상담의 최적의 장소로서의 신앙공동체의 가능성과 역할, 그리고 책임에 대해 역설한다.

사별의 충격과 슬픔

사랑하는 사람을 먼저 떠나보내고 사별자들은 어떤 생각을 하고 반응을 보이는가? 신앙인의 경우, 사별은 그들에게 어떤 상처와 고민을 남기며, 어떤 구체적인 어려움을 가져오는가? 무엇보다 사별의 슬픔을 겪는 이들에게 신앙공동체는 어떤 의미로 다가오는가? 이 글은 교회 현장에서 사별을 경험한 이들의 구체적이고 현상학적인 삶의 이야기에 귀를 기울이고 신앙공동체가 이러한 사별자들에게 어떤 자원과 도움을 제공할 수 있는지 살펴보려고 한다.

오늘날 실천신학 및 목회상담학은 살아있는 인간의 경험 lived experience 을 중시한다. 그것은 목회신학 태동 때부터 그러했지만 오늘날처럼 사회가 더욱 복잡다단해지고 인간의 존엄성이 상실되어가는 시대에는 더욱 중요한 가치로 다가온다. 이 장에서는 배우자를 떠나보내고 홀로 남겨진 이들이 겪게 되는 신체적, 정서적, 관계적, 사회적, 영적 고통에 관심을 가지면서 이들에게 필요한 목회상담적 돌봄 방안에 대해 고민한다.

사실 죽음과 상실에 대한 많은 목회신학적 논의가 있어왔다.[2] 그러나 상실에 대한 심리학적이고 사회학적인 논의에 비해 이에 대한 목회적, 공동체적, 영적 대응에 대해서는 상대적으로 연구가 많지 않았던 것 같다. 이 장은 상실을 경험한 이들에게 필요한 목회상담적, 공동체적, 영적 지원와 돌봄에 대해 다룸으로써 목회신학자 및 상담자뿐만 아니라 일선의 목회자와 평신도사역자들이 사별에 따른 슬픔을 호소하는 사람들을 더 잘 이해하고 돕기 위해 쓰여졌다.

이번 장의 핵심 논제는 사별을 경험한 이들에게 신앙공동체는 돌봄과 상담을 제공하는 최적의 장소가 될 수 있다는 것이다. 사별 여성을 대상으로 한 설문조사결과를 바탕으로 이 글은 사별자들에게 신앙공동체가 어떤 의미로 다가오는지 살펴보고, 목회돌봄을 위한 공동체의 신학적 의미, 참된 공동체의 성격, 사별자들에 대한 공동체적 돌봄 방안에 대해 다룰 것이다.

필자는 먼저 사별을 경험한 이들에 대한 설문조사를 통해 사별의 슬픔에 대해 현상학적으로 살펴본다. 조사 결과에 대한 분석을 위해 양적 연구 방법론과 질적 연구 방법론은 함께 사용하였다. 양적 연구 방법론의 장점은 연구 결과가 통계 수치를 통해 나타나기에 식별이 간편하고 비교적 객관적인 결과를 보여준다는 점이며, 반면에 단점은 통계를 통해 드러나는 수치는 있지만 참여자들의 구체적인 반응과 스토리를 들을 수 없다는 점이다. 질적 연구 방법론은 양적 연구 방법론이 제공하는 통계적 수치는 없지만, 참여자들의 보다 구체적이고 세밀한 목소리를 들을 수 있다는 점에서 현대 실천신학에서 권장되고 있는 방법론이다. 필자는 위의 두 가지 방법론을 상호보완적으로 사용함으로써 각각의 방법론이 갖고 있는 단점을 최대한 보완하고, 엄정하고 객관적이면서도 사별자들의 구체적인 목소리를 반영하는 조사결과를 제공하기 위해 노력하였다.

이렇게 살아있는 경험을 통하여 상실과 슬픔에 대한 현상학적인 이해를 한 후, 사별과 관련된 다양한 경험을 해석하는 작업을 한다. 다른 사별 연구와 차별성이 부과될 수 있는 부분이기도 하고, 새로운 발견과 통찰이 가능한 부분이기도 하다. 그 다음, 사별에 대한 구체적인 이해와 해석을 통하여 교회 현장에서, 또는 목회상담 현장에서 어떻게 보다 효과적이고 전인적인 돌봄과 상담을 제공할 것인지에 대해 다룬다. 이를 통해 사별자에 대한 피상적인 이해를 넘어서서 그들의 슬픔과 상실에 공감하고 함께 할 수 있는 실천적 목회가 가능할 것으로 본다.

이번 장을 통해 필자가 기대하는 것은 두 가지이다. 첫째는 상실과 슬픔에 대한 구체적이고 현상학적인 이해이다. 비록 적은 수의 사별자들을 대상으로 한 조사이긴 하지만, 피상적이고 상식 수준의 이해를 벗어난 좀 더 구체적이고 실질적인 상실 이해를 통해 슬픔을 당한 사람들을 새롭고 바르게 이해하게 되었으면 한다. 둘째, 상실과 슬픔에 대한 좀 더 효과적인 공동체적 상담 목회가 가능하도록 통찰을 제공했으면 한다. 특히 교회 현장에 목회하는 목회자, 상담사역자들에게 교회 내에서 상실을 경험한 사람들을 어떻게 도울 수 있는지 기본적인 지침과 돌봄 방안이 제공되기를 소망한다.

사별에 대한 현상학적 이해: 설문조사

사별과 상실에 대한 슬픔을 심층적으로 이해하기 위해 서울의 한 대형 교회의 사별자 모임에 참여하는 여성사별자들을 대상으로 설문조사를 진행하였다.[3]

1. 참여자

조사에 참여한 응답자는 총 22명이었으며, 참여자의 연령대, 사별기간, 교회 출석기간은 아래 표 1로 표시하였다.

표 1에 나타난 것처럼, 참여자의 연령은 50~60대였으며, 50대[55.0%]가 60대[45%] 보다 약간 많았다. 사별기간은 10년 이내가 가장 많았다[61.9%]. 그리고 참여자들이 교회에 출석한 기간은 31~40년[29.4%]과 11~20년[23.5%]이 상대적으로 많았다.

표 1. 참여자 분포

문항		빈도	퍼센트
연령대	50대	11	55.0
	60대	9	45.0
	계	20	100.0
	결측	2	
사별기간	-10년	13	61.9
	11-20년	6	28.6
	21-30년	2	9.5
	계	21	100.0
	결측	1	

교회 출석기간	-10년	2	11.8
	11-20년	4	23.5
	21-30년	3	17.6
	31-40년	5	29.4
	51년-	3	17.6
	계	17	100.0
	결측	5	

2. 조사도구 및 조사방법

　　조사 도구인 설문지는 인적 사항을 나타내는 문항 외에, 21개의 객관식 문항, 1개의 단답형 문항, 1개의 선다형 문항, 그리고 6개의 서술형 문항으로 구성하였다. 항목별로 보면, 객관식 문항은 사별 이후 개인의 삶의 변화, 교회의 돌봄 사역, 현재 상태에 대한 인식, 사별자 모임의 만족도, 사별자 모임 참여도 등 5개의 소항목으로 구성되며, 리커트 5점 척도형 five-level Likert-type scale 을 사용하여 조사하였다. 그리고 이러한 설문조사 결과는 장로회신학대학교 교수학습개발원에서 제공하는 신뢰도 검증 및 SPSS를 활용한 자료분석지원을 받았다.

　　문항의 내적 일관성을 평가하는 신뢰도 계수 cronbach's alpha 는 .715에서 .897로 검사도구로 사용할만한 수준에서 높은 수준까지 고르게 분포되어 있는 것으로 확인되었다. 사별 이후 개인 삶의 변화 및 사별 모임의 만족도는 높은 수준의 신뢰도를 보여주었으며, 사별후 현재 상태에 대한 인식 및 사별 이후 교회의 돌봄 사역은 상대적으로 신뢰도 계수가 낮게 나왔다. 전체 항목 구성 및 신뢰도 계수는 다음과 같다.

표 2. 문항 구성 및 신뢰도 계수

항목		문항수	문항유형	α값
사별 이후 개인의 삶의 변화		6	Likert 5점 척도형	.843
사별 이후 교회의 돌봄 사역		7		.790
현재 상태에 대한 인식		4		.715
사별자 모임에 대한 만족도		3		.897
사별자 모임 참여도		1		—
사별의 슬픔을 극복하는데 소요된 시간		1	단답형	—
사별의 슬픔을 극복하는데 가장 도움을 준 것		1	선다형	—
사별 이후 가장 힘들었던 것		1	서술형	—
사별의 슬픔을 극복하는데 가장 큰 도움이 되었던 것		1		—
사별 이후 신앙공동체의 의미 및 신앙공동체가 준 유익이나 어려움		1		—
사별자 모임에 참여하면서 얻은 유익이나 어려움		1		—
교회 공동체가 도움을 주길 바라는 것		1		—
그 외의 사별과 관련된 제안		1		—
인적 사항	연령대	1	단답형	—
	사별 기간	1		—
	교회 출석기간	1		—

3. 조사 결과

1) 사별 이후 개인적 삶의 변화

사별 이후 개인의 삶의 변화에 대해 조사한 결과, "사별 이후 나의 영적 삶은 이전과 많이 달라졌다"$^{M=4.55, SD=1.14}$는 문항의 평균이 가장 높았으며, 그 다음으로는 "사별 이후 나의 삶은 이전과 많이 달라졌다"$^{M=4.36, SD=1.18}$와 "사별 이후 나의 정서적 삶은 이전과 많이 달라졌다"$^{M=4.36, SD=1.05}$의 순으로 나타났다. 가장 변화가 적은 것은 '신체적 삶'으로 나타났다.

표 3. 사별 이후 개인의 삶의 변화에 대한 문항별 평균 및 표준편차

문항	빈도	평균 (M)	표준편차 (SD)
사별 이후 나의 삶은 이전과 많이 달라졌다.	22	4.36	1.18
사별 이후 나의 신체적 삶은 이전과 많이 달라졌다.	22	3.73	1.12
사별 이후 나의 정서적 삶은 이전과 많이 달라졌다.	22	4.36	1.05
사별 이후 나의 관계적 삶은 이전과 많이 달라졌다.	22	3.77	1.23
사별 이후 나의 사회적 삶은 이전과 많이 달라졌다.	22	3.82	1.40
사별 이후 나의 영적 삶은 이전과 많이 달라졌다.	22	4.55	1.14

A. 연령대에 따른 집단별 평균 비교

연령대에 따른 사별 이후 삶의 변화 정도는 '60대' 보다 '50대'가 더 높은 것으로 나타났다. 두 집단 간에 유의한 차이가 있는지를 살펴보기 위해 독립표본 t검정을 실시한 결과, 통계적으로 유의한 차이는 나타나지 않았다 $p > .05$.

표 4. 연령대에 따른 집단별 평균 및 표준편차, 독립표본 t 검정 결과

변인	빈도	평균	표준편차	t	df	p
50대	11	4.15	0.82	.688	18	.500
60대	9	3.87	1.02			

B. 사별기간에 따른 집단별 평균 비교

사별기간에 따른 사별 이후 삶의 변화 정도는 '11-20년'이 가장 높았고, '21-30년'이 가장 낮은 것으로 나타났다. 집단 간에 유의한 차이가 있는지를 살펴보기 위해 일원배치분산분석을 실시한 결과, 통계적으로 유의한 차이는 나타나지 않았다 $p > .05$.

표 5. 사별기간에 따른 집단별 평균 및 표준편차, 일원배치분산분석 결과

변인	빈도	평균	표준편차	F	p
1-10년	13	3.90	1.06		
11-20년	6	4.50	0.33	1.975	.147
21-30년	2	3.75	0.35		

C. 교회 출석기간에 따른 집단별 평균 비교

교회 출석기간에 따른 사별 이후 삶의 변화 정도는 '-10년'이 가장 높았고, '31-40년'이 가장 낮은 것으로 나타났다. 즉, 교회에서 신앙생활을 한 기간이 길수록 사별 이후의 삶의 변화가 적은 것으로 나타났는데, 집단 간에 유의한 차이가 있는지를 살펴보기 위해 일원배치분산분석을 실시한 결과, 통계적으로 유의한 차이는 나타나지 않았다 $p > .05$.

표 6. 교회 출석기간에 따른 사별 이후 삶의 변화의 평균 및 표준편차, 일원배치분산분석 결과

변인	빈도	평균	표준편차	F	p
-10년	2	4.67	0.47		
11-20년	4	4.46	0.37	2.028	.154
21-30년	3	4.39	0.35		
31-40년	5	3.43	1.19		

2) 사별 이후 교회의 돌봄 사역

사별 이후 교회의 돌봄 사역에 대해 조사한 결과, "사별 이후 신앙생활은 슬픔을 극복하는데 도움을 주었다" $M=4.36, SD=.95$ 는 문항의 평균이 월등히 높았으며, 그 다음으로는 "사별 이후 나는 교회 내 소그룹 모임에 참여하

였다"^{M=3.59, SD=1.30}와 "사별 이후 교회 공동체_{소그룹 포함}는 나의 슬픔을 극복하는데 도움을 주었다."^{M=3.50, SD=1.34} 순으로 나타나 교회 공동체 및 소그룹이 사별의 슬픔 극복에 큰 도움이 되었음을 수 있었다. 그러나 사별 이후 목회자의 관심과 돌봄은 상대적으로 낮은 것으로 나타났다. 그리고 "사별 이후 전문가_{상담 포함}의 도움을 받은 적이 있다"^{M=1.95, SD=1.33}는 문항은 가장 낮은 점수를 기록해 사별 이후 상담을 비롯한 전문적인 도움을 받는 사별자들이 많지 않았다는 것을 알 수 있었다. 22명의 참여자 중 상담 전문가의 도움을 받은 사람은 4명에 불과하였다.

표 6. 사별 이후 교회의 돌봄 사역에 대한 문항별 평균 및 표준편차

문항	빈도	평균 (M)	표준편차 (SD)
사별 이후 교회는 나의 슬픔에 관심을 갖고 동참해 주었다.	22	3.05	1.46
사별 이후 나는 교회 내 소그룹 모임에 참여하였다.	22	3.59	1.30
사별 이후 신앙생활은 슬픔을 극복하는데 도움이 되었다.	22	4.36	.95
사별 이후 교회 공동체(소그룹 포함)는 나의 슬픔을 극복하는데 도움을 주었다.	22	3.50	1.34
사별 이후 목회자들의 사랑과 관심이 나에게 있었다.	22	2.82	1.50
사별 이후 목회자들의 돌봄이 나에게 도움이 되었다.	22	2.59	1.59
사별 이후 전문가(상담 포함)의 도움을 받은 적이 있다.	22	1.95	1.33

3) 현재 상태에 대한 인식

사별 이후 현재 상태에 대해 조사한 결과, "현재 신앙생활에 적극적으로 참여하고 있다"^{M=4.23, SD=1.15}는 문항의 평균이 가장 높았으며, 그 다음으로는 "현재 사별 관련 교회 소그룹 모임에 참여하고 있다"^{M=4.14, SD=.94}는 문항 순으로 나타났다. 사별자 모임에 참여하고 있는 사람들을 대상으로 한

조사였기 때문에 위의 두 가지 문항에 높은 점수를 준 것으로 여겨진다. 그러나 "현재 나의 신체적, 정서적, 관계적, 영적 상태는 전반적으로 좋은 편이다" M=3.77, SD=.92 라는 문항에 대해 많은 참여자들이 긍정적인 답변을 한 반면, "나는 현재 사별의 슬픔을 극복했다고 생각한다" M=3.29, SD=1.27 는 문항에 대해서는 상대적으로 낮은 점수를 준 것으로 보아 신앙생활이 사별의 슬픔 극복에 많은 유익을 주는 것은 사실이나 사별의 슬픔을 극복하는 데는 많은 시간과 노력이 필요함을 알 수 있었다.

표 7. 현재 상태에 대한 인식의 문항별 평균 및 표준편차

문항	빈도	평균	표준편차
나는 현재 사별의 슬픔을 극복했다고 생각한다.	21	3.29	1.27
현재 신앙생활에 적극적으로 참여하고 있다.	22	4.23	1.15
현재 사별 관련 교회 소그룹 모임에 참여하고 있다.	22	4.14	.94
현재 나의 신체적, 정서적, 관계적, 영적 상태는 전반적으로 좋은 편이다.	22	3.77	.92

4) 사별의 슬픔을 극복하는데 소요된 시간

참여자들의 응답에 따르면, 사별의 슬픔을 극복하는데 소요되는 시간은 평균 7.75년이었으며, 최소 3년에서 최대 20년이 걸리는 것으로 나타났다. 이 문항은 22명 중 8명이 응답하였으며, 아직 극복 과정 중에 있는 응답자는 14명으로 나타났다. 이러한 결과는 사별의 슬픔을 극복하는데 최소한 3년의 기간이 필요하다는 일반적인 견해에 대해 긍정적인 답변을 주는 반면, 사별의 슬픔 극복 시간에는 상당한 개인차가 있으며 우리가 생각하는 것보다 훨씬 더 많은 시간이 소요됨을 알 수 있었다.

A. 연령대에 따른 집단별 평균 비교

연령대에 따라 사별 슬픔의 극복시간에 차이가 있는지를 분석한 결과, 50대는 평균 11년, 60대는 약 6년 3개월이 소요된다고 응답하였으나 두 집단 간에 통계적으로 유의한 차이는 나타나지 않았다 $p > .05$.

표 8. 연령대에 따른 집단별 평균 및 표준편차, 독립표본 t 검정 결과

변인	빈도	평균	표준편차	t	df	p
50대	3	11.00	8.54	.938	4	.402
60대	3	6.33	1.15			

B. 사별기간에 따른 집단별 평균 비교

사별기간에 따라 사별 슬픔의 극복시간에 차이가 있는지를 분석한 결과, 사별기간이 오래될수록 사별의 슬픔을 극복하는데 오랜 시간이 걸린다는 것을 알 수 있다. 따라서 집단 간 평균에서 유의한 차이가 있는 것으로 나타났으나, 사후검정 결과에 따르면 실제적 차이는 나타나지 않았다 $p > .05$.

표 9. 사별기간에 따른 집단별 평균 및 표준편차, 일원배치분산분석 결과

변인	빈도	평균	표준편차	F	p
1-10년	4	5.50	1.91	35.661	.027
11-20년	2	7.50	3.54		
21-30년	1	20.00	.		

C. 교회 출석기간에 따른 집단별 평균 비교

교회 출석기간에 따라 사별 슬픔의 극복시간에 차이가 있는지를 분석한 결과, '11-20년'이 가장 높았지만 $M=12.50, SD=10.61$, 집단 간에 유의한 차이

가 있는지를 살펴보기 위해 일원배치분산분석을 실시한 결과, 통계적으로 유의한 차이는 나타나지 않았다$^{p \rangle .05}$.

표 10. 교회 출석기간에 따른 집단별 평균 및 표준편차, 일원배치분산분석 결과

변인	빈도	평균	표준편차	F	p
-10년	—	—	—		
11-20년	1	5.00	.	.378	.782
21-30년	2	12.50	10.61		
31-40년	1	7.00	.		

5) 사별의 슬픔을 극복하는데 가장 도움을 준 것

사별의 슬픔을 극복하는데 가장 도움을 준 것에 대한 빈도분석 결과, '교회공동체' $^{9명, 50.0\%}$, '자녀' $^{5명, 27.8\%}$ 순으로 나타났다. 참여자의 절반이 교회공동체를 거론한 것은 많은 시사점을 남기는 것으로, 이 부분에 대해서는 후에 좀 더 깊은 논의와 분석을 통해 살펴볼 것이다.

표 11. 사별 슬픔 극복에 가장 도움을 준 것에 대한 빈도분석결과

	빈도	퍼센트
자녀	5	27.8
친척	1	5.6
친구	1	5.6
교회공동체	9	50.0
영적 리더(목회자 포함)	1	5.6
기타	1	5.6
계	18	100.0
결측	4	

6) 사별자 모임의 참여도 및 만족도

사별자 모임에 대한 참여도 M=3.32, SD=1.46는 중간 정도로 나타났는데, 사별 이후 직장생활, 자녀 돌봄, 교회에서 먼 지역에 거주하는 등 개인적인 사정으로 인해 모임에 정기적으로 참여하는 것이 쉽지 않은 경우가 많았다.

표 12. 사별자 모임 참여도에 대한 문항별 평균 및 표준편차

문항	빈도	평균	표준편차
나는 사별자 모임에 적극적으로 참여하고 있다.	22	3.32	1.46

사별자 모임의 만족도에 대해 조사한 결과, "나는 사별자 모임을 다른 사별자에게 추천하고 싶다" M=4.50, SD=.60는 문항의 평균이 가장 높았으며, 그 다음으로 "나는 사별자 모임이 사별의 슬픔을 극복하는데 도움이 되었다" M=4.36, SD=.58와 "나는 사별자 모임에 만족한다" M=4.23, SD=.61 순으로 나타났다. 사별자들은 사별자들만을 위한 모임을 매우 선호하며 사별자 모임을 통해 슬픔을 극복하는데 큰 유익을 얻은 것으로 보인다.

표 13. 사별자 모임의 만족도에 대한 문항별 평균 및 표준편차

문항	빈도	평균	표준편차
사별자 모임이 사별의 슬픔을 극복하는데 도움이 되었다.	22	4.36	.58
나는 사별자 모임에 만족한다.	22	4.23	.61
나는 사별자 모임을 다른 사별자에게 추천하고 싶다.	22	4.50	.60

7) 변인 간 상관분석 결과

지금까지 살펴본 변인 간에 상관관계가 있는지를 살펴보기 위해 상관 분석을 실시하였다. 분석 결과에 따르면, '사별 이후 개인의 삶의 변화'와 '사별자 모임의 만족도' 간에 정적인[+] 상관관계가 있는 것으로 나타났다[p < .05]. 이는 '사별 이후 개인의 삶의 변화'가 클수록 '사별자 모임의 만족도'가 커질 수 있음을 보여주는 결과다.

표 14. 변인 간 Pearson 상관계수

		사별 이후 개인의 삶의 변화
사별자 모임의 만족도	Pearson 상관계수	.529*
	유의확률 (양쪽)	.011
	N	22

8) 사별 이후 가장 힘들었던 것

지금까지의 조사 결과가 양적 연구 방법론을 주로 사용한 척도형[5문항], 단답형[1문항], 선다형[1문항] 문항에 대한 응답 결과였다면, 이제부터는 서술형 문항에 대한 참여자들의 반응 결과를 질적 연구 방법론을 사용하여 분석 하고 기술할 것이다.[4] 서술형 문항에 대한 참여자의 답변을 통해 좀 더 구 체적이고 진솔한 사별 이후의 어려움, 감정 및 관계 변화, 고통, 신앙 등에 대해 살펴볼 수 있었다.

사별 이후 가장 힘들었던 것이 무엇이었냐는 질문에 대해 참여자들은 다양한 답변을 제시하였다. 그 중에서도 가장 빈도가 높은 것은 네 가지 영 역이었다. 첫째, 참여자들은 사별 이후 남편 없이 홀로 살아가는 데 따르는 어려움을 호소하였다. 예를 들면, "… 정서적, 신체적으로 독립해서 홀로 살아야 하는 어려움", "나[의] 모든 생활이 남편과 함께 하였는데 혼자서 하니까 그것이 힘들었다", "정리해야 할 서류 문제들을 혼자 해야 할 때", "사회적으로 단절[되어] 홀로 있다는 것", "가장 힘든 것은 모든 것을 혼자 해결하고 외로움을 견디는 일", "혼자 남아 있다는 외로움. 배신감과 함께 오는 지켜주지 못한 것에 대한 미안함" 등으로 표현되는 사별 이후 홀로서기에 따른 어려움이 가장 힘든 부분이었다. 둘째, 사별 이후 정서적인 고통과 혼란스러움을 호소하였다. 참여자들이 주로 호소한 감정은 외로움, 서러움, 두려움, 배신감, 미안함, 그리움, 책임감, 분노, 자기 연민, 의심, 절망, 쓸쓸함, 슬픔, 낮은 자존감 등이었다. 한 참여자는 "보고 싶은데 볼 수 없다는 것, 만지고 싶은데 만질 수 없다는 것, 남편이 이 세상에 없는데도 어디에나 있는 것 같은 서러움"을 호소하였다. 또 한 참여자는 "스스로 축소되는 기분으로 인해 친구관계, 동창모임, 예전 회사 생활을 했던 모임 등 참여하는데 소극적으로 대처하고, 참여하고 싶지 않았다"고 고백했다.

셋째, 사별 이후 가장 큰 어려움 중의 하나는 경제적인 부분이었다. 많은 참여자들이 사별 이후 재정적 위기를 겪었고, 생활을 위해 직장 생활을 새롭게 시작하게 되었으며, 가정과 사회생활의 양립으로 인해 어려움을 겪었다고 대답했다. 한 참여자는 "점점 사회가 경쟁 [사회가 되고] 변화무쌍하게 바뀌고 있어서 생존해야하는 것과 가장으로써 가정을 이끌어가는 것"이 힘들었다고 했으며, 다른 참여자는 "기초가 튼튼하지 못했고 능력이 부족해서 큰돈을 모으지 못했고, 사회생활 하는데도 혼자 아이를 키우다보니 어려움"을 겪었다고 진술했다. 한편 또 다른 참여자는 "슬픔을 이기지 못해 계속 일을 했다. … 물질도 부족하지 않았지만 돈 벌려고 많은 시간을 투자했다"고 진술하여 경제적으로 넉넉한 경우에도 사별 이후 불안감 등으로 인해 경제활동에 투신하였음을 보여주었다. 넷째, 사별로 인해 자녀

양육 및 자녀들의 진로 및 배우자 선택 등과 관련된 어려움이 대두되었다. 참여자들은 "자녀하고만 가족관계를 형성하는 것의 어려움", "자녀를 잘 키우고 싶고 돌봐야 한다는 책임감", "아이들의 양육과 교육과 미래의 아이들의 진로가 큰 문제로 다가옴" 등의 진술을 하였다. "아이들에게 아빠를 지켜주지 못한 미안함"을 호소한 참여자가 있는가하면, "자녀들의 진로와 배우자를 선택할 때 남편의 자리가 너무 크게 느껴졌다"고 호소한 참여자도 있었다.

그 외에도 사별자들은 사별 이후 함께 마음을 나누거나 의논할 대상이 없고, 남편의 부재로 인해 사회적, 관계적으로 어려움을 겪었다고 보고했다. 또한 주변에서 불쌍하게 보는 눈길 등 달라진 타인의 시선으로 인해 고통을 겪었다고 말했다. 무엇보다 신앙공동체가 주로 부부중심이기 때문에 사별 이후 교회 공동체 모임 참여하는 것이 힘들어졌으며, 교회 안에서의 사별자에 대한 편견으로 인해 힘들었다고 진술했다. 한 참여자는 "섬기던 교회에서 다른 사람과의 만남이나 소그룹 참여를 못하게 하여 그것이 고통이었다. 전 인생을 교회를 위해 바쳤는데 돌아온 것은 교회로부터, 목회자로부터 왕따, 고통스러운 문제였다"며 눈물어린 고백을 했다. 다른 참여자는 "세상 사람들의 편견은 그럴 수 있다고 생각했는데 교회 안에서의 편견은 또 다른 시련이었다"고 말하며 신앙공동체로부터 받은 아픔에 대해 언급하였다. 하나님의 사랑에 대한 의심과 절망을 털어놓은 참여자도 있었다. "하나님께서 보내주셨고 하나님을 잘 믿으셨던 남편이 돌아가셔서 하나님의 사랑에 대한 의심과 절망으로 모든 것이 무너졌고 절망 가운데 살았고 아무 것도 할 수 없었다"는 안타까운 고백을 하였다.

9) 사별의 슬픔을 극복하는데 가장 큰 도움이 되었던 것

사별의 슬픔을 극복하는데 가장 큰 도움을 준 것이 무엇이었느냐는 질문에 대한 참여자들의 대답을 종합해 보면, 크게 세 가지 영역으로 나눌 수 있다. 첫째, 예배를 통한 치유와 회복, 둘째, 사별자 모임의 사랑과 돌봄, 셋째, 자녀 양육 및 자녀들이 주는 격려가 그것이다. 사별의 슬픔 극복을 위한 교회공동체의 역할과 중요성에 대해서는 앞서 단답형 질문을 통해 드러났듯이, 참여자의 50%가 사별 슬픔 극복에 가장 큰 도움을 주었다고 답변한 바 있다. 서술형 질문에 대한 응답 결과를 통해 교회공동체가 사별자들에게 어떤 의미를 던져주는지 좀 더 자세하게 파악할 수 있었다.

먼저 교회의 다양한 예배를 통해서 사별자들은 많은 위로와 치유를 경험했다고 진술했다. 여기서 예배에는 찬양, 기도, 말씀 등이 포함된다. 한 사별자는 "새벽예배에 참석하여 하나님 앞에서 나의 마음을 털어놓고 울었을 때, 예배에 참석하여 은혜받을 때, 영성 수련회에서 기도 속에서 나를 하나님 앞에 솔직한 마음으로 그리움을 고백할 때" 회복을 경험했으며, "말씀에서 주신 은혜가 나를 돌아보고 재점검하여 가정에서나 직장에서 어려움을 이겨내는 것 같다"고 했다. 다른 사별자는 자신이 원래 불신자였는데 교회에 나오게 되면서 "하나님을 의지하고 기도하고 예배드리는 것에 기쁨을 얻게 되었다"고 진술했으며, 목사님의 설교가 큰 도움이 되었다는 참여자도 있었다.

둘째, 사별자 모임의 사랑과 돌봄이 슬픔 극복에 중요한 역할을 했음을 알 수 있었다. 참여자들의 주요 진술을 소개하면 다음과 같다. "사별자 공동체에서 위안과 지지, 신앙관에 관한 부분이 도움이 되었다." "서로의 아픔 속에서 말을 안 하고 손만 잡아준 그 느낌을 공유함으로써 서로의 위로가 되었다." "사별자 공동체 안에서의 신앙생활이 홀로서기에 도움이 되었다. 나보다 늦게 온 후배들을 위로와 돌봄과 섬김으로 나의 아픔도 치유되었다." 즉, 사별자 모임을 통한 소속감, 사랑의 교제, 위로, 슬픔을 함께 나눔, 진실한 만남 등을 통해 사별자들은 다른 곳에서 누릴 수 없는 위안과 회복을 맛보았다는 것을 알 수 있었다.

셋째, 자녀들에 대한 깊은 사랑과 자녀들을 통해 주어지는 격려이다. 남편을 먼저 떠나보내고 많이 힘들었지만, 사별자들은 자녀들을 키우면서 그들이 성장하는 모습을 바라보면서 많은 위로를 얻었다고 한다. 자녀를 잘 키워야 된다는 책임감으로 인해 힘든 일도 있었지만, 자녀들을 통해 새 힘을 얻었다고 진술했다.

그 외에도 참여자들 중에는 "나의 모든 힘든 일, 슬픈 일, 아픈 일, 외로움까지도 말을 할 수 있고 들어주시는 분", 즉 하나님이 계셨기에 지금의 자신이 있을 수 있었다고 고백한 분이 있었으며, 다른 참여자는 "어떤 사람한테도 하지 못했던 속마음의 이야기들을 하나님께 털어놓을 수 있는 것이 너무 좋았다"고 고백했다. 또한 어떤 참여자는 "봉사하고 섬김으로 살다보니 큰 어려움을 느끼지 못했다"고 했으며, 또 다른 참여자는 "직장에서 하루 종일 바쁘게 일하다 보니 지쳐서 슬픔을 극복한 방법이 되기도 했다"고 적기도 했다. 교회에서 제공하는 성경공부, 성경통독, 제자훈련 등 신앙훈련이 유익했다고 말한 분들도 있었고, 운동 등 취미활동이 큰 도움이 되었다는 참여자도 있었다.

10) 사별 이후 신앙공동체의 의미 및 신앙공동체가 준 유익이나 어려움

사별 이후 신앙공동체인 교회가 사별자에게 던져 준 의미, 유익, 그리고 어려움에 대한 참여자들의 답변을 분석한 결과, 신앙공동체에 대한 긍정적인 답변이 많았다.

먼저 신앙공동체가 준 유익과 의미에 대해서 사별자들은 다양한 답변을 제시하였다. 첫째, 신앙공동체를 통해 함께 슬퍼하고 교제를 나눔으로 위로받고 격려를 얻게 되었다고 진술한 사별자가 많았다. 신앙공동체가 가족처럼 느껴졌으며, 영적, 정서적, 육체적 교제를 통해 기쁨을 누리게 되었고, 만남을 통한 회복이 있었다고 고백했다. 둘째, 말씀과 기도를 통해 소망을 발견하게 되었다고 했다. 한 사별자는 "믿음 속에서 삶을 찾게 되었고 말씀을 들으려고 노력했다"고 진술했으며 "목사님이 어떻게 지내냐고 어려움이 무엇이냐고 불러서 기도해 주셨을 때" 큰 힘이 되었다고 고백했다. "말씀과 찬양, 기도, 교제를 통해 나의 상처가 치유"되었다고 진술한 참여자도 있었다. 셋째, 신앙공동체를 통해 공감대를 느끼고 힘들 때 의논 상대가 되어 주어 큰 유익이 있었다고 진술했다. "남편 대신 공동체가 의논의 상대"가 되어 주었고, 마음 터놓고 이야기 할 수 있는 장이 마련되어 감사했다고 진술했다. 넷째, 신앙공동체를 통해 하나님을 경험하게 되었다고 고백했다. 신앙공동체는 "내가 하나님을 만나는 기회의 장소"가 되었으며, "하나님을 다시 깊이 느끼게 하고 믿음 생활을 회복"하게 했다고 말했다.

그러나 신앙공동체가 유익과 긍정적인 의미만을 던져 준 것은 아니었다. 많은 사별자들이 신앙공동체인 교회를 통해 상처받고 어려움을 겪었다고 털어놓았다. 무엇보다 사별자들을 힘들게 한 것은 사별 이후 달라진 사람들의 시각과 편견이라고 말했다. 한 사별자는 "나는 예전 그대로인데 다른 사람들이 더 어려워하고 힘들어 했다"고 전했으며, 또 다른 사별자는 세상 밖에서 뿐만 아니라 교회 안에서도 사별자들에 대한 편견이 있어서 고통스러웠다고 진술했다. 좀 더 구체적으로 말한다면, 사별 이후 신앙공동체가 무관심과 차별을 보였다는 것이다. 한 사별자는 사별 이후 "아무도 불러주는 데가 없었으며", "신앙공동체가 [자신에게] 다가오지 않았다"고 했다. 어떤 사별자는 "사별 이후 다녔던 교회의 목사님 이하 장로님, 성도들의 태도가 너무 달라져 큰 배신감을 느꼈다"고 고백했으며, "신앙공동체가 사별자에 대해 관심과 위로와 기도를 해 주어야 하는데 전혀 없고 간섭만 한다"고 토로한 참여자도 있었다.

또한 참여자들은 "사별자 아닌 [다른] 공동체에서는 마음을 다 공유할수 없는 부분"이 있어서 안타까웠으며, 사람들이 공감하지 못하고, "생각없이 말을 던질 때" 고통스러웠다고 전했다. 사별자공동체 외의 신앙공동체는 마음의 부담감이 있어서 참여하기 힘들었고 오히려 개인적인 신앙훈련이 도움이 되었다고 고백한 참여자도 있었다. 또래 사별자가 없어서 공감을 얻기 힘들었고, 이혼자나 다른 어려움이 있는 사람들과는 상처가 달라 나눔이 어려웠다고 털어놓은 참여자도 있었다. 그리고 많은 신앙공동체가 부부 위주의 프로그램과 모임을 진행하기 때문에 사별 이후 교회 모임을 회피하게 되었고, 부부가 함께 했던 공동체에서는 사별 이후 더 마음을힘들게 했다고 고백했다. 더불어 "미망인"이라고 부르는 호칭이 부담스러웠고 교회에서 잘 모르는 사람들에게는 자신을 사별자로 소개하지 않았다고 했다. 또한 작은 교회의 경우, 사별자들을 위한 프로그램이 없어서 자신의 고민과 아픔을 털어놓기 힘들었다고 고백했다.

11) 사별자 모임에 참여하면서 얻은 유익이나 어려움

설문 참여자들은 현재 한 대형교회의 사별자 모임에 참여하고 있는 사람들이 대부분이었다. 그들에게 사별자 모임에 참여하면서 얻게 된 유익과어려움에 대해 질문하였다. 많은 참여자들이 사별자공동체의 필요성과 가치, 유익에 대해 언급하였다.

대부분의 참여자들은 사별자 공동체가 자신의 슬픔을 이해해 주고 공감해 주어서 큰 유익이 되었다고 했다. 한 참여자는 "처음에는 같은 처지의 사람들이 있다는 것이 너무 슬펐으나 어디에서도 이해해주지 못하는 마음을 서로 너무 잘 알고, 내가 하는 한 마디의 말도 너무 같은 마음으로 들어주어 위로가 되었으며, 울고 또 울어도 같이 울어주고 한 마음이 되어 서로가 서로의 이야기를 들음으로 치유가 되었으며, 이 모든 것들이 주님께로 다가가는데 밑거름이 되었다"고 고백했다. 또한 서로 공감대를 느끼며 혼자가 아니라는 생각을 했고, 모두 한가족이라고 느꼈다는 참여자도 있었다. 한 참여자는 "사별자 선배"들의 "무조건적인 섬김"과 자신의 이야기를 경청해주는 "동지애"로 인해 돌봄을 받는다는 강한 느낌이 들었다고 진술했다. 이처럼 사별자공동체는 사별자들에게 공감과 위로의 자리임을 알 수 있었다.

사별자 모임은 또한 자신의 아픔을 이야기하는 장소일 뿐만 아니라 타인의 슬픔에 귀기울이는 자리여서 이러한 상호 나눔을 통해 큰 위로를 받았다고 했다. 한 사별자는 "나와 같은 마음을 가진 사람들의 모임에 자주 참석하지 못했지만 그곳에 그 모임이 있다는 것만으로도 의지가 되었다"고 고백했다. 서로 같은 아픔이라 서로를 잘 이해하고 섬길 뿐만 아니라 함께 떡을 뗄 때는 사랑의 만찬이 있어서 좋았다고 전했다. 그리고 자신이 거쳐 온 길을 걷는 새로운 사별자들을 적극적으로 돕고자 하는 마음이 자발적으로 생겨나 이것이 또한 삶의 활력소가 되었다고 증언하기도 했다. 참여자들 중에는 사별자공동체를 통해 다른 공동체에서 경험하지 못한 서로 마음을 열고 편안하게 대화할 수 있는 친구를 만나게 되었으며, 함께 한 믿음의 식구들과 형편이 같으니 이야기하기가 편하고 좋았다고 고백했다. 사별자공동체는 또한 자신이 앞으로 홀로 살아갈 청사진을 그리는데 참고할 만한 좋은 배움터요 학습소가 되었으며, "막혀있던 신앙생활을 뚫어준 곳이기에 특별한 공동체이며 감사의 공동체"가 되었고, "헌신적인 사랑을 받으면서 하나님의 사랑을 회복하게 되었다"고 전했다.

참여자들이 사별공동체에 대해 아쉬움을 느끼는 점은 모임 시간이 맞지 않아 안타까움을 느끼는 사별자가 있었으며, 사별자 모임에서 식사 준비를 하는 과정에서 일부 사람만 참여해서 큰 부담을 느꼈다는 반응이 있었다.

12) 교회공동체가 도움을 주길 바라는 것

교회공동체가 사별자들에게 해 주기 바라는 점은 여러 가지였다. 먼저, 어려운 사별자들에게 경제적 후원과 지도를 해 달라는 요청이 많았다. 그리고 사별을 경험한 이들이 하나님과의 관계가 멀어지지 않도록 자존감을 회복시켜주는 프로그램을 제공하고, 사별자들을 위한 구역 혹은 순모임이 있었으면 했다. 또한 교인들에게 사별에 대해 성경적으로 교육하여 사별자들을 배려하고 바른 인식을 갖도록 해 주기를 원했고, 사별의 슬픔을 어느 정도 극복한 사람들에게는 자발적으로 헌신하고 봉사할 수 있는 길을 열어 달라고 했다. 그 외에도 사별자 자녀들을 위한 치유 프로그램을 제공하고, 어린 자녀들에게는 남자 청년이나 목회자들이 시간을 함께 해 주어 아빠의 빈자리를 채워줄 것을 바랬다. 또한 젊은 사별자들에게는 재혼할 수 있도록 만남의 자리를 마련해 주기를 원했다.

13) 그 외의 사별과 관련된 제안

사별과 관련된 그 외의 다른 제안이나 바람이 있느냐는 질문에 대해 참여자들은 개인상담, 사별자 자녀들을 위한 프로그램과 교제, 자녀를 잃은 사람들을 위한 모임, 사춘기 자녀를 위한 멘토링 프로그램 등을 제안하였다.

사별의 슬픔에 대한 목회상담: 신앙공동체의 역할을 중심으로

사별자들에 대한 설문조사를 통해 사별자들이 느끼는 슬픔과 아픔, 그리고 사별과 관련된 역동에 대해 발견한 것을 정리해보고, 사별의 슬픔에 대한 목회상담적 대응에 대해 살펴보고자 한다.

1. 설문조사결과 요약

먼저 적은 수의 표본 집단에 대한 설문조사이고 조사 대상이 전부 여성이라는 분명한 한계가 있지만, 신뢰도 계수가 검사도구로 사용할만한 수준 이상으로 판명되었기에 지나친 일반화를 피하면서도 이번 조사 결과를 요약해 보는 것은 유의미한 일로 보인다. 첫째, 사별 이후 사별자의 영적인 삶을 비롯한 전반적인 영역에서 큰 변화가 있었다. 사별은 남겨진 사람들의 삶의 전 영역에 영향을 미치지만, 크리스천의 경우 영적인 삶에 가장 큰 영향을 미치는 것으로 나타났다. 둘째, 사별 이후 신앙생활은 슬픔을 극복하는데 큰 도움을 주었다. 영적인 삶에 미치는 사별의 영향력이 큰 만큼 신앙생활이 사별의 슬픔을 극복하는데 큰 유익을 준다는 것을 발견했다. 셋째, 신앙생활을 한 기간이 길면 길수록 사별 이후의 삶의 변화가 적었다. 즉, 신앙생활이 사별 슬픔 극복에 긍정적인 영향을 미쳤다는 것이다. 넷째, 사별 이후 목회자의 돌봄과 사랑, 관심이 턱없이 부족하였다. 가장 돌봄이 필요한 때인 사별의 시기에 사별자들이 목회자로부터 관심과 사랑을 별로 느끼지 못했고, 목회자의 돌봄이 큰 도움이 되지 못했다는 것은 영적 리더로서의 목회자의 역할에 대해 재고하게 만든다. 다섯째, 사별 이후 전문가 상담 포함의 도움을 받은 사별자의 수가 많지 않았다 참여자 22명 중 4명만 상담받음. 물론 모든 사별자들에게 전문적인 상담이 필요하지는 않겠지만, 도움이 꼭 필요한 사별자들을 상담으로 연결시키는 목회적 배려와 전문성이 요청된다. 여섯째, 사별의 슬픔을 극복하는 데는 일반인이 생각하는 것보다 훨씬 더 많은 시간과 노력이 들었다평균 7. 75년, 최소 3년에서 최장 20년까지 소요. 사별의 슬픔이 주는 파괴력을 인식하고, 애도 기간에 대한 지나친 일반화를 피하며, 사별자 개개인의 상황과 개별성을 존중해야 함을 알 수 있는 장면이다. 일곱째, 사별 기간이 오래될수록 사별의 슬픔을 극복하는데 오랜 시간이 걸린다는 것을 알 수 있었다. 즉, 시간이 지나간다고 사별의 슬픔을 다 극복하는 것은 아니라는 것이다. 여덟째, 사별의 슬픔을 극복하는데 가장 큰 도움을 준 것은 교회공동체이지만, 역설적으로 여러 가지 측면에서 사별의 이해와 극복에 부정적인 영향을 미치고 있었다. 교회공동체가 가진 순기능과 함께 역기능에 대해 깊이 고민해야 함을 알게 되었다. 마지막 아홉째, 사별자 모임이 사별의 슬픔을 극복하는데 결정적인 역할을 하였으며, 만족도도 매우 높았다. 당연한 결과일 수도 있겠지만, 사별자 자체 모임이 위로와 격려, 그리고 실제적인 도움이 되었음을 분명히 알 수 있었고, 교회 내에 사별자들을 위한 자체 모임의 필요성과 함께 목회자 및 사역자들의 경각심을 일깨우는 부분으로 이해할 수 있다.

2. 신앙공동체와 사별의 슬픔

이번 조사에서 가장 두드러진 발견 중의 하나는 신앙공동체의 중요성과 필요성에 대한 부분이다. 사별의 슬픔은 신앙공동체라는 바탕 안에서 가장 효과적이고 전인적으로 극복될 수 있다는 것이다.

미국의 침례교 목사이자 목회상담학 교수를 역임한 목회상담가 마가

렛 콘펠드는 그의 저서 『공동체 돌봄과 상담』*Cultivating Wholeness: A Guide to Care and Counseling in Faith Communities* 에서 공동체야말로 치유가 일어나는 장소이자 치유를 있게 하는 방편이라고 주장하면서 공동체적 돌봄과 상담의 중요성에 대해 역설하였다.[5] 콘펠드는 참된 공동체는 우리 사회가 필요로 하는 약과 같으며, 믿음의 공동체, 특히 기독교 공동체는 사랑에 근거한 공동체로서, 작은 자, 약한 자, 아픈 사람들에게 관심을 가지고 있으며, 이것을 통해 세상 속에서 하나님의 사랑을 구현한다고 했다.[6] 콘펠드는 전통적으로 사용해왔던 "목회돌봄과 상담"이란 용어 대신 "공동체 돌봄과 상담"을 사용하는데, 그 까닭은 전자는 상담을 제공하는 개인 — 목회자를 포함하여 — 을 강조하는 경향이 있는 반면, 후자는 돌봄의 상황인 공동체와 돌봄을 받는 사람들인 공동체 구성원 양쪽을 함께 지칭하기 때문이다. 그리고 돌봄을 제공하는 사람 혹은 상담자를 전통적인 상담자로 부르기보다 "공동체 상담자"라고 부른다. 여기에는 안수받은 목회자와 그렇지 않은 사람들을 모두 포함한다. 즉 성직자, 평신도 사역자와 지도자들, 종교 전문직 종사자들, 그리고 공동체에서 상담을 해 주는 모든 사람들이 해당된다. 물론 평신도 사역자의 경우 일정한 상담교육을 받았다는 것을 전제로 한다.[7]

독일의 신학자 유르겐 몰트몬*Jurgen Moltmann*은 목회적 돌봄에 있어서 공동체의 중요성에 대해 이렇게 역설한 바 있다: "목회적 돌봄은 더 이상 영혼에 대한 개인적 돌봄에 국한되어서는 안 되며, 공동체적 돌봄 — 즉 형제와 자매의 공동체의 형성 — 으로 확대되어야 한다. 영혼의 돌봄은 … 영혼에 대한 집단적 돌봄과 공동체의 치료적 정신 안에 깊이 각인되어 있어야한다. … 영혼의 돌봄은 공동체 전체의 과제이며 '형제들 사이의 상호대화와 위로 안에서' 일어나야 한다."[8] 이처럼 신앙공동체는 슬픔을 당한 사람들에게 상호적 사랑과 지원을 줄 수 있는 장소가 되어야 하며, 이러한 상호대화와 위로를 통해 사별자들은 슬픔을 극복하고 새로운 소망으로 나아가게 된다.

구약학자 월터 브루그만^{Walter Brueggemann}은 신앙공동체는 언약공동체이며, 슬픔과 상실을 표현할 수 있 최적의 장소라고 말한다. 구약의 탄원시편을 통해 표현되는 것처럼, 고통과 상실을 경험한 사람들은 언약공동체 안에서 안전하고 자유롭게 자신들의 삶의 애환을 토로할 수 있으며, 신앙공동체는 이러한 탄원을 함께 듣고 공감하며 하나님 앞으로 나아간다. 이러한 탄원의 고백에는 하나님께 대한 직접적인 분노와 의심까지도 포함할 수 있으며, 이러한 행위를 통해 슬픔에 동참하시는 하나님을 만나게 되고, 슬픔 중에도 함께 하시는 하나님의 현존을 누리게 된다.[9]

이처럼 신앙공동체가 사별의 슬픔을 표현하고 공감해 줄 수 있는 중요한 장소임에도 불구하고 이번 설문조사를 통해서도 나타난 것처럼, 교회공동체가 사별자들에게 위로와 소망의 장소가 되기보다는 편견과 차별의 장소가 되기 쉽다는 것 또한 잊지 말아야 한다. 한 사별자가 표현한 것처럼, "전 인생을 교회를 위해 바쳤는데 돌아온 것은 교회로부터, 목회자로부터 왕따, 고통스러운 문제였다"는 고백과 "세상 사람들의 편견은 그럴 수 있다고 생각했는데 교회 안에서의 편견은 또 다른 시련이었다"라는 토로를 기억해야 한다. 또한 "사별 이후 다녔던 교회의 목사님 이하 장로님, 성도들의 태도가 너무 달라져 큰 배신감을 느꼈다"는 고백과 "신앙공동체가 사별자에 대해 관심과 위로와 기도를 해 주어야 하는데 전혀 없고 간섭만 한다"고 한 사별자의 가슴아픈 사연을 깊이 생각해 보아야 할 것이다.

믿음의 공동체라고 완벽한 공동체가 될 수는 없다. 그러나 믿음의 공동체는 세상 공동체와는 분명 달라야 하며 세상에 긍정적인 영향을 미쳐야 한다. 콘펠드는 인간은 서로 연결되어 있기 때문에 우리가 속한 종교 공동체의 생명력은 더 큰 공동체의 힘과 에너지에 기여한다고 주장한다. 그리고 우리가 속한 공동체 지체 안에 독이 있으면, 그 독이 전체에 영향을 미치며, 또한 반대로 공동체 안의 작은 변화가 전체 공동체에 변화에 기여한다고 말한다. 그런 면에서, 콘펠드가 말하는 가짜 공동체와 참된 공동체의 구별은 많은 시사점을 우리에게 던져준다. 그리고 우리가 속한 신앙공동체가 가짜가 아닌 참된 공동체가 되기 위해 무엇이 필요한지 생각하게한다. 콘펠드에 따르면, 가짜 공동체는 구성원 개개인이 수용받지 못하고소외되어 있으며, 겁에 질려있다. 그리고 자신 본연의 모습을 가질 수 없고, 자신의 취약한 모습을 받아들일 것이라고 믿지 못하는 공동체이다. 때때로 그룹 정체성이나 참여를 강조함으로 진짜 공동체인 것처럼 행세하지만, 가짜 공동체는 공동체 구성원 간의 차이점, 동의하지 않는 점, 의구심등에 대해 안전하게 말하지 못하는 공동체이다. 반면에 참된 공동체는 집처럼 편안하게 느끼며, 있는 그대로의 자기 자신이 될 수 있는 공동체이다. 함께 있으면 안전함을 느끼며, 화를 내고 반대 의견을 피력할 수 있는 공동체, 자신과 다르다고 느끼는 구성원들을 받아들일 여유가 있는 공동체이다. 또한 그룹 내의 다른 구성원들에게 진심으로 관심을 가지고 있으며, 무엇보다 "은혜"를 경험하도록 하는 공동체, 한마디로 "안전하고 포괄적이며 공정한" 공동체이다.[10]

이번 설문조사를 통해 사별자들에게 이러한 참된 공동체는 바로 사별자 모임이었음을 알 수 있었다. 사별자 모임 속에서 사별자들은 자신의 슬픔을 이해해주고 함께 공감해 주는 사람들을 만났다. 그리고 무조건적인섬김을 제공해주고 자신의 얘기를 진심으로 경청해주는 지지자를 만났다. 또한 자신의 아픔을 이야기할 뿐만 아니라 타인의 이야기를 듣고 상호 나눔을 통해 위로를 나누는 공동체를 경험했다. 한 사별자의 고백처럼, 모임에 자주 참석하지는 못하지만 그 모임이 있다는 것만으로도 의지가 되는공동체이다. 남편 없이 홀로 살아갈 사람들에게 좋은 배움터요 학습소의역할을 했을 뿐만 아니라 사별의 슬픔으로 인해 자칫 절망하고 좌절할 수 있는 상황 가운데 "막혀있던 신앙생활을 뚫어준 곳"이 바로 사별자공동체였다. 그러기에 은혜가 넘쳤으며, 헌신적인 사랑을 통해 하나님의 사랑을 회복할 수 있게 한 감사의 공동체가 된 것이다. 그런 의미에서 "모든 참된 공동체는 은혜의 선물"이며, 사랑이라는 선물이 은혜에서 오는 것처럼 "공동체라는 선물은 은혜를 통해 온다." 그리고 이러한 참된 공동체에서 "구성원들은 진심으로 대화하고, 갈등을 풀고, 그들 자신과 타인을 사랑하고 받아들이는 법을 배우고, 낯선 사람들에게 사랑의 손길을 펴게 된다."[11]

콘펠드가 재치있게 주장한 것처럼, 참된 공동체는 은혜로 주어지지만, 그러나 동시에 공동체는 양육이 필요함을 인식할 필요가 있다. 치유를 위한 기술은 전체 공동체를 통해 체득될 수 있다고 필자 또한 믿는다. 그런 의미에서 콘펠드가 타인의 양육과 성장을 막지 않기 위해 공동체 구성원들이 배워야 할 아래 리스트를 기억할 필요가 있다.[12] 첫째, 공동체에 속한 각 개인이 통전성 wholeness을 찾기 위해 하나님께 귀를 기울이고 하나님의 인도하심을 받는 것이다. 즉, 공동체 구성원들이 하나님의 사랑과 은혜를 신뢰하고 인도하심을 따라 나아갈 책임이 있다는 것을 깨닫는 것이 중요하다. 둘째, 도움이 되려는 어떤 충동적인 욕구를 극복하는 것이다. 다시 말하면, 도움을 제공하되 자신의 충동적인 욕구로 인해 주는 도움과 진실한 도움 사이를 구별할 수 있는 분별력과 지혜가 필요하다는 것이다. 셋째, 마음 읽기 read minds를 하지 않고, 다른 사람을 변화시키려 하거나, 요청하지 않은 "선물"을 주지 않는 것이다. 예를 들면, 슬픔을 당한 사람들의 마음을 읽으려고 시도하거나 쉽게 그들의 슬픔을 제거하기 위해 애쓰지 않으며, 값싼 동정과 지지를 보내지 말라는 것이다. 진실함과 인내심, 그리고 분별력의 훈련이 중요하다는 의미로 이해할 수 있다.

3. 신앙공동체 안에서의 사별자들을 위한 목회돌봄

그러면, 신앙공동체 안에서 사별자들을 위해 어떤 목회돌봄과 상담이 가능할까? 먼저 기억해야 할 것은 사별자들을 제대로 돌보기 위해서는 "전인적인 관계망" wholeness network 을 동원하여 전인적이고 공동체적인 돌봄을 제공해야 한다는 것이다. 사별에 대한 돌봄은 목회자뿐만 신앙공동체 전체가 함께 참여하고 동참할 때 가장 효과적이다. 콘펠드는 신앙공동체가 제공할 수 있는 전반적인 영적 치유활동에 대해 열거하였다. 첫째, 신앙생활이다. 여기에는 성례, 예배, 기도, 설교, 치유집회, 안수, 장례식 등이 포함된다. 둘째, 그룹 모임이다. 영적 양육을 위한 기도와 교제 그룹, 사별의 슬픔 중에 있는 사람들을 위한 애도 그룹, 자녀 양육, 개인 성장, 생의 위기 극복 등을 위한 교육 그룹, 치명적인 병에 걸린 사람들을 위한 치유 그룹 등이 여기에 속한다. 셋째, 방문이다. 병으로 병원, 호스피스, 요양소, 집안에 있는 사람 방문, 성찬 목회, 사별자 가정 방문 등이 가능하다. 넷째, 상담이다. 목회자 및 평신도 사역자들에 의한 공식적 혹은 비공식적 상담을 말한다. 다섯째, 영적 지도, 영성 훈련, 신앙수련 등이 있다. 여섯째, 봉사활동으로, 복음 전도와 사회봉사활동을 포함한 다양한 자선 활동을 말한다.[13]

그렇다면, 사별의 슬픔을 당한 사람들에게 신앙공동체는 구체적으로 어떤 돌봄을 제공할 수 있을까? 위에서 언급한 것처럼, 사별자를 위한 공동체적 돌봄은 신앙공동체 전체의 과업임을 기억할 필요가 있다. 사별자들에 대한 돌봄은 목회자에게만 맡겨 두기에는 너무 버거운 일이다. 정기적인 가정 심방, 애도 과정을 지원하고 돕는 일, 단기 상담 혹은 지원 제공, 사별로 인해 올 수 있는 우울증을 진단하고 도와줄 전문가와의 연결 등이 요구된다. 특히 나이 많아 배우자를 잃은 사별의 경우, 사소한 매일의 과업 ^{약 먹기 등}을 비롯하여 다양한 차원의 도움이 요청되기도 한다. 교회 공동체의 일원들은 이러한 경우 사별자들의 삶에 직접 개입하여 이들을 도울 수 있어야 한다. 먼저 목회자는 은혜로운 장례예식을 준비하고 사별자들이 슬픔을 표현하고 직면할 수 있는 환경과 기회를 만들어야 한다.[14] 목회자는 하나님의 임재와 현존을 상징적으로 보여주시기 때문에 말 한마디, 행동 하나에도 주의를 기울일 필요가 있다. 평신도 사역자들은 장례식에 참여하고 그 후 사별자 가정을 심방하고 구체적인 도움을 제공할 수 있다. 그리고 사별에 따른 애도의 과정에 대해 이해하고, 사별자들이 애도의 과정을 거쳐 갈 때, 공감적으로 경청하고 애도 과정 중 한 단계에 막혀 있는 사별자들을 돕고, 사별로 인해 우울증의 증상을 보일 때 위험신호를 파악하고 전문가에 의뢰할 수 있어야 한다.[15] 그리고 때에 따라서는 정신과 의사의 도움이 필요하다. 예를 들어, 사별로 인해 우울증 증상을 보일 경우, 정신과에 의뢰하여 적절한 의학적 진단과 처방을 받은 것이 좋다.[16] 우리나라에서는 아직 초보 단계이긴 하지만, 사별로 인해 경제적인 어려움에 봉착한 사별자 가족들이 경제적인 도움을 받을 수 있도록 구청이나 복지관, 혹은 사회사업가의 도움을 요청할 수도 있다. 그리고 무엇보다 사별자들을 정서적, 신체적, 관계적, 영적으로 공감하고 지지해 줄 수 있는 사별자 모임으로 인도해 줄 수 있다면 가장 필요한 도움을 제공하는 것이 될 것이다.[17]

4. 최신 사별 관련 연구와 목회상담을 위한 제언

이러한 신앙공동체 안에서의 일반적인 목회돌봄 이외에도 보다 전문적이고 체계적인 사별 상담을 통해 사별자들은 그들의 슬픔을 극복하고 삶 속에서 새로운 의미와 소망을 발견할 수 있다. 사별의 슬픔을 직접 경험한 허재기 교수는 자신의 사별 경험을 바탕으로 사별 상담의 목표를 다섯 가지로 정리하였다. 첫째, 사별자가 이전에 해 왔던 삶으로 다시 회복할 수 있도록 돕는 것, 둘째, 사별의 슬픔을 경험하면서 새로운 자기 정체성을 발견하도록 하는 것, 셋째, 상실에 대한 현실감을 깨닫는 것, 넷째, 자신에게 주어진 어려움을 극복하고 삶을 재정리하도록 돕는 것, 마지막 다섯째, 자신의 인생에서 고통의 의미, 삶의 의미를 발견하도록 돕는 것 등이다.[18] 눈에 띄는 것은 이전의 삶으로의 회복, 새로운 자기 정체성 구축, 삶을 재정립하고 고통과 인생의 의미를 발견하는 것 등이다.

사별 상담의 최근 동향은 지금까지의 전통적인 사별상담의 전제와 치료법에 많은 의문을 제기하고 있다. 먼저 최근 사별 상담은 사별자의 애도 과정과 슬픔 경험에 대한 개별성을 중시한다. 즉, 전통적인 애도의 과정 및 다양한 단계이론에 비판을 가하면서 상실을 경험한 이들이 경험하는 복잡한 감정과 개인의 독특성을 강조한다. 즉, 개인은 그가 속한 문화, 경험, 개성과 같은 여러 가지 요소에 의해 영향을 받으며, 이러한 요소들은 사별을 경험한 개인이 애도를 경험하고 표현하는데 영향을 미친다는 것이다. 그런 의미에서 사별자를 상담할 때 상담자가 기억해야 할 것은 내담자의 사회문화적이고 심리내적인 관점을 잘 파악하고 사별상담을 진행해야 한다는 것이다.[19]

또한 전통적으로 사별을 경험한 사람들은 "애도 과업" grief work — 상실과 관련된 중요한 생각, 기억, 감정들을 경험하고 표현하는 것 — 을 반드시 거쳐가야 하며 이러한 과정을 통해 슬픔과 고통이 줄어든다고 생각했는데, 최근의 연구에 의하면 애도 과업이 모든 사람에게 꼭 유용한 전략이 아닐 수 있으며, 어떤 사별자들은 감정을 억누르거나 주위를 분산시키고 기억을 억제하는 것이 사별의 슬픔 극복에 도움을 주었다는 것이다. 그래서 애도 과업이 여전히 매우 유익한 것은 사실이지만, 치유의 과정에 필수불가결한 요소는 아니라는 견해가 설득력을 얻고 있다.[20]

그리고 사별 후 고인과의 부적응적인 애착관계로 인해 애도 과정에 어려움을 호소할 수 있기 때문에 애도의 과정을 건강하게 거쳐가기 위해 고인과의 유대를 끊어야 한다는 전통적인 견해에 반하여 최근의 연구는 고인과의 지속적인 유대 관계가 오히려 사별에 대한 적응력을 높일 수 있다고 보고한다. 클라스와 월터 Dennis Klass & Tony Walter에 의하면, 사별자들이 고인과 유대를 유지하는 네 가지 방식을 발견하였다.[21] 첫째는 고인이 함께 하고 있음을 지각을 통해 인지하는 것이다. 이들은 고인이 죽은 이후에도 여러 해 동안 곁에 있다고 느낀다고 보고했다. 둘째는 고인과 대화하는 경우이다. 얼마나 자주 고인과 대화하는지에 대해서는 연구가 많지 않지만, 많은 사별자들이 고인과 대화한다고 진술했으며, 그 대화는 주로 무덤에서 이루어진다. 셋째는 고인을 도덕적 가이드로 사용하는 경우이다. 사별자들은 고인을 자신의 롤모델로 삼아 자신이 당면한 문제 앞에서 고인이라면 어떻게 반응하고 행동할지 생각하고 영감을 종종 얻는다고 말한다. 어떤 사별자들은 고인이 가졌던 가치 체계를 수용하기도 하고 거부하기도 한다. 그리고 고인에 대한 기억을 자신의 삶 속에 통합하기도 한다는 것을 발견했다. 넷째는 고인에 대해 이야기하는 경우이다. 사랑하는 사람을 여읜 많은 사람들은 고인을 알고 있는 지인들에게 고인에 대해 이야기함으로서 고인에 대해 더 깊이 알기를 희망한다는 것이다. 예를 들어, 10대 아들을 잃은 어떤 아버지는 아들의 친구들과 이야기함을 통해 자기 아들이 살아 있다면 어떤 모습을 하고 있을지 좀 더 분명하게 그려보게 되며, 이를 통해 죽은 아들과 관계를 지속하고 있음을 보여주었다. 이처럼 사별자에 따라서는 고인과의 관계를 단절하기보다 유대 관계를 지속하는 것이 사별의 슬픔을 건강하게 극복하는 방식이 될 수 있다는 것 또한 기억해야 할 것이다.

또한 사별로 인해 슬퍼하는 사람들을 상담할 때 상담자들은 사별자를 독특한 개인으로 여기고 사별자가 속한 문화를 고려해서 상담해야 한다.

죽음과 상실, 그리고 애도의 과정은 각 개인이 속한 문화즉, 인종, 성별, 사회적 지위, 교육, 종교 등가 정하는 규칙과 역할에 의해 영향을 받으며, 애도 기간 동안 사별자의 사고와 감정, 행동에 영향을 미친다. 그러므로 상담자들은 각 개인이 속한 독특한 문화를 잘 파악하고 선입견을 가지고 접근하기보다 이러한 문화가 애도과정에 미치는 영향력을 고려해야 한다. 예를 들면, 문화가 미치는 영향력은 가족과 공동체에 대한 강조, 감정을 공적으로 표현하는 것에 대한 기대, 죽음을 삶의 한 부분으로 받아들이는 것에 대한 인식, 죽음 이후의 삶, 다양한 종교 의식 등을 포함할 수 있다. 그러므로 애도 과정과 적절한 애도 표현에 대해 이러한 문화가 각 개인에게 미치는 영향력을 고려해야 한다. 그리고 문화적으로 적절하다고 여겨진다면, 사별 상담자들은 영적 지도자나 사별자 개인이 속한 공동체의 신뢰할만한 구성원들을 상담에 포함시키는 것도 추천할 만하다.[22]

사별자들을 위한 목회돌봄과 상담

지금까지 크리스천 여성들의 사별 경험에 대한 현상학적인 이해와 분석을 바탕으로 사별의 슬픔을 당한 사람들에 대한 목회돌봄과 상담에 관해 살펴보았다. 사별의 슬픔은 다른 어떤 상실과는 비교되지 않을 만큼 당사자들에게 깊은 상흔과 아픔을 남긴다. 그러나 아픔이 큰 만큼 더 전인적이고 통합적인 목회돌봄이 요청된다. 이 글을 통해 사별의 슬픔을 극복하는 과정에서 신앙공동체가 가진 역할과 의미에 대해 깊이 생각해 보았다. 모든 신앙공동체가 완전하고 완벽한 공동체가 될 수는 없다. 그러나 신앙공동체 고유의 가치와 정신, 그리고 치유의 능력에 대해 희망을 걸어본다. 예수 그리스도께서 이 땅에 오셔서 제자들을 통해 신앙공동체의 모델을 보여주셨고, 교회는 예수님의 가르침과 삶의 모범을 따라 그리스도의 몸으로 부르심을 받았다. 사별의 슬픔이 공감되고, 이해되며, 함께 웃고 함께 슬퍼할 수 있는 공간으로서의 신앙공동체를 꿈꾸어 본다.

신앙공동체는 사별의 슬픔을 표현하고 경험하는 안전하고 신뢰를 주는 장소가 되어야 한다. 그리고 사별자들을 배려하고 그들만의 모임을 만들 수 있는 분위기와 여건을 마련주어야 한다. 신앙공동체는 또한 고유한 영적 자원을 충분히 활용해야 하며, 목회자를 비롯한 전체 공동체가 함께 통전적이고 다각적인 공동체적 돌봄과 지원을 제공하는 장소가 되어야 한다. 더불어 필요할 때 전문적인 상담을 제공하거나 연결시킬 수 있는 시스템이 개발되어야한다. 그러나 사별자를 돌보는 과정에서 사별자 개개인의 개별성과 독특함, 그리고 문화를 충분히 고려해야 하며, 상담이 필요할 경우 최신 사별 관련 연구를 참고하여 사별을 경험한 사람에게 최적화된 목회돌봄과 상담을 제공해야 할 것이다. 이러한 공동체적 돌봄과 관심이 있을 때, 사별자들은 사별의 슬픔을 슬기롭게 극복하고 새로운 삶의 의미를 발견할 것이며, 그리스도의 지체로서 이 땅 가운데 소망을 가지고 살아가게 될 것이다.

"즐거워하는 자들과 함께 즐거워하고 우는 자들과 함께 울라" 롬 12:15

7 장

아버지 부재와 신앙

이번 장은 무신론 신앙과 아버지 부재의 관계성에 대해 고찰한다. 아버지와 자녀의 관계가 신앙형성에 미치는 영향력이 무엇인지 파악하기 위해 폴 비츠의 심리학적 연구를 살펴보며, 하나님을 거부하는 무신론의 근저에 아버지와의 심리적인 관계의 문제가 있음을 소개한다. 비츠는 서구의 유명한 철학자, 저술가, 사상가, 정치가들의 삶을 심리학적으로 조사했는데, 그 결과 주요 무신론자들의 아버지는 일찍 사별하거나 존재감이 없는 유약한 아버지, 또는 자녀를 학대하는 아버지였던 반면, 주요 유신론자들의 아버지는 대부분 자녀와 긍정적인 관계를 가졌음을 밝혀내었다. 아버지와의 관계 경험이 자녀들의 신앙에 결정적인 영향을 미칠 수 있음을 보여준 것이다.

비츠의 아버지 부재와 무신론 신앙 연구가 제공하는 통찰을 토대로 하여, 이 장에서는 자녀와의 바른 관계 형성을 위한 아버지의 역할과 자세에 대해 논의한다. 특히, 하인츠 코헛의 자기 심리학 이론을 활용하여 긍정적인 "자기대상"으로서의 아버지 됨에 대해 고찰한다. 위대하고 강하지만 자기를 지지해주는 대상, 아이들의 자기애적 욕구에 대해 인정과 지지를 제공해 주는 대상으로서의 아버지의 역할에 대해 중요성을 부각한다. 그리고 좋은 자기대상으로서의 아버지가 되기 위해 아버지로서 자신에 대한 정직한 점검, 공감적 의사소통 훈련과 변화, 유한성에 대한 수용적 자세, 삶의 여유와 넉넉함 간직 등 구체적인 상담적 대응방안을 제시한다.

아버지가 자녀에게 미치는 영향력

"이 세상의 모든 아이들은 아버지를 사랑하고 또 아버지로부터 사랑받고 싶어한다."[1] 한 심리학자의 말이다. 이 말은 아이들은 아버지를 사랑할 뿐만 아니라 아버지의 사랑에 대한 깊은 갈망을 가지고 있다는 의미일 것이다. 일반적으로 자녀들은 어머니에게서 정서적 따뜻함과 포근함을 기대하고, 아버지로부터는 건강한 권위와 사랑을 기대한다. 물론 지나친 일반화일 수도 있다. 아버지로부터 정서적 따뜻함을 바라는 자녀도 있을 수 있기 때문이다. 그러나 분명한 것은 자녀들은 아버지로부터 어떤 형태로든 사랑을 기대한다는 것이다. 그리고 아버지가 보여주는 사랑의 모습에 의해 자녀들의 삶이 지대한 영향을 받는다는 것이다.[2]

어머니가 자녀에게 미치는 영향력에 대한 연구에 비해, 아버지가 미치는 영향력에 대한 연구는 상대적으로 부족한 것이 사실이다.[3] 그러나 우리가 생각하는 이상으로 아버지가 자녀에게 미치는 영향력은 지대하다. 아버지의 영향력에 대한 연구가 필요한 이유가 바로 여기에 있다. 신앙의 관점에서 보았을 때, 아버지가 자녀에게 미치는 영향력은 절대적이라는 것이 최근 연구를 통해 밝혀졌다. 미국의 저명한 기독교 심리학자 폴 비츠는 무신론에 대한 깊고 통찰력 있는 연구를 통해 무신론의 배후에 아버지 부재가 있음을 설득력 있게 주장하였다. 그에 따르면 신앙을 갖는데 장벽이 되는 것은 이성적인 차원이 아니라 심리적인 차원이다. 즉, 이성적인 이유에서보다는 심리적인 이유로 자녀들이 신앙을 떠나거나 무신론에 머무른다는 것이다.[4]

믿음의 가정에서 태어나 자랐지만 대학을 가고 성인이 된 후 기독교 신앙을 떠나 무신론적인 세계관에 머무르는 사람들이 점점 늘어나고 있다. 필자 주변에도 자녀들이 대학을 진학한 후 기독교 신앙을 떠났다는 안타까운 사연을 토로하는 지인들이 꽤 많이 있다. 다양한 이유로 인해 이러한 일들이 벌어질 것이다. 진화론을 비롯한 세속주의 교육과 학문의 영향, 개인의 기질과 성향, 교회의 변질과 영향력의 상실 등이 열거할 수 있는 이유가 될 수 있을 것이다.[5] 그러나 간과해서는 안 되는 중요한 이유가 있다. 그것은 자녀들의 삶과 신앙을 있게 한 아버지의 영향력이다.

이번 장은 아버지 부재가 무신론 신앙에 어떤 영향을 미치는지에 대해 비츠의 연구를 중심으로 논의를 전개한다. 따라서 무신론 신앙에 대한 어머니의 영향력에 대해서는 비중있게 취급하지 않는다. 그리고 하인츠 코헛 Heinz Kohut 으로 대표되는 자기심리학 self psychology [6]의 관점에서 바람직한 아버지됨의 자세와 태도에 대해 살펴봄으로써 이 시대의 바람직한 아버지상에 대해 고찰할 것이다.

아버지 부재와 무신론 신앙의 관계

정신분석학의 창시자라고 일컬어지는 지그문트 프로이트는 신은 인간이 자신의 강렬한 무의식적 욕망을 투사하여 만들어낸 존재이며, 안정감과 보호에 대한 인간의 유아적 욕구의 파생물이라고 주장했다. 신앙에 대한 투사 이론으로 알려진 프로이트의 종교에 대한 견해에 따르면, 개인이 믿는 신은 "격상된 아버지상"에 불과하다.[7] 즉, 이상적인 아버지에 대한 이미지가 격상되어 하나님이라는 존재가 만들어졌다는 것이다. 그러나 이러한 프로이트의 견해는 그가 오랫동안 연구했던 정신분석학이나 임상적인 증거에 근거한 내용이라기보다는 신과 종교에 대한 자신의 불신에 근거한 다분히 개인적인 해석이었다.[8]

비츠는 프로이트의 신앙에 대한 투사 이론을 역으로 이용하여 무신론자들이 불신앙에 이르는 배경을 찾아 나선다. 그의 연구에 의하면, 아버지 부재와 무신론 신앙 사이에는 깊은 연관성이 존재한다. 무신론자들이 부지불식간에 하나님을 거부하는 근저에는 아버지와의 심리적인 관계의 문제가 숨어 있다는 것이다. 프로이트 또한 아버지에 대한 자녀의 심리적 표상이 신에 대한 이해와 밀접하게 연결된다는 점을 인정하면서 아버지의 권위가 무너지는 순간 자녀들의 신앙도 상실하게 된다고 받아들였다.[9] 무신론자들의 경우, 아버지에 대한 분노와 실망이 자연스럽게 신에 대한 부정으로 이어진다는 것이다. 비츠는 무신론의 결정인자를 종합하여 "결함 있는 아버지"[defective father] 가설이라고 명명하고, 서구 역사상 큰 영향력을 미친 철학자, 저술가, 사상가, 정치인들의 삶을 집중적으로 조명함으로써 그들의 아버지와의 관계가 신앙 형성에 어떤 기여를 하였는지 추적한다.

1. 주요 무신론자들의 아버지

비츠의 연구에 따르면, 인격적인 하나님을 부인하는 유명한 무신론자들에게는 공통점이 있었다. 첫째, 그들 중에 많은 이들이 아버지를 일찍 사별하고 아버지 부재 상태로 지냈다. 예를 들면, 무신론자로 널리 알려진 프리드리히 니체, 데이비드 흄, 버트런트 러셀, 장-폴 사르트르, 알베르 카뮈, 아르투르 쇼펜하우어 등은 하나같이 어린 시절 아버지를 잃고 아버지 부재 가운데 지냈으며, 아버지 역할을 대신할 수 있는 다른 성인 남성과의 접촉도 없었다는 점을 발견했다.[10]

죽은 아버지는 두 가지 측면에서 자녀들에게 결함을 제공한다. 하나는 자녀들에게 양육을 제공하지 못한다는 점이다. 그래서 죽음으로 인해 아버지를 일찍 떠나보낸 자녀들에게 그 아버지는 가장 심각한 결함이 있는 아버지가 된다. 또 하나는 자녀들은 보통 부모의 죽음을 거절이나 배신으로 받아들인다는 점이다. 어린 자녀들은 죽음을 필연이 아닌 선택 사항으로 이해하기 때문에 부모의 죽음이 가져다주는 배신감과 거절감은 클 수밖에 없다.[11]

비츠에 따르면, 아버지의 죽음이 가장 큰 영향력을 미치는 시기는 자녀가 3~5살의 나이일 때이다. 이것은 정신분석학 전통에 따른 것으로, 이 시기에는 아버지와 아이 사이의 애착이 시작되고 깊어지는 때이며, 남자 아이들의 경우, 오이디푸스 콤플렉스를 경험하는 기간이기도 하다.[12] 이 기간 동안 자녀들은 성정체성과 초자아^{아버지로부터 파생되는 윤리체계}를 확립하게 된다. 또한 자녀들이 "분리 불안"을 경험하는 시기인데, 이 때 아버지를 떠나보내게 되면 원초적이고 강력한 불안에 사로잡힐 수 있다.[13]

많은 무신론자 중에서도 니체^{Friedrich Wilhelm Nietzsche, 1844-1900}만큼 유명한 무신론자는 없을 것이다. 그는 "신은 죽었다"라고 공개적으로 선언했으며, 기독교와 기독교의 하나님을 극렬하게 거부한 것으로 잘 알려져 있다. 아이러니하게도 니체는 독일 루터교 목사의 아들로 태어났으며, 양가 친척 중에 목회자가 많았다고 한다. 니체는 어린 시절 아버지와 매우 친밀한 관계를 가졌으며, 아버지가 서재에서 일하는 동안 함께 있는 것이 허용될 정도였다고 한다. 그러나 불행하게도 니체의 아버지는 니체가 5살이 채 되기도 전에 세상을 떠났으며, 죽기 1년 전부터 뇌질환을 앓았다고 한다. 니체는 아버지에 대해 강한 애착을 가지고 있었고 아버지의 죽음은 그에게 큰 상실로 다가왔다. 니체는 아버지가 너무 일찍 세상을 떠난 것에 대해 가슴 아파했으며, 지성을 갖춘 엄격하고 뛰어난 남자가 그리웠다고 토로한다. 니체의 아버지는 36살에 죽었는데, 니체는 한편으로는 아버지를 사랑하고 존경했지만, 다른 한편으로는 아버지를 병약하고 생기 없는 존재로 여겼다고 한다. 자연스럽게 니체는 아버지의 병약함을 기독교와 연결시키게 되었고, 니체의 눈에 아버지로 상징되는 연약한 기독교의 하나님 대신, 생명력으로 가득 찬 신 디오니소스를 동경하게 되었다는 것이다. 니체의 철학의 주요 용어인 "초인", "권력에의 의지" 등은 육신의 아버지와 아버지의 종교^{기독교}가 보여주지 못하는 이상적인 남성상과 자신을 동일시하는 노력으로 볼 수 있다. 비츠가 지적한 것처럼, 니체의 삶과 철학은 기독교인이었던 아버지의 유약함을 극복하기 위한 처절한 지적 투쟁이었는지 모른다.[14] 만일 니체에게 건강하고 존경할만한 아버지가 곁에 있었다면 그의 삶과 철학은 많이 달라졌을지도 모른다.

염세주의 철학자 쇼펜하우어 Arthur Schopenhauer, 1788-1860 의 아버지는 부유한 상인이었고 볼테르를 존경하는 자유사상가였다. 아버지가 자주 외국으로 출장을 갔기 때문에 쇼펜하우어는 아버지와 떨어져 있는 시간이 많았으며, 그의 어머니는 사랑이 없고 차가운 사람이었다. 어린 시절 쇼펜하우어는 외로움과 두려움이 많았으며, 부모가 아닌 보모와 하인들에 의해 양육되다시피 하였다고 한다. 어린 시절, 아버지와 비교적 긍정적인 관계를 가졌지만, 17살 때 아버지는 건물 3층에서 뛰어내려 자살을 하고 만다. 아버지의 자살에 대해 쇼펜하우어는 어머니를 비난했으며, 그의 회고록에 따르면, 18살 때 하나님이 아닌 악마가 세상을 만들었다고 생각한 적이 있었다고 전해진다. 생전에 자기처럼 상인이 될 것을 주장하는 아버지와 심각한 갈등을 경험한 적이 있었는데, 아버지가 죽기까지 순종했지만 아버지 사후 철학자의 길을 가게 되었다. 쇼펜하우어의 철학은 공과 무를 강조하는 불교적인 무신론에 가까우며, 고통과 인간 의지를 강조한다. 반면에 종교와 초월성을 받아들이지 않았고 인류의 미래에 대한 긍정적 시각도 거부하였다. 쇼펜하우어의 외로움과 염세주의적 사고는 때이른 아버지의 죽음과 부재에 상당부분 기인한 것으로 보아도 지나침이 없을 것이다.[15]

둘째, 비츠의 연구에 따르면, 유명한 무신론자들 중에는 아버지는 있었지만 존재감이 없는 유약한 아버지, 혹은 자녀를 학대하는 아버지가 그 배후에 있었다. 예컨대, 토마스 홉스, 볼테르, 포이어바흐, 프로이트, 새뮤얼 버틀러 등과 같은 무신론자들의 경우, 아버지는 존재했지만, 아버지가 유약하여 그들에게 좋은 영향력을 미치지 못했거나 자녀를 학대하는 아버지였다는 공통점이 있었다.[16]

프로이트[1856-1939]의 아버지는 유약하고 가족을 부양할 능력이 없는 무능한 사람이었다. 유태인이었던 아버지는 당시에 만연했던 반유대주의에 대해 소극적인 대응을 하였고, 아들 프로이트는 아버지의 나약함에 대해 굴욕감을 느꼈다고 전해진다.[17] 프로이트의 아버지는 용기 없는 사람이었을 뿐만 아니라 또한 성도착자^{변태 성욕자}였다고 전해진다. 프로이트 심리학의 저변에는 아버지에 대한 깊은 증오가 깔려 있는데, 이것은 아버지에 대한 무의식적 혐오와 거부감이 반영된 것이라고 할 수 있다. 이러한 아버지에 대한 부정적인 이해는 자연스럽게 하나님과 종교에 대한 부정적인 인식으로 이어지게 되었다고 볼 수 있다. 반면에 프로이트 자신은 강한 남성을 지향하게 되었고 정신분석학으로 대변되는 당시 지성계의 투사로 자리잡게 되었다.

종교의 투사이론을 처음으로 주장한 것으로 알려진 포이어바흐[Ludwig Andreas von Feuerbach, 1804-1872]의 아버지는 뛰어난 법학자이자 범죄학자였다. 그는 진보적인 세계관을 지닌 급진적 개신교 칸트학파의 멤버였으며 까다롭고 대인관계를 잘 하지 못하는 사람이었다고 한다. 그는 불같이 충동적인 사람으로 통했으며 이로 인해 동료 친구들과 자주 다투었다고 한다. 또한 친구의 부인과 불륜 관계를 가졌으며 그 사이에서 아이까지 낳았고 정부가 죽은 후에야 본처에게 돌아왔다. 상당기간 포이어바흐의 아버지는 부재했으며, 아들에게 부정적이고 파괴적인 영향을 미쳤다.

위대한 정치이론가 토마스 홉스[Thomas Hobbes, 1588-1679]의 아버지는 영국

런던 교외의 성공회교회 목사였다. 그러나 아버지에게는 존경할 만한 구석이 하나도 없었으며 무식하고 급한 성격에 카드놀이에 미친 사람이었다고 전해진다. 자신을 비난하는 한 목사를 때리고 집을 떠난 후 가족들은 그와 다시 연락하거나 만나지 못했다고 한다. 그 후 홉스는 사업가로 성공한 삼촌의 집에서 지내게 되었는데, 삼촌과도 가깝게 지냈다는 기록이 없다. 홉스의 종교에 대한 입장은 대체로 회의적이거나 무신론적이었으며, 그의 철학 체계는 합리주의, 유물론, 쾌락주의를 채택하였다. 홉스는 인격적인 하나님과 만나지 못한 무신론적인 삶을 살았다고 할 수 있다.

버틀러 Samuel Butler, 1835-1902 의 아버지와 할아버지는 목사였다. 어린 시절 아버지는 버틀러를 자주 때렸으며, 위선적이고 무정한 아버지였다고 한다. 버틀러의 전기에 의하면 어릴 때 그의 마음속에는 증오가 가득했으며, 그에게 가족은 서로 공모하여 그를 불행하게 만드는 집단으로 여겨졌다고 한다. 그는 동성애자였고 쾌락주의적인 삶을 산 것으로 알려져 있다.

비츠는 그 외에 기타 무신론자들로 존 톨런드, 리처드 칼라일, 로버트 테일러를 거론하고 있다. 이들은 이신론, 무신론, 혹은 급진적 사상을 주장하였는데, 이들의 아버지들은 하나같이 일찍 세상을 떠나거나 부정적인 영향을 미친 아버지들이었다. 현대의 주요 무신론자로 거론되는 매덜린 머레이 오헤어 Madalyn Murray O'Hair, 1919-1995 와 앨버트 엘리스 Albert Ellis, 1913-2007 는 각각 미국에서 가장 유명한 무신론자와 무신론 임상심리학자로 알려져 있다. 오헤어의 경우, 1960년대 공립학교에서 기도를 금지할 것을 주장하는 소송을 벌린 사람으로 유명한데, 아들의 회고록에 의하면 그녀는 부친을 죽도록 증오했던 것으로 알려져 있다. 엘리스는 합리적 정서치료라는 꽤 유명한 심리치료이론을 만들었는데, 그에 따르면 종교는 본질적으로 비합리적이며 심리장애의 원인이 된다고 보았다. 비츠에 의하면, 엘리스 자신은 아버지와 좋은 관계를 유지했다고 주장하지만 실상은 그 반대였다. 엘리스

의 아버지는 자주 부재했고 자녀들이 십대가 될 무렵에는 가정을 아예 포
기했다고 한다. 비록 자기 분야에서는 성공적인 경력을 쌓았지만 그의 성
공의 이면에는 심리적인 강함, 용기, 아버지의 방치와 유기로 인해 상처받
은 감정에 대한 거부 등이 있다고 할 수 있다.[18] 비츠는 인격적인 하나님을
부인하는 역사적인 인물들의 사례를 통해 소위 유명한 무신론자들의 배후
에는 아버지의 죽음, 부재, 유약함, 학대 등이 있었다고 결론짓는다.

2. 주요 유신론자들의 아버지

비츠는 이어서 역사적으로 유명한 사상가, 철학자, 신학자들의 아버지
의 모습을 살펴봄으로써 주요 무신론자들의 아버지와의 차이점이 무엇인
지 밝히고 있다. 블레즈 파스칼, 프리드리히 슐라이어마허, 쇠렌 키르케고
르, 칼 바르트, 디트리히 본회퍼, 아브라함 헤셸 등을 비롯한 21명의 아버
지들을 추적해본 결과 이들은 모두 긍정적인 아버지-아들 관계, 혹은 좋은
대체 아버지-아들 관계를 보여주었다는 것이다. 다시 말하면 유명한 유신
론자들의 사상가들에게는 자녀들을 이해해주고 사랑해주는 긍정적인 아
버지나 아버지의 역할을 대신해 주는 다른 남성이 있었다는 것이다.[19]

기독교 변증서로 유명한 『팡세』를 쓴 기독교 저술가이자 수학자인 파
스칼Blaise Pascal, 1623-1662은 유년기에 아버지의 사랑과 관심을 많이 받았다고
전해진다. 부친은 부유한 판사이자 수학자였으며 훌륭한 인품을 가진 신실
한 가톨릭 신자였다. 파스칼이 3살 때 모친이 세상을 떠났지만 그의 부친
은 어린 파스칼과 누이들의 교육을 책임졌으며, 뛰어난 가정교육을 제공하
였다고 한다. 파스칼이 28살 때 아버지는 세상을 떠났는데, 아버지의 죽음
에 대한 편지 형식의 짧은 글에는 아버지의 구원에 대한 평화와 확신이 담

겨 있었다고 한다.

현대 신학의 아버지로 일컬어지는 슐라이어마허 Friedrich Daniel Ernst Schleier-
macher, 1768-1834 의 아버지는 개혁교회 목사이자 프러시아 군대의 군목이었
다. 기숙학교에 들어가기 전 16년 동안 그는 부모와 함께 지냈으며, 기숙
학교로 옮긴 이후에도 서신교환을 통해 아버지와 친밀히 교제한 것으로
알려져 있다. 십대 후반 신앙에 대한 심각한 회의가 들었을 때, 그는 아버
지에게 편지를 썼고 이로 인해 갈등이 발생하기도 하였다. 그러나 이러한
갈등에도 불구하고 부자의 관계는 지속되었고 22살 때 평화롭게 화해하였
다고 한다. 슐라이어마허는 종교적 체험의 중요성을 강조하는 신학자로 유
명한데, 그의 신학은 당시 유행했던 계몽주의와 합리주의에 대한 대응으로
당대에 중요한 역할을 하였다.

덴마크의 종교사상가이자 실존주의 철학자인 키르케고르 Søren Aabye Ki-
erkegaard, 1813-1855 는 일곱 남매 중 막내로 태어났는데, 그의 아버지는 나이가
많았다고 한다. 성공한 사업가였던 아버지는 금욕적이고 죄의식에 사로잡
힌 청도교적 신앙을 가지고 있었는데, 키르케고르는 성장하는 동안 아버지
에 대한 존경심과 함께 반항심도 꽤 컸다고 한다. 그에게 하나님과의 동행
을 가르쳐 준 사람도 아버지였다. 22살 때 그는 큰 믿음의 상실을 경험했
는데 아버지가 사촌이자 가정부였던 어머니와 결혼 전에 성관계를 가진
것을 알게 된 것이다. 이러한 심리적 지진 이후 키르케고르는 아버지뿐만
아니라 하나님까지도 거부하게 되었고, 큰 실망과 원망을 가지고 종교를
버리고 철학에 빠졌고, 방탕한 생활에 탐닉하게 되었다. 후에 그는 아버지
에 대한 반항이 하나님에 대한 반항이었음을 깨닫게 되었다고 고백한다.
다행히 25살 때 당시 82세였던 아버지와 화해하게 되었는데, 아버지는 자
신의 잘못과 과오에 대해 아들에게 고백했고 3개월 후 세상을 떠났다. 그
후 키르케고르는 부친이 살아있을 때 거부했던 순종과 감사를 실천하게

되었으며, 아버지와의 화해를 통해 인간 아버지가 주는 아버지됨의 의미가 그대로 하나님 아버지에게 적용된다는 깊은 통찰을 갖게 되었다고 한다.

유명한 유대교 신학자이자 랍비였던 헤셸Abraham Joshua Heschel, 1907-1972은 열 살 때 아버지와 사별했지만 아버지가 세상을 떠나기 전 평생의 모델이며 영적 아버지가 된 두 명의 스승 — 바알 셈 토브와 메나헴 멘들 — 을 만나게 된다. 그는 비록 어린 시절 아버지를 잃었지만 영적 스승들의 존재로 인해 깊은 치유를 경험하였다고 전해진다. 두 스승을 통해 헤셸은 아버지의 부재에도 불구하고 위대한 유대인 철학자이자 신비주의자로 우뚝 설 수 있었다.

뛰어난 유신론 사상가나 철학자들은 유명한 무신론자들과 동시에 살았다. 그러나 그들의 아버지는 너무 일찍 세상을 떠난 경우도 없었고, 아버지에게서 심각한 거절감이나 심한 학대를 경험한 경우도 없었다. 이러한 유신론자의 아버지는 앞에서 살펴본 무신론자들의 아버지와 아주 대조적인 모습을 보여준다.

3. 확장과 수정, 그리고 예외

비츠는 결함 있는 아버지 가설이 무신론자가 되는 모든 경우를 다 설명하지는 못하지만 그의 가설로 설명할 수 있는 수많은 사례가 있음에 스스로 놀란다고 말한다. 그러면서 그의 이론의 수정과 예외를 열거한다.[20]

첫째, 육신의 아버지가 세상을 떠나거나 부재할지라도 아버지 역할을 대신할 수 있는 성인 남자가 곁에 있다면 아버지 부재에서 오는 문제를 어느 정도 보완할 수 있다는 것이다. 이런 경우 무신론적인 경향은 눈에 띄게 감소하거나 심지어 사라진다는 것이다. 예를 들어, 가톨릭 사제 돈 보스코

Giovanni Melchiorre Bosco, 1815-1888는 두 살 때 아버지를 먼저 떠나보냈지만 외삼촌과 사제들의 도움을 통해 훌륭한 사제로 성장할 수 있었고 그의 고결함과 박애 정신을 비롯한 훌륭한 자질들로 인해 생후에는 가톨릭 성인으로 추앙되기까지 했다.

둘째, 정치적인 무신론자들이 있다. 결함 있는 아버지의 존재가 유대교와 기독교에 적대감을 품은 정치인들의 삶에 부정적인 영향을 미쳤다. 요시프 스탈린, 아돌프 히틀러, 마오쩌둥 등이 여기에 해당한다. 예를 들어, 히틀러 Adolf Hitler는 어린 시절 아버지에게 자주 심한 매질을 당했다고 전해지는데, 매우 권위적이고 이기적이었던 아버지는 나이 어린 아내와 자식들에게 아주 무정하고 완고한 다혈질적인 남자였다고 한다. 14살 때 히틀러의 아버지는 세상을 떠났는데, 그 후 히틀러 곁에는 아버지를 대신하는 남자가 없었다. 어릴 때 어머니가 히틀러를 억지로 교회에 보낸 적이 있었지만 마지못해 순응했을 뿐이었으며, 성인이 된 다음에는 교회에 가지 않았을 뿐만 아니라 기독교에 대해 호의적인 언급을 전혀 하지 않았다. 히틀러에게 깊은 영향을 준 인물은 쇼펜하우어와 니체였는데, 둘 다 지독한 무신론자이자 인간 의지를 강조한 인물들이었다. 비츠에 따르면, 히틀러가 기독교에 대해 깊은 적개심을 품은 것은 기독교가 유대교에 기원을 두고 있다는 점, 당시의 사회적 영향력, 그리고 기독교가 하나님을 아버지로 묘사하기 때문이라고 지적하는데, 이는 설득력있는 주장으로 보인다.

셋째, 무신론자가 되는 과정에서 사랑하고 존경하는 아버지에게서 직접적으로 무신론적 교육을 받은 경우도 있다. 예를 들면, 제임스 밀 James Mill, 1773-1836과 존 스튜어트 밀 John Stuart Mill, 1806-1873 부자를 들 수 있다. 제임스 밀은 당시 저명한 철학자, 역사가, 경제학자였는데 청년시절 제임스는 철학과 신학을 공부했으며 설교자격까지 얻었다고 한다. 그러나 제임스는 후에 무신론자가 되었는데, 완벽하게 선한 하나님이 존재한다고 믿기에는 세상에 너무 많은 악이 존재한다고 생각했기 때문이다. 제임스는 아들에게 헌신적인 가정교사였으며 홈스쿨링을 통하여 아들에게 무신론적인 사상을 그대로 전수해 주었다고 한다. 이들의 사례를 통하여 아버지를 통한 무신론적 교육이 자녀에게 얼마나 강력한 영향을 미치는지 분명히 보여준다. 그러나 비츠가 지적한 것처럼 자녀에게 무신론을 가르친 좋은 아버지는 무의식중에 선한 하나님의 모습을 보여주는 모델이 될 수도 있다. 그래서 종종 선한 무신론자 아버지의 자녀들이 유신론으로 전향하거나 회심하는 것을 볼 수 있다.

4. 요약 및 결론

비츠의 치밀하고 구체적인 심리학적 연구를 통해 우리는 아버지와의 관계 경험이 자녀들의 신앙에 결정적인 영향을 미치게 됨을 알 수 있다. 하나님을 부인하는 철학자, 사상가, 정치인들은 아버지 부재나 아버지와 관련된 어릴 시절의 고통스러운 경험으로 인해 그들의 하나님 상에 결함이 생기고, 이성적이고 합리적인 사고과정이 아니라 심리적인 이유로 무신론자가 될 수 있다는 것이다. 그리고 자녀가 아버지에게 실망하거나 존경심을 잃게 될 때, 하나님 아버지에 대한 믿음에도 부정적인 영향을 미친다. 이것을 역으로 적용한다면, 사랑가득하고 존경받을 만한 성품과 생각을 가진 아버지 밑에 자란 자녀들은 자연스럽게 하나님에 대한 긍정적인 이미지와 신앙을 가질 수 있게 된다. 따라서 긍정적인 아버지의 존재는 무신론에 대한 강력한 해독제가 된다고 해도 과언이 아니다.

물론 비츠가 인정하듯이 결함 있는 아버지의 영향 이외에도 무신론자가 되는 다른 많은 요인들이 존재할 수 있다. 예를 들면, 역사적 시기^{어떤 시기}

에 살았는가?, 지적 오만, 과학 신봉주의, 선택할 수 있는 자유의지 등의 요인이
여기에 속한다. 그리고 비츠의 경우에서 보는 것처럼, 시대에 적응하고자
하는 사회적 욕구, 전공 분야에서 인정받으려는 직업상의 욕구, 모든 제한
으로부터의 독립, 편안하고 자유로운 삶에 대한 욕구 등과 같은 피상적이
고 일상적인 이유 때문에도 무신론자가 될 수 있다.[21] 그럼에도 불구하고
비츠의 연구가 보여주는 대로 무신론자가 되는 과정에서 아버지의 영향은
결정적이라고 할 수 있다.

또한 비츠의 주장이 미국을 비롯한 서구인들의 삶과 경험에 바탕을 둔
연구라는 분명한 한계가 있다. 우리의 상황에 그대로 적용하기에는 무리가
있을 수 있다. 그러나 이러한 한계에도 불구하고 그가 말하는 기본적인 논
점에는 분명히 일리가 있다. 그리고 자녀를 둔 아버지들에게 섬뜩한 교훈
과 통찰을 가져다준다. 무엇보다 아버지의 역할과 중요성이 점차 상실되어
가고 있는 한국 사회에 커다란 경각심과 도전을 주기에 충분하다.

자기심리학과 좋은 아버지

비츠의 아버지 부재와 무신론 신앙에 대한 연구는 오늘날 아버지들에
게 큰 숙제를 던져준다. 그러면 이제 아버지로서 어떻게 해야 하나? 이미
자녀가 신앙을 떠나 버린 경우, 무엇을 할 수 있을까? 신앙을 떠나지는 않
았지만 자녀들과 서먹서먹한 관계를 맺고 있다면 어떻게 바로잡을 수 있
나? 필자는 자기심리학의 창시자인 코헛의 심리치료이론을 소개하면서 오
늘날 아버지들이 어떤 모습으로 자녀들을 대하고 함께 해야 할 것인지 지
혜와 통찰을 제공하려고 한다. 먼저 간략하게 코헛의 일생, 특히 아버지와
의 관계에 대해 언급함으로써 그가 자신의 이론을 형성하게 된 배경에 대

해 살펴보고, 이어서 코헛의 이론을 통해 바른 아버지상에 대해 고찰할 것이다.

1. 코헛의 아버지 이야기

코헛 Heinz Kohut, 1913-1981 은 비엔나에서 외동아들로 태어났다. 유대인이었지만 코헛의 가족은 자유로운 유럽 문화에 익숙한 중상류층 가정을 이루었다. 코헛의 아버지는 당대 꽤 유명한 피아노 연주자였는데 유대 전통과 유럽 문화를 둘 다 갈등 없이 받아들이는 유연한 남성이었다. 코헛의 어머니는 정감 있는 아름다운 여성으로 예술에 관심이 많았고 다양한 사회 활동을 즐겼다. 코헛의 생후 첫 1년은 매우 축복받은 시기였는데 20대 초반이었던 그의 부모는 코헛을 사랑으로 양육하였다. 그러나 행복했던 코헛의 어린 시절은 그가 1살 반이 되었을 때 깨어지게 된다. 1914년 제1차 세계대전이 발발했고, 코헛의 부친은 군대에 입대하게 된 것이다. 코헛은 어머니를 따라 도시인 비엔나를 떠나 외할머니가 있는 시골마을로 내려가게 된다. 반면 아버지는 3년간 전쟁에 참전하였고, 후에는 이탈리아 포로수용소에서 지낸다. 전쟁이 끝난 후 코헛의 아버지는 포로복장을 한 채 집에 돌아오는데, 아버지는 이미 다른 사람으로 변해 있었다고 한다. 그 후 아버지와 어머니는 예전처럼 행복하지 않았고, 코헛의 가정은 회복이 불가능할 정도로 불화를 경험하게 되며, 함께 생활했지만 코헛이 8살 때부터 부모는 각자의 길을 가게 된다. 아버지는 음악을 포기하고 가족을 부양하기 위해 사업에 열중했으며, 어머니는 사회활동에 빠져 가정을 잘 돌보지 못하였다. 모친은 코헛을 지나치게 지배하고 간섭하려 했으며, 아버지는 권위를 잃고 아들에게 희미한 존재로 남아있게 되었다. 코헛은 어릴 때부터 무서운 외로움을 느꼈는데, 그가 11살이 되었을 때 마음 따뜻한 남자 대학생을 가정교사로 만나게 되었고, 그 가정교사가 정서적으로 결핍된 아버지의 빈 자리를 메워주고 멘토의 역할을 해 주었다. 19세 때 코헛은 비엔나대학교 의과대학에 입학하게 되었는데, 아버지는 이러한 아들의 학문적인 성공을 자랑스러워하였다고 한다. 코헛은 잠시 행복감을 느꼈으나 그가 24살 되었을 때 백혈병으로 약 6개월간 투병하던 아버지는 세상을 떠나게 되었고, 코헛은 큰 슬픔에 잠겼다고 한다. 1938년 의사 면허를 획득하였고, 1940년 나치 박해를 피해 미국으로 이주하여 시카고 대학병원에서 교수겸 정신분석가로 활동하였고, 후에 자기심리학이라는 분야를 개척하게 된다. 코헛의 삶과 창조성의 중심에는 늘 하나님이 자리 잡고 있었는데, 그는 집 근처 교회에 규칙적으로 출석하였으며, 가끔 설교를 하기도 하였다. 코헛은 당시의 많은 임상심리학자 및 치료자들과는 달리 믿음을 가진 기독교인으로 끝까지 남아있었다.[22]

2. 코헛의 자기대상 이론

코헛의 이론에 따르면, 아이는 사회적 환경에서 태어나며, 태어나는 순간부터 함께 해주는 타인을 필요로 한다. 즉 아이는 신체적 필요뿐만 아니라 정신적 욕구를 만족시켜주는 성인이 꼭 필요하다. 이러한 타인과의 관계 형성은 심리적 생존을 위한 기본적인 전제 조건이 된다. 코헛은 우리 몸이 산소를 필요로 하듯이 자신의 필요를 채워주는 대상이 필요한데, 그 대상을 "자기대상"selfobject 이라고 불렀다. 자기대상은 아이의 신체적, 정신적 필요를 채워주고 함께 해 주는 중요한 대상이다. 생애 초기 아이의 주요 자기대상은 양육자, 즉 아이의 아버지와 어머니이다. 예를 들어, 아이는 칭찬이나 수치심 유발 같은 자기대상의 반응을 받아들여 자만 혹은 죄책감을 경험하기도 하며, 자기 대상과 공감적인 의사소통을 시도한다. 그리고 이러한 공감적 의사소통은 다른 사람들과의 관계를 만들고 진정한 인간으로 성장하게 한다. 그래서 자신을 존중해주고 담아주는 양육자 없이, 아이는 지속적이고 건강한 자기됨을 경험할 수 없다.[23]

유아는 자라가면서 부모의 사랑과 돌봄을 통해 외부의 위험이나 곤란으로부터 자신을 보호하며, 부모의 지지와 사랑을 받으면서 점차 혼자서 어려움을 극복할 수 있게 된다. 코헛에 따르면, 아이들은 자라면서 차츰 부모를, 특히 아버지를 이상화시키는 시도를 한다. 즉, 아버지를 멋있는 대상으로 생각하고 아버지에 대해 이상적인 기대를 품게 된다. 그리고 이러한 아버지를 모방하고 싶어진다. 만일 아버지가 이러한 아이의 욕구를 잘 충족시켜주게 되면 아이는 이를 내면화시키고 "이상적 자기"idealized self를 형성하게 된다. 즉 "아빠는 완벽하고, 나는 아빠의 일부예요"라는 식의 반응을 보인다는 것이다. 이러한 이상적 자기는 건강한 자기 존중감을 가져오는데, 이상적 자기대상 욕구가 만족스럽게 충족되면 튼튼한 이상적 자기가 형성되고 이에 따라 자기 존중감도 높아지기 때문이다. 반면에 만일 아이의 이상적 자기 대상 욕구가 좌절되면 아이는 평생 완벽한 부모상을 찾아 헤매게 되며, 이런 사람들은 흔히 약물이나 알콜 중독, 성적 문란행위에 빠지게 된다. 그래서 적절하게 아이의 이상적 자기 욕구를 충족시켜주는 것이 중요하다.[24]

유아는 또한 성장하면서 자신이 하는 행위가 중요하고 멋있는 행위이며 그것을 잘해냈다는 것을 부모, 특히 어머니로부터 인정과 지지를 받고 싶은 욕구를 가진다. 코헛은 이러한 아이의 욕구를 거울 자기대상 욕구라고 불렀다. 엄마가 거울처럼 반영해 주며 지지하고 인정해 줄 때 아이는 "나는 완벽해. 나를 봐"라고 외치며 건강한 "과대 자기"grandise self를 형성하게 된다. 이는 생후 8개월에서 3살까지 주로 형성되는데, 아이가 엄마로부터 자신의 성취 행동을 지지받음으로 가능해진다. 코헛은 이것을 건강한 나르시시즘이라고 불렀으며, "핵심 자기"nuclear self, 즉 건강한 자기를 이루어 자존감의 원천이 된다고 보았다. 반면에 아동이 부모로부터 적절한 지지를 받지 못한다면 어떤 일이 벌어질까? 코헛에 따르면 그런 아동은 원초적 과대자기에 고착되어 병적이 되고 만다. 즉 과대 자기가 억압되어 자기 존재의 중요성을 부정하고 낮은 자존감과 의욕 상실을 경험하고 막연한 우울과 무기력을 호소하는가 하면"수평 분할", 반대로 과시적인 행동을 하고 잘난 체하며 무분별한 행동을 하지만 정작 자신은 그것을 자각하지 못하고 내적으로 자신감을 잃기도 한다"수직 분할".25

코헛은 이상적 자기와 과대 자기를 합쳐 두 개의 양극성 자기bipolar self라고 불렀는데, 이 둘 중 어느 한 쪽이 약하면 다른 쪽을 강화시킴으로써 약한 쪽의 자기를 보상할 수 있다고 하였다. 이것은 심리치료에서 자주 이용되는 접근법인데, 이를 "기능적 재활"이라고 부른다. 그리고 만일 이 두 가지 자기가 다 결여된 경우 쌍둥이 자기대상과 연대함으로써 이들을 보상할 수 있다. 쌍둥이 자기대상 욕구는 4-6살 무렵의 아동에게서 나타나는 현상으로 아이가 타인과 같은 경험을 하고 싶은 욕구를 말한다. 예를 들어 아이가 부모와 같은 옷을 입거나 행동하며, 자신과 같은 생각을 하는 친구를 만나고 싶어 하는 것 등이 여기에 속한다. "우리는 비슷해"라는 동질 의식을 말하며, 자신이 타인과 다르지 않다는 것을 확인받고 싶은 욕구에서 비롯된다. 쌍둥이 자기대상 욕구가 자기대상의 적절한 반응을 경험하게 되면 아이는 타고난 기술과 재능을 발달시킬 수 있게 되며, 건강한 심리구조를 형성하게 된다. 반면에 이러한 욕구가 충족되지 못하면 심각한 외로움과 고립감을 경험하고 백일몽과 같은 자기 환상에 몰입하거나 환상 속의 친구나 대상을 추구하고 현실적인 대인관계에서 소극적이 되거나 도피적

이 된다.[26]

　종합해 보면, 코헛은 아이가 건강하고 조화로운 자기[27]를 형성하기 위해 세 가지 자기애적 욕구를 충족시켜주어야 한다고 했다. 첫째, 위대하고 강하지만 자기를 지지해 주는 대상과 융합하고자 하는 욕구를 수용해 주는 이상화 자기대상이 필요하다. 둘째, 과대자기라는 자기애적 욕구에 대해 인정과 지지를 해 주는 거울 자기대상이 필요하다. 셋째, 쌍둥이 자기애적 욕구, 즉 동질감과 연대감에 대해 적절하게 반응해 주는 쌍둥이 자기대상이 요구된다.[28]

　이러한 아이의 욕구를 가장 잘 충족시켜 줄 수 있는 자기대상은 누구일까? 바로 부모이다. 부모는 적절하게 자녀의 요구에 거울 반응을 하여 자녀가 건강한 과대 자기를 형성하도록 도와야 하며, 좋은 이상화 자기 대상이 되어 아이의 이상화 자기 욕구를 충족시켜 줄 수 있어야 한다. 또한 함께함과 공통성의 욕구인 쌍둥이 자기애적 욕구에 적절히 반응함으로써 건강한 쌍둥이 자기대상이 되어주어야 한다.[29]

3. 건강한 자기대상되기

　그렇다면 어떻게 그런 자기대상이 되어 줄 수 있는가? 그리고 어떤 자기대상이 되어야 하나? 코헛에 따르면, 정신병리가 발생하는 까닭은 어릴 적의 외상 경험보다는 부모의 병적인 성격과 그로 인한 자기대상 기능제공의 실패에 기인한다고 주장하였다. 다시 말하면, 건강한 부모는 자녀의 자기대상 욕구를 자연스럽게 충족시켜 주는데 비해 건강하지 않은 부모는 자신의 미해결 과제를 해결하기 위해 자녀의 자기대상 욕구를 좌절시키거나 아니면 자신의 미해결 과제를 직면하는 것이 두려워 자녀의 자기대상

욕구를 회피하게 된다는 것이다.[30]

먼저 파악해야 할 것은 아버지로서 자기에 대한 정직한 점검이다. 나는 아버지로서 얼마나 정서적으로 건강한가? 내 안에 아직 해결되지 않은 관계의 어려움은 없는가? 특히 나와 아버지와의 정서적 관계는 어떠하였는가? 겉으로 드러나지는 않지만, 내 안에 숨어 있는 억압된 분노, 수치심, 좌절감, 열등감, 죄책감 등은 없는가? 그리고 이러한 자신 내면의 감정이 자녀들에게 무의식중에 분출되거나 전이되지는 않았는가? 좋은 아버지, 즉 건강한 자기대상이 되기 위해서는 먼저 아버지 자신이 건강하고 자연스러운 성품과 인격을 함양해야 한다.

코헛에 따르면, 심리치료는 내담자가 치료자와의 관계를 통하여 치료자의 건강한 자기대상 기능을 내면화시킴으로서 새롭고 건강한 자기구조를 습득하는 과정이다. "변형적 내면화"transmuting internalization 라고 일컬어지는 이러한 과정을 통해 내담자의 일그러지고 왜곡한 자기가 수정되고 보다 기능적이고 건전한 자기로 변해가는 것이다.[31] 그런데 이러한 변화는 구체적으로 어떻게 일어나는가?

자기심리학에서는 공감적인 의사소통을 통해 변화가 가능하다고 말한다. 자기심리학에서 치료는 사실 치료자와 내담자 사이의 공감적 대화를 통해 대부분 이루어진다. 코헛은 공감을 타인의 내면세계에 들어가서 생각하고 느낄 수 있는 능력이라고 했다. 그러나 공감은 타인의 상태를 알아맞추거나 직관하거나 마술적으로 지각하거나 혹은 타인의 상황이라면 내가 어떻게 느낄까를 미루어 짐작하는 것이 아니다. 공감은 또한 타인의 경험에 빠져들어 함께 허우적거리는 것도 아니다. 공감이란 내담자와 치료자 사이에 지지적 연대를 형성하고 고통스럽겠지만 내담자 자신의 내면세계를 개방하고 어려움을 표출하는 것이다.[32]

공감은 세 가지 차원에서 이루어진다. 첫째, 상대방을 깊이 그리고 세밀하게 이해하는 단계이다. 여기에는 관심과 적극적인 경청, 그리고 인내가 요구된다. 둘째, 상대방의 말을 듣고 이해하여 적절하게 반응하는 단계이다. 예를 들어, "너는 화가 많이 났구나", "너는 어쩌면 거부당하고 버림받았다고 느낄지도 모르겠구나"처럼 상대방의 핵심 가정과 경험 등을 전달해 주는 것이다. 셋째, 공감은 인간과 인간의 개인적이고 인격적 만남이다. 치료자는 내담자의 이야기를 주의 깊게 듣고 이해한 내용을 적절하게 전달함으로써 내담자에게 인격적이고 개인적인 관계를 제공한다.[33]

이것을 아버지와 자녀의 관계에 적용해 보면 어떻게 될까? 10대 아들이 고민을 갖고 아빠에게 찾아왔다고 가정해 보자. 아들은 아빠에게 자신의 고민을 솔직하게 털어놓는다.

> 아들1: 아빠, 요즘 많이 힘들어요. 공부하는 게 너무 힘들어요.
> 아빠1: 그래? 그렇게 힘들어? 그래도 열심히 해야지. 그래야 성공하지.
> 아들2: 공부한다고 책상에 앉아있으면 온갖 생각이 다 나요. 집중이 잘
>   안 돼요.
> 아빠2: 그래도 공부가 가장 쉬운 거야. 직장에서 일하는 게 얼마나 힘든
>   줄 아니? 상사 눈치 보랴, 가족 먹여 살리랴... 너만 할 때는 공부
>   하는 게 제일 중요한거야. 열심히 해라. 알겠지?
> 아들3: 저도 알아요. 굳은 얼굴로 자리를 떠난다.
> 아빠3: 혼잣말로 뭐가 그렇게 힘들다고. 요즘 애들은 왜 이렇게 약해... 한숨

위의 대화에서 아빠는 아들의 이야기를 듣고는 있지만 공감의 기본이 되는 관심이나 경청은 없다. 아들이 어떤 경험을 하고 있으며, 어떤 감정을 가지고 있는지 이해하지 못하고 있다. 아빠는 아들의 이야기를 듣기보다는 자신이 하고 싶은 이야기를 일방적으로 전달하고 있으며, 자신의 경험과

생각을 주입시키고 있다[아빠1, 2]. 대화의 기본요소인 상호과정이 상실된 것이다. 아빠는 아들과의 인격적이고 개인적인 관계 설정에 실패했고, 아들은 공감을 받지 못하고 쓸쓸히 자리를 떠나고 말았다[아들3]. 뒤이어진 아빠의 푸념은 아들에 대한 실망과 과잉 일반화가 나타나 있다.

만일 위의 대화가 아래와 같이 진행되었다면 어땠을까?

아들1: 아빠, 요즘 많이 힘들어요. 공부하는 게 너무 힘들어요.

아빠1: 그래? 공부하는 거 쉽지 않지?

아들2: 전 머리가 나쁜 모양이에요. 의지력도 약하고... 열심히 하려고 해도 그게 잘 안 돼요. 머리를 떨군다.

아빠2: 아들에게 조금 더 가까이 다가가며 우리 아들 요즘 공부 때문에 스트레스를 많이 받는 모양이구나. 열심히 하려고 하지만 마음먹은 대로 잘 되지도 않고... 힘이 많이 빠져 보인다.

아들3: 맞아요. 열심히 해야 되는 것은 알지만 생각처럼 잘 안 돼요. 걱정도 많이 되구요... 저도 공부 잘하고 싶어요.

아빠3: 그래. 잘하고 싶은데 마음대로 되지 않아 고민이 참 많은 것 같구나. 장래를 생각하면 불안하기도 하고... 아빠도 생각해 보니, 너만할 때 고민을 참 많이 했던 것 같아.

아들4: 그래요? 아빠는 공부를 잘 하셔서 고민이 별로 없으셨을 것 같은데요...

아빠4: 그렇게 보여? 아빠도 사실 힘들었단다... 자연스럽게 대화를 계속 이어간다.

위의 대화는 앞의 대화와 달리 아빠가 아들에게 적절한 관심을 보이고 있으며, 주의 깊게 경청하고 있음을 알 수 있다[아빠1]. 또한 아들의 고민과 느낌에 대해 공감적으로 반응하면서 판단하거나 꾸짖지 않고 아들을 있는 모습 그대로 받아주고 있다^{아빠2}. 이러한 공감적 대화는 아들로 하여금 자신이 정말 원하는 것이 무엇인지 발견하도록 도와주었고^{아들3}, 아빠는 아들의 이러한 바람을 지지해 주면서, 다른 한편으로는 아빠가 아들 나이 때 가졌던 걱정과 고민에 대해 솔직히 털어놓고 있다^{아빠3, 4}. 무엇보다 위의 대화에는 아들과 아빠 사이에 개인적이고 인격적인 관계가 수립되어 있으며, 아들과 아빠의 대화가 자연스럽게 이어지는 것을 발견할 수 있다. 좋은 아버지는 자녀에게 적절한 자기대상이 되어주는 아버지이다. 좋은 자기대상은 공감적인 대화를 통해서 자녀의 아픔과 슬픔뿐만 아니라 기쁨과 자랑도 함께 하는 대상이다.

코헛은 좋은 자기대상은 또한 자신의 유한성을 수용할 수 있는 능력을 지녔다고 말한다. 즉, 자신이 언젠가 죽어야 한다는 것을 인식하고 그런 인식의 바탕 위에 살아간다는 것이다. 조금 다르게 표현한다면 자신의 한계와 약점을 받아들일 수 있는 용기와 겸허함을 지니고 있다는 것이다. 우리나라의 아버지에게서 발견되는 공통적인 특징 중의 하나는 자녀들 앞에서 자신의 잘못과 과오를 인정하려 들지 않는다는 것이다. 그것은 아마도 가부장적이고 유교적인 서열 문화와 전통에서 비롯된 것인지 모른다. 그러나 하나님 앞에서 우리 모두는 연약하고 부족한 존재이며, 잘못을 범할 수 있는 존재이다. 그래서 코헛은 종교가 필요하다고 말한다. 종교는 사람의 연약한 자기를 지지하고 통합하며 강화시키는 역할을 하기 때문이다. 사람에게는 이상화 대상이 반드시 필요한데, 종교에서 말하는 신이 그러한 이상화 대상이 될 수 있다는 것이다. 특히 깨어지고 파편화된 자기는 약하고 혼란스러우며 통합을 경험하지 못했기에 치유가 필요한데, 많은 부분 건전한 신앙 안에서 회복과 치유를 맛볼 수 있다는 것이다. 그래서 영성 깊은 설교, 예배나 예전, 그리고 일상의 규칙적인 신앙생활이 사람들에게 안정감과 위로를 줄 수 있다.[34] 아버지가 자신의 유한함을 인정하고 겸허하게 자신의 약점과 한계를 수용하며 신앙 안에서 하나님이 주시는 위로와 사랑을 경험할 때, 그러한 아버지를 둔 자녀들은 자연스럽게 아버지의 모습을 내면화하고 닮아가게 될 것이 분명하다.

코헛은 또한 좋은 자기대상은 유머humor를 간직하고 있다고 말한다.[35] 일견 앞에서 언급한 삶의 유한함을 수용하는 엄숙함과 유머는 상충되는 것처럼 보인다. 그러나 임박한 죽음을 앞둔 사람이 유머를 통해 자신을 보다 높은 차원으로 끌어올림으로써 죽음의 공포를 극복할 수도 있다. 프로이트는 유머를 "자기애의 승리"라고 강조하는데, 자아심리학ego psychology에서는 유머를 여러 가지 다양한 자아방어기제ego defense mechanism 중에서도 가장 성숙하고 고차원적인 방어기제라고 말한다. 성숙한 방어기제로서의 유머는 일상생활의 수고나 고통을 외면한 채 뜬 구름 잡는 피상적인 행위를 말하는 것이 아니다. 참된 유머는 웃을 수 없는 상황에서도 웃을 수 있는 능력을 말한다. 자신의 고통이 전제가 된 행위이다. 즉, 어려움과 고통이 있지만 그 어려움을 승화시켜 웃음의 도구로 삼는 것을 말한다. 그래서 진정한 유머는 가장 우아하고 성숙한 방어기제가 된다. 코헛에 따르면, 유머는 자신의 유한성과 임박한 죽음을 극복할 수 있게 해 주며, 죽음을 부정하지 않고 직면할 수 있게 해 준다. 현실의 고통과 아픔 속에서도 자녀들에게 웃을 수 있는 여유와 넉넉함을 보여줄 수 있는 아버지, 그런 아버지는 자녀들에게 죽음을 뛰어넘는 당당함과 성숙함을 선물할 것이다.

좋은 아버지 되기

지금까지 우리는 기독교 심리학자 폴 비츠의 사려 깊은 연구를 통하여 자녀와 아버지와의 관계가 자녀들의 신앙과 삶에 어떤 지대한 영향을 미치는지 살펴보았다. 이를 통해 자녀들은 알게 모르게 아버지의 모습 속에서 하나님의 이미지를 투영하게 되며, 신앙을 형성하는 과정에서 아버지의 영향을 절대적으로 받는다는 것을 확인하게 되었다. 역사 속의 많은 무신론자들이 아버지 부재와 유약함, 냉대, 그리고 학대를 경험하였다는 것, 그리고 아버지를 대신할 만한 좋은 성인 남자를 갖지 못하였다는 것을 알게 되었다. 반면에 서구 역사를 빛낸 많은 신앙의 거장들의 아버지에게서는 무신론자들의 아버지와 대조적인 모습을 보았다. 그들은 한결같이 자녀를 이해하고 사랑했으며, 존경을 받았고 긍정적인 영향을 미쳤다. 그리고 아버지 역할을 대신해주는 다른 남성이 있었다.

우리는 또한 하인츠 코헛의 자기심리학적 통찰을 통하여 좋은 자기대상으로서의 아버지가 되는 것이 무엇인지 살펴보았다. 그 아버지는 자녀들의 이상적 자기대상이 되어 주고, 건강한 과대 자기를 형성할 수 있도록 곁에서 함께 해 주는 아버지이다. 그리고 아이들과 적절한 동질감과 연대감을 이룰 수 있는 아버지이다. 이러한 아버지는 먼저 공감적 이해를 통해 자녀들과 깊이 있게 소통하는 사람이며, 자신의 연약한 모습을 솔직하게 인정하고 받아들인다. 또한 현실에 굴복하고 압도당하기보다는 현실에 뿌리박은 웃음과 여유, 유머를 가진 사람이어야 함을 알았다. 나는 현재 어떤 아버지인가? 그리고 어떤 아버지가 되고 싶은가? 선택은 아버지가 된 자신에게 달려있다.

8 장

기독교적 용서와 목회상담

용서가 힘든 현실: 용서의 현상학

용서의 심리학

용서의 신학

용서의 목회신학을 향하여

용서는 핵심적인 신앙 덕목이요 행위이지만, 상담 현장에서 내담자에게 용서를 실천하고 적용하도록 격려하고 돕는 것은 쉽지 않다. 용서는 왜 이토록 어려운 것일까? 어떻게 하면 상담자가 내담자의 용서의 과정을 도울 수 있을까? 필자는 내담자들을 효과적으로 돕기 위해서는 목회상담자들이 용서에 대한 바른 상담적 이해와 함께 용서에 대한 목회신학적인 성찰이 선결되어야 한다고 믿는다. 8장에서 필자는 용서가 어려운 까닭과 용서에 이르는 것을 방해하는 장애물, 용서하지 못하는 인간의 내면의 문제를 한 영화를 소개하면서 현상학적으로 다룬다. 그리고 용서의 과정에 대한 주요 심리학 이론들을 소개하고, 실제로 용서를 경험한 사람들을 대상으로 한 질적 연구를 분석하여 사람들이 어떻게 용서에 이르는지, 그리고 용서의 과정에 따르는 역동과 과제는 무엇인지 살펴본다. 또한 긍정심리학의 용서 연구 결과도 소개한다. 나아가 성경과 기독교 신학의 관점에서 용서의 문제를 다루는데, 인간용서의 바탕이 되는 하나님의 용서, 용서와 정의의 문제, 그리고 용서의 실천 가능성에 대해 상고한다. 이러한 논의를 바탕으로 용서의 목회신학을 제시하며, 용서의 이슈를 다룰 때 목회상담자들이 피해야 할 두 가지 상담 방식에 관해 설명한다.

목회상담 현장에서 내담자의 전인적인 건강과 치유를 위하여 용서는 꼭 필요한 과정이며 요소이다. 용서에 관한 연구에 따르면, 심리 치료에서 용서가 주는 유익은 다양하고 광범위하다. 용서는 불안 장애, 우울 장애, 편집성 관련 장애 치유에 매우 효과적이며, 죄책감을 줄여주고 두려움을 감소시킨다. 그리고 혈압을 낮추고, 정서적으로 성숙하게 만든다.[1] 그러나 용서를 통해 얻을 수 있는 유익이 이처럼 큼에도 불구하고 상담 현장에서 용서의 문제를 다루는 것은 쉽지 않다. 용서를 삶 속에서 구체적으로 실천하는 것은 매우 어려운 과제이기 때문이다. 때로는 용서하는 것이 불가능에 가까운 상황도 존재한다. 내담자 중에는 용서에 대한 오해나 교회의 경직된 가르침으로 인해 용서를 상담 과정에 적용하는데 어려움을 느끼거나 거부하는 사람들이 있다. 상담자 또한 상담 과정에서 용서가 가진 치유의 가능성과 효능은 인지하고 있지만 어떻게 효과적으로 적용할지에 대해 고민하는 경우가 있다. 그리고 무엇보다 용서에 대한 기독교적 가르침과 용서의 실천 사이에 긴장이 존재한다. 즉, 용서의 필요성과 당위성은 알지만, 용서를 적용하는 데에는 노력과 에너지가 많이 요구된다는 것이다. 어떻게 하면 '용서의 당위성'과 '용서 불가' 사이에 가교를 놓을 수 있을까?

이 장에서는 기독교적 용서와 목회상담의 관계성에 주목한다. 무엇보다 용서가 왜 힘들고 많은 에너지가 요구되는지 살펴볼 것이다. 그리고 용서에 대한 심리학 및 심리치료의 주요 이론과 관점들을 고찰할 것이다. 그리고 용서에 대한 신학적인 이해를 시도할 것이다. 이러한 과정을 통해 용서의 목회신학을 구축하고 이를 상담 실천에 적용할 수 있는 가이드라인을 제공하려고 한다. 본 연구는 두 가지를 목적으로 한다. 하나는 용서에 대한 목회신학적 관점을 제공함으로써 용서를 바르게 이해할 수 있도록 돕는 것이며, 또 하나는 목회상담자들이 용서를 상담 과정에서 효과적으로 적용하여 내담자의 전인건강과 성장을 도모하도록 돕는 것이다.

용서가 힘든 현실: 용서의 현상학

때때로 소설이나 영화는 우리가 삶 속에서 맞닥뜨리는 현실을 생생하게 보여주어 우리 자신을 깊이 들여다보고 생각하게 하는 순기능을 한다.

용서를 생각하면 떠오르는 영화 한 편이 있다. 2019년에 상영된 영화, "뷰티풀 데이 인 더 네이버후드"A Beautiful Day in the Neighborhood 이다. 실화에 바탕을 둔 이 영화는 아버지를 용서하지 못하는 주인공로이드 보걸이 자신을 진심으로 사랑해 주고 진실하게 대해주는 한 남성프레드 로저스과의 만남을 통해 아버지를 용서하고 치유와 회복을 경험하는 감동적인 이야기를 담고 있다. 이 영화 속에서 우리는 용서가 왜 힘들고 어려운지, 그리고 용서하지 못함으로 인해 생기는 부작용은 무엇인지 엿볼 수 있다. 어린 시절 주인공의 엄마는 많이 아팠는데, 이런 엄마를 두고 아버지는 다른 여자와 바람이 나서 가족을 버리고 도망가 버린다. 이로 인해 주인공은 어린 시절 내내 아버지를 향한 원한과 분노, 그리고 엄마를 향한 연민과 책임감으로 살아간다. 얼마 지나지 않아 엄마는 세상을 떠나게 되었고, 가장 도움이 필요한 때에 가족을 등지고 도망가 버린 아버지에 대한 원망 때문에 주인공은 아버지와 의절하고 살아간다.

사실 주인공의 이러한 결정과 행동은 정당해 보이고 충분히 이해가 간다. 아버지의 무책임한 행동 때문에 마음에 깊은 상처를 입었기 때문이다. 따라서 용서하지 못하는 것도 어찌 보면 당연하다. 그러나 영화 속에서 잘 묘사되어 있듯이, 용서하지 못함으로 인해 생긴 후폭풍은 상당하다. 비록 자신의 직업에서 두각을 나타내어 유명 잡지사의 유능한 기자로 살아가고 있지만, 그는 세상을 향해 분노하는 신경질적이고 냉정한 사람이 되어 버리고 말았다. 세상을 선과 악으로 나누고 자신은 정의의 사도인양 살아간다. 결혼하여 가정을 이루었지만, 아들의 양육에 관심이 없는 무심한 아버지, 자신의 분노를 통제하지 못하고 두렵고 겁이 나면 불같이 화를 내고 해서는 안 될 말을 해서 관계를 깨뜨리는 남편으로 등장한다. 그리고 무엇보다 자신의 감정을 제대로 파악하지 못하는 무감각한 사람이 되고 말았다. 영화 속에서 볼 수 있는 주인공의 모습은 그야말로 세상을 향해 불만과 원망을 분출하는 고집불통의 전형이 아닐 수 없다. 물론 영화이기에 현실보다 좀 더 극적으로 표현한 측면이 있겠지만 영화가 실화에 기초하고 있기에 주인공의 실체를 보여주고 있다고 여겨도 무방할 것이다.

영화 속에서 가장 파국적인 장면은 누나의 결혼식장에서 벌어진다. 아버지와 의절하고 지내던 보걸은 누나의 결혼식에 참석하게 되는데, 그곳에서 정말 오랜만에 아버지를 만나게 된다. 아버지는 아들에게 화해의 제스처로 말을 걸어오지만 보걸은 아버지와 말하는 것을 피한다. 그러던 중 아버지는 가족이 금기 사항으로 여기던 죽은 엄마 이야기를 꺼내게 되고, 보걸은 아버지의 말을 듣고 폭발하고 만다. 아버지가 엄마를 폄하하는 말을 했기 때문이다 "네 엄마가 네 생각처럼 성자였던 것은 아니었어!". 이 말은 들은 보걸은 아버지에게 주먹질을 하게 되고, 이로 인해 누나의 결혼식은 난장판이 되어 버린다.

영화 시작 부분에 또 한 명의 주인공 로저스 톰 행크스 분가 어린이 프로그램을 진행하면서 아버지와 싸우고 얼굴에 상처를 입은 주인공 보걸의 사진을 보여주면서 말하는 장면이 나오는데, 그 대사가 매우 인상적이다. 용서가 무엇인지 깊이 생각하게 해 주기 때문이다.

누군가 내 친구 로이드에게 상처를 주었어요. 단지 얼굴에만 준 것이 아니에요. 그는 자신에게 상처를 준 사람을 용서하는 어려운 시간을 보내고 있어요. 용서한다는 것이 무엇인지 아세요? 그것은 상처를 준 사람을 향해 가지고 있었던 분노의 감정을 놓아버리는 결정이에요. 참 이상한 일이지만, 때때로 우리가 사랑하는 누군가를 용서하는 것이 가장 어려운 일이라는 거예요.

용서하는 것은 왜 그토록 어려운 것일까? 왜 가족을 용서하는 것이 가장 힘든 일일까? 미국의 결혼 및 가족 치료사이자 기독교 상담자인 노만 라이트Norman Wright는 용서를 힘들게 하는 근저에 과거의 아픈 기억이 있다고 말한다. 과거의 고통스러운 기억은 심한 원통함과 적개심을 마음속에 싹트게 하며, 이로 인해 쉽게 화를 내거나 좌절하게 만든다. 그리고 자신이 삶 속에서 경험한 좌절감과 원통함으로 인해 다른 사람들을 용서할 여유를 갖지 못한다. 거부당하고 상처 입은 마음은 사라지지 않고 남아서 다른 사람과의 관계에 부정적인 영향을 미친다.[2] 앞에서 언급한 영화 속의 주인공 보걸의 삶 속에서 벌어지고 있는 모습이 이러한 심리 역동을 적나라하게 보여준다. 특히 부모와의 관계 속에서 형성된 원통함의 치유는 시간이 많이 걸린다. 그만큼 심리적인 상처와 아픔이 크기 때문이다. 따라서 용서하기로 결정하고 용서의 과정을 밟기 위해서는 상처 입은 과거의 치유가 무엇보다 중요해진다.

조직신학자이지만 누구보다 용서와 포용의 문제에 대해 오랫동안 고민하고 구체적으로 실천해 온 크로아티아 출신의 미국 신학자 미로슬라브 볼프는 용서를 힘들게 하는 세 가지 장애물이 있다고 주장한다.[3] 하나는, 내적 저항으로, 이는 인간의 정의감에 바탕을 둔 것이다. 용서해야 할 사람은 피해자의 몸과 마음에 깊은 상처를 입혔고, 마땅히 처벌을 받아야 한다고 여겨지기 때문이다. 따라서 용서하는 것은 마치 정의를 저버리는 것처럼 여겨질 수 있다. 이러한 생각이 용서를 힘들게 한다. 용서를 어렵게 하는 또 하나의 장애물은 학대의 경험이다. 학대는 한 사람의 존재와 삶에 큰 상처를 입히고 용서 자체를 불가능하게 만들 수 있다. 문제는 많은 경우 학대가 가정에서 이루어지고 마땅히 사랑을 베풀어야 할 사람, 즉 부모가 행하기 때문이다. 이러한 상황을 겪으면 용서는 무척 힘들어진다. 볼프가 주장하는 세 번째 장애물은 용서를 탐탁지 않게 여기는 문화다. 용서를 실천하기 위해서는 용서를 가치 있는 것으로 받아들이고 용서를 조성하는 환경이 필요한데, 현대 사회는 이러한 환경이 아니라는 것이다. 물론 볼프는 이러한 장애물에도 불구하고 용서는 가능하며, 용서는 꼭 실천되어야 한다고 역설한다. 그러나 용서의 실천을 말하기 전에 용서하지 못하게 만드는 심리 역동과 상황, 그리고 환경을 이해하는 것은 용서 치유를 위해 꼭 필요한 과정임에 틀림이 없다.

목회심리치료사 바비 커닝햄Bobby Cunningham은 용서하지 못하는 인간의 내면 깊은 곳에 뿌리 깊은 죄성과 병리적인 본성이 있다고 주장한다. 무엇보다 자기 의self-righteousness가 깊이 자리 잡고 있어서 자신을 특별한 존재로 여기고, 교만하게 굴거나 완벽한 사람인양 행동하는데, 이러한 행동은 우리 안에 존재감과 통제력을 주입하고 자신의 억제되지 않은 죄를 타인에게 전가시키는 결과를 가져온다. 앞에서 소개한 영화 속의 주인공 보걸의 삶을 깊이 들여다보면 자기 의로 가득 차 있음을 알 수 있다. '자신은 다 옳고 타인은 다 틀렸다'는 식의 사고방식은 아버지를 포함한 다른 사람들과의 관계를 어렵게 만들었고, 결국 스스로를 고립시키는 결과를 가져오고 만다. 세상을 향해서는 냉소적인 반면, 진정한 친밀감과 사랑은 경험하지 못하는 왜곡된 인생을 살아가게 된 것이다. 커닝햄은 또한 용서받은 경험의 부재가 용서를 힘들게 한다고 말한다. 용서받아본 경험이 없기에 타인을 용서하는 것이 생소하다는 것이다. 용서도 다른 행동과 마찬가지로 삶을 살아가면서 배우는 법인데, 살면서 용서받은 경험이 없었기에 용서하는 것이 힘들어졌다는 것이다. 그런 의미에서 용서는 한 사람이 살아온 삶의 경험을 반영하는 행동임을 알 수 있다.[4]

용서의 심리학

상담 및 심리치료관점에서의 용서에 대한 연구는 1980년대 이후로 활발하게 이루어져왔다. 용서에 관한 주요 연구를 포괄적으로 소개한 목회신학자 손운산에 의하면, 심리치료적 관점에서 이해하는 용서는 주로 대인관계적 용서에 속한다고 말한다. 즉, 가해자와의 관계 속에서 발생하는 상처와 이로 인한 원한에 대한 용서라는 것이다. 대인 관계적 용서에 대한 연구는 용서를 일회적 사건으로 보지 않고 일련의 과정으로 보며, 그 과정을 구체화하고 심리 치료에 적용하는 특징이 있다.[5]

용서의 과정 혹은 단계에 관한 연구는 이미 책과 논문들을 통해 많이 소개되었으므로 여기서는 길게 취급하지 않고 주요 이론만 간략하게 소개하려고 한다. 먼저 용서에 대한 고전적인 연구로 평가받는 신학자 루이스 스미즈Lewis Smedes 의 용서의 4단계 이론이 있다: 1) 상처 hurt 를 인식하는 단계, 2) 미움 hate 의 단계, 3) 치유 healing 의 단계, 4) 연합 the coming together 의 단계.[6] 스미즈는 가해자를 새로운 시각으로 바라보는 것이 용서의 필수 과정이라는 점을 강조한다. 또한 기독교 임상심리학자인 에버렛 워딩턴 Everett Worthington 의 일명 "용서 도달 피라미드 모델"인 5단계 모델이 있다: 1) 상처 회상 단계 Recall the Hurt, 2) 가해자에 대한 공감 단계 Empathize, 3) 이타적 선물인 용서주기 단계 Altruistic Gift of Forgiveness, 4) 공개적 용서 선언 단계 Commit Publicly to Forgive, 5) 용서의 지속 단계 Hold on to Forgiveness. 이를 간략하게 줄여서 REACH 모델이라고도 부른다.[7] 워딩턴의 모델은 피해자를 향한 공감, 겸손, 헌신 등을 강조한다. 그리고 과학적인 연구와 다양한 임상에 기초하여 가장 각광받고 있는 로버트 엔라이트 Robert Enright 의 용서의 4단계 모델이 있다: 1) 분노 발견하기 개방, 2) 용서하기로 결심하기 결심, 3) 용서하기 위한 작업하기 작업, 4) 감정적 감옥에서 해방되기 심화. 엔라이트의 모델은 피해자의 원한 극복에 초점을 둔다.[8] 또 하나 소개하고 싶은 이론은 미국의 가족치료사이자 기독교 상담자인 데이빗 스툽David Stoop의 6단계 용서모델이다: 1) 손상을 인식하라, 2) 연관된 감정을 파악하라, 3) 자신의 상처와 분노를 표현하라, 4) 자신을 보호하기 위해 경계선을 설정하라, 5) 빚을 청산하라, 6) 화해의 가능성을 고려하라.[9] 손운산이 지적한 것처럼, 심리 치료 관점에서 발전된 용서의 모델은 대부분 인지행동이론에 기초를 두고 있으며, 따라서 생각이 바뀌면 정서와 행동이 변한다고 여기는 특징이 있다.[10] 위에서 언급한 용서의 모델들은 부정적인 감정인 원한이나 분노를 효과적으로 다스리고 용서를 실천하는 구체적인 방법들을 제시함으로써 피해자인 개인과 가족들에게 많은 도움을 주고 있다.

그러면 실제로 사람들은 어떤 과정을 거쳐서 용서를 경험할까? 이경순은 수도권에 거주하는 10명의 연구참여자를 대상으로 용서의 과정에 대한 질적 연구를 실시하였는데, 그에 따르면 피해자가 경험하는 용서의 과정은 '가해로 입은 상처' → '증오' ↔ '고투' → '부정적 정서 표현' → '사건 재정의' → '자유 느낌' → '감사하는 삶 살아가기' 순으로 진행된다. 이 연구에 따르면, 용서의 중심에는 증오가 있으며, 용서는 증오를 해결해가는 과정, 즉 인생에서 가치와 의미를 찾아가는 과정이다.[11] 이경순의 연구가 주는 중요한 기여 중의 하나는 증오와 고투 사이의 긴장과 갈등 상황을 잘 다루었다는 점이다. 증오가 가해로 인해 생긴 내면의 미운 감정을 말하는 것이라면, 고투는 미움과 용서 사이에서 분투하는 과정을 말한다. 용서하지 못하는 마음과 용서해야 한다는 마음 사이에서 갈등하는 것이 고투다. 연구참여자 중 한 사람은 그것을 "사투"라고 표현한다. 엔라이트는 용서를 "고통스럽기까지 한 어려운 작업"이라고 했다.[12] 따라서 용서는 빨리 이루어지지 않으며 매우 어렵고 고통스러운 과정임을 아는 것이 중요하다. 어떤 내담자는 고투의 단계에서 다시 증오의 단계로 회귀하기도 한다. 용서하기로 결심했다가 가해자의 태도를 보고 다시 증오의 마음을 품게 되는 것이다.[13] 이처럼 증오와 고투의 과정을 반복하면서 용서는 다음 단계로 진척될 수 있다.

　이경순의 연구에서 보여주고 있는 것처럼 용서의 과정에서 부정적 정서 표현은 매우 중요한 요소이다. 고투에서 사건 재정의로 넘어가는 과정에서 가해로 인해 생긴 자신의 아픈 감정을 솔직하고 꾸밈없이 토로하는 것이 필수적이다. 이는 이경순의 연구에서뿐만 아니라 위에서 언급한 다양한 용서 연구에서 공통적으로 지적하는 필수 요소이다. 엔라이트는 "용서 과정의 첫 단계는 분노를 밖으로 드러내는 것"이며, "분노의 본질과 깊이를 발견하기 전까지는 진정한 용서를 시작할 수 없다"고 했다.[14] 스톱도 손상을 인식하고 연관된 감정두려움, 죄책감, 수치심, 분노을 파악하며, 자신의 상처와 분노를 표출하는 것이 용서의 출발 단계에서 무엇보다 중요하다고 했다.[15] 자신 안에 있는 상처, 분노, 증오 등을 인정하고 직면하며, 토로하는 과정이 충분히 이루어지고 나면, 이경순이 명명한 "사건 재정의" 단계로 넘어간다. 이는 자신에게 상처를 준 사건을 새롭게 정의하고 이에 대한 생각과 태도를 바꾸는 생산적이고 창조적인 단계를 말한다. 이는 스미즈가 말하는 "마법의 눈"을 사용하여 상대방을 새로운 시각으로 바라보는 치유의 단계이다.[16] 사건 재정의 다음에는 자유 느낌 단계로 이어지는데, 이는 자신을 얽매고 있었던 미움의 감정이 사라지고, 편안함과 자유를 만끽하는 단계를 말한다. 그리고 이어서 마지막 단계인 삶을 귀하게 여기고 감사하는 단계에까지 이르게 된다.

　얼마나 많은 사람들이 증오에서 감사하는 단계에까지 이를 수 있을까? 이경순은 자신의 연구에 참여한 연구참여자들의 70%가 기독교인이며, 이로 인해 다른 연구와 달리 용서의 과정에서 긍정적인 내용이 많았다고 밝히고 있다. 과연 기독교인들은 다른 사람들보다 용서를 더 잘 할까?

감사, 사랑, 공감, 동정, 겸손, 이타적 사랑은 기독교인들만의 것은 아니다. 그러나 연구에 따르면, 기독교인들이 다른 종교인들보다 용서를 더 잘 하며, 다른 종교인들은 종교가 없는 사람들보다 더 잘 용서한다고 한다.[17] 기독교인들이 용서를 더 잘 하는 까닭은 아마도 그들이 용서의 중요성을 받아들이고 용서를 실천하려고 노력하기 때문일 것이다. 이경순의 연구를 통해 우리는 용서가 실제로 어떤 과정을 거쳐서 이루어지는지를 엿볼 수 있다. 연구 샘플이 10명에 불과한 작은 규모의 연구라는 제한점이 있지만, 그럼에도 불구하고 이 연구는 상담자들이 용서의 주제를 다룰 때 유념해야 할 중요한 통찰과 지식을 제공하고 있다는 점에서 주목할 만하다.

용서의 심리학을 말할 때, 요즘 각광받고 있는 긍정심리학의 용서 연구를 빼놓을 수 없다. 용서에 대한 다방면의 리서치를 통해 용서의 유익과 역할, 그리고 효과 등에 대한 폭넓은 지식을 제공하기 때문이다.[18] 긍정심리학에서는 용서를 인간의 중요한 긍정적 성품의 하나로 여긴다. 용서를 잘 하는 사람은 분노, 걱정, 우울, 적개심 등과 같은 부정적 감정의 정도가 낮으며, 사회적으로 긍정적인 태도와 행동을 나타내는 경향이 있다.[19] 긍정심리학에서는 용서를 "가해자에 대한 부정적 감정과 행동을 좀 더 긍정적인 감정과 행동으로 변화시키는 노력"으로 보는데, 용서의 과정에서 세 가지 요인, 즉 피해자 요인, 가해사건 요인, 그리고 가해자 요인을 종합적으로 고려해야 한다고 말한다.[20] 피해자 요인으로는 피해자의 성격적 특성, 용서를 바라보는 신념, 가해 행위를 지각하는 방식, 그리고 가해자와의 관계 등이 용서의 과정에 영향을 미친다. 같은 사람에게 비슷한 피해를 당했지만 용서를 잘 하는 사람과 그렇게 못하는 사람이 있다. 왜 그럴까? 긍정심리학자들은 그 이유를 피해자의 개인적인 성격적 특성과 관련 짓는다. 용서를 잘 하는 사람은 성격의 5요인 중에서 우호성이 높고 신경과민성 성향이 낮으며, 외향성이 높다고 한다. 특히 우호성의 하위 요인인 정서적 공감 능력이 높은 것으로 나타났다.[21] 또한 용서를 이해하는 당사자의 생각과 믿음이 용서의 행위에 영향을 미친다. 예를 들어, 용서에 긍정적인 의미를 부여하고 용서가 가져오는 긍정적인 효과에 대한 신념이 클수록 더 쉽게 용서를 실천할 수 있다는 것이다.[22] 더불어 가해 행위에 대한 피해자의 지각이 용서의 과정에 중요한 영향을 미친다. 즉, 가해행위의 고의성, 심각도, 그리고 지속성이 크다고 지각할수록 용서에는 더 큰 노력과 수고가 따른다. 여기서 주의해야 할 것은 가해 행위의 고의성, 심각도, 지속성 그 자체^{객관적인 평가}보다 피해자의 지각^{주관적인 인식}이 용서 과정에서 더 중요한 영향을 미친다는 점이다.

피해자와 가해자의 관계 또한 용서 행위에 지대한 영향을 미친다. 한 연구에 따르면, 친밀한 관계에서 갈등이 생길 경우, 복수와 보복 대신, 용서와 화해를 선택하는 데는 3가지 관계 요인, 즉 상대방과의 행복도, 헌신도, 중요도가 주요 역할을 하며, 그 중에서도 얼마나 헌신된 관계인가가 결정적인 역할을 하는 것으로 파악되었다.[23] 즉, 상대방과의 관계가 만족스럽고 행복하며, 관계에 대한 헌신도가 높고, 자신에게 중요한 사람일수록 용서를 선택한다는 것이다. 그리고 가해자의 행동이나 특성 또한 용서에 영향을 미친다. 청소년, 청년, 장년, 노년층 등 다양한 연령층을 대상으로 용서에 영향을 미치는 요인을 분석한 한 연구에 따르면, 가해 행위에 대한 사과 여부가 용서에 가장 중요한 영향을 미치는 것으로 나타났으며, 그 다음으로 행위의 고의성, 행위 결과의 지속 여부가 영향을 주었다.[24] 즉, 가해자가 사과를 하거나, 행위에 고의성이 없으며, 행위의 결과가 현재의 삶에 크게 영향을 미치지 않을 경우, 용서는 더 쉽게 이루어진다는 것이다. 긍정심리학의 용서 이해는 용서를 함양해야 할 덕목이자 성격적 특성으로 보지만, 그와 함께 용서에 영향을 미치는 요인들을 구체적으로 제시함으로써 용서의 과정을 도울 때 목회상담자들이 주의 깊게 고려해야 할 인간 관계적 요소들을 보여주었다는 점에서 참고할 만하다.

용서의 신학

용서의 심리학에서 언급한 것처럼 상담 및 심리치료관점에서 이해하는 용서는 주로 피해자와 가해자 사이에서 벌어지는 대인 관계적 용서에 해당한다.[25] 그러나 용서는 결코 두 사람 사이에서만 이루어지는 것이 아니다. 용서의 심리학을 넘어서 용서의 신학에 대한 논의가 필요한 까닭이 바로 여기에 있다. 신학자 볼프는 용서가 가해자와 피해자 두 사람 사이에서 이루어지는 것처럼 보이지만, 하나님도 그 중에 계신다는 것을 강조한다. "그리스도인에게 있어서 용서는…항상 삼각관계에서 이루어진다. 즉, 가해자, 피해자, 하나님이 동시에 관련된다. 하나님을 빼보라. 그러면 용서의 토대가 불안정해지고 무너져버리고 말 것이다."[26] 기독교 신학은 인간의 용서가 가능한 것은 하나님의 용서가 먼저 있었기 때문이라고 가르친다. 만일 하나님의 용서가 선행하지 않았다면 인간의 용서는 토대를 잃고 만다. 하나님께서는 예수 그리스도를 통하여 인간의 죄를 용서하셨다. 따라서 하나님의 용서를 받고 구원 얻은 사람들은 다른 사람들을 용서하는 삶으로 나아갈 수 있다. 목회신학자 홍영택은 인간의 용서는 인간을 위하여 선행적으로 행하신 하나님의 용서에 대한 반응이라고 역설한다. 하나님의 용서가 먼저 있었다. 인간의 용서는 인간을 향한 하나님의 용서라는 "신학적 현실"theological reality에 대한 반응이다.[27] 신학자 폴 틸리히 Paul Tillich 는 죄의 용서는 인간에게 새로운 존재의 현실이 주어졌음을 의미한다고 했다.[28] 자신이 하나님으로부터 용서받은 새로운 존재가 되었다는 사실을 알고 받아들이게 될 때, 인간은 다른 사람을 용서할 수 있는 동기를 부여받게 된다.

그러나 여기서 정의의 문제가 우리를 막아선다. 용서가 정의에 배치되는 것이 아닌가 하는 의문이다.[29] 앞에서 우리는 용서를 힘들게 하는 세 가지 장애물 중에 정의감이 있다는 것을 살펴보았다. 용서는 마치 정의를 저버리고 무시하는 것 같은 인상을 준다. 그러나 용서는 결코 정의를 배제하는 것이 아니다. 홍영택은 "용서 속에 하나님의 사랑과 의가 동시에 드러난다"고 말한다.[30] 그것이 어떻게 가능한가? 하나님은 인간의 불순종을 죄로 확인하심으로 자신의 의를 드러내시지만, 사랑의 은혜로서 인간의 죄를 덮고 없애 버리시기 때문이다. 용서에는 반드시 죄에 대한 확인과 명명이 필요하다. 죄가 없으면 용서가 불필요하기 때문이다. 따라서 용서가 가능하기 위해서는 죄가 전제될 수밖에 없다.[31] 용서에는 2가지 행동이 함께 있음을 기억해야 한다. 하나는 잘못을 고하고 책망하는 행동이다. 이것은 정의의 영역에 속한다. 용서가 있기 위해서는 부당한 행위를 직시하고 그 잘못을 확인하는 작업이 반드시 필요하다. 이 첫 번째 행동을 생략하거나 무시함으로 인해서 진정한 용서가 이루어지지 않는 것을 많이 본다. 용서는 상대방이 행한 일을 모른 체하거나 아무 일이 일어나지 않은 것처럼 눈감아 주는 것이 아니다. 용서는 이미 저질러진 행동이 잘못되었다는 것을 인정하고 다시 반복되면 안 된다는 것을 인정하는 것이다. 그러나 용서의 두 번째 행동이 있다. 그것은 잘못을 명명하고 책망한 다음에 그 잘못을 사면해 주는 행위이다. 볼프는 이 두 번째 행동을 "특별한 종류의 선물"a special kind of gift 이라고 했다.[32] 용서가 선물인 이유는 사랑받을 만한 가치가 없는 가해자에게 베푸는 것이기 때문이다. 따라서 용서는 사랑의 행위다. 용서가 힘든 이유가 바로 여기에 있다. 정의의 단계를 넘어서 사랑의 단계로까지 나아가야 하기 때문이다. 그러나 인간 사이의 용서가 가능한 이유가 있다. 그것은 하나님의 용서가 먼저 있었기 때문이다. 마르틴 루터는 주기도

문에 나오는 용서에 대한 청원 마 6:12, 14~15을 이렇게 풀이했다.

> 내가 나의 행위를 통해 나타내 보이는 용서야말로 내가 하나님 앞에서
> 죄를 용서받았음을 보여주는 확실한 표지다. 반면에 만일 내가 나의 이
> 웃과의 관계에서 용서를 하지 못하면, 그것은 내가 하나님 앞에서 죄를
> 용서받지 못하고 여전히 불신앙 가운데 있음을 보여주는 확실한 표지
> 다.[33]

용서는 정의와 사랑이 함께 녹아있는 행동임을 기억하는 것이 중요하다. 그리고 나를 향한 하나님의 용서를 진심으로 수용하고 믿을 때, 다른 사람을 향한 진정한 용서가 뒤따라올 수 있음을 잊지 말아야 할 것이다.

그러면 어떻게 하나님의 용서가 인간의 용서로 이어질 수 있을까? 하나님이 나를 용서하셨다는 것을 받아들인다고 해서 곧바로 다른 사람을 향한 용서로 발전할 수 있을까? 우리는 경험을 통해 이것이 쉽지 않음을 분명히 알고 있다. 신약 성경에서도 예수님께서 제자들에게 용서에 대해 가르치시면서 "무자비한 종의 비유" 마 18:21-35를 통해 만 달란트의 빚을 탕감 받은즉, 용서받은 종이 자신에게 백 데나리온의 돈을 빚진 동료를 용서하지 못하는 이야기를 접한다. 예수님께서는 이 이야기를 통해 용서의 필요성과 당위성을 교훈하시지만 비유 이야기 속의 종처럼 사람들은 용서를 잘 실천하지 못한다. 그 이유는 무엇일까? 이 비유 말씀에 대한 주석적이고 심리학적인 한 연구에 의하면, 종이 용서를 실천하지 못한 까닭은 자신이 받은 은혜에 대한 깊은 깨달음의 부재 때문이다. "하나님의 사랑과 은혜 그리고 하나님의 나라의 깨달음"이 없었기에 용서를 실천할 수 없었다는 것이다.[34] 여기서 깨달음이란 무엇을 말하는 것일까? 그것은 아마도 자신이 이미 용서받은 죄인, 하나님의 사랑을 입은 당사자, 그리고 하나님의 나라

의 일원이 되었다는 사실일 것이다. 이러한 깨달음과 인식은 용서를 위해 매우 중요하다. 그러나 우리가 간과하지 말아야 할 것은 이미 은혜를 경험했지만 우리 안에 있는 뿌리 깊은 죄성과 이기적인 본성이 용서를 가로막고 있다는 것이다. 여기서 앞에서 언급했던 목회신학자 커닝햄의 주장이 다시 한번 빛을 발한다. 우리 안에 자기중심적으로 생각하고, 은혜를 쉽게 망각하며, 교만하게 행동하고, 다른 사람을 통제하려고 하는 죄성이 살아 숨쉬고 있음을 잊지 말아야 한다. 따라서 커닝햄이 현명하게 지적한 것처럼, "용서는 자신의 성숙의 수준, 죄의 상태, 불완전함, 그리고 무책임성에 직면"할 때 앞당겨질 수 있다."[35] 하나님의 은혜에 대한 깊은 깨달음과 자신의 실존에 대한 솔직한 직면이 용서의 과정을 위해 꼭 필요하다.

용서의 신학을 말할 때 빠뜨리지 말아야 할 것은 용서의 공동체성이다. 용서는 주로 두 사람이 관여하지만, 많은 경우 다자간의 관계로 이어진다. 한 사람을 용서하고 나면 용서해야 할 다른 사람이 떠오르는 경우가 얼마나 많은가? 용서는 이처럼 공동체적이고 상호적인 차원을 가지고 있다.[36] 때로 내가 가해를 입은 피해자가 되기도 하지만, 내가 다른 사람에게 피해를 입히는 가해자가 될 수도 있다. 예수님께서 용서에 대해 권면하실 때 교회 공동체를 염두에 두고 계셨음을 성경의 증언을 통해 확인한다. 앞에서 언급한 종의 비유에서도 예수님은 "형제"를 용서할 것을 말씀하시면서 나중에 교회공동체가 형성되고 난 후에 있을 용서의 문제를 미리 말씀하신 것으로 이해할 수 있다.[37] 성경 속에서 교회는 하나님의 용서에 반응하는 공동체로 등장한다. 이런 맥락에서 손운산은 "기독교적 용서는 [신앙] 공동체 안에서 일어나며, 공동체적 삶의 실천의 일부이며, 공동체 안에서 발견되고, 그리고 공동체의 과제"라는 것을 강조한다. 이 말은 교회 공동체가 용서하고 용서받은 사람들의 모임으로, 수직적 차원의 하나님의 용서와 수평적 차원의 인간의 용서가 공존하는 곳이라는 의미이다. "신앙 공동체 안에서 인간의 용서가 일어나고 하나님의 용서가 베풀어진다."[38]

따라서 용서는 개인의 내적 상처만 치료하는 심리적인 차원에만 머물러서는 안 되며, 공동체적 교제와 사랑을 경험하는 영적 차원을 포함해야한다. 그리고 손운산은 용서는 공동체적 삶을 추구하는 과정에서 '발견'된다는 존 패튼John Patton의 관점을 수용하여 피해자들이 신앙 공동체 안에서돌봄을 받고 치유 받는 과정에서 원한이 사라지고 자신들의 아픔이 사람들과 하나님에 의해 수용되는 경험을 통해 가해자에 대한 동정심과 공감이 증대되고 새로운 자기가 자라나는 것을 발견하게 된다고 말한다.[39] 따라서 신앙 공동체의 과제는 피해자에게 용서를 강요하거나 압박을 주는것이 아니라 상처 입은 피해자의 아픔을 먼저 돌아보고 살피며 회복에 이를 수 있도록 돕는 것이다.

용서의 목회신학을 향하여

지금까지 우리는 용서라는 주제를 다양한 시각 — 용서의 현상학, 용서의 심리학, 용서의 신학 — 에서 살펴보았다. 목회신학은 인간의 살아 있는경험, 문화, 심리학을 비롯한 사회과학, 그리고 신학 등을 종합적으로 분석하고 검토하여 목회돌봄과 상담을 위한 보다 나은 이론과 실천, 그리고 방법론을 찾아가는 학문이다. 또한 목회돌봄과 상담의 실천에 비판적으로 참여하고 성찰하는 과정을 통해 새로운 신학 지식을 도출하는 신학의 한 분야이다. 지금까지의 논의를 바탕으로 목회돌봄과 상담을 위한 목회신학을간략하게 제시해 보려고 한다.

가장 먼저 언급하고 싶은 것은 용서의 목회신학은 인간의 현실과 실존에 바탕을 둔 신학이어야 한다는 점이다. 즉, 인간의 삶과 행동에 대해 깊이 고민하고 성찰하며 인간의 실제를 반영한 신학이어야 한다는 것이다. 실천신학의 한 분야로서 목회신학은 인간의 경험을 신학적인 성찰의 출발점으로 삼아 신학함의 과정과 발전에 필수적으로 포함시킨다.[40] 물론 이러한 인간의 경험에 대한 성찰은 신학에 의해 점검되고 확인되어야 한다. 그럼에도 인간의 실제 경험이 신학함의 주요 요소인 것은 분명하다. 앞의 논의들에서 확인한 것처럼 용서는 어렵다. 그리고 고통스럽다. 때로는 용서가 불가능하다. 용서가 힘든 데에는 나름의 이유가 있다. 용서를 가로막는 장애물들이 분명히 존재하기 때문이다. 긍정심리학은 용서의 과정에 피해자 요인, 가해 사건 요인, 그리고 가해자 요인이 복잡하게 상호작용한다는 것을 알게 해주었다. 용서에는 개인차가 있다. 용서는 다차원적이고 복합적인 행동이다. 무엇보다 용서하지 못하는 인간의 심연에는 뿌리 깊은 죄성과 이기적인 본성이 있다. 그러기에 목회상담 현장에서 용서의 문제를 다루는 것은 어렵다. 용서하라는 교리적 가르침이나 조언, 그리고 권면으로 용서가 쉽게 이루어지지 않는다. 용서가 강요되거나 너무 이른 용서를 재촉하면 진정한 치유와 평화에 도달하지 못한다. 때로는 용서가 아닌 것을 용서한 것으로 착각하기도 한다.[41] 상담자의 도움으로 내담자가 용서하기로 결단할 수는 있으나 그 용서가 마음의 용서에 이르기까지는 많은 시간과 노력이 요구된다.[42] 따라서 용서의 문제를 다룰 때 목회상담자는 겸손하고 겸허할 필요가 있다. 그리고 상담자의 용서에 대한 생각, 경험, 그리고 내재된 신학이 내담자가 용서를 이해하고 실천하는데 도움을 줄 수도 있지만 도리어 장애물이 될 수 있음을 인지해야 한다.

두 번째로 강조하고 싶은 것은 인간의 죄악된 현실과 본성, 용서의 복잡성과 불가능성에도 불구하고 용서는 가능하다는 것이다. 이 주장은 어찌보면 앞의 첫 번째 논제와 상충되는 것처럼 보인다. 그러나 기독교적 용서의 신비가 바로 여기에 있다. 하나님의 용서가 인간의 용서를 가능하게 만들기 때문이다. 앞에서 용서의 신학을 말하면서 그리스도인의 용서에는 가해자, 피해자, 그리고 하나님이 늘 함께 한다고 했다. 이 세상에 사람들만 존재한다면 용서가 완전히 불가능한 일은 아니겠지만 쉽지 않은 행위였을 것이다. 긍정심리학이 주장하는 것처럼 사람들 중에는 용서를 성격적 특성이나 덕목으로 지닌 사람들이 드물지만 존재하기 때문이다. 그러나 기독교 신앙은 용서를 베푸시는 하나님을 믿고 받아들이며, 하나님의 사랑과 용서를 따라 다른 사람에게 용서를 실천할 수 있는 동기와 모델을 발견한다. 용서 학자들이 주장하는 '발견으로서의 용서'는 바로 이러한 용서의 모델을 말한다. 자신이 하나님으로부터 용서받은 존재라는 사실을 분명히 깨닫게 될 때, 용서의 길은 한층 쉬워진다. 그러나 앞에서도 언급한 것처럼 하나님의 은혜와 용서를 받았다는 사실을 아는 것만으로는 용서를 실천하는데 이르지 못할 수도 있다. 용서를 가로막는 장애물들이 아직까지 해결되지 않았기 때문이다. 따라서 목회상담자들은 내담자들이 진정한 용서에 이를 수 있도록 내담자의 삶의 이야기를 하나님의 이야기로 연결할 수 있어야 한다.[43]

스위스의 내과 의사이자 기독교 상담자였던 폴 투르니에 Paul Tournier는 한 여인과의 상담 사례를 통해 인간의 용서는 하나님의 용서와 연결되어 있음을 분명히 보여준다.[44] 그 여인은 모함에 빠져 직장을 잃고 친구들로부터 따돌림을 당했다. 이로 인해 자신이 믿었던 모든 것을 의심하고 자신의 존재 가치마저 의심하게 되었다. 그녀는 "용서를 할 수 있기 위해서 무엇을 해야 될까요?"라고 투르니에에게 물었다고 한다. 투르니에는 구체적인 용서의 방법을 알려주기보다는 하나님께 그것을 구하라고 말하면서 하나님께서 그녀에게 응답해 주실 것이라고 권면했다. 수개월 후 그 여인은 기쁨이 가득한 얼굴로 상담실에 찾아와서는 어느 날 아침 형언할 수 없는 고요가 마음속에 찾아왔고, 자기를 괴롭힌 사람들을 새로운 시각으로 바라보게 되었다고 고백했다. 그녀가 알게 된 것은 그들이 불행한 사람들이며, 그들도 자신들의 가치에 대해 의혹을 가진 자기와 똑같은 사람들이라는 깨달음이었다. 투르니에가 그녀에게 잘못한 사람들에 대한 용서를 하나님께서 주시도록 기다리라고 했을 때, 처음에는 반신반의했으나 오랫동안의 기도를 통해 하나님의 선물인 용서를 경험하게 된 것이다. 여기서 중요한 것은 상담자의 역할이다. 투르니에는 내담자에게 용서하라고 다그치거나 용서의 방법을 억지로 가르치지 않고 조용히 기다리며 하나님께 구하라고 했다는 점이다. 하나님의 용서의 역사를 믿고 신뢰했기 때문이다. 목회상담자의 영성과 신앙이 중요한 까닭이 바로 여기에 있다. 물론 모든 용서가 이처럼 기적적인 경험을 통해 오는 것은 아닐지 모른다. 그러나 분명한 것은 하나님께서 용서할 수 있는 마음을 부어주시고 용서를 실천할 수 있도록 도우신다는 것이다. 이처럼 하나님의 용서가 있기에 인간의 용서가 가능하다.

세 번째 제시하고 싶은 용서의 목회신학은 용서에 이르도록 돕기 위해서는 치유적 환경을 제공하는 것이 필요하다는 것이다. 인간 용서를 위한 근거와 토대는 하나님의 용서이지만 하나님의 용서를 경험하는 통로로 상담자의 관심과 배려, 사랑과 돌봄이 요구된다. "진정한 용서는 오직 사랑 안에서 치유 받은 사람만이 할 수 있"기 때문이다.[45] 이 때 상담자는 내담자에게 사랑을 베풂으로 용서를 실천하도록 돕는 하나님의 대리인이 된다. 깊은 사랑의 경험이 내담자를 용서로 이끌 수 있다. 따라서 용서보다 먼저 선행되어야 할 것은 바로 사랑의 경험이다. 이 장의 앞 부분에서 영화 "뷰티풀 데이 인 더 네이버후드"에 대해 이야기했던 것을 기억할 것이다. 주인공 보걸이 아버지로 인해 깊은 상처를 입었고 그로 인해 아버지를 용서하지 못하고 고통스러운 삶을 살아가고 있다는 내용을 소개했다. 그런데 영화 후반부에 엄청난 반전이 있다. 보걸이 아버지를 용서하고 화해하는 아름다운 자리에까지 이른 것이다. 무엇이 보걸로 하여금 그토록 미워했던 아버지를 용서할 수 있게 했을까? 그것은 바로 보걸이 로저스를 만났기 때문이다. 로저스는 보걸이 지금까지 만났던 사람들과는 차원이 다른 사람이었다. 로저스는 보걸을 진심으로 대했고, 그의 삐뚤어진 성격에도 불구하고 보걸의 장점을 있는 그대로 인정해 주었다. 무엇보다 보걸에게 진실한 사랑의 관계를 제공했다. 보걸에게 말을 걸어주고, 진심어린 관심을 가져주고 함께 시간을 보내주고, 나중에는 병든 아버지 집에 직접 찾아오기까지 했다. 로이드는 보걸이 아버지를 용서할 수 있는 마음의 밭을 준비시켜준 것이다. 로저스와의 만남을 통해 보걸은 아버지를 새로운 시각으로 바라볼 수 있게 된다. 즉, 아버지가 자신이 생각하는 것처럼 그렇게 나쁜 사람이 아니라는 것과 아버지의 강직한 성품을 빼닮아 확신에 찬 기자가 되었다는 것을 발견하게 되었다. 영화 속에서 로저스는 보걸에게 아버지를 용서하라고 권면하거나 강요하지 않는다. 종교적이고 도덕적인 가르침도 하지 않는다. 로저스가 보여주었던 것은 목회상담자의 마음이었다. 보걸에게 관심을 가지고 말할 수 있는 기회를 부여했다. 공감과 사랑으로 함께 해주었다. 무엇보다 보걸이 자신을 있는 그대로 인정하고 수용할 수 있도록 해주었다. 한마디로 로저스는 보걸에게 치유적 환경therapeutic environment을 제공한 것이다. 이 환경이 보걸로 하여금 아버지와 화해하고 용서에 이르도록 인도했다.[46]

　　마지막으로 용서의 문제를 내담자와 함께 고민할 때 목회상담자가 피해야 할 두 가지를 제시함으로 이 장을 끝맺으려 한다. 하나는 성경이 용서하라고 명령하고 있으니 무조건 용서해야 한다는 식의 율법적이고 도덕적인 권면이다. 이것이 용서의 과정에 도움이 되지 않는 까닭은 성경 말씀이 틀려서가 아니라 이 말씀을 적용하고 실천할 만한 준비가 아직 되지 않았기 때문이다. 용서는 자발적으로 행해질 때 효과적으로 실천된다. 많은 용서 연구자들이 용서를 자발적인 선택이라고 주장하는 까닭이 바로 여기에 있다. 용서는 강요한다고 이루어지지 않는다. 그리고 이런 식으로 용서가 이루어진다고 해도 자칫 거짓 용서로 흐를 가능성이 높다. 용서와 관련된 내담자의 상처는 매우 고유하고 개별적인 것이기에 상담자는 내담자의 인격을 배려하여, 용서를 무작정 요구해서는 안 된다. "사랑이 결여된 비본질적인 용서의 방식으로는 결코 마음의 평화도, 진정한 치유도 이룰 수 없다."[47] 또 하나 목회상담자가 피해야 할 것은 용서해야만 내담자가 회복될 수 있으니 내담자의 건강과 유익을 위하여 용서하라는 식의 일반심리치료 방식을 따르는 것이다. 물론 이 방식이 전혀 효과가 없는 방법은 아니다. 이런 방식으로 용서를 실천했을 때 오는 유익도 많다. 그러나 "얻기 위한 용서", 즉 자기 유익을 조건으로 한 용서는 극적인 용서의 정도는 높으나 지속성은 보장되지 않은 반면, "베풀기 위한 용서" 혹은 "공감기반조건의 용서" '가해자에게 용서가 필요하기 때문에 용서한다'는 자기 유익 조건의 용서보다 용서의 강도도 높고 지속성도 높다.[48] 목회상담적으로 보았을 때 후자의 용서를 선호하는 것은, 용서는 얻기 위함이 아니라 베풀기 위함이기 때문이다. 용서는 가해자에게 주는 선물이다. 따라서 목회상담 현장에서 진행되는 용서는 베풀기 위한 용서가 되는 것이 바람직하다. 기독교적 용서는 하나님의 용서를 입은 사람이 자발적으로 베푸는 사랑의 행위이기 때문이다.

9 장

동성애자를 위한 목회돌봄과 상담

동성애에 대한 목회신학적 관점

사례연구: 동성애자들은 구체적으로 어떤 경험을 하고 있는가?

사랑의 대상으로서의 동성애자

변화의 대상으로서의 동성애자

동성애자들을 위한 목회돌봄과 상담

사랑과 변화의 대상으로서의 동성애자

동성애 문제는 현재 한국 사회와 교회의 핫이슈 중의 하나이다. 이번 장은 필자가 2018년 장로회신학대학교에서 동성애를 주제로 한 교내연구팀에 포함되어 했던 연구의 결과물이다. 요즘 같은 민감한 시기에 동성애에 대한 글을 쓰고 출판한다는게 부담이 되는 것은 사실이다. 그러나 목회신학자로서 동성애와 같은 중요한 이슈를 다루지 않는 것 또한 책임 있는 학자와 상담자의 자세가 아닐 것이다. 따라서 용기를 내어 몇 년 전 한 학회지에 게재했던 글을 크게 수정하지 않고 그대로 싣는다.

　필자는 두 남성 동성애자를 대상으로 한 사례 연구를 제시하며, 이들의 구체적인 삶의 이야기를 바탕으로 동성애 문제를 사랑과 변화의 관점에서 접근해야 함을 역설한다. 동성애 문제를 다룰 때 사랑이 왜 필요하고 당위적인지 목회신학적인 시각에서 성찰한다. 또한 동성애 문제를 기독교적 사랑과 함께 변화와 회복의 관점에서 바라보는 것이 왜 중요한지 언급하고, 핵심 이슈인 동성애의 선천성 여부와 변화와 치유의 가능성에 대해 살펴본다. 그리고 동성애에 대한 성교육, 교회의 목회돌봄, 치료적 목회상담, 그리고 공공 목회신학적 접근을 제안한다. 동성애는 기독교적 삶이 어떠해야 하는지 보여주는 시금석이라는 점과 목회자들과 상담자들이 하나님의 사랑을 가지고 진리에 입각한 돌봄과 상담을 제공해야 함을 강조하고 있다.

동성애에 대한 목회신학적 관점

동성애 문제만큼 최근 한국 사회뿐만 아니라 교계에 이슈가 되고 있는 문제는 없는 것 같다. 동성애에 대한 전통적인 기독교적 관점이 시대에 뒤떨어진 시각으로 점차 인식되고 있고, 진리의 상대성을 주장하는 포스트모던 사고의 영향으로 동성애에 대한 국내의 시각 또한 심하게 반대하는 입장에서 점차 관용하는 분위기로 바뀌어가고 있다. 이러한 변화의 배후에는 영화를 비롯한 대중매체의 영향과 함께 전 세계적인 자유주의 및 평등주의 사상의 영향도 있었다고 볼 수 있다. 일각에서는 동성애를 사회적 차별과 편견에서 보호해야 하는 인권의 문제로 여기면서 개인의 선택과 성적 자기결정권에 속한다고 주장하기도 한다. 이러한 다양한 시각과 견해의 혼재 속에서 목회신학은 동성애 문제를 어떻게 바라보아야 하는가?

역사적으로 목회신학은 시대의 아픔과 함께 하면서 고통과 슬픔, 그리고 실존의 문제를 가진 사람들에게 효과적이고 적절한 돌봄과 상담을 제공하려고 노력해 왔다. 목회신학은 목회 경험을 비롯한 인간의 살아있는 경험을 중요한 신학적 성찰의 주제로 취하여 구체적인 목회돌봄과 상담의 신학적, 비평적, 실천적 방향성을 제공하는 역할을 해 왔다.[1] 무엇보다 목회신학은 하나님께서는 인간이 사랑의 관계성 안에서 살아가기를 바라신다는 믿음 위에 바탕을 두고 있다. 그래서 영혼의 돌봄과 치유에 큰 관심을 기울인다. 이런 측면에서 보았을 때, 최근의 동성애 이슈와 논의는 중요한 목회신학적 주제이며, 목회돌봄과 상담의 개입이 필요한 영역임에 틀림이 없다.

목회신학은 학제 간 연구를 강조한다. 즉, 성서, 기독교 신학과 교리 및 전통, 인간의 현실과 살아있는 경험, 심리학을 비롯한 사회과학적인 이론과 통찰 등을 종합적으로 검토하고 분석하여 인간과 세계를 이해하려고 시도한다. 그러기에 어떤 학문보다도 포괄적이고 통합적인 학문이라고 할 수 있다. 이러한 목회신학적인 성찰과 비평 과정을 통해 동성애자들을 위한 보다 전인적이고 총체적인 돌봄과 상담이 가능할 것이다. 이 글에서는 동성애에 대한 성경적 논의는 진행하지 않으며[2], 대신에 동성애에 대한 살아있는 경험과 사회과학적인 이해에 집중하려고 한다.

필자는 인간을 사랑과 변화의 대상으로 본다. 이 관점은 동성애를 비롯한 모든 인류에게 적용된다. 문제는 동성애자들의 경우, 전통적인 기독교 신학의 영향으로 사랑의 대상이 아니라 혐오와 경멸의 대상이 되어 왔다는 점이다. 즉, 그들을 치료와 변화의 대상으로만 바라보았을 뿐, 사랑의 대상으로는 대하지 않았다. 최근까지 우리 사회에서, 그리고 교회 현장에서, 동성애자들은 설 자리를 찾지 못하고 소외되고 방치되어 온 것이 사실이다. 동성애에 대한 교회의 지나친 편견과 부정적인 태도로 인해 동성애자들은 많은 소외와 위협 속에 살아왔다. 중요한 것은 동성애자들을 사랑과 돌봄의 대상으로 여겨야 한다는 것이다. 그러나 분별없는 사랑은 맹목적이고 방향성을 상실한 무의미한 사랑이 될 수 있음을 간과해서는 안 된다. 동성애적 성향과 행동의 본질이 무엇이며, 이러한 성향과 행동의 변화 가능성에 대해 조심스럽지만 세밀하게 살펴보아야 할 이유가 바로 여기에 있다.

필자는 먼저 사례 연구를 통해 동성애적 성향과 행동의 특성과 실제에 대해 이해하려고 한다. 그리고 이러한 이해를 바탕으로 동성애자들을 사랑의 대상으로 받아들인다는 것이 어떤 의미인지 살펴볼 것이다. 더불어 변화의 대상으로서의 동성애자들에 대한 이해와 연구를 진행할 것이다. 특히 동성애의 선천성 여부와 변화가능성에 대한 입장과 연구들을 살펴보려고 한다. 마지막으로 이러한 연구를 바탕으로 보다 건설적이고 효과적인 동성애에 대한 목회돌봄과 상담의 방안에 대해 논의할 것이다.

사례 연구: 동성애자들은 구체적으로 어떤 경험을 하고 있는가?

동성애를 연구하는 방법은 다양하다. 여기서는 사례연구^{case study}를 통해 동성애를 이해해 보려고 한다. 사례연구는 "세부적이고 심층적인 자료 수집을 통해 시간의 경과에 따라 하나의 경계 지어진 체계나 하나의 사례를 탐색하는 것"이다.[3] 사례연구는 어떤 현상에 대해 아는 것이 없거나 개인, 조직 또는 사건의 특성이 일반적이지 않을 때, 사회 현상 중 적은 경험을 하여 학문적으로 정립이 잘 되어 있지 않을 때, 혹은 이론을 설명, 증명 또는 시험하기 위해 주로 사용하는 상담연구방법론이다. 사례연구의 단점은 일반화의 어려움이 있고, 자료의 왜곡이나 누락, 선입견 있는 해석 등의 윤리적인 문제점이 드러날 수 있다는 점이다.[4] 그러나 특정 현상에 대해 심층적이고 구체적인 정보를 제공하고 이를 통해 현상을 보다 체계적이고 현실적으로 이해할 수 있다는 점에서 매력적인 연구방법론이며, 동성애 연구에 적합한 방법론 중의 하나라고 생각된다. 이 장에서는 동성애 및 탈동성애 사례를 각각 하나씩 언급하며 동성애에 대해 살펴볼 것이다.

1. 홍석천의 사례

홍석천은 동성애에 대한 논의가 지금처럼 활발하지 않은 때였던 2000년 한국 연예인 최초로 커밍아웃^{coming out}을 한 대표적인 남성 동성애자이다. 그때 홍석천의 나이는 29세였다. 7년 뒤, 서울대 신입생들을 대상으로 행한 강연에서 홍석천은 초등학교 4학년 때 성인 남자를 통해 첫 동성애 행위를 경험했으며, 그 후 중고등학교 때 성관계를 가진 남자 선배가 300명이 넘었다고 공개적으로 시인하여 사회에 큰 파장을 불러일으켰다.[5] 당시 홍석천은 인기 있는 연예인이었는데, 커밍아웃으로 인해 출연하던 대부분의 TV 프로그램에서 중도하차하는 등 막대한 경제적 손실을 입었으며 주변의 냉대와 멸시를 받았다.[6] 그러나 그 후 영화를 비롯한 대중 매체의 영향 등으로 동성애에 대한 부정적인 인식이 조금씩 누그러지면서 지금은 당시의 인기를 많이 회복하였고, 대중들의 호감도 얻고 사업가로도 활동하고 있다.

홍석천은 3명의 누나를 두었으며, 시골이었던 충남 청양에서 눈에 띄게 예쁘장한 아이였다고 한다.[7] 홍석천이 자신의 동성애적 성지향성을 깨닫게 된 것은 사춘기가 시작되던 초등학교 4학년 무렵이었으며, 중고등학교를 다니게 되면서 자신이 남들과 다르다는 것을 알게 되었다고 한다.[8] 흥미로운 것은 홍석천이 자신의 동성애적 성향을 깨달은 시점과 성인 남자를 통해 첫 동성애 경험을 한 시점이 일치한다는 점이다. 즉, 초등학교 4학년 때 성인 남자와의 첫 동성애 접촉이 있었고, 그 무렵 자신의 동성애적 성향을 깨닫게 된 것이다.

홍석천은 커밍아웃 이후 7년 동안 3명의 애인을 사귀었는데, 그 중 한 애인은 4년을 사귀었으며, 그것은 이성애자로 치면 40년을 사귄 것이나 마찬가지라고 말한 적이 있다.[9] 이는 동성의 애인과 사랑을 유지하는 것이 결코 쉽지 않음을 보여주는 일례라고 할 수 있다. 홍석천은 동성애를 인정한다고 해서 확산되는 것은 아니며 그러기에 두려워할 필요가 없다고 말한다. 또한 동성애 성향을 가진 사람은 정해져 있다고 주장하면서 동성애에 대한 지나친 경계에 대해 불만을 표시했다. 그는 특히 "가부장적이고 남성중심적인 사회"가 동성애를 금기시하는 사회 분위기를 만들어 내었으며, "여성 위에 군림하지 않는 남성상"이 기존의 남성상에 도전하는 것으로 인식되어 왔다고 주장한다.[10]

홍석천은 자신이 커밍아웃을 했을 때 "난 아직 네 친구다"라고 말하며 함께 울어주던 친구가 있어서 너무 고마웠다고 했으며, 친구의 커밍아웃을 다른 사람에게 소문내는 것이야말로 가장 잔혹한 행동이라고 꼬집었다. 그는 동성애자는 선천성과 후천성이 같이 있으며, 청소년들 중에서 성정체성의 혼란을 겪는 학생들이 많으므로 자신의 성 정체성을 용감하게 이야기하는 친구가 있다면 그냥 전과 똑같이 대해주라고 조언한다.[11] 동성애로 인한 어려움 중의 하나는 자주 화장실에 가야 한다는 사실인데, 홍석천의 경우, 하루에 12-15차례 10분 동안 변을 보기 위해 화장실을 다녀와야 한다고 한 TV 프로그램을 통해 밝힌 바 있다.

홍석천은 네덜란드인 유부남과 2년간 교제한 사실이 있는데, 이는 동성애 이야기 이전에 불륜으로 많은 비난을 자초하였다. TV 프로그램인 "힐링 캠프"에 출연하여 "만날 당시에는 유부남인 걸 몰랐고 알고 난 후 갈등이 있었지만 상대가 정식으로 가정을 정리한 선으로 불륜은 아니게 되었다"고 토로한 바 있다. 그런데 후에 알려진 사실 중 하나는 상대였던 네덜란드 남자는 홍석천을 만나기 전까지는 결혼하여 이성애자로 살았는데, 홍석천을 만나고서 동성애자가 되었다는 것이다. 결국 그 남성은 아내와 이혼을 했고, 홍석천이 돈을 모아서 뒤따라가기로 하고 뉴욕에 먼저 가 있었는데 뉴욕에서 다른 청년 흑인 동성애자와 만나서 홍석천과 결별하게 되었다.[12]

2017년 4월 자신의 페이스북에 남긴 글에서, 홍석천은 자신이 커밍아웃을 했던 17년 전 전에 비해 동성애문제가 대통령 선거에서 이슈화될 정도로 많은 변화가 있었지만 여전히 동성애에 대한 편견이 있다고 말하며, 학교 친구들에게 왕따당해 자살을 결심하는 학생들이나 가족과 사회에서 버림받고 폭력에 시달리며 행복하게 살 기본권마저 빼앗긴 동성애자들에 대한 안타까움과 함께 변화에 대한 희망을 토로한 바 있다.[13]

2. 김정현의 사례

김정현[가명]은 한때 동성애자였다가 현재는 이성애자로 살아가고 있는 남성이다. 김정현의 사례는 앞에서 언급한 홍석천의 경우와 사뭇 다른 동성애에 대한 이해와 관점을 들려준다. 김정현은 2010년 국가인권위원회 강연회에 초청되어 동성애와 관련된 자신의 경험과 생각을 생생하게 진술한 바 있으며, 같은 해 "나는 동성애자입니다"라는 제목으로 방영된 KBS 〈취재파일K〉에 출연하여 자신의 사연을 소개한 적도 있다.[14]

김정현에 따르면, 동성애는 대중 매체나 사회에 알려진 것보다 훨씬 더 충격적이고 일탈적인 행위이다. 그는 드라마나 영화 등을 통해 소개된 동성애는 일반인들에게는 감동적일지 모르지만 정작 동성애자들은 공감하지 못하는 내용이라고 지적한 바 있다.[15] 김정현은 남성 동성애자들에게는 뚱뚱한 체형, 평범 체형, 중년남 등 자신만의 "식성"[자신이 좋아하는 스타일의 상대방 동성애자 유형을 지칭하는 말]이 있으며, 동성애자에게 식성은 절대적이라고 말한다. 식성은 무의식중에 자신이 되고 싶은 스타일이나 갈구하는 스타일에서 비롯되는데, 어린 시절에 남성성이 제대로 자라지 못하고 여성성이 채워질 경우, 그 남성은 여성화되고 채워지지 못한 남성성을 갈구하게 되어 다른 남성을 통해 자신의 남성성을 채우려 한다는 것이다. 자신의 식성을 만나고 서로 통하게 되면 거의 대부분 만난 첫날 성관계를 가지게 되는데, 동성애자의 사랑 방식은 "식성 발견 → 성욕 증대 → 성관계 → 애정관계형성"이라는 패턴을 따르게 된다고 한다.[16] 따라서 동성애자 사이에서는 서로 식성이 맞지 않으면 관계형성이 어려워지기에 식성을 만날 확률을 높이기 위해 인터넷 카페도 체형별로 분류하고, 채팅 시스템도 자신의 체형과 나이, 원하는 식성을 입력하는 식이 된다고 한다. 문제는 유형으로 인한 성욕이 식성의 모티브가 되고 상대방의 내면이나 성격 등의 다른 요소들이 개

입하지 않기에 인격적이고 오랜 기간의 사랑이 쉽지 않다는 데 있다.[17]

김정현은 동성 간의 성관계에서 남성 역할을 하는 사람을 "때짜"^{영어로 탑} top라고 하고, 여성 역할을 하는 사람을 "마짜"^{영어로 보텀} bottom 라고 부른다고 한다. 그런데 마짜의 역할이 쾌감도 크고 편한 편이라 때짜보다 압도적으로 많으며, 때짜의 경우, 일반 남성과 다름없는 남성성을 보여야 인정을 받을 수 있다. 마짜들은 자존심 때문에 마짜라고 밝히기보다 "올^{all}"^{때짜와 마짜가 다 가능}로 표현하는 경우가 많으며, 마짜끼리는 연인 관계를 맺지도 않으며 지속하기도 힘들다고 한다.[18] 김정현에 따르면, 동성애자들은 성적으로 문란한 극소수의 동성애자들만 항문 성교를 한다고 말하지만, 동성애자 세계에서 항문 성교를 하지 않으면 제대로 된 취급을 받지 못하기에 대부분 항문 성교를 한다고 말한다. 그에 따르면, 항문 성교는 항문 안에 있는 전립선을 자극하는 것인데, 처음에는 아픔을 느끼지만 자주 하다보면 중독이 되고, 그때부터는 동성애에서 빠져나오는 것이 거의 불가능하다고 역설한다. 문제는 항문 성교를 하다보면 성병 감염 가능성이 높아질 뿐만 아니라[19] 항문이 손상되어 배변기능이 떨어지게 된다는 점이다. 그래서 많은 남성 동성애자들은 "변실금"으로 고생을 하며 만성 항문소양증으로 고통을 당하게 된다는 것이다. 늘어난 괄약근은 줄어들지 않기에 평생 치료가 되지 않지만, 항문 성교의 쾌감을 포기할 수 없기에 계속해서 항문 성교를 하게 된다는 것이다.[20]

김정현은 누나들 틈에서 자라나 여장놀이를 많이 했고, 이로 인해 남성성이 제대로 자라지 못했으며 "여자같다"라는 말을 많이 듣고 자란 것이 동성애 지향에 영향을 미쳤다고 말한다. 그는 많은 동성애자들이 자신처럼 어릴 때 남성성을 채우지 못하는 환경에서 자랐다는 것을 후에 알게 되었으며, 자신처럼 여성성이 채워진 동성애자들은 행동도 여성적이 된다고 한다.[21] 자신이 만난 동성애자들의 경우, 남성과의 성적 접촉을 통해 동성애를 배운 경우도 있고, 결혼을 하고 가정을 가졌지만 게이포르노를 접하면서 동성애적 성교에 몰입하게 되어 이혼을 하고 동성애자가 된 경우도 있다. 또한 고등학교 때 게이포르노를 보다가 동성애의 자극에 휩싸인 한 대학생은 지금은 동성애자의 세계에 있지만 이성애자였던 과거의 자신을 그리워한다고 말했다고 한다.[22]

김정현은 초등학교 고학년 때 동성애를 처음 느꼈으며, 대학시절 종로, 이태원에서 동성애자 커뮤니티에 가입하였고, 29살 때 동성애를 극복하기 위해 결심하게 되었는데, 6년이 지난 후 여성과 교제를 할만큼 동성애 성향이 없어졌다고 한다.[23] 동성애를 치료받은 지 4년이 경과했을 때, 식성을 비롯한 남성에 대한 집착이 사라졌으며, 식성에서 벗어난 것을 알고 해방감을 느꼈다고 한다.[24] 동성애 치료와 관련해서 김정현은 동성애는 극복하려는 의지가 중요하다고 강조하면서, 중독 치료와 마찬가지로 동성애도 끊으려고 하면 할수록 집착이 더 강해진다고 말한다. 어릴 시절 남성성이 훼손되고 여성성으로 채워진 동성애자를 치료하기 위해서는 먼저 식성을 치료해야 하며, 그 후 보다 본질적인 치료인 남성성 회복을 해야 한다고 주장한다.[25] 이를 위해 다른 남성을 갈구하는 대신 자신의 내부에서 남성성을 되찾도록 애써야 하며, 이를 통해 서서히 남성의 정체성을 회복하게 될 수 있다고 말한다.[26]

사랑의 대상으로서의 동성애자

위의 두 사례를 통해 우리는 동성애자들이 어떤 경험을 하며 살아가고 있는지 그 일면을 볼 수 있다. 동성애적 성향과 행동에 대해 홍석천과 김정현은 많은 부분 상이한 경험과 이해를 가지고 있음을 발견하게 된다. 그러나 공통되는 부분도 적지 않다. 먼저 두 사람은 어릴 때부터 동성애적 성향을 지니게 되었으며, 그 과정에서 가정 ^{특히 누나들}의 영향을 많이 받았다는 것, 동성 애인과의 사랑이 쉽지 않고 오래 가지 않는다는 것, 항문 성교로 인해 배변, 에이즈 등 의학적인 어려움을 겪는다는 것, 동성애에 중독적인 경향이 있다는 것 등이다. 그러면 우리는 목회상담적인 시각에서 동성애자들을 어떻게 대해야 할까?

1. 은혜와 사랑의 필요성과 당위성

기독교는 전통적으로 동성애자를 죄인으로 취급하였고, 교단마다 동성애에 대한 이해에 약간의 차이는 있겠지만 현재 한국 내에서 동성애를 인정하는 기독교 교단은 없는 상황이다. 거의 대부분의 국내 기독교 교단은 동성애를 인정하지 않는다. 그러나 동성애를 인정하지 않고 죄로 여긴다고 해서 동성애적 성향이나 행위를 정죄시키고 노골적인 혐오와 차별을 하는 것은 기독교적인 태도와 행위가 아니다. 특히 목회돌봄과 상담을 제공하는 상담자나 목회자들에게 요청되는 태도는 동성애자에 대한 차별과 혐오는 분명 아닐 것이다. 왜냐하면 동성애자 또한 하나님의 사랑과 긍휼, 그리고 은혜의 대상이기 때문이다.

성경은 하나님을 선하고 사랑이 많은 분으로 묘사한다. 하나님은 "죄"를 미워하신다. 그러나 죄를 지은 "인간"은 사랑하신다. 이것이 바로 하나님의 은혜와 자비이다. 동성애 문제를 대하면서 먼저 하나님의 사랑에 대해 먼저 묵상하고 생각해 보아야 할 필요가 바로 여기에 있다. 동성애가 죄냐 아니냐의 문제보다 더 크고 중요한 문제는 하나님의 사랑과 은혜에 대한 성찰이다. 하나님은 세상을 아름답고 좋은 곳으로 창조하셨다. 그러나 인간은 각자 자기가 보기에 좋은 대로 행동한다.[27] 하나님의 창조의 의도와 달리 인간은 "많은 꾀"를 내어 자신에게 좋은 대로, 하고 싶은 대로 사고하고 행동한다. 그러나 정죄보다 우선하는 것이 사랑이고 은혜이다. 은혜와 사랑이 없고 정죄와 판단만 있다면 이 세상은 지옥과 다를 바가 없을 것이다.

예수님께서는 간음하다고 현장에서 잡힌 여인을 향해 돌을 들고 있는 사람들에게 이렇게 말씀하셨다. "너희 중에 죄 없는 자가 먼저 돌로 치라"요8:7. 사람들이 양심의 가책을 느끼고 한 명씩 떠나갔고 후에는 여자와 예수님만 남게 되었다. 그때 예수님께서는 여자에게 말씀하셨다. "여자여, 너를 고발하던 그들이 어디 있느냐? 너를 정죄한 자가 없느냐?"요8:10 여인이 없다고 대답했을 때, 예수님께서는 한마디를 덧붙이시며 여자를 돌려보내신다. "나도 너를 정죄하지 아니하노니 가서 다시는 죄를 범하지 말라"요8:11. 간음한 여인을 대하는 예수님의 모습 속에서 은혜와 사랑이 무엇인지 분명하게 배우게 된다. 정죄가 우선이 아니다. 먼저 은혜가 앞선다. 사랑이 앞선다. 그 후에 동일한 죄를 범하지 말하는 진리 선언, 즉 명령이 뒤따른다. 동성애 문제를 다룰 때도 예수님께서 보여주신 은혜와 진리의 원칙이 적용되어야 한다. 먼저 은혜와 사랑이 필요하다.

마르틴 부버 Martin Buber 는 그의 명저 『나와 너』에서 타인을 대할 때 물건이나 사물이 아니라 하나의 인격으로 대하는 것의 중요성에 대해 철학적으로 깊이 있게 논한 바 있다.[28] 동성애자들을 대할 때 요구되는 것이 바로 인격적 대상으로서의 "너" thou 이다. 물론 이 말은 동성애적 성향이나 행동을 모두 용납하고 인정한다는 의미는 아니다. 예수님께서도 간음한 여인의 죄에 대해 정죄하지 않으셨지만 그렇다고 죄를 무시하신 것도 아니기 때문이다. 예수님은 먼저 긍휼을 베푸셨고 사랑하셨다. 이것이 바로 죄는 미워하지만 죄인은 사랑하시는 하나님의 은혜의 방식이다.

미국의 목회신학자 래리 그래함Larry Graham은 기독교인들이 동성애 문제를 대할 때 율법보다는 사랑의 관점에서 대해야 함을 역설한 바 있다. 많은 동성애자들과의 심층 인터뷰를 통해 그래함은 기독교인들과 상담자들에게 요구되는 것은 어떤 행동이 용납되고 허용되는가에 대한 지나친 관심과 초점보다는 네 이웃을 네 몸처럼 사랑하라고 하신 주님의 말씀이 어떤 의미인지 분별하고 행동하는 것이라고 주장했다. 이를 위해 그래함은 성서에 바탕을 둔 지나친 추론이나 변론보다는 동성애자들이 겪는 삶의 현실에 귀를 기울일 것을 제안하였다.[29]

인간중심상담을 주창한 칼 로저스는 상담을 통하여 내담자가 치료적 성격 변화를 일으키기 위해서는 일치성, 수용, 공감을 제공하는 것이 중요하다고 역설하였다.[30] 그 중에서 수용은 상담 관계에서 내담자를 향한 상담자의 기본적인 태도를 말하는 것으로, "무조건적인 긍정적인 존중"을 의미한다. 즉, 내담자를 소중히 여기고 그의 가치를 평가절하하지 않으며, 내담자를 향해 일관된 지지와 지속적인 따뜻함을 보여주는 것을 말한다. 그러나 여기서 말하는 수용은 내담자의 모든 견해와 행동을 인정하고 용납하는 것을 의미하지는 않는다. 내담자를 존귀하게 여기고 돌보고자 하는 본질적인 긍휼의 자세를 말한다. 동성애자들에게 필요한 것이 이러한 로저스식의 사랑과 수용이다. 왜냐하면 동성애자들이 처한 현실과 상황이 수용을 우선적으로 필요로 하기 때문이다.[31]

2. 동성애와 건강문제

여러 연구를 통해 밝혀진 사실은 동성애자들이 이성애자들보다 우울증과 자살사고가 훨씬 높다는 점이다. 이성애자에 비해 동성애자가 자살률이 평균 4배 이상이며, 청소년의 경우 4배 정도 더 자살시도를 하고 있다고 한다.[32] 외국의 한 연구에 따르면, 동성애 청소년의 경우, 초기 동성애 경험에서의 충격은 우울과 자살에 영향을 주는데, 이는 부여된 성역할의 수행과도 관련이 있지만 동시에 사회에 뿌리 내린 동성애 혐오와도 관련된다고 한다. 그리고 동성애적 성향으로 인해 또래에게 맞거나 따돌림을 당하기도 하고, 가족에게도 폭력적인 경험을 하는 경우가 많으며, 이런 경험은 단순히 폭력을 경험하는데 그치지 않고 건강한 자아상을 유지하는데 어려움을 주어 무력감과 우울감을 수반한다는 것이다. 또한 중요한 사회적 지지의 단절을 경험하게 되는데, 커밍아웃 여부와 관련 없이 가족이나 또래 집단에서 전적으로 수용받기가 어려워서 동성애자가 된 것만으로도 지지의 단절을 경험하게 된다는 것이다.[33]

동성애자들은 또한 코카인과 같은 마약류뿐만 아니라 진통제, 항우울제 같은 물질 남용이 많으며, 트랜스젠더나 여성 동성애자의 경우 일반 집단보다 알코올 중독에 쉽게 노출된다고 한다. 또한 동성애 성향이 있는 청소년 집단의 경우, 일반인 청소년 집단보다 초기 흡연율이 높고 흡연하는 시기도 빠르며, 동성애자로서 가족 안에 수용되지 못하고 폭력을 당하는 경우가 빈번하기 때문에 청소년의 경우 특이 세심한 주의가 요구된다고 보도하고 있다. 특히 여성과 남성 구분 없이 부모의 종교적 신념이나 가치관 등으로 인해 동성애가 혐오스럽게 받아들여질 경우, 가족으로부터 심각한 신체적, 정신적 학대를 당할 수 있다고 한다.[34]

미국 게이 레즈비언 의학 협회Gay & Lesbian Medical Association: GLMA 는 남성 동성애자들이 의사와 논의해야 할 주요 건강 문제를 거론했는데, 첫째, 인간면역바이러스HIV, 후천면역결핍증후군AIDS 및 안전한 성교, 둘째, 성적으로 전염되는 바이러스로 인한 간염 면역 및 검사, 셋째, 섭식 장애로 인한 건강 문제, 넷째, 마리화나, 엑스타시, 앰피타민 등과 같은 마약 및 알코올 남용, 다섯째, 우울증과 불안증, 여섯째, 매독, 임질, 클라미디아 등의 성병 STDs, 일곱째, 전립선암, 고환암, 대장암, 여덟째, 흡연, 아홉째, 인간 유두종 바이러스HPV이다. GLMA는 HIV/AIDS를 첫 번째 항목으로 거론하며 남성 동성애자들의 경우 HIV 감염 가능성이 높다고 밝히면서 안전한 성교 행위를 권고하고 있다. 그리고 흡연의 경우, 남성 동성애자는 일반 남성보다 거의 50% 정도 높은 흡연율을 나타내고 있으며, HPV의 경우, 성적 접촉을 통해 전해지는 바이러스인데, 이는 항문암을 일으키는데 기여하고 있다고 알려져 있다.[35]

남성 동성애자와 이성애자와의 삶의 질과 정신 건강을 비교한 국내의 한 연구에 의하면, 동성애자군은 이성애자군에 비해 과거의 여성스러움으로 인해 놀림당한 경험, 과거 정신과 병력, 에이즈 검사 면에서 유의미하게 높게 나타났으며, 동성애자군이 삶의 질과 가족 결속력이 낮았고, 우울감과 자살 사고가 높이 나타났다고 보고하였다. 또한 삶의 질의 하위 변인인 가정, 사회, 대인 관계로부터의 소외가 높았으며, 높은 우울감과 낮은 가족 결속력이 동성애자의 삶의 질에 부정적인 영향을 미치고 있는 것으로 조사되었다.[36]

이러한 연구 결과와 동성애자들의 삶의 면면을 통해 우리는 이 땅에서 누구보다 돌봄과 사랑이 필요한 대상이 바로 동성애자들임을 분명히 알 수 있다. 동성애가 정신 병리인지에 대한 논의는 이 글의 주요 관심사가 아니기에 여기서 다루지는 않겠지만[37] 정신 장애 여부를 떠나서 동성애자들은 의학적으로, 그리고 상담적으로 도움이 필요한 대상임에 틀림이 없다.

변화의 대상으로서의 동성애자

동성애는 하나님의 사랑과 은혜의 시각에서 바라봐야 하며, 동성애자들은 사랑과 돌봄의 대상이라고 앞에서 언급했다. 그러나 이 말은 동성애적 성향이나 행동을 모두 정당화하고 인정하라는 의미가 아님을 인식할 필요가 있다. 사랑으로 돌보는 것이 모든 것을 용납하고 수용하는 것은 아니기 때문이다. 동성애에 대한 혐오와 멸시, 편견은 지양해야 한다. 그러나 동성애에 대한 무조건적인 용납과 허용은 경계해야 한다. 사랑이 진정한 사랑이 되기 위해서는 분별력이 요청된다. 분별없는 사랑은 자칫하면 방향성을 상실한 맹목적인 사랑이 될 가능성이 많기 때문이다.

신학자 스탠리 그렌츠Stanley Grenz는 동성애를 다룬 그의 책에서 성경적, 역사적, 기독교윤리학적 관점에서 동성애를 분석한 후, 기독교적인 답변을 제공하고 있다. 그의 결론은 책 제목처럼 "환영하지만 언제나 긍정하지는 않는"welcoming but not always affirming 공동체로서의 교회의 입장이다. 그렌츠에 따르면, 기독교 공동체는 환대의 공동체이지만 그렇다고 해서 언제나 모든 것을 긍정하는 공동체가 될 수는 없다.[38] 그렌츠는 동성애가 인간에게 주신 성의 본질과 목적에 부합하지 않는 "오래된 죄악 행위"에 속한다고 지적하면서 동성애를 "무제한 개방"하는 것은 바람직한 태도가 아니라고 주장한다. 그렇다고 동성애에 대해 교회가 "무차별 거부"하는 것 또한 바람직하지 않다.[39] 교회가 취할 수 있는 바른 태도는 동성애를 사랑의 시각으로 바라보되 변화와 갱신의 가능성을 열어두고 접근하는 것이다. 여기서 우리는 동성애적 지향이 왜 발생하며, 동성애가 변화될 수 있는지에 대해 탐구할 필요를 발견하게 된다.

1. 동성애 지향의 선천성에 대한 논의

　　동성애의 변화 가능성에 대한 논의를 위해서 먼저 살펴보아야 할 것은 동성애 성향의 선천성 여부이다. 사실 동성애 지향이 선천적이기에 변화될 수 없는 성질의 것이므로 치료할 필요도 없으며, 치료 또한 불가능하다는 견해가 정설처럼 받아들여지고 있다. 세계정신의학협회 World Psychiatric Association 는 "성별 정체성 및 동성에 대한 성적 지향, 끌림, 행동에 대한 세계정신의학협회 성명서" WPA Position Statement on Gender Identity and Same-Sex Orientation, Attraction, and Behaviours 에서 다음과 같이 밝힌 바 있다: "다른 국제기구들과 마찬가지로 세계정신의학협회 WPA 는 성적 지향이 선천적인 것이자 생물학적, 심리적, 발달상의 요인들과 사회적 요인들에 의해 결정되는 것으로 본다."[40] 여기서 주목할 항목은 동성애 성적 지향을 선천성으로 밝히고 있다는 점이다. 미국 심리학회 American Psychological Association 또한 비슷한 입장을 취하면서, 성적 지향은 선택 사항이 아니라는 견해를 피력하고 있다.[41]

　　그렇다면 동성애적 지향은 정말 선천적인 것일까? 동성애 지향의 선천성에 대해 밝히기 위해 많은 연구들이 시행되어 왔다. 그러나 동성애의 선천성을 주장하는 유전적 연구인 캘먼 Kallman, 1952 의 연구를 필두로 하여, 동성애 염색체 발견을 주장했던 해머 연구팀의 연구 Hamer et al., 1993 , 그리고 남성 동성애자 뇌의 해부학적 차이에 관한 연구 LeVay, 1991 를 비롯한 다양한 유전적, 체질적, 내분비학적, 뇌구조 차이, 동물 행동학적 연구들이 시행되었지만, 동성애의 선천성을 증명할만한 과학적이고 임상적인 증거는 현재까지는 밝혀진 바가 없다.[42] 문제는 연구를 통해 과학적인 데이터와 결과가 확정되지 않았음에도 세계정신의학협회를 비롯한 서구의 주요 기관들이 동성애의 선천성을 주장하고 있다는 점이다. 물론 후에 동성애의 선천성을 입증할 만한 결정적인 연구 결과가 도출될 수 있을지는 모른다. 그러나 현재 동성애의 선천성을 입증할 만한 분명한 증거가 없는 상황인데도 성명서 등을 통해 동성애의 선천성을 주장하고 있다는 점은 사실 납득이 되지 않는다.

최근 존스홉킨스대 연구팀은 성적 지향에 대한 지금까지의 연구 논문과 글들을 종합적으로 분석한 후, 성적 지향에 대해 4가지 결론을 도출하였다. 첫째, 성적 지향이 타고난 것이며 생물학적으로 고정된 인간의 특성이라는 견해를 뒷받침할 만한 과학적 근거는 없다. 둘째, 유전이나 호르몬 같은 생물학적인 요소가 성적 행동 및 이끌림과 관련이 있다는 증거가 있으나 인간의 성적 지향에 대한 결정적인 인과적 설명을 제공하지는 못한다. 동성애자와 이성애자 사이의 두뇌 구조와 활동에 약간의 차이가 있다는 연구가 있지만, 이러한 차이가 타고난 것인지 환경과 심리적 요인에 의한 것인지 분명하지 않다. 셋째, 청소년에 대한 종단적 연구longitudinal studies에 의하면, 성적 지향은 어떤 사람들에게는 삶의 과정 동안 유동적이지만 동성애적 끌림을 느꼈던 남자 청소년의 80%는 성인이 되어서는 더 이상 동성애적 끌림을 느끼지 않는다고 보고했다. 넷째, 이성애자와 비교했을 때, 동성애자들은 아동기 성폭력을 약 2~3배 이상 경험한다.[43] 존스홉킨스대 연구팀 외에도 최근 동성애의 선천성에 대해 반박하는 과학적인 연구들이 계속해서 출판되고 있다.[44] 이러한 연구 결과들을 종합해 볼 때, 동성애를 유발하는 선천적인 요소가 앞으로 발견될 가능성이 전혀 없다고 말할 수는 없지만, 그렇다고 현시점에서 동성애의 선천성을 당연한 것으로 받아들이는 것은 설득력이 부족해 보인다. 우려가 되는 것은 많은 사람들이 동성애를 타고난 것으로 받아들이고 있으며, 이러한 오해가 동성애를 바르게 이해하고 동성애자들을 돕는데 장애 요인으로 작용할 수 있다는 것이다. 동성애에 선천성이 없다고 가정한다면, 동성애를 받아들이는 시각도 달라질 것이고, 동성애자 또한 자신의 문제를 새로운 시각에서 바라볼 수 있을 것이다. 즉 자신의 의지와 결단, 그리고 주변 사람들의 도움과 지지로 동성애적 지향에 대한 변화를 시도해 볼 수 있을 것이기 때문이다.

2. 동성애의 변화 및 치유가능성

그러면 과연 동성애적 지향은 바뀔 수 있으며 치료가 가능한가? 여기에 대해서는 상반된 견해가 있다. 하나는 동성애는 타고난 것이고 질병이 아니기 때문에 바꿀 필요가 없으며 치료도 불가능하다는 입장이며, 또 하나는 동성애 지향은 바뀔 수 있으며, 충분히 치료가 가능하다는 입장이다. 첫 번째 입장은 서구의 주류 정신의학계와 심리학계의 견해를 대변하는 것으로, 동성애는 정신 병리가 아니므로 치료가 불필요하다는 입장이다. 이들은 성적 지향에 대한 전환 치료conversion therapy를 거부한다. 더글라스 홀드먼Douglas Haldeman에 따르면, 전환 치료는 동성애는 정신 병리라는 그릇된 가정에 기초하고 있으며, 대부분의 정신의학전문가들이 반대한다고 주장한다. 또한 전환 치료의 효과성을 입증할 만한 증거가 없을뿐더러 치료가 오히려 해를 끼치고 동성애에 대한 대중의 견해에 부정적인 영향을 미친다며 반대한다.[45] 사실 20세기 중후반까지만 하더라도 동성애는 치료받아야 할 정신 질환으로 간주되었으며 전환치료가 주요 치료 기법으로 사용되었다.[46] 전환 치료는 한때 거세술, 자궁절제술, 전기쇼크요법 등을 사용하였으며 이러한 극단적인 치료법은 오히려 성학대를 가져온 것이 사실이다.[47] 그러나 심리치료가 가장 보편적이고 일반적인 동성애 치료법이었음을 기억할 필요가 있다. 중요한 사실은 전환 치료의 필요성과 가능성까지 일체 거부하는 서구의 접근방식이 과연 동성애자를 위한 최선의 선택인가하는 것이다. 전환 치료의 극단적인 치료요법은 단호히 거부해야겠지만,

동성애자의 의지와 결단에 따라 전환 치료의 가능성을 열어두는 것이 동성애자들을 위한 보다 나은 선택이 아닐까?

두 번째 입장은 동성애 지향은 변화가 가능하다는 것인데, 주로 신정신분석학파에 속한 심리치료가들과 복음주의 기독교 단체 및 기독교 상담가들이 취해 온 방식이다.[48] 신정신분석학 이론에 따르면, 동성 선호는 4~6세, 즉 남근기에 발생하는 비정상적인 심리 성적 발달에 근거하며, 이 경우 동성 부모와의 부정적이고 파괴적인 관계에 기인한다고 보았다. 예를 들어, 남성 동성애자의 경우, 어머니는 지배적이고 과잉보호하며 지나치게 애착적인 반면 아버지는 연약하거나 수동적인 경우 동성애적 성향이 두드러지게 발달할 수 있으며, 여성 동성애자의 경우, 어머니는 배척 성향이 강하거나 무관심한데 비해 아버지는 부재하거나 소원한 유형이라는 것이다.[49] 따라서 정신분석이론에 따르면, 동성애의 일차적 원인은 아동과 동성의 부모와의 관계에 내재된 결함, 즉 동성 부모와의 파괴적 관계^{사랑이 유보되고} ^{적대감과 분노로 대치되는 경우}에 기인한다.[50] 다시 말하면, 동성애는 충족되지 않은 부모에 대한 애정 욕구를 채우려는 갈망에서 나온 것이라는 견해이다. 실제로 남성 동성애자들이 잦은 학대를 당했고, 아버지와의 관계가 더 나빴다는 보고가 있다.[51] 물론 신정신분석학파의 입장이 모든 동성애적 지향의 원인을 설명하기는 힘들지 모른다.[52] 그러나 분명한 것은 가정적 요인과 어린 시절의 경험이 동성애에 중요한 영향을 미친다는 것이며, 심리 치료를 통해 이러한 동성애적 지향에 대한 변화와 치료가 가능할 수 있다는 점이다.

동성애에 대한 치료가 활발한 미국의 경우를 살펴보면, 패티슨^{E. Mansell} ^{Pattison & M.L.Pattison}, 레커^{G.Rekers}, 해터러^{Lawrence Hatterer} 등은 동성애 상태가 그 발생 요인에 따라 개인마다 바뀔 수 있으므로 지향의 변화가 가능하다고 보고, 신념과 가치가 동성애 성향을 변화시키는데 중요한 역할을 한다고 하였다.[53] 그리고 복음주의 기독교적 배경을 가진 탈동성애 단체인 Exodus International, Desert Stream Ministries, Redeemed Life, Homosexuals Anonymous, Love in Action, Courage 등이 활발하게 활동하고 있으며, 리앤 페인 LeAnne Payne, 제랄드 반 덴 아드웨그 Gerald van den Ardweg, 모벌리 E.Moberly, 조셉 니콜로시 Joseph Nicolosi 등의 기독교 상담자들은 신앙적인 프로그램을 통해 동성애 지향에서 이성애로 변할 수 있으며 결혼으로 나아갈 수 있다고 하였다.[54] 동성애의 치료 가능성에 대한 가장 학문적이고 권위 있는 연구 중의 하나는 2003년 콜롬비아대학교의 정신과 교수였던 로버드 스피처 Robert Spitzer 에 의한 연구일 것이다.[55] 스피처는 심리치료를 통해 동성애자가 이성애자로 바뀔 수 있는가를 살펴보았는데, 200명의 동성애자들 남성 143명, 여성 57명을 대상으로 구조화된 질문지를 사용하여 전화 인터뷰를 실시하여 심리치료를 받기 전 해와 심리치료 후 인터뷰한 해를 비교 분석하였다. 연구 결과에 따르면, 연구에 참여한 대부분의 동성애자들은 심리치료 전 동성애적 성향에서 치료 후 이성애 성향으로 바뀌었다고 보고했다. 이성애로의 완전한 변화는 드물었으나, 여성 동성애자들이 남성 동성애자들보다 훨씬 더 많은 변화를 가져왔다고 한다. 전화를 통한 자기 보고 형식으로 된 연구였기 때문에 참여자들이 거짓을 말할 여지가 있음을 감안하더라도 전환 치료를 통해 성적 지향이 바뀔 수 있음을 보여 준 중요한 연구였다고 할 수 있다.

동성애자들을 위한 목회돌봄과 상담

앞에서 전개한 논의에 기초해서 동성애자들에 대한 돌봄과 상담을 극대화하기 위해서는 최소한 네 가지 차원에서 적절하고 효과적인 목회돌봄과 상담이 제공되어야 한다. 무엇보다 동성애자들은 하나님의 은혜와 사랑이 필요하며 더불어 변화가능한 존재라는 기본적인 인식 가운데 돌봄을 제공해야 할 것이다.

1. 동성애에 대한 성교육 sexuality education

효과적인 돌봄을 위해 가장 먼저 생각해 보아야 할 것은 성에 대한 바른 교육의 필요성이다. 성 개념은 인간이 자라나면서 신체적, 정서적, 사회적 발달을 경험하고 가정과 사회라는 전체적인 맥락 속에서 형성된다. 동성애도 예외는 아니다. 따라서 동성애에 대한 바른 성교육과 가르침이 필수적이다. 성교육은 "정체감, 관계, 친밀감에 대한 태도, 신념, 가치를 형성하고 정보를 획득하는 평생의 과정"을 말한다.[56] 여기에는 성 발달, 출산, 건강, 대인관계, 애정, 친밀감, 신체 이미지, 성역할 등이 포함된다. 성교육에는 인지적, 정서적, 행동적 영역을 포함해야 하며, 성의 생물학적, 심리적, 사회문화적, 영적 차원이 총망라된다.

미국 성정보교육위원회에 의하면, 성교육에는 크게 4가지의 주요 목표가 있다. 첫째, 인간의 성에 대한 다양한 정보 제공하기 인간 발달, 관계, 개인 기술, 성행동, 성 건강 등, 둘째, 성 태도에 대해 질문하고 탐색하며 이를 평가하는 기회 제공하기 가치 발달, 자기존중감 형성, 남녀의 관계 이해, 타인에 대한 책임과 의무 이해, 셋째, 상호 관계 기술의 발달 돕기 만족스러운 관계 형성을 위한 의사소통, 의사결정, 자기주장, 거절 기술 포함, 넷째, 성적 관계에 관한 책임감 형성 돕기 절제의 표현, 미성숙한 성관계 압력 저항, 피임기구나 성건강 기구 사용 격려 등가 그것이다.[57] 오늘날 동성애에 대한 왜곡된 정보와 인식이 무분별하게 난무하고 있다. 기독교적인 가치관에 기반을 둔 포괄적인 성교육이 필요한 이유가 바로 여기에 있다. 특히 자라나는 청소년들에게 교회가 제공해야 할 것이 바로 동성애에 대한 바른 성교육이다.

2. 동성애자를 위한 목회돌봄 pastoral care

동성애 문제는 오늘날 교회가 외면할 수 없는 중요한 목회돌봄의 영역
이다. 사실 교회만큼 동성애자들을 사랑으로 품고 돌볼 수 있는 가능성이
있는 공동체는 없다.[58] 그러나 문제는 교회 공동체가 동성애자들을 사랑으
로 돌볼 준비가 되어 있는가 하는 것이다. 생각보다 교회는 폐쇄적이고 배
타적인 공동체이다. 특히 한국 교회는 말로는 사랑을 외치고 있지만 실제
로 동성애자를 품을 만큼 준비가 되어 있지 않은 것 같다. 동성애자에 대해
사랑의 마음을 가진 교회도 있지만, 많은 교회들은 혐오와 불편함을 호소
하고 있는 것이 사실이다. 결국 현재로서는 동성애 문제에 대해 진지한 관
심을 갖고 그리스도의 사랑으로 동성애자들을 품기로 결단하고 헌신한 교
회가 필요하며, 이러한 교회들을 중심으로 동성애와 동성애자에 대한 돌봄
이 진행될 수 있을 것이다.[59]

교회가 동성애자들을 돌보기 위해서는 먼저 동성애에 대한 바른 이해
와 지식이 선행 되어야 한다. 이를 위해 동성애에 대한 공부와 세미나, 전
문 강사를 초청한 동성애 이해하기 등이 가능할 것이며, 동성애자들이 구
체적으로 어떤 경험을 하며, 그들이 겪는 신체적, 정서적, 영적 어려움과
위기, 그리고 도전 등에 대한 이해가 필요하다. 더불어 동성애의 발생 원인
과 치료적 개입에 대한 전반적인 내용을 배울 수 있다면 동성애자들에 대
한 이해와 돌봄에 큰 유익이 될 것이다. 그리고 교회 내에서 동성애에 관심
을 가진 평신도 자원을 발굴하고 동성애 사역에 참여시키는 것도 가능하
다. 또한 국내외의 탈동성애기관과 연합하여 정보를 교환하고 상담을 의뢰

하는 등 네트워킹 사역 또한 가능할 것이다. 그러나 교회가 기독교적 가치관에 기초하여 바른 복음과 영적 훈련을 제공하고 사랑과 협력의 공동체가 되도록 이끄는 것이 무엇보다 중요한 동성애자를 위한 목회돌봄의 기반이 될 것이다.[60]

3. 동성애자를 위한 치료적 목회상담 pastoral counseling and psychotherapy

동성애자들에 대한 목회상담과 심리치료는 기본적으로 탈동성애 의지가 있는 사람들을 대상으로 하는 것이 바람직하다. 이것은 상담의 기본 원리로서, 내담자가 변화의 의지를 가지고 있고 주도적으로 참여할 때 효과적인 치유와 변화가 가능하기 때문이다. 물론 때로는 가족들이 동성애 내담자를 상담 현장으로 데리고 올 수도 있다. 이러한 경우, 상담이 불가능한 것은 아니나 상담자가 내담자의 의사를 정중히 묻고 언제든지 상담을 그만둘 자유가 있다는 것을 알려주어야 하며, 만일 상담을 통해 치료적인 상담 관계를 형성할 수 있다면 상담을 진행하는 것도 무방하다. 서구 사회에서 동성애에 대한 상담 — 흔히 알려진 전환 치료 — 이 불필요하고 때로는 유해하다고 주장하고 있지만, 내담자가 동성애 지향과 행동에 불편감을 느끼고 상담을 요청한다면 상담자는 적극적으로 상담에 임할 필요가 있다.[61]

동성애자에 대한 목회상담과 심리치료는 상담자의 상담이론과 임상 경험에 따라 다양한 방식으로 진행될 수 있다. 일반적으로 동성애를 갖게 된 동기, 경위, 현재 상황 및 건강에 대한 점검이 요청되고, 가족 역동 파악, 왜곡된 사고 확인 및 교정, 동성애 욕구와 충동을 극복하도록 도와야 하며, 더 나아가 영적 지도와 건전한 기독교적 삶이 필요하다.[62] 임상 연구에 의하면, 동성애 치료를 통해 변화는 가능하지만, 변화는 쉽지 오지 않으며 때로는 많은 시간을 필요로 한다고 한다. 그리고 동성애적 지향의 정도가 심할수록 치료에 더 많은 노력과 시간이 요구된다.[63] 목회상담적인 시각에서 보았을 때, 동성애 치료는 상담자와의 상호 작용과 함께 하나님의 도우심과 성령의 역사가 무엇보다 요청된다.[64] 그래서 동성애에 대한 심리치료를 진행하는 상담자는 겸허하고 겸손한 마음과 함께 오랜 상담의 시간을 인내할 수 있는 용기와 믿음이 요구된다. 그리고 개인상담 외에도 가족 상담 및 집단 상담을 비롯한 다양한 상담 방식을 사용하는 것을 권장하고 싶다.[65]

4. 동성애에 대한 공공 목회신학적 접근public pastoral theology

오늘날 목회돌봄 및 상담은 내담자에 대한 개인적 차원의 돌봄을 넘어서서 내담자를 둘러싼 사회, 국가, 문화 등 공공 영역의 영향에 대한 분석과 변화를 요청한다.[66] 동성애 문제도 개별적인 돌봄과 상담의 영역을 넘어서서 공공 신학의 관점에서 접근할 필요가 있다. 오늘날 동성애는 대중 매체와 문화라는 옷을 입고 다양성과 인권 보호라는 미명 하에 대중들의 삶 속에 스며들고 있다. 사실 무엇보다 염려되는 것은 현시대를 살아가고 있는 아동들과 청소년들이다. 이들은 현재 무분별한 동성애 친화적 방송과 지식의 홍수에 무방비로 노출되어 있다. 그리고 아직 자아정체감 형성이 되어 있지 않고 또래 집단에 의해 쉽게 휩쓸리는 경향성으로 인해 동성애적 행위와 상황에 이끌릴 수 있다. 청소년들에게 건강한 성의식, 정체성, 성역할 등에 대해 교육하고 인도할 책임이 사회와 교회에 있다.

공공신학적 차원의 목회신학은 사회와 국가가 개인에게 미치는 힘과 영향력을 분명히 인식하면서 바른 정책 입안과 법제정을 포함한 포괄적인 형태의 사회참여적인 행위를 시도한다. 예를 들면, 최근에 논란이 되고 있는 "차별금지법" 등과 같은 친동성애적 법제정이 가져올 해악과 문제점들을 미리 간파하여 기독교적인 관점에 근거한 건전하고 균형 잡힌 비평을 제공하는 것이 가능할 것이다. 그리고 기독교 윤리, 교육, 사회 복지 및 일반 학문 등과의 학제 간 연대와 교류를 통하여 건전한 기독교적 신학에 바탕을 둔 보다 포괄적이고 설득력이 있는 동성애 담론을 형성하고 이를 사회와 소통하려는 노력 또한 요청된다. 이를 위해 먼저 교회와 신학이 예수님의 가르침대로 이 시대에 "산 위에 있는 동네"마 5:14가 되고 "세상을 비추는 등불"마 5:15이 되어야 할 것이다.

사랑과 변화의 대상으로서의 동성애자

지금까지 우리는 동성애에 대한 목회신학적인 관점에서 출발하여, 동성애에 대한 사례 연구를 진행하였고, 이를 바탕으로 동성애자들을 사랑과 변화의 관점에서 바라보는 것이 중요하다는 것을 알아보았다. 그리고 이러한 논의를 바탕으로 동성애자들을 효과적으로 도울 수 있는 목회상담적 방법에 대해 고찰하였다.

동성애는 우리 시대에 기독교인이 된다는 것이 무엇인지에 대해 깊은 질문을 던져주고 있다. 동성애에 대한 혐오와 배척은 사실 가장 쉬운 해결책이다. 그러나 그것은 그리스도인이 취할 방식이 아니며 참된 해결책도 되지 못한다. 먼저 동성애에 대한 바른 이해와 인식이 필요하다. 그들이 어떤 어려움과 고민, 고통을 겪고 있는지 살펴보는 것이 우선적으로 필요하다. 그리고 기독교인으로서, 그리고 상담자로서 하나님의 사랑의 관점에서 동성애자들을 바라보고 사랑의 마음으로 그들을 대해야 한다. 그러나 그 사랑은 분별없는 맹목적인 사랑이 아니라 진리에 입각한 사랑이어야 하며, 변화의 과정에서 그들과 기꺼이 함께 해 줄 수 있는 겸손과 인내, 용기에 바탕을 둔 사랑이어야 한다.

간음한 현장에서 잡힌 여인에게 보여주신 예수님의 모습 속에서 동성 애자를 대하는 목회상담자의 정체성을 다시 한번 깊이 생각해 본다. 예수 님은 간음한 여인을 향하여 분노하던 군중들처럼 목소리를 높이지도 소리 치지도 않으셨다. 묵묵히 그녀를 바라보시며 오히려 군중들의 무지와 교 만, 그리고 자신들의 죄악을 살피도록 교훈하셨다. 그리고 여인을 바라보 시며 자신도 그녀를 정죄하지 않으신다고 말씀하셨다. 그리고 딱 한마디를 더 남기셨다: "가서 다시는 죄를 범하지 말라"요 8:11. 예수님에게서 우리는 동성애자를 대하는 바른 돌봄의 모습을 보게 된다. 사랑이 먼저다. 그리고 변화할 수 있는 기회를 제공하는 것이 뒤따른다. 이 땅의 동성애자들이 예 수님을 닮은 기독교인과 상담자들을 통해 사랑을 경험하고 변화의 길을 갈 수 있기를 기대한다.

10 장

고독의 시대를 살아가는 청년들을 위한
목회돌봄과 상담

고독의 시대를 살아가는 크리스천 청년

고독의 원인: 시대정신

고독의 해결책: 참된 친교의 공간으로서의 교회공동체

오늘날 크리스천 대학생 및 청년 세대들은 어느 시대보다 깊은 고독감을 경험하고 있다는 생각이 든다. 이들은 왜 이토록 심한 고독을 느끼고 있을까? 그리고 어떻게 하면 교회가 대학 청년들을 더 잘 이해하고 돌볼 수 있을까? 이 장은 요즘 기독교 청년들이 당면하고 있는 고독의 문제를 최근에 실시된 설문조사결과를 바탕으로 살펴본다. 그리고 이러한 데이터를 통해 요즘 청년 세대들이 경험하고 있는 고독의 실태와 심연을 분석한다. 고독의 문제에 대해 누구보다 깊고 실제적인 통찰을 제공하고 기독교적 친교를 통해 해소할 수 있다고 역설했던 폴 투르니에의 목소리에 귀를 기울이며, 고독을 해결하는 참된 친교의 공간으로서의 교회공동체의 역할과 가능성에 대해 다루고 있다.

고독의 시대를 살아가는 크리스천 청년

2023년 12월, 한국기독교사회문제연구원 원장 신승민에서 "기독청년 인식조사"결과를 발표했다. 이 설문조사는 19세~34세에 해당하는 기독교인 청년 1,000명을 대상으로 사회인식, 마음, 신앙 등 광범위한 영역에 대한 인식조사였다. 이 조사에서 필자가 특별히 주목했던 영역은 "기독청년의 마음: 감정, 관계, 공동체"였는데, 구체적으로 청년들이 느끼는 불안, 우울, 분노 등의 이슈를 다루었다.

설문조사에 따르면, "나는 요즘 행복하다"고 느끼는 청년들은 43.6%로 생각보다 수치가 높았다. 행복하다고 느끼는 청년들이 이처럼 많다는 것은 다행이라는 생각이 든다. 그러나 "보통이다"라고 답한 청년들이 37.9%나 되고, 불행하다고 생각하는 청년들이 약 5명 중 1명[18.5%]이나 된다는 점도 주목하게 된다. 즉, 행복하다고 생각하는 청년들이 상대적으로 높은 것은 사실이지만 보통이라고 응답한 청년들 또한 상당수라는 점에서 대다수의 기독교인 청년들은 행복하지도 불행하지도 않은 상태^{평점 3.31} 임을 짐작할 수 있다. 이는 "매우 그렇다"^{9.9%}라는 응답에 비해 "그렇다"^{33.7%}라는 응답이 현저하게 많다는 점에서도 확인된다. 이 연구를 진행한 송진순 이화여대 교수는 이를 삶의 객관적인 조건^{경제, 학업, 직장, 인간관계 등}을 주관적 해석의 영역^{자기 긍정, 가치관, 신앙}에서 받아들이고 해석한 과정에서 나온 결과라고 보는데, 적절한 평가로 여겨진다.[1]

이번 설문조사를 통해 기독교인 청년이 느끼는 주 감정인 불안^{38.5%}, 외로움^{27.6%}, 우울^{27.6%}, 분노^{25.8%} 또한 결코 작지 않았는데, 이는 현시대를 살아가는 청년들의 삶의 고민과 정서적인 상태를 반영하는 것으로 볼 수 있다. 청년들이 느끼는 삶의 만족도는 미혼보다는 기혼, "가나안 성도"보다는 교회에 출석하는 사람들이 높았으며, 가구 소득이 높을수록, 신앙 정도가 높을수록 높게 나타났다. 반면에 성별, 연령대, 정치성향, 교회 봉사여부, 직분 등은 삶의 만족도에 큰 변수가 되지 않았다. 주목할 점은 기독교 신앙이 깊을수록 긍정 감정이 높고 부정 감정들이 낮게 나타났다는 것이다. 즉, 가장 신앙심이 깊은 "그리스도 중심층"의 행복도가 가장 높고^{61.5%}, 불안, 외로움, 우울, 분노 지수도 상대적으로 낮았다는 점이다. 반면에 "기독교 입문층"은 불안을 많이 느끼고 있으며^{45.8%}, 삶의 지루함, 외로움, 우울함, 분노 등에서도 높은 수치를 기록했다는 점이다. 신앙심의 깊이와 삶의 만족도 및 행복 사이의 긍정적인 관련성은 현재 대학, 청년부를 담당하고 있는 목회자와 리더들에게 중요한 시사점을 던져준다고 할 수 있다.

그렇다면, 기독교인 청년들은 교회나 기독교 공동체, 그리고 사회에 대해 어떤 생각을 가지고 있을까? 설문조사에 따르면, 청년들에게 교회는 2명 중 1명이 안전하다고 느낄 정도로 비교적 안전한 공동체이며, 10명 중

4명은 교회를 평등하고 정의로운 공동체로 보았다. 특이한 점은 교회의 평등과 정의로움 수치는 신앙 정도가 높을수록 긍정 응답이 높은 반면, 서울 지역, 진보 성향, 낮은 소득 수준에서 부정 응답이 높았다. 주목할 점은 청년들이 자신이 출석하는 교회에 "마음을 털어놓을 친구가 있다"고 응답한 비율은 36.0%로 "없다"39.5%라는 응답에 비해 낮게 나타났다는 점이다. 이는 교회를 안전한 공동체로 인식하고는 있지만 막상 자신의 문제를 터놓고 나눌 만한 대상이 없다는 것은 보여준다. 특히 여성, 낮은 소득 수준, 진보 성향, 낮은 신앙 정도일 때 교회 내 친구가 없다는 응답이 많았다. 이는 신앙생활을 위해 교회에 출석하기는 하지만 경제적, 정치적 차이를 넘어서서 친밀한 관계로까지 발전하고 있지 못함을 보여준다. 반면에 기독교인 청년들은 교회에 비해 사회가 안전하지 않을 뿐만 아니라 평등하거나 정의로운 곳으로 여기지도 않지만 자신의 고민을 터놓을 수 있는 친구는 교회보다 훨씬 더 많다고 응답했다58.9%. 특히, 사회에 마음을 털어놓을 친구가 있다는 비율은 여성과 29세 이하에서 상대적으로 높았다. 이는 청년들이 교회를 신앙생활과 구원을 위한 공간으로 여기고 있지만, 친밀함의 욕구는 교회가 아닌 다양한 사회적 채널을 통해 충족시키고 있음을 보여준다.

그러면, 기독교인 청년들은 삶을 살아가면서 외로움을 얼마나 자주 느끼고 있을까? 앞의 주 감정 항목에서 살펴본 것처럼, "외로움을 느낀다"는 응답률이 27.6%인 것과 비슷하게 "외로움을 자주 느낀다"는 응답률은 25.2%로 나왔다. 외로움과 고립의 감정은 인간관계, 사회 및 교회 공동체에서의 소속감, 삶의 목적과 인정 욕구 충족 등을 살펴봄으로 확인할 수 있는데, 설문조사 결과 기독교인 청년 4명 중 1명은 외로움을 느끼고 있으며, 교회나 사회 속에서의 고립감은 10명 중 1명이 경험하고 있는 것으로 나타났다. 이는 교회에서 "마음을 열 수 있는 친구가 없다"는 지표와 함께,

의미 있는 지표로 보이며, 청년들이 느끼고 있는 고립감과 외로움을 해소하기 위한 교회의 적극적인 목회돌봄이 요청된다. 주목할 점은 사회와 교회 속에서 고립감과 외로움을 호소하는 청년들은 학력과 소득수준이 낮고 생활에 불만족인 경우가 상대적으로 높게 나타난 반면, 자신에 대한 긍정적인 인식은 학력과 소득수준이 높고, 신앙 정도가 높을수록 높았다는 것이다. 따라서 기독교인 청년들에게 자기 긍정과 부정의 감정을 좌우하는 주요 변인은 학력과 경제적 격차이며, 이는 교회에서조차 물리적 조건을 신앙 정도와 결부시키는 경향이 있기에 한층 더 강화된다고 할 수 있다.

감정은 그 자체로 삶의 의미이자 세계라고 말한다. 감정은 얼핏 수동적인 것처럼 보이지만 삶 속에서 의미를 창출하고 한 사람의 주관적인 세계를 구성한다. 그리고 이러한 주관적인 세계는 객관적인 세계와 연결되고 변화로 이어질 수 있다. 이런 측면에서 감정은 수동적인 것이 아니라 능동적인 행동이며, 책임을 불러일으킨다.[2] 대다수의 청년들이 느끼고 있는 감정은 현재의 삶을 반영한 것이며, 그들이 경험하는 세계를 비쳐주는 거울이다. 이번 설문조사를 통해 기독교인 청년의 과반수가 자신의 삶에 만족하고, 불행하지도 행복하지도 않은 평범한 삶을 살아가고 있으며, 그 중에 적어도 4명 중 1명은 외로움, 불안, 우울, 분노라는 부정적인 감정으로 힘든 삶을 살아가고 있음을 확인할 수 있다. 송진순이 지적한 것처럼, "외로움, 불안, 분노의 마음, 이 세계에서 쓸모있는 존재가 아니라는 자기 부정 인식을 가진 청년들이 교회 공동체에서 자신의 공허감과 쓸쓸함을 견디지 못하고 하나둘 교회를 이탈하고" 있다. 설문에 참여한 많은 청년들은 교회가 구원과 신앙을 위한 공간을 넘어 "좌절과 실패로 인한 고립, 소통의 부재로 인한 외로움, 인정받지 못하는 데서 오는 분노, 경제적 취약성에서 오는 불안" 등을 해소하는 공간으로 거듭나기를 기대하고 있다. 이를 위해 교회가 청년들의 감정을 제대로 이해하고 교회의 본질과 역할을 새롭게

회복하는 일이 무엇보다 필요하다.[3]

고독의 원인: 시대정신

스위스의 내과 의사이자 기독교 심리치료사였던 폴 투르니에[1898~1986]
는 자신이 직접 만났던 수많은 사람들과의 임상사례를 바탕으로 현대인들
이 경험하고 있는 정서적 고립과 고독의 문제를 심도 있게 분석하고 이에
대한 해결책을 제시한 바 있다.[4] 비록 그의 책이 서구의 정신과 역사에 바
탕을 둔 고전임에도 불구하고 21세기를 살아가는 우리에게 여전히 큰 울
림과 도전을 준다. 무엇보다 기독교적 시각에서 고독의 문제를 어떻게 바
라보고 해결할 수 있는지 깊은 통찰과 지혜를 던져준다. 먼저 투르니에는
현대인들은 고독에 사로잡혀 살아가고 있다고 강조하면서, 문제는 고독이
신경질적이고 위축된 사람들에게만 생기는 것이 아니라 우리 사회에 만연
되어 있는 현상이라고 보았다. 즉, 현대인이 경험하고 있는 고독감은 인생
에 실패한 사람, 성격이 예민한 사람, 신경질적인 사람들만의 문제가 아니
라 사회의 지도자와 엘리트들에게 똑같이 해당되는 보편적인 현상이라는
것이다. 의사로서 투르니에는 매일 진료실에서 많은 사람들을 만났는데,
그들과의 대화 속에서 고독이 공포와 깊이 연결되어 있음을 발견한다. 사
람들은 삶을 살아가면서 좌절을 두려워하며, 이해받지 못하는 것을 두려워
한다. 사실 공포는 보편적이며 본능적인 감정이다. 그러나 문제는 공포를
인정하지 않고 애써 감추려고만 한다는데 있다. 이로 인해 공포심은 고독
과 갈등을 양산하고, 고독과 갈등은 공포심을 조장한다. 따라서 투르니에
의 주장처럼 사람들에게 공포심의 실체를 알려주고 마음속에 공동체 안에
있다는 소속감이 생기도록 해 주어야 한다.

그렇다면 구체적으로 왜 고독이 현대인의 삶 속에 팽배하게 되었을까? 투르니에는 고독을 초래하는 4가지 주요 요인을 언급하는데, ① 경쟁과 세력 다툼, ② 개인주의와 지나친 독립심, ③ 탐욕과 지배욕, 그리고 ④ 자기주장, 비판, 질투가 그것이다. 투르니에는 이 4가지 요인을 시대를 대표하는 정신으로 보았다. 필자가 투르니에의 견해에 주목하는 까닭은 그가 지적한 요인들이 오늘날 한국 사회의 일면을 그대로 보여준다고 생각하기 때문이다. 예를 들어, 투르니에는 경쟁과 세력 다툼을 "의회의 정신"이라고 표현하면서, 현대인들은 사회를 거대한 싸움터, 즉 적대 세력과의 경쟁 장소로 여긴다고 진단한다. 각자의 이익을 위해 정당끼리 서로 싸우는 것처럼 우리 사회는 협동이나 친교보다는 경쟁심을 부추기고 가르치며, 경쟁자에 대한 질투심을 조장한다. 문제는 의회의 정신이 사람과 그 사람이 하는 기능 및 역할 사이를 분리시켜 사람 대 사람의 만남을 가져오게 하지 못하게 하고 있으며, 이를 통해 사람에 대한 진정한 관심을 빼앗아가고 있다는데 있다. 사람 자체에 대한 관심과 사랑이 상실된 사회이기에 이 사회 속에 살아가고 있는 사람들을 점점 더 고독을 느끼고 있는 것이다. 앞의 설문조사에서 확인한 것처럼 오늘날 교회를 다니는 대학 청년들은 진정한 친교의 공동체가 되어야 할 교회에서조차 대화를 나눌 상대를 찾지 못하고 있으며, 이로 인해 마음의 문을 닫고 있는지 모른다. 이는 교회가 청년들이 느끼고 있는 고독감을 해소하고 마음을 토로할 수 있는 안전하면서도 따뜻한 공간으로 새로워져야함을 역설하고 있는 것이다.

지나친 독립심과 개인주의, 그리고 탐욕과 지배욕이 현대인들이 경험하는 고독의 주요 요인이라는 투르니에의 지적은 오늘날 한국 사회에 팽배한 개인주의적인 가치관의 성행, 세속주의와 물질주의적 추구를 돌아보게 한다. 요즘 청년들은 어느 시대보다 물질주의적이고 성공지향적인 정신에 사로잡혀 있다는 생각이 들기 때문이다. 그러나 사실 개인주의적 사고와 탐욕은 기성세대가 청년들에게 전수하고 교육한 것이기도 하다. 문제는 개인주의를 높이 평가하는 우리 시대에 개인적 가치는 오히려 무시당하고 있으며, 진정으로 자유로운 정신은 찾아보기 힘들다는 것이다. 독립을 주장하는 이들도 실제로는 전혀 자유롭지 못하다. 그리고 부모나 기존 세대를 부정하는 청년 세대들 또한 반박의 정신에 의존하고 있을 뿐 진정한 자유는 누리지 못하고 있다. 예컨대, 투르니에가 지적한 것처럼, 결혼은 삶 전체에 대한 속박이며, 개인적 독립에 대한 포기일 수 있는데, 우리 시대 청년들이 비혼이나 경제적 독립 등과 같은 싱글 라이프를 선호하는 것은 속박을 거부하고 개인적 독립을 추구하는 시대정신을 반영하는 것으로 보아도 과언이 아니다. 투르니에는 독립적인 태도와 지나친 개인주의는 결국 하나님께 대한 반항이라고 역설하였다. 그리고 이러한 태도와 정신에서 벗어나는 유일한 길은 자신을 하나님께 맡기는 것이라고 했다. 자신의 독립을 지키기 위해 모든 사람과 싸우는 사람은 역설적으로 전혀 자유롭지 못하다. 그러나 반대로 자신의 생활을 하나님께 맡기고 가정과 사회 속에서 희생정신을 발휘할 때 그들은 독립을 지키려고 하는 사람들에게 결코 주어지지 않는 독립을 얻게 된다.

자기주장, 비판, 질투 등과 같은 "정당한 요구의 정신"은 어떠한가? 투르니에는 반항, 자기 주장, 비판, 요구와 질투의 정신이야말로 공동체를 약화시키는 현대 정신의 주요 특징이라고 보았다. 이는 마치 정당한 비판이나 요구를 하지 말라는 것처럼 들린다. 그러나 사실은 그렇지 않다. 투르니에가 주목했던 것은 정당한 요구의 정신이 가진 실체였다. 역사를 살펴보면 사회 속에서 정의를 주장하는 사람들이 늘 정의로운 것은 결코 아니었다. 정의의 편에 선다는 것이 오히려 온갖 편견의 원천이 된 적이 얼마나 많았던가? 스스로 의롭다고 여기는 사람들은 사회의 거짓과 불의에 훨씬 민감하지 못하다. 그리고 정의의 편에 서서 비판하고 정죄하고 의를 주장하지만 그들의 삶은 결코 정의롭지 못했고 행복하지도 않았다. 신약성경의 바리새인과 종교 지도자들의 모습 속에서 우리는 분명한 예시를 본다. 그리고 오늘날 정치 영역에서도 이러한 모습을 자주 발견한다.

우리 시대의 정신은 서로 대결하게 만드는 경쟁심, 독립심, 소유욕, 복수심을 현대인, 특히 청년들에게 심어주고 있다. 그러나 언뜻 보기에 그것이 행복으로 가는 길처럼 보이지만 결과적으로는 불화와 고독에서 오는 고통만 가져올 뿐이다.

고독의 해결책: 참된 친교의 공간으로서의 교회공동체

그렇다면 어떻게 우리 시대에 팽배한 고독의 심연에서 벗어나 진정한 친교의 공동체를 형성할 수 있을까? 투르니에는 교회만이 오늘날 사회에 존재하는 공동체에 대한 갈망을 채워줄 수 있다고 강조한다. 신약성경의 초기교회가 그러했고, 역사 속에서 다양한 기독교 공동체가 그 역할을 감당해왔다. 요즘 많은 신앙인, 특히 청년들이 이단에 끌리고 이단에 빠져든다. 이단이 청년들이 간절히 갈망하고 있는 친밀한 관계를 제공하기 때문이다. 물론 이단이 제공하는 친밀한 관계는 거짓으로 포장된 가짜 관계일 뿐이다. 그러나 많은 청년들이 거짓인지도 분별하지도 못한 채 가짜 친밀함의 포로가 되고 있다. 반면에 그들이 다녔던 교회는 친밀한 관계를 제공하지 못한 것은 아닌지 돌아보게 한다.

그러면 어떻게 교회가 진정한 친교의 정신을 구현하는 곳이 될 수 있을까? 투르니에는 그 가능성을 자연법칙을 통해 설득력 있게 제시한다. 자연법칙에 따르면, 공포는 공포의 대상을 만들어 내고, 불평은 불평의 조건을 양산한다. 요구는 갈등을 가져오고, 갈등은 더 강하게 요구를 부추긴다.

그리고 고독은 더 고독한 세계로 인간을 인도한다. 그러나 똑같은 자연법칙은 정반대의 방향으로도 작동한다. 즉, "신뢰는 신뢰를 낳고, 용서는 불의를 쫓아내고, 사랑은 친교를 가져오고, 친교는 갈등을 해소한다. 솔직하고 성실한 태도는 사람들을 친교 속에서 하나로 만들고, 다른 사람의 마음을 사로잡고, 그들을 정서적인 고독에서 해방시킨다"[5]. 물론 우리 시대에 도사리고 있는 소위 "악의 세력"을 과소평가해서는 안 된다. 이는 투르니에가 정확하게 지적한 것처럼 십자가 없는 기독교를 말하는 것이기 때문이다. 따라서 악의 존재를 솔직하게 인정하면서도 교회가 친교의 정신을 구현할 수 있는 방법을 찾아야 한다.

어떻게 우리 시대의 교회가 청년 세대에게 참된 친교의 공동체가 될 수 있으며, 청년들을 위한 효과적인 목회돌봄을 제공할 수 있을까? 먼저 강조하고 싶은 것은 참된 기독교적 친교는 무엇보다 내면의 방향 전환에서 시작된다는 점이다. 이는 투르니에가 가장 역설한 부분이기도 하다. 사실 시대정신, 사회적 환경 등과 같은 외부적 요인을 변화시키는 것은 불가능하지는 않지만 결코 쉽지 않다. 따라서 출발은 내면의 변화에서부터 시작되어야 한다. 필자가 상담 현장에서 만났던 한 청년 내담자는 자신이 삶을 살아가면서 지독한 고독의 시간을 보냈다고 고백했다. 특히 군 생활을 하면서 따돌림을 당하는 등 지속적인 관계의 어려움을 겪었다고 토로했다. 선한 마음을 가지고 자청해서 "문제 사병"을 도우려고 했다가 오히려 탈진을 맛보기도 했다. 그러나 힘든 시간을 보내면서 자신의 깊은 내면을 마주하게 되었고, 인간의 유한함과 하나님의 무한함을 경험하게 되었다. 그리고 깊은 고독의 시간을 통해 자신이 미처 깨닫지 못했던 연약함을 깊이 인식하게 되었다.

고독의 사전적 의미는 "세상에 홀로 떨어져 있는 듯이 매우 외롭고 쓸쓸함"이다. 그러나 고독이 무조건 나쁜 것은 아니다. 어떤 고독인가가 중요하다. 리처드 포스터는 영성 훈련의 하나로 "홀로 있기의 훈련", 즉 고독 solitude의 중요성에 대해 언급했는데, 그가 말하는 고독은 요즘 현대인들이 느끼는 고독과는 뉘앙스가 많이 다르다. 기독교적 고독은 홀로 고요히 하나님의 임재 안에서 거하는 "영혼의 어두운 밤"으로서의 고독이다.[6] 현대인의 고독이 부족한 상태, 불만족 상태, 소외감 등을 의미한다면, 기독교적 고독은 타인이 자신에게 부여한 것이 아니라 스스로 선택한 자발적인 고독이며, 자신을 살피고 알아차리는 시간으로서의 고독을 말한다. 그리고 내적인 풍성함과 평화, 고요함을 누리며, 자신을 솔직하게 대면하고 하나님과의 친밀함 안에 머무르는 고독이다. 우리 시대 청년 대학생들에게 필요한 것은 바로 이러한 기독교적 고독의 경험이다. 투르니에는 깊은 친교를 경험하려면 먼저 창조적인 고독을 맛보아야 한다고 강조했는데, 이는 "사교적인 생활이 없어도 살 수 있고 독립적이고 인격적인 삶을 누릴 줄 아는 사람들만이 친교의 진정한 가치를 누릴 수 있"기 때문이다.[7]

따라서 교회 공동체는 우리 시대 청년들에게 기독교적이고 창조적인 고독을 제공하는 장소가 되어야 한다. 살아계신 하나님을 인격적으로 만나고 자신의 연약함과 필요를 인식할 수 있는 참된 친교의 공간으로 거듭나야 한다. 앞의 설문조사에서 "기독교 입문층"에 비해 "그리스도 중심층"이 행복도도 높고 불안, 우울 등과 같은 부정 정서 지수가 상대적으로 낮았다는 점에 주목하면서, 교회가 생명력 넘치는 하나님의 말씀이 선포되고, 은혜와 진리에 근거한 교육이 시행되며, 진정한 친교를 경험할 수 있는 영적 공간으로 새로워져야 할 것이다.

이와 함께 교회 공동체가 해야 할 일은 대학 청년들이 하나님께서 그들에게 주신 소명이 무엇인지 발견하고 분별하도록 돕는 것이다. 우리 시대 기독교인 청년들의 자기 긍정과 부정의 감정을 좌우하는 주요 변인은 학력과 경제적 격차이다. 많은 청년들이 경제적인 어려움을 호소하고 있으며, 삶에 재미가 없고, 직장에 문제가 있다고 토로한다. 그리고 내면적으로는 자신이 가치 없고 인정받지 못하는 쓸모없는 존재라는 인식을 가지고 있다. 높은 취업 장벽에 힘겨워하고 있으며, 경쟁심과 세속주의의 포로가 되어 있다. 이러한 때 교회 공동체는 청년들에게 소명과 책임성에 대해 다시금 주의를 기울이도록 해야 한다. 타인을 경쟁이나 질투의 대상으로 보지 말고 하나님께서 각자에게 주신 달란트와 소명을 따라 살아가도록 가르쳐야 한다. 상담에서는 이를 심리교육psychoeducation이라고 부른다. 상담은 주로 대화를 통한 치료의 과정이지만, 이 과정 중에 심리교육도 중요한 비중을 차지한다. 목회자의 설교나 교회에서 진행하는 양육 프로그램 등이 심리교육의 일환으로 사용될 수 있다. 우리 시대의 청년 대학부 목회자와 리더들에게 필요한 것은 청년들이 자신의 소명을 발견하도록 격려하고 바르게 교육하는 것이다. 자기 소명에 대한 강한 확신이야말로 하나님이 기뻐하시고 자신의 삶에 만족하는 아름다운 인생의 가장 중요한 요소이기 때문이다.

덧붙여 우리 시대 교회는 청년들에게 진정한 공동체의 모습을 보여주고 친밀하고 안전한 소속감을 제공해 주어야 한다. 다행인 것은 앞의 설문조사에서 확인한 것처럼 기독교인 청년들이 교회를 안전한 공동체로 인정하고 있으며, 비교적 평등하고 정의로운 공동체로 보고 있다는 점이다. 그러나 역설적으로 교회 내에서 자신의 마음을 털어놓을 친구나 사람들을 찾기는 어렵다고 한다. 신학적으로 교회는 그리스도를 머리로 하는 유기적인 몸이며, 한 하나님을 섬기는 하나님 백성의 공동체다. 한 때 한국교회 내에 "가정 같은 교회, 교회 같은 가정"이라는 표어가 유행했던 적이 있다. 요즘 청년들에게 교회는 과연 가정 같은 안전함과 편안함, 따뜻함과 결속을 가져다주는 곳인지 돌아보게 된다. 어느 시대보다 교회는 "안전하고 포괄적이며 공정한" 공동체로 새로워져야 한다.[8] 흔히 첨단 4차 산업혁명의 시대를 살아가고 있다고 말한다. 그러나 4차 산업혁명이 제공하는 소위 "초연결성"hyperconnectivity이 오히려 사람 간의 자발적이고 친밀한 관계 형성을 방해하고 있으며, 깊이 있고 진실한 관계에 장애 요소가 되고 있다. 효과적인 상담을 위해 가장 중요한 것은 내담자와 치유적 관계를 형성하는 것이다. 즉, 인격적이고 진정한 치료적 관계야말로 성공적인 상담의 전제 조건이라는 말이다. 교회가 대학 청년들과 얼마나 치유적인 관계를 맺고 있는지 돌아보아야 한다. 치유적 관계의 가장 중요한 요소는 상호 존중과 신뢰이다. 교회 공동체가 두려움과 불안, 고독 속에 살아가고 있는 청년들을 진심으로 존중하고 신뢰하며 그들과 함께 하는 공간이 될 때, 교회는 청년들이 솔직하게 마음을 토로하고 희망을 발견하는 치유의 공동체로 자리 매김할 수 있을 것이다.

고독의 시대를 살아가는 청년 대학생들이 교회를 통해 살아계신 하나님을 만나고 자신을 새롭게 인식하며, 하나님께서 고유하게 부여하신 자기의 소명과 책임을 발견하고 성취하며, 진정한 소속감과 친교를 경험할 수 있기를 진심으로 소망한다.

미주

머리글

1   R. L. Kinast, "Pastoral Theology, Roman Catholic," in *Dictionary of Pastoral Care and Counseling*, gen. ed. Rodney J. Hunter (Nashville: Abingdon Press, 1990), 873-875.

2   "...[P]astoral theology is not a theology *of* or *about* pastoral care but a type of contextual theology, a way of doing theology *pastorally*." J. R. Burck and R. J. Hunter, "Pastoral Theology, Protestant," in *Dictionary of Pastoral Care and Counseling*, 867-872(위의 인용문은 867 페이지에서 온 것이며, 이텔 릭체로 쓰인 부분은 원문을 그대로 따랐다).

3   정연득, "서론: 현대목회상담학의 흐름," 한국목회상담학회 편, 『현대목회상담학자연구』(서울: 도서 출판 희망나눔, 2014), 13.

4   William A. Clebsch and Charles R. Jaekle, *Pastoral Care in Historical Perspective*, 1st softcover ed. (New York: Jason Aronson, 1994), 4-10. (originally published in 1964.) 최근의 목회돌봄은 현대의 복잡다단한 시대적 분위기와 변화를 반영하여 네 가지 주요 기능 이외에도 양육(nurturing), 능력부 여(empowering), 해방(liberating), 성장(growing) 등의 기능이 추가되었다.

5   목회돌봄 및 목회상담에 대한 보다 자세한 차이점 및 구별에 대해 알기 위해서는 아래 사전을 참고하 라. Liston O. Mills, "Pastoral Care (History, Traditions, and Definitions)" in *Dictionary of Pastoral Care and Counseling*, 836-844; R. J. Hunter, "Pastoral Care and Counseling," 845; and J. Patton, "Pastoral Counseling," 849-885.

6   목회상담의 역사적 뿌리찾기와 신학적 정체성 회복에 관심을 두었던 목회신학자들로는 돈 브라우 닝, 찰스 거킨, 존 패튼, 도널드 캡스, 토마스 오덴 등을 들 수 있다. 다음의 책들을 참고하라: Don S. Browning, *The Moral Context of Pastoral Care* (Philadelphia: Fortress, 1976); *Religious Ethics and Pastoral Care* (Philadelphia: Fortress, 1983); *Religious Thought and the Modern Psychologies: A Critical Conversation in the Theology of Culture* (Philadelphia: Fortress, 1987); Charles V. Gerkin, *The Living Human Document: Re-Visioning Pastoral Counseling in a Hermeneutical Mode* (Nashville: Abingdon, 1984); John Patton, *Pastoral Counseling: A Ministry of the Church* (Eugene, Or.: Wipf and Stock, 1983); Donald Capps, *Biblical Approaches to Pastoral Counseling* (Philadelphia: Westminster, 1981); Thomas C. Oden, *Pastoral Theology: Essentials of Ministry* (New York: Harper & Row, 1983).

7   한국 목회상담학계에서도 타학문과 목회신학과의 대화와 교류를 통한 학제간 연구가 많이 수행되어 왔다. 일부만 소개하면 다음과 같다. 권수영, 『기독(목회)상담, 어떻게 다른가요: 심리학과 신학의 만 남』(서울: 학지사, 2007); 권수영, "기독(목회)상담사의 신학적 성찰: 임상현장에서의 상관관계의 방 법," 『신학과 실천』 32 (2012), 369-396; 정연득, "신학함의 과정으로서의 목회돌봄과 상담," 『신학과 실천』 38 (2014), 347-377; 김나함, "목회상담에 있어서의 심리학과 신학의 관계에 대한 연구," 『신학 과 실천』 14 (2008), 141-166; 김기철, "인간이해를 매개로 한 신학과 심리학의 만남," 『신학사상』 170 (2015), 249-282; 반신환, "경계선성격장애에 대한 변증법적 행동치료와 기독교상담," 『신학과 실천』 23 (2010), 317-340; 안석, "성숙에 대한 기독교상담학적 연구: 정신분석 및 인본주의심리학적 관점을 중심으로," 『신학과 실천』 32 (2012), 397-427.

1   Martin E. P. Seligman & Mihaly Csikszentmihalyi, "Positive Psychology: An Introduction," *American Psychologist* 55 (2000), 5.

2   1990년대까지 행해진 심리학 연구 통계를 분석한 마이어스(C. Myers)와 디너(E. Diener)에 의하면, 인간의 부정적 영역에 대해 다룬 논문이 긍정적 영역에 대해 다룬 논문보다 무려 17배가 많았다고 한다. C. G. Myers & E. Diener, "Who is Happy?," *Psychological Science*, 6 (1995), 10-19, 권석만, 『긍정심리학: 행복의 과학적 탐구』(서울: 학지사, 2008), 19에서 재인용.

3   Martin E Seligman, "Positive Psychology, Positive Prevention, and Positive Therapy," in *Handbook of Positive Psychology*, ed. C. R. Snyder & Shane J. Lopez, 이희경 옮김, "긍정심리학, 긍정 예방, 그리고 긍정 치료," 『긍정심리학 핸드북』(서울: 학지사, 2008), 19.

4   위의 책, 22-23.

5   "질병 이데올로기"와 DSM의 한계에 대한 좀 더 자세한 이해를 위해서는 다음 글을 참고하라. James E. Maddux, "광기를 중단하기: 긍정심리학 그리고 질환 이데올로기와 DSM의 재구축," in 위의 책, 39-71.

6   Martin E. P. Seligman, *Authentic Happiness: Using the New Positive Psychology to Realize your Potential for Lasting Fulfillment*, 김인자 옮김, 『마틴 셀리그만의 긍정심리학』(서울: 도서출판 물푸레, 2009), 380-381. 셀리그만의 이 책은 김인자 교수에 의해 2번 번역되었다. 첫 번째 번역본은 『긍정심리학: 진정한 행복 만들기』라는 제목으로 2006년에 출판되었고, 두 번째 번역본은 원저자의 이름을 따서 『마틴 셀리그만의 긍정심리학』이라는 제목으로 2009년에 출판되었다. 영어 원서의 제목을 따른다면 『진정한 행복』이라고 번역할 수 있다. 본 논문에서는 두 번째 번역본을 주로 참고하였다.

7   권석만, 『긍정심리학』, 23-24.

8   Abraham H. Maslow, *Motivation and Personality* (New York: Harper & Row, 1954), 권석만, 『긍정심리학』, 25-26에서 재인용.

9   Seligman & Csikszentmihalyi, "Positive Psychology: An Introduction," 7.

10   권석만에 의하면, 긍정심리학자들은 과학적 심리학에 기초를 두고 인간의 강점과 행복을 탐구한다. 이를 위해 기존의 심리학에서 사용하고 있는 연구방법론을 그대로 사용한다. 예를 들면, 면접법, 행동관찰법, 질문지법, 과제수행법 등과 같은 심리측정법과 상관연구 및 실험연구를 수행하며, 횡단적 연구와 종단적 연구를 함께 실시한다. 연구 자료에 통계적 분석법을 적용하여 체계적 분석을 시도하며, 행복이나 강점을 향상시키는 개입방법 또한 실시 전후 평가를 통해 과학적 객관성을 유지하도록 애쓴다고 한다. 권석만, 『긍정심리학』, 25-26 페이지를 참고하라. 긍정심리학의 연구방법론에 대한 비판적 시각 또한 만만치 않다. 인간의 행동을 과연 양적연구와 실험적 연구방법만으로 이해할 수 있는 것일까? 목회신학에서 주로 사용하는 질적 연구방법이나 현상학적 연구방법, 그리고 해석학적 연구방법은 상대적으로 무시되는 것 같다. 긍정심리학의 지나친 양적 과학적 연구방법의 편향성에 대한 비판적 시각에 대해서는 다음 논문을 참고하라. 권수영, "서구 긍정심리학, 얼마나 긍정적인가?: 실천신학적 전망," 『신학과 실천』 30 (2012), 382-383. 긍정심리학과 인본주의 심리학을 단절로 보지 않고 연결시키려는 시도가 있었다. 인본주의 심리학이 질적 연구 및 현상학적 연구에 치중하지만, 양적 연구도 포함하고 있음을 주장하는 학자들이 있다. Arthur C. Bohart & Thomas Greening, "Humanistic Psychology and Positive Psychology," *American Psychologist* 56(2001), 81-82; Eugene Taylor, "Positive Psychology and Humanistic Psychology: A Reply to Seligman," *Journal of Humanistic Psychology* 41 (2001), 13-29, 권수영, "서구 긍정심리학, 얼마나 긍정적인가?," 382-383 주 9)에서 재인용.

11   George Faller, "Positive Psychology: A Paradigm Shift," *Journal of Pastoral Counseling* 36 (2001), 11-12.

12   이 부분은 권석만, 『긍정심리학』, 27-34을 주로 참고했다.

13 위의 책, 27.

14 Christopher Peterson, "The Future of Optimism," *American Psychologist* 55 (2000), 44-55; Christopher Peterson & Tracy A. Steen, "Optimistic Explanatory Style," in *Handbook of Positive Psychology*. ed. C. R. Snyder & S. J. Lopez (New York: Oxford University Press, 2002), 244-256, 권석만, 『긍정심리학』, 29 페이지에서 재인용. 또한 Seligman, 『마틴 셀리그만의 긍정심리학』, 93-95를 참고하라.

15 권수영은 삶은 역설이며, 때로는 부정을 긍정해야 한다는 이유를 들어 긍정심리학이 긍정 감정만 중시하고 부정 감정은 불필요한 것이라고 보며, 부정적인 정서를 긍정하지 않는다고 비판한다. 권수영, "서구 긍정심리학, 얼마나 긍정적인가?," 388-391을 보라. 그러나 필자가 보기에 이러한 비판은 긍정심리학에 대한 오해에서 비롯된 것이다. 긍정심리학은 결코 인간의 삶에 다양한 부정적 측면이 있음을 부인하지 않는다. 그리고 삶 속에서 부정 정서를 완전히 없애는 것을 바람직하게 여기지도 않는다. 적절한 수준에서 경험되는 부정 정서는 오히려 적응적 기능을 가질 수 있고, 인생의 비극적인 경험은 삶을 더욱 풍성하고 깊이 있게 만드는 요소가 되기 때문이다. 예를 들어, 인생의 부정적 측면을 경험하지 않고는 인생의 긍정적 측면에 대한 감사를 잊기 쉽다. 그런 면에서 긍정심리학은 부정 정서의 존재와 가치를 인정한다. 다만, 긍정심리학은 행복과 성장, 그리고 만족스러운 삶을 추구하는 욕구가 인간이 가진 보다 기본적이고 보편적인 욕구로 여기기에 이러한 인간의 욕구를 충족시키는 것을 중요한 연구 과제로 본다. 필자는 이와 같은 긍정심리학의 균형 잡힌 시각과 강조점에 공감하며 큰 매력을 느낀다. 물론 긍정심리학에 한계와 취약점이 존재하는 것 또한 사실이다. 이 부분은 이 장의 뒷부분에서 자세하게 논의할 것이다. 긍정심리학의 부정 정서에 대한 입장에 대해서는 권석만, 『긍정심리학』, 31-32, 78-84 페이지를 참고하라.

16 Seligman, 『마틴 셀리그만의 긍정심리학』, 103-135.

17 위의 책, 136-160. 인지행동치료에 대한 이해를 위해서는 아래의 책들을 참고하라. Judith S. Beck, *Cognitive Therapy: Basics and Beyond* (New York: The Guilford Press, 1995); Deborah R. Ledley, Brian P. Mark, & Richard G. Heimberg, *Making Cognitive-Behavioral Therapy Work: Clinical Process for New Practitioners* (New York: The Guilford Press, 2005); J. H. Wright, M. R. Basco, & M. E. Thase, *Learning Cognitive-Behavior Therapy*, 김정민 옮김, 『인지행동치료』(서울: 학지사, 2009).

18 Seligman, 『마틴 셀리그만의 긍정심리학』, 161-188. 인간에게 만족을 가져다주는 행위로는 좋은 책 읽기, 운동하기, 다른 사람들을 돕고 자원봉사하기, 그 외의 자발적이고 지속적인 노력이 요구되는 활동 등이 있다. 셀리그만은 만족의 핵심은 감정이 아닌 몰입이라고 주장했다. 칙센트미하이의 몰입에 대해 더 깊이 이해하기 위해서는 아래의 책을 참고하라. Mihaly Csikszentmihalyi, *Flow: The Psychology of Optimal Experience*, 최인수 옮김, 『몰입, FLOW-미치도록 행복한 나를 만난다』(서울: 한울림, 2005); Mihaly Csikszentmihalyi, *Finding Flow*, 이희재 옮김, 『몰입의 즐거움』(서울: 해냄출판사, 2010); Mihaly Csikszentmihalyi, *Flow - der Weg zum Glück*, 임석원 옮김, 『미스터 몰입과의 대화-일놀이가 삶의 기쁨에 대하여』(서울: 위즈더하우스, 2011).

19 Seligman, 『마틴 셀리그만의 긍정심리학』, 358-361; 권석만, 『긍정심리학』, 32-34.

20 권석만, 『긍정심리학』, 32.

21 위의 책, 32.

22 피터슨과 셀리그만은 인간이 지닌 6가지 주요 덕목으로 지혜와 지식, 용기, 인애, 정의, 절제, 초월 등을 꼽고 있으며, 각 덕목에 특정 성격적 강점을 각각 열거하여 총 24개의 강점을 제시한 바 있다. 인간의 긍정 특성에 대한 보다 자세한 이해를 위해서는 아래 책을 참고하라. Christopher Peterson & Martin Seligman, *Character Strengths and Virtues: A Handbook and Classification* (New York: Oxford University Press, 2004); 권석만, 『인간의 긍정적 성품: 긍정심리학의 관점』(서울: 학지사, 2011).

23 권석만, 『긍정심리학』, 33.

24 권수영은 긍정심리학의 감정적인 안정성과 건강 중심성은 서구 문화가 추구하는 '개인주의적' 가치에 대한 문화적 이상과 밀접하게 연결되어 있다고 주장하면서, 긍정심리학에 대한 문화해석학적 비판을 시도한다. 권수영, "서구 긍정심리학, 얼마나 긍정적인가?," 383-388를 참고하라.

25 Seligman, 『마틴 셀리그만의 긍정심리학』, 377.

26 Jennifer Ruark, "An Intellectual Movement for the Masses: 10 Years after its Founding, Positive Psy-

chology Struggles with its own Success in Philadelphia," *Chronicle of Higher Education*, 55 (2009), http://chronicle.com/article/An-Intellectual-Movement-for/47500 (2016년 1월 20일에 접속함). 루악에 따르면, 미국 국립정신건강연구소가 지난 10년(1999-2008) 동안 긍정심리학 분야에 준 연구지원금은 2억 2,600만 달러에 달하는데, 1999년 4만 불도 채 되지 못했던 연구지원금이 2008년에는 9배 이상 인상되었다고 한다. 미국 템플턴 재단은 오랫동안 긍정심리학 연구지원금을 제공해 왔으며, 2009년 무렵 긍정심리학과 신경과학 간의 학제간 연구를 진작하기 위해 셀리그만에게 6백만 불을 지원한 적도 있었다. 그 외에도 미국 국립과학재단, 미국 교육청, 로버드 우드 존슨 재단 등이 후원에 동참했다고 한다.

27 Mary Clark Moschella, "Positive Psychology as a Resource for Pastoral Theology and Care: A Preliminary Assessment," *The Journal of Pastoral Theology* 21 (2011), 5-5; 권석만, 『긍정심리학』, 26-27.

28 Moschella, "Positive Psychology as a Resource for Pastoral Theology and Care," 5-6.

29 이사야 45장 15절은 하나님에 대해 이렇게 묘사한다: "구원자 이스라엘의 하나님이여 진실로 주는 스스로 숨어 계시는 하나님이시니이다." "숨어계신 하나님"(Deus Absconditus)는 종교개혁자 마르틴 루터의 중요한 신학적 주제이기도 하다. 다음 논문을 참고하라. Steven D. Paulson, "Luther on the Hidden God," *Word & Word* 19 (1999), 363-371. 구약성경에 나타난 하나님의 숨어계심에 대해서는 Walter Brueggmann, *Theology of the Old Testament: Testimony, Dispute, Advocacy* (Minneapolis: Fortress, 1997), 317-399을 보라. 숨어계신 하나님은 목회신학자들의 주요 신학적 성찰의 주제이기도 하다. 예를 들면, James Newton Poling, *Deliver us from Evil: Resisting Racial and Gender Oppression* (Minneapolis, MN: Fortress Press, 1996); *The Abuse of Power: A Theological Problem* (Nashville: Abingdon Press, 1991)을 참고하라.

30 Peggy Way, *Created by God: Pastoral Care for All God's People* (St. Louis, MO: Chalice, 2005), 138, cited in Moschella, "Positive Psychology as a Resource for Pastoral Theology and Care," 5-7.

31 Christopher Peterson, *A Primer in Positive Psychology* (New York: Oxford University Press, 2006), 5.

32 Siang-Yang Tan, "Applied Positive Psychology: Putting Positive Psychology into Practice." *Journal of Psychology and Christianity* 25 (2006), 71-72. 보수적인 기독교적 관점에서 주요 심리치료기법들을 비평한 책, Stanton L. Johns & Richard E. Butman, *Modern Psychotherapies: A Comprehensive Christian Appraisal*, 이관직 옮김, 『현대심리치료와 기독교적 평가』(서울: 대서출판사, 2009)를 참고하라. 이 책에는 정신역동, 행동주의, 인본주의, 가족시스템 심리학에 대한 비평이 제공되어 있으며, 긍정심리치료(positive psychotherapy)는 평가의 대상에 포함되어 있지 않다.

33 예를 들어, 성령의 아홉 가지 열매 중, 사랑, 자비, 오래 참음, 충성, 온유, 절제는 긍정심리학의 사랑, 이타성 (자비), 끈기, 신중성, 겸손, 자기조절 등과 통한다.

34 "끝으로 형제들아 무엇에든지 참되며 무엇에든지 경건하며 무엇에든지 옳으며 무엇에든지 정결하며 무엇에든지 사랑받을 만하며 무엇에든지 칭찬받을 만하며 무슨 덕이 있든지 무슨 기림이 있든지 이것들을 생각하라" (빌 4:8, 개역개정판).

35 예를 들어, 예수님은 자신이 세상에 온 이유를 요한복음에서 이렇게 말씀하신다: "내가 온 것은 양으로 생명을 얻게 하고 더 풍성히 얻게 하려는 것이라" (요 10:10, 개역개정). 산상수훈에 나오는 팔복의 말씀은 "행복"에 대한 예수님의 정의와 가르침을 보여주는 것으로, 긍정심리학의 행복관, 특히 "인생의 의미와 영적 추구" 항목과 통하는 면이 있다. 긍정심리학이 말하는 행복의 원천에 대해서는 권석만, 『긍정심리학』, 353-472를 참고하라.

36 하나의 예로, 긍정심리학의 주요 주제 중 하나인 "소망"의 관점에서 역경 가운데 함께 하시는 선한 하나님의 일하심에 대해 다룬 필자의 아래 논문을 참고하라. Chang Kyoo Lee, "Christian Hope in Korean American Experience: A Practical Theology of Hope for a Marginalized Population" (Ph. D. diss., Claremont School of Theology, 2011).

37 대상관계(object relations) 관점에서 한 인간의 경험 속에 나타난 하나님의 표상 형성에 대해 다룬 책, Ana-Maria Rizzuto, *The Birth of the Living God: A Psychoanalytic Study* (Chicago: University of Chicago Press, 1979)을 참고하라.

38 Seligman, 『마틴 셀리그만의 긍정심리학』, 97-98.

39 Tan, "Applied Positive Psychology," 68-69.

40 Moschella, "Positive Psychology as a Resource for Pastoral Theology and Care," 5-12.

41 Seligman, 『마틴 셀리그만의 긍정심리학』, 116-123; Peterson, *A Primer in Positive Psychology*, 38.

42 Moschella, "Positive Psychology as a Resource for Pastoral Theology and Care," 5-8.

43 Seligman, "긍정심리학, 긍정 예방, 그리고 긍정 치료," 23.

44 위의 책, 24.

45 Tan, "Applied Positive Psychology," 71.

46 Moschella, "Positive Psychology as a Resource for Pastoral Theology and Care," 5-9.

47 위의 논문, 5-9.

48 Barbara Ehrenreich, *Bright-sided: How the Relentless Promotion of Positive Thinking has Undermined America* (New York: Metropolitan Books, 2009).

49 Barbara S. Held, "The Negative Side of Positive Psychology," *Journal of Humanistic Psychology*, 44 (2004), 9-46.

50 Moschella, "Positive Psychology as a Resource for Pastoral Theology and Care," 5-9.

51 위의 논문, 5-9.

52 M. McDonald & J. O'Callaghan, "Positive Psychology: A Foucauldian Critique," *Humanistic Psychologist*, 36(2), 2008, 127-142, cited in Moschella, "Positive Psychology as a Resource for Pastoral Theology and Care," 5-10.

53 Moschella, "Positive Psychology as a Resource for Pastoral Theology and Care," 5-10. 포스트모던 목회상담의 이론과 실천에 대해서는 Carrie Doehring, *The Practice of Pastoral Care: A Postmodern Approach* (Louisville, KY: Westerminster John Knox, 2006)을 참고하라.

54 Seligman, 『마틴 셀리그만의 긍정심리학』, 377.

55 Larry Crabb, "Positive Psychology: More Narcissism? Or a Welcome Corrective?," *Christian Counseling Today* 12(4), 2004, 64, cited in Tan, "Applied Positive Psychology," 72-73.

56 Way, Created by God, 141, cited in Moschella, "Positive Psychology as a Resource for Pastoral Theology and Care," 5-13.

2장. 인간중심상담에 대한 목회신학적 성찰

1 연문희, "미국 심리치료분야에서 Carl R. Rogers의 영향력," 『인간이해』 30 (2009), 1-19.

2 Carl Rogers, *A Way of Being*, revised ed. 오제은 옮김, 『칼 로저스의 사람-중심 상담』(서울: 학지사, 2007), 72.

3 See Seward Hiltner, *Pastoral Counseling* (New York: Abingdon Press, 1949).

4 E. Brooks Holifield, *A History of Pastoral Care in America: From Salvation to Self-Realization* (Lima, Ohio: Academic Renewal Press, 2003), 294-306 (Originally published in 1983). 한국목회상담학회 편, 『현대목회상담학자연구』(서울: 도서출판 희망나눔, 2014), 9-27, 64-119.

5 Holifield, *A History of Pastoral Care in America*, 300-356.

6 한국 학자들에 의한 목회상담 및 기독교상담적 시각에서의 로저스에 대한 두드러진 비판적 연구로는

유영권, "칼 로저스(Carl Rogers)의 자기개념에 대한 비판적 연구: 목회상담적 관점에서," 『한국기독교상담학회지』 7 (2004), 179-198; 정동섭, "칼 로저스의 인간 중심 상담이론에 대한 기독교적 평가," 『복음과 실천』 16(1) (1993), 325-351을 들 수 있다.

7   이창규, "긍정심리학에 대한 목회신학적 비평과 목회상담 활용가능성에 대한 연구," 『신학과 실천』 48 (2016), 222-224. 그 외에도 타학문과의 대화와 소통을 통해 학제 간 연구를 수행한 한국 학자들의 주요 연구를 소개하면 다음과 같다. 권수영, "기독(목회)상담사의 신학적 성찰: 임상현장에서의 상관관계의 방법," 『신학과 실천』 32 (2012), 369-396; 정연득, "신학함의 과정으로서의 목회돌봄과 상담," 『신학과 실천』 38 (2014), 347-377; 김나함, "목회상담에 있어서의 심리학과 신학의 관계에 대한 연구," 『신학과 실천』 14 (2008), 141-166; 김기철, "인간이해를 매개로 한 신학과 심리학의 만남," 『신학사상』 170 (2015), 249-282; 반신환, "경계선성격장애에 대한 변증법적 행동치료와 기독교상담," 『신학과 실천』 23 (2010), 317-340; 안석, "성숙에 대한 기독교상담학적 연구: 정신분석 및 인본주의심리학적 관점을 중심으로," 『신학과 실천』 32 (2012), 397-427.

8   Nancy J. Ramsay, *Pastoral Diagnosis: A Resource for Ministries of Care and Counseling* (Minneapolis: Fortress Press, 1998), 11.

9   Stanton L. Jones & Richard E. Butman, *Modern Psychotherapies: A Comprehensive Christian Appraisal*, 이관직 옮김, 『현대 심리치료와 기독교적 평가』 (서울: 도서출판 대서, 2009). 350.

10 Carl Rogers, *On Becoming a Person: A Therapist's View of Psychotherapy*, 주은선 옮김, 『진정한 사람되기: 칼 로저스 상담의 원리와 실제』 (서울: 학지사, 2009), 40-42, 49-50.

11 Rogers, 『칼 로저스의 사람-중심 상담』, 133.

12 위의 책, 134.

13 위의 책, 138-148.

14 로저스의 심리치료세계의 영적인 차원에 대해 긍정적인 평가를 한 대표적인 인간중심상담가는 영국에서 활동하고 있는 브라이언 손(Brian Thorne)이다. 그는 로저스의 이론과 심리치료에 대한 깊은 이해를 바탕으로 로저스에 대한 비평을 담은 중요한 책도 출판하였다. Brian Thorne, *Carl Rogers*, 2nd ed. 이영희, 박외숙, 고향자 옮김, 『칼 로저스』 (서울: 학지사, 2007). 로저스 상담의 영적 차원을 알기 위해서는 위의 책 68-73쪽을 보라. 또한 Samuel E. Menaham, "Cases of Anger and Hurt: The Development of Rogers and Spiritual Psychotherapy," in *The Psychotherapy of Carl Rogers: Cases and Commentary*, ed. Barry A. Faber, Deborah C. Bink, and Patricia M. Raskin, 주은선 옮김, "'분노와 상처' 사례: 로저스와 영적 심리치료의 발전," 『칼 로저스의 심리치료: 사례와 해설』 (서울: 학지사, 2017), 455-471을 참고하라.

15 S. Korchin, *Modern Clinical Psychology* (New York: Basic Books, 1976), in Jones, Butman, 『현대 심리치료와 기독교적 평가』, 351에서 재인용.

16 로저스 심리치료의 인본주의적인 관점은 그의 주저인 『진정한 사람되기』와 『칼 로저스의 인간-중심 상담』 두 권의 책 전체에 면면히 흐르고 있다.

17 Rogers, 『진정한 사람되기』, 37-38.

18 Richard M. Ryckman, *Theories of Personality*, 7th ed. (Belmont, CA: Wadsworth/ Thomson Learning, 2000), 462. 칼 로저스는 인간의 성격 및 행동에 대한 그의 포괄적인 이론을 19가지 명제 (propositions)로 정리하여 출판한 바 있다. Carl Rogers, *Client-Centered Therapy: Its Current Practice, Implications, and Theory* (Boston: Houghton Mifflin, 1951), 483-522.

19 Thorne, 『칼 로저스』, 78-79.

20 Rogers, 『칼 로저스의 사람-중심 상담』, 62-65.

21 Holifield, *A History of Pastoral Care in America*, 295-299. 로저스는 어렸을 때 성장하는 동안 가정에서의 경직되고 율법적이며 이분법적인 관계에 대한 반작용으로 정반대(이해하고 수용하고 용납하는) 인간 이해와 관계의 철학을 형성한 것으로 보인다. Rogers, 『칼 로저스의 사람-중심 상담』, 47-65를 참고하라.

22   Carl Rogers, *Counseling and Psychotherapy: Newer Concepts in Practice*, 한승호, 한성열 옮김, 『칼 로저스의 카운슬링의 이론과 실제』(서울: 학지사, 1998), 37.

23   위의 책, 39-52.

24   위의 책, 115-119, 126-141.

25   위의 책, 119.

26   Carl Rogers, "The Necessary and Sufficient Conditions of Therapeutic Personality Change," *Journal of Consulting Psychology* 21 (1957), 95-103. 위 논문은 Heesacker et. al. (1982)의 연구에 의하면, 1979-1980년 미국의 유력한 세 개의 학술지의 1957년 이전 고전적 저서와 논문 인용빈도수에서 2위를 차지하였다. 연문희, "미국 심리치료분야에서 Carl R. Rogers의 영향력," 4에서 재인용.

27   자세하고 충실하게 이 내용을 다룬 책으로는 David Mearns, and Brian Thorne, *Person-Centered Counseling in Action*, 3rd. ed. 주은선 옮김, 『인간중심 상담의 임상적 적용』(서울: 학지사, 2012)을 들 수 있다. 특히 127-272 쪽을 참고하라. 그 외에 간결하게 위 내용을 정리한 Thorne, 『칼 로저스』, 97-105를 참고하라.

28   공감에 대한 보다 자세하고 충실한 로저스의 이해를 알기 위해서는 『칼 로저스의 사람-중심 상담』, 151-177을 참고하라. 로저스 본인은 치료자의 상담 기술과 절차를 그들의 태도나 감정보다 중요하게 취급하지 않았지만, 로저스의 후기 학자들은 로저스의 책과 임상 자료에 근거하여 그의 임상적 반응 기술과 기법을 13가지로 정리한 바 있다. Farber, Brink, and Raskin, eds., 『칼 로저스의 심리치료』, 37-50.

29   Rogers, 『진정한 사람되기』, 94-124. 직접 인용은 123쪽에서 왔다.

30   위의 책, 189-200.

31   위의 책, 213-223.

32   Freud, *Civilization and its Discontents*, 1962, in Thorne, 『칼 로저스』, 164에서 재인용.

33   Rogers, 『칼 로저스의 사람-중심 상담』, 75-79. Thorne, 『칼 로저스』, 165.

34   Millard J. Erickson, *The Doctrine of Sin*, 나용화, 박성민 옮김, 『인죄론』(서울: 기독교문서선교회, 1993), 116-118.

35   Erickson, 『인죄론』, 77-78.

36   Rogers, 『칼 로저스의 카운슬링의 이론과 실제』, 49-70, 113-119.

37   Eberhard Busch, *Die Grosse Leidenschaft: Einfuhrung in der Theologie Karl Barths*, 박성규 옮김, 『위대한 열정: 칼 바르트 신학 해설』(서울: 새물결플러스, 2017), 168-185.

38   Erickson, 『인죄론』, 98-100.

39   위의 책, 96.

40   Nancy McWilliams, *Psychoanalytic Psychotherapy: A Practitioner's Guide*, 권석만, 이한주, 이순희 옮김, 『정신분석적 심리치료』(서울: 학지사, 2007), 189-229. Gerard Egan, *The Skilled Helper*, 제석봉, 유계식, 김창진 옮김, 『유능한 상담자』(서울: 학지사, 2015), 70-93.

41   John Patton, *Pastoral Care in Context: An Introduction to Pastoral Care* (Louisville, Kentucky: Westminster John Knox Press, 1993), 4-5. 세 번째 패러다임은 공동체적 상황적 패러다임으로 개인주의 심리학과 전통에 지나치게 치우친 목회상담 흐름을 반성하면서, 목회자 주도적인 개인적 돌봄과 상담이 아니라 신앙공동체의 돌봄으로서의 상담을 강조한다.

42   많은 상담교재들이 상담과정의 초기에 치료적 대화의 기술을 강조하는 것도 이러한 맥락에서 이해할 수 있다. 이건, 『유능한 상담자』, 157-301.

43   필자는 로저스의 상담 사례를 연구하면서 로저스의 집착에 가까울 정도의 내담자를 향한 집중력과 사랑에 놀라곤 했다. 특히 28세의 입원 중인 정신분열증환자 짐 브라운과의 상담 사례를 읽으면서 로저스가 얼마나 내담자를 수용하고 공감적으로 탐색하며, 내담자의 경험을 최대한 자각하려고 노력했

는지 알 수 있었다. 로저스는 2년 반 동안 주 2회 166회기의 상담을 이 내담자에게 제공했는데, 상담 회기를 녹취한 2 회기의 기록을 보면, 내담자의 긴 침묵(1회기: 50분, 2회기: 52분의 침묵)에도 불구하고 놀라울 정도의 집중과 인내력을 보여주었고, 결국 내담자가 눈물을 흘리고 반응을 하도록 이끌어 내었다. Farber, Brink, and Raskin eds., 『칼 로저스의 심리치료』, 333-372.

44 Jones & Butman, 『현대 심리치료와 기독교적 평가』, 369.

45 Carl Rogers, "A Note on the 'Nature of Man,' *Journal of Counseling Psychology* (1957), in Thorne, 『칼 로저스』, 192-193에서 재인용.

46 위의 책, 198.

47 Rollo May, "The Problem of Evil: An Open Letter to Carl Rogers," *Journal of Humanistic Psychology* 23(3), in Thorne, 『칼 로저스』, 175-176에서 재인용.

48 Rogers, 『칼 로저스의 심리치료』, 121-147, 373-424.

49 J. Ortberg, "Accepting our Acceptance: Some Limitations of a Rogerian Approach to the Nature of Grace," *Journal of Psychology and Christianity* 1 (1981/1), 45-50, in Jones & Butman, 『현대 심리치료와 기독교적 평가』, 367-368에서 재인용.

50 이형기, 『종교개혁신학사상: 루터와 칼빈을 중심으로』(서울: 장로회신학대학출판부, 1984), 147.

51 Erickson, 『인죄론』, 74-78. 직접인용은 78페이지에서 왔다.

52 위의 책, 115.

53 Busch, 『위대한 열정』, 177.

54 Holifield, *A History of Pastoral Care in America*, 11.

55 유영권, "칼 로저스(Carl Rogers)의 자기개념에 대한 비판적 연구," 179-180.

56 Paul Vitz, *Psychology as Religion*, 장혜영 옮김, 『신이 된 심리학』(서울: 새물결플러스, 2010), 183, 221, 237.

57 Jones & Butman, 『현대 심리치료와 기독교적 평가』, 358, 374.

58 Rogers, 『진정한 사람되기』, 50.

59 Ryckman, *Theories of Personality*, 463.

60 Don Browning, *Religious Thought and the Modern Psychologies* (1987), in Vitz, 『신이 된 심리학』, 103-104에서 재인용.

61 Thorne, 『칼 로저스』, 219-221.

62 Jones & Butman, 『현대 심리치료와 기독교적 평가』, 370-371.

63 Rogers, 『칼 로저스의 사람-중심 상담』, 89-113, Thorne, 『칼 로저스』, 68-73.

64 로저스를 연구하면서 스위스의 내과 의사이자 상담가인 폴 투르니에의 책을 읽을 기회가 있었다. 로저스와 투르니에는 둘 다 인간에 대해 깊은 관심을 가지고 열정을 다해 상담했지만, 로저스와 달리 투르니에의 상담현장에는 하나님이 존재했고, 그것이 어떤 결과를 가져왔는지 그의 책을 통해서 발견할 수 있었다. 기독교적 상담이라는 관점에서 투르니에의 2권의 책이 돋보인다. Paul Tournier, *The Meaning of Persons*, 강주헌 옮김, 『인간이란 무엇인가』(서울: 포이에마, 2013); *The Strong and the Weak*, 정동섭 옮김, 『강자와 약자』(서울: IVP, 2000). 이 책들에서 투르니에는 하나님에 대한 깊은 신앙과 영성을 바탕으로 인간을 전인적으로 이해하고 치료했으며, 참인간("실제 인간")이란 어떤 존재이며, 진정한 힘이란 무엇인지 다양한 상담사례를 통해 밝히고 있다. 로저스와 투르니에 두 사람 다 인간에 대해 지대한 관심을 가졌다는 점에서 많은 공통점이 있지만, 가장 큰 차이점은 상담 현장에서의 신의 존재 유무였다.

65 Farber, Brink, and Raskin, eds., 『칼 로저스의 심리치료』, 37-50.

66 Mearns & Thorne, 『인간중심상담의 임상적 적용』, 87-125.

1 Klaus Schwab, *The Fourth Industrial Revolution*, 송경진 옮김, 『클라우스 슈밥의 제4차 산업혁명』(서울: 새로운 현재, 2016). (다음부터는 『제4차 산업혁명』으로 표기).

2 슈밥은 4차 산업혁명은 1~3차에 이르는 산업혁명과 확연히 구분되는 새로운 산업혁명이라는 점을 부각시킨 바 있다. 즉, 그 규모와 속도, 범위와 깊이, 사회 전체 시스템에 주는 변화와 충격 면에서 가히 새로운 산업혁명이라고 칭할 수 있다는 것이다. 슈밥, 『제4차 산업혁명』, 10-15 참고. 그러나 현재의 변화는 3차 산업혁명에 기반을 둔 연장선에 불과하다는 견해도 있다. Jeremy Rifkin, *The Third Industrial Revolution: How Lateral Power Is Transforming Energy, the Economy, and the World* (Basingstoke: Palgrave MacMillan, 2011), 전요섭, "4차 산업혁명 시대에 대한 기독교상담적 대응," 『신학과 실천』 61 (2018), 177-178에서 재인용. Martin Wolf, "The Case Against Techno-Optimism," in *The Fourth Industrial Revolution: A Davos Reader*, ed. Gideon Rose, 김진희 외 옮김, "기술낙관론에 대한 반박," 『4차 산업 혁명의 충격』(서울: 흐름출판, 2016), 162-177.

3 세계경제포럼의 사명선언서는 아래를 참고하라.
https://www.weforum.org/about/world-economic-forum (2019년 2월 14일 접속)

4 목회신학의 정의에 대한 보다 자세한 논의를 위해서는 아래를 참고하라. J. R. Burck and R. J. Hunter, "Pastoral Theology, Protestant," in *Dictionary of Pastoral Care and Counseling*. gen. ed. Rodney J. Hunter (Nashville: Abingdon Press, 1990), 867-872.

5 Schwab, 『제4차 산업혁명』, 10-11, 29-32, 36-50.

6 그래핀(graphene)은 강철보다 200배 이상 강하고 두께는 100만분의 1 정도로 얇으며, 뛰어난 열과 전기의 전도성을 갖춘 최첨단 나노 소재인데, 만일 가격 경쟁력까지 갖추게 된다면 제조업과 인프라 산업에 막대한 유익을 가져다 줄 것으로 전망하고 있다. 위의 책, 39-40.

7 Klaus Schwab, *Shaping the Fourth Industrial Revolution*, 김민주, 이엽 옮김, 『더 넥스트: 클라우스 슈밥의 제4차 산업혁명』(서울: 새로운 현재. 2018), 254-282.

8 "파괴적 혁신"은 4차 산업혁명의 핵심 용어로서 기존의 시스템을 붕괴시키고 새로운 시스템을 만들어내는 패러다임 전환을 시도하는 혁신을 말한다.

9 Schwab, 『제4차 산업혁명』, 12-13.

10 Schwab, 『더 넥스트』, 34-38.

11 4차 산업혁명이 추구하는 기술에 대한 가치기반적 접근 방식은 구체적으로 기술에 내포된 정치적 본질(목적, 위험, 불확실성 등)을 명확히 밝히고, 사회적 가치(인간의 존엄성, 공공선의 중요성, 청지기 의식 등)에 우선순위를 두며, 가치에 기반을 둔 기술을 개발하고 사용하는 것(주요 기술 공론화, 새로운 행동양식 습득기회 제공 등)을 말한다. 위의 책, 54-77.

12 Schwab, 『제4차 산업혁명』, 56-167.

13 영국의 혁신 자선단체인 네스타(Nesta)에 따르면, 도시가 변혁을 가져올 창의적인 방법을 찾아내고, 개방적이며, 관료적이 아니라 기업가처럼 활동할 때 보다 효율적인 정책 환경을 확립할 수 있다고 했으며, 이러한 효율성을 가장 잘 갖춘 도시로 뉴욕, 런던, 헬싱키, 바르셀로나, 암스테르담을 들었다. 위의 책, 126에서 재인용.

14 증강 인간은 뇌와 컴퓨터를 연결하거나 로봇 등과 결합하여 인체의 신체능력을 높인 인간을 일컫는다. Helen Papagiannis, *Augmented Human*, 문은주 옮김, 『증강 인간』(서울: 에이콘출판사, 2018).

15 미시간대학교에서 진행한 연구(2010)에 의하면, 2000년 이후 대학생들의 공감능력이 20~30년 전 대학생들과 비교했을 때 40%나 감소했다고 한다. MIT의 셰리 터클 교수는 모바일 폰이 테이블 위에 있거나 주변에 있는 것만으로도 두 사람 간의 대화의 주제와 유대감이 달라진다는 연구 결과를 내어놓았다. Schwab, 『제4차 산업혁명』, 162에서 재인용.

16 위의 책, 165-167.

17 위의 책, 258. "제4차 산업혁명은 인류를 로봇화하여 일과 공동체, 가족 그리고 정체성과 같은, 우리 삶에 의미를 주는 전통적인 가치를 위태롭게 할 수 있다. 아니면 공동운명체 의식을 바탕으로 새로운 공동의 윤리의식의 세계로 인류의 수준을 높이는 데 제4차 산업혁명을 활용할 수도 있다"(261).

18 이러한 혁신 도시 중에는 스페인의 바르셀로나와 우리나라의 송도가 있다. 특히 송도는 경제, 사회, 환경적 지속 가능성이라는 기준을 두고 개발한 세계 최초의 녹색도시(green field city)라고 한다. John Chambers, Wim Elfrink, "The Future of Cities: How the Internet of Everything Will Change Our World," in *The Fourth Industrial Revolution*, ed. Gideon Rose, 김진희 외 옮김, "도시의 미래: 만물인터넷이 삶의 방식을 바꾼다," 『4차 산업혁명의 충격』(서울: 흐름출판, 2016), 178-191.

19 Schwab, 『제4차 산업혁명』, 207-209.

20 위의 책, 210-213.

21 Schwab, 『더 넥스트』, 254-263.

22 위의 책, 264-272.

23 위의 책, 31-33.

24 슈밥은 4차 산업혁명이 "분열적이고 비인간화(dehumanizing)되기보다는, 인간에게 힘을 불어넣어주고 인간이 중심이 되게 하는 것"이라는 점을 강조한 바 있다. Schwab, 『제4차 산업혁명』, 14.

25 예를 들어, 예전에는 산업용 로봇과 인간의 경계가 명확하게 분리되어 있었으나 오늘날 로봇 공학의 엄청난 발전과 다양한 기술 진보로 인해 로봇과 인간의 경계가 조금씩 허물어지고 있으며, 인간의 생물학적 시스템을 능가한 로봇의 출시가 조만간 가능해질 것이고, 컴퓨터 시스템이 인간이 만든 기술을 능가하여 새로운 기술을 스스로 발명하게 되는 "기술적 특이점"을 달성하여 "로봇 디스토피아"를 걱정하기에 이르렀다는 것이다. Illah Reza Nourbakhsh, "The Coming Robot Dystopia: For Human-Robot Interaction" in *The Fourth Industrial Revolution*, ed. Gideon Rose, 김진희 외 옮김, "다가오는 로봇 디스토피아: 로봇과 인간의 상호작용을 위해," 『4차 산업혁명의 충격』, 192-205; Nayef Al-Rodhan, "The Ethics of Robots: How to Teach Right and Wrong to Machines" in *The Fourth Industrial Revolution*, ed. Gideon Rose, 김진희 외 옮김, "로봇의 도덕률: 어떻게 로봇에게 옳고 그름을 가르칠까," 『4차 산업혁명의 충격』, 248-256.

26 Schwab, 『더 넥스트』, 39-51.

27 Schwab, 『제4차 산업혁명』, 251-257.

28 위의 책, 257-260.

29 위의 책, 261.

30 William A. Clebsch and Charles R. Jaekle, *Pastoral Care in Historical Perspective*, 1st softcover ed. (New York: Jason Aronson, 1994), 4-10. (originally published in 1964.)

31 Nancy J. Ramsay, *Pastoral Care and Counseling: Redefining the Paradigms* (Nashville: Abingdon Press, 2004), 2-4; 정연득, "서론: 현대목회상담학의 흐름," in 한국목회상담학회 편, 『현대목회상담학 자연구』(서울: 도서출판 희망나눔, 2014), 12-25.

32 Schwab, 『제4차 산업혁명』, 46.

33 위의 책, 46; Richard & Daniel Susskind, *The Future of the Professions: How Technology Will Transform the Work of Human Experts*, 위대선 옮김, 『4차 산업혁명 시대, 전문직의 미래』(서울: 와이즈베리, 2016), 224-227.

34 Schwab, 『더 넥스트』, 216-217.

35 위의 책, 218. 생물소재는 자연에서 추출하거나 생체용 세라믹, 합성 물질 혹은 금속 물질을 사용하며 다양한 화학적 방법을 통해 인공적인 합성으로 만들 수 있다고 한다. 현재는 치과치료, 수술, 약물전달시스템에 사용되고 있다. https://ko.wikipedia.org/wiki/생물소재 (2020년 2월 18일 접속)

36 Schwab, 『제4차 산업혁명』, 47, 238-240. 물론 이러한 긍정적인 가능성과 함께 부정적인 효과도 나타
    날 수 있다. 3D 바이오프린팅을 통해 통제나 규제를 받지 않고 일정 신체 부위가 생산될 수 있고, 이
    에 따르는 윤리적 문제가 발생할 수 있다. 생명공학의 규제와 바른 사용에 대한 규범과 윤리적 기준
    제정이 무엇보다 요청된다. Schwab, 『더 넥스트』, 220-223.

37 예를 들어, 잭 보터는 2012년 세계 최초로 생각만으로 작동하는 의족을 장착한 바 있다. 누르바흐시,
    "다가오는 로봇 디스토피아," 195-198; Schwab, 『제4차 산업혁명』, 248 참고.

38 Susskind, Susskind, 『4차 산업혁명 시대, 전문직의 미래』, 78-87.

39 Schwab, 『제4차 산업혁명』, 45-50.

40 위의 책, 12.

41 위의 책, 261.

42 이런 목회신학적 관심을 공공 목회신학(public pastoral theology)이라고 명명할 수 있다. 아래 글
    을 참고하라. Bonnie Miller-McLemore, "Pastoral Theology as Public Theology: Revolutions in the
    'Fourth Area'," in Pastoral Care and Counseling: Redefining the Paradigms, ed. Nancy J. Ramsay
    (Nashville: Abingdon Press, 2004), 45-64; Larry K. Graham, "Pastoral Theology as Public Theology
    in Relation to the Clinic," Journal of Pastoral Theology 10 (2000): 1-17; Chang Kyoo Lee, "Toward
    Public Pastoral Theology: A Renewed Paradigm of Care," Korea Presbyterian Journal of Theology
    49/3 (2017): 267-298.

43 세계경제포럼 글로벌 어젠다 위원회 가치분과의 2012-2014년 "가치에 대한 새로운 사회 서약"에는
    인류가 공통적으로 추구해야 할 3가지 포괄적 합의를 제안하고 있다. 1. 인종, 성별, 배경 및 신념에
    구애받지 않는 인간의 존엄성, 2. 개인의 이해관계를 초월하는 공동선의 중요성, 3. 스튜어드십stew-
    ardship: 우리 자신만이 아니라 후세를 위한 노력. Schwab, 『더 넥스트』, 62-63.

44 Schwab, 『제4차 산업혁명』, 260. 진화론적 생물학자인 노왁은 협력이야말로 "인간을 구원할 수 있
    는 유일한 것"이라고 강조하면서 이기적 유전자를 넘어 이타적 집단을 이끄는 협력의 5가지 법칙(직
    접 상호성, 간접 상호성, 공간 게임, 집단 선택, 혈연 선택)을 소개하였다. Martin Nowak and Roger
    Highfield, SuperCooperators: Altruism, Evolution, and Why We Need Other to Succeed, 허준석 옮김, 『초
    협력자』(서울: 사이언스북스, 2012).

45 Margaret Kornfeld, Cultivating Wholeness: A Guide to Care and Counseling in Faith Communities (New
    York: The Continuum International Publishing Group, 2002).

46 John Patton, Pastoral Care in Context: An Introduction to Pastoral Care (Louisville: Westminster/John
    Knox Press, 1993), 3-5.

47 Emmanuel Y. Lartey, Pastoral Theology in an Intercultural World (Cleveland, Ohio: The Pilgrim
    Press, 2006).

48 Schwab, 『더 넥스트』, 45-55.

49 4차 산업혁명과 관련된 어떤 책에서는 "세상을 자유롭게 하는 기술의 꿈, 신인류로 진화하다," "창조
    와 혁신은 누가 하는가," "진화 심리학의 중심, 혼혈은 순종보다 강하다" 등과 같은 인본주의적이고 자
    극적인 소제목을 사용하고 있다. 성열홍, 『딥씽킹』(서울: 21세기북스, 2014).

50 Erickson, 『인죄론』, 116-118.

51 하나의 대안으로, 기독교 영성의 전통에서 사용되었던 비움과 부정의 신학(apophatic theology), 고대
    사막의 교부들이 주창했던 청빈과 가난의 삶과 영성 등을 고려해 볼 수 있다. 최근 서구 사회는 불교
    적 영성을 바탕으로 한 침묵(silence), 마음 챙김(mindfulness), 수용(acceptance) 등이 주목을 끌고 있
    으며 심리치료 및 상담에도 적극적으로 활용되고 있는데, 4차 산업혁명이 주장하는 번영과 성장과는
    사뭇 다른 관점이라는 점에서 아주 흥미롭고 역설적으로 보인다.

52 Schwab, 『제4차 산업혁명』, 162-163.

53 박보린, 『제4차 산업혁명에 대한 정신분석적 고찰』(서울: 한국심리치료연구소, 2018), 104-105.

54 위의 책, 88

55 위의 책, 112-113.

56 위의 책, 114.

57 Busch, 『위대한 열정』, 168-185.

58 Erickson, 『인죄론』, 98-100.

59 Rogers, 『진정한 사람되기: 칼 로저스 상담의 원리와 실제』, 29-42, 55-73. Rogers, 『칼 로저스의 사람-중심 상담』, 25-65. 로저스의 인간중심상담에 대한 목회신학적인 비평을 위해서는 이창규, "칼 로저스의 재발견: 인간중심상담에 대한 목회신학적 비평과 목회상담적 활용," 『신학과 실천』 61 (2018): 265-299를 참고하라.

60 전요섭, "4차 산업혁명 시대에 대한 기독교상담적 대응," 175-203; 여한구, "4차 산업혁명 시대의 기독교 상담," 『신학과 실천』 61 (2018): 205-229; 장보철, "목회상담에 있어서 인공지능의 유용성에 대한 연구," 『장신논단』 50/2 (2018): 305-328; "인공지능에 대한 목회신학적 고찰," 『신학과 실천』 59 (2018), 247-267.

61 대상관계이론가인 멜라니 클라인, 도날드 위니컷 등이 유아적 전능환상과 심리기제의 역할과 중요성에 대해 깊은 통찰을 제공해 주었다. Michael St. Clair, Object Relations and Self Psychology, 안석모 옮김, 『대상관계이론과 자기심리학』 (서울: 센게이지러닝, 2015), 59-86, 116-147을 참고하라.

62 박보린, 『제4차 산업혁명에 대한 정신분석적 고찰』, 117-119.

63 김명용, 『칼 바르트의 신학』 (서울: 이레서원, 2007), 224-226.

64 이재현은 현대 목회상담의 문제를 하나님은 도외시한 채 인간적인 온전한 삶에만 올인한 데 있다고 보았다. 그리고 그 대안으로 기독교적 치유와 돌봄 영역에서 예수 그리스도의 중요성을 부각시키고 있다. 그 하나의 방편으로 영성과 상담의 통합과 상호연결성을 강조하였다. 이재현, 『목회상담과 예수 그리스도』 (서울: 장로회신학대학교출판부, 2018), 105-136.

65 Kornfeld, Cultivating Wholeness, 18-19.

4장. 종교중독에 대한 목회신학적 비평

1 중독포럼, "중독이란," http://www.addictionfr.org/web/content02/index1_3.php. 2022년 4월 12일 접속.

2 권석만, 『현대이상심리학』, 2판 (서울: 학지사, 2013), 130-131, 521-558.

3 채규만 외, 『채박사의 중독 따라잡기』 (서울: 학지사, 2013), 43-140.

4 Patricia Anne Vanderheyden, "Religious Addiction: The Subtle Destruction of the Self," Pastoral Psychology 47/1 (1999), 294.

5 아래의 사례들은 필자의 상담 경험, 종교중독을 다룬 신문 기사, 그리고 종교중독에 관한 책에서 가져온 것으로, 핵심 내용은 변경시키지 않으면서 비밀 보장을 위해 약간의 각색을 하였다. 권영삼, "종교중독 빗나가 버린 신앙: '열정적 믿음'으로 미화된 잘못된 믿음의 손상," 『아멘 뉴스』, 2004년 7월 14일. Archibald D. Hart, The Addictive Personality: Understanding the Addictive Process and Compulsive Behavior, 온누리회복사역본부 옮김, 『참을 수 없는 중독』 (서울: 두란노, 2005), 160.

6 종교중독이 아닌 일반적인 신앙 행위를 보여주는 예를 반대 사례(contrary case)로 제시하였다. 이 사례는 아래 자료를 참고했다. 도은영, 정복례, 도복늠, "중독(Addiction)에 대한 개념분석," 『지역사회간호학회지』 12/1 (2001), 265.

7 이해국, 이보혜, "4대 중독 원인 및 중독 예방 정책," 『보건복지포럼』 (2013. 6). 30. 최은영, "종교중독

과 영성," 한국기독교상담심리학회 편, 『중독과 영성』(서울: 학지사, 2018), 245. 김충렬, "도박중독의 원인에서 의지적 원인의 연구," 『신학과 실천』 22 (2012), 209-254. 조윤옥, "관계중독의 치유에 관한 연구," 『신학과 실천』 38 (2014), 409-440.

8   Gerald G. May, *Addiction and Grace: Love and Spirituality in the Healing of Addictions*, 이지영 옮김, 『중독과 은혜』(서울: IVP, 2005), 39.

9   도은영, 정복례, 도복늠, "중독(Addiction)에 대한 개념분석," 262.

10   요한복음 8장 31-32절에서 예수님께서는 자신을 믿는 유대인들을 향해 이렇게 말씀하셨다: "…너희가 내 말에 거하면 참으로 내 제자가 되고 진리를 알지니 진리가 너희를 자유롭게 하리라."

11   May, 『중독과 은혜』, 43-45, 119, 26. (직접 인용은 26페이지에서 왔다.)

12   채규만, 『채박사의 중독 따라잡기』, 14.

13   DSM-5에 따르면 "알코올 사용장애"(Alcohol-Related Disorder)로 진단하기 위해서는 알코올 사용으로 인해 심각한 기능 손상이나 고통을 유발하는 부적응적인 패턴 목록 11가지 중에서 2가지 이상이 지난 12개월 이내에 나타나야 한다고 밝히고 있다. 여기에는 채규만이 언급한 3가지 요건이 기본적으로 포함된다. 권석만, 『현대이상심리학』, 523-524. 메이는 중독의 5가지 주요 특징으로 내성, 금단 증상, 자기 기만, 의지력 상실, 주의력 왜곡 등을 거론한다. 메이, 『중독과 은혜』, 41-46. 알코올 중독과 이에 대한 적절한 목회상담적 대응을 위해서는 우선옥, "알코올 중독의 문제와 그 극복의 방안," 『신학과 실천』 46 (2015), 313-334을 참고하라.

14   Father Leo Booth, *When God Becomes a Drug: Understanding Religious Addiction and Religious Abuse* (Long Beach: SCP Limited, 1998), 24-56.

15   강경호, 『중독의 위기와 상담』(서울: 한가족상담연구소, 2002), 15-30; 강경호, 『종교중독의 실체와 상담』(서울: 한사랑가족상담연구소, 2018), 118-220.

16   Booth, *When God Becomes a Drug*, 58-81.

17   Harold C. Urschel III, *Healing the Addicted Brain: The Revolutionary, Science-Based Alcoholism and Addiction Recovery Program*, 조성ённый 외 옮김, 『중독된 뇌 살릴 수 있다』(서울: 학지사, 2012), 21-22.

18   예를 들면, 도파민 D2 수용체 유전자는 중독에 크게 관련되는 것으로 밝혀졌다. 정형모, 이홍석, 장동원, 이민수, "정신분열증, 알코올중독, 약물중독에서 도파민 D2 수용체 유전자의 조절유전자(modifying gene)로서의 역할: 충동적, 강박적, 탐닉적 행동을 나타내는 정신질환들에서 도파민 D2 수용체의 조절유전자로서의 역할," 『생물정신의학』 4/2 (1997), 225-233.

19   Urschel, 『중독된 뇌 살릴 수 있다』, 21-22.

20   Cheryl Zerbe Taylor, "Religious Addiction: Obsession with Spirituality," *Pastoral Psychology*, 50/4 (2002), 295.

21   Hart, 『참을 수 없는 중독』, 160.

22   김선미는 중독을 "심리적인 결핍"에서 온 것이라고 보고, 이러한 심리적 결핍 해소를 위한 목회상담적 방안을 제시하기도 하였다. 김선미, "종교중독에서 심리적인 결핍에 대한 목회상담적 대응," 『신학과 실천』 48 (2016), 285-350.

23   Taylor, "Religious Addiction," 296-297.

24   참된 죄책감과 거짓된 죄책감의 차이에 대해서는 Paul Tournier, *Guilt and Grace*, 추교석 옮김, 『죄책감과 은혜』(서울: IVP, 2001), 91-103을 참고하라.

25   John Bradshaw, *Healing the Shame that Binds You*, 김홍찬, 고영주 옮김, 『수치심의 치유』(서울: 한국상담심리연구원, 2002), 17-44, 45-108.

26   정연득, "종교중독에 대한 목회신학적 대응: 정신분석학과 몸의 신학의 관점에서," 『신학과 실천』 26/2 (2011), 51.

27   위의 논문, 51-52.

28 Vanderheyden, "Religious Addiction," 300.

29 권석만, 현대이상심리학, 27-32, 134-149.

30 최의헌, "진단통계편람(DSM)의 이해와 목회상담에서의 응용," 이상억 외 공저, 『목회상담 실천입문』(서울: 학지사, 2009), 191-201.

31 Stephen Arterburn, Jack Felton, *Toxic Faith: Experiencing Healing from Painful Spiritual Abuse*, 문희경 옮김, 『해로운 믿음』(서울: 죠이선교회, 2003), 최은영, "종교중독과 영성," 한국기독교상담심리학회 편, 『중독과 영성』(서울: 학지사, 2018), 251-253에서 재인용.

32 May, 『중독과 은혜』, 1, 119; Gerald May, *Addiction and Grace* (New York: Harper & Row, 1988), 1. 하나님을 향한 인간의 갈망을 시적으로 표현한 시편 42편을 참고하라. 어거스틴(A. D. 354-430)의 고백록의 한 구절은 하나님을 향한 갈망의 본질을 누구보다 잘 보여준다: "당신은 우리로 하여금 당신을 향하도록(ad te) 창조하셨습니다. 그러므로 우리 마음은 당신 안에 거하기까지 불안합니다." Aurelius Augustinus Hipponensis, *Confessiones*, 선한용 옮김, 『성 어거스틴의 고백록』(서울: 대한기독교서회, 1990), 19.

33 Vanderheyden, "Religious Addiction," 296.

34 May, 『중독과 은혜』, 139-140.

35 위의 책, 23, 29, 15.

36 위의 책, 31, 33-34. 최주혜는 알코올중독치료에 가장 효과적인 것으로 알려져 있는 AA(Alcoholic Anonymous)의 12단계 프로그램에 나타난 영성에 대해 연구했는데, 이 프로그램은 중독자로 하여금 자신의 연약함을 인식하게 하고 하나님의 도우심, 즉 은혜를 의지하게 함으로써 치료와 회복을 가져온다. 특히 첫 세 단계를 주목할 필요가 있다. 최주혜, "중독과 영성," 『신학과 실천』 47 (2015), 349-372.

37 Karl Barth, "The New Humanism and the Humanism of God," *Theology Today*, 8/2 (1951), 164.

38 Gerald May, *The Awakened Heart: Living Beyond Addiction* (New York: HarperSanFrancisco, 1991), 54.

39 May, *Addiction and Grace*, 106-107.

40 "관상"은 영어 단어 contemplation을 번역한 용어로, 한국 독자들에게는 분명히 오해의 소지가 있다. 불교적인 냄새가 나기 때문이다. 온라인 표준국어대사전에는 관상을 세 가지 의미로 풀이한다. 1. [불교] 수행의 한 가지로서 마음을 일정한 대상에 기울여, 어떤 상념을 일으키게 하여 번뇌를 없애는 일. 2. [종교 일반] 신을 직관적으로 인식하고 사랑하는 일. 3. [철학] 순수한 이성의 활동에 의하여 진리나 실재를 인식하는 일. 관상이라는 용어 대신 묵상을 생각해 볼 수 있으나 묵상은 의미를 일부분만 보여주기 때문에 부족하다. 이 논문에서는 관상을 사전의 두 번째 의미로 이해하고 채택한다. 국립국어연구원 편, 『표준국어대사전』(서울: 두산동아, 2001), s.v. "관상."

41 May, 『중독과 은혜』, 137; May, *The Awakened Heart*, 208.

42 May, 『중독과 은혜』, 136-137; May, *The Awakened Heart*, 23-25, 52-53, 74-77.

43 김선미, "종교중독에서 심리적인 결핍에 대한 목회상담적 대응," 291-294; 정연득, "종교중독에 대한 목회신학적 대응," 73-74.

44 Vanderheyden, "Religious Addiction," 296-299; Taylor, "Religious Addiction," 296.

45 Margaret Kornfeld, *Cultivating Wholeness: A Guide to Care and Counseling in Faith Communities* (New York: The Continuum International Publishing Group, 2002), 15-42.

46 Michael St. Clair, *Object Relations and Self Psychology*, 안석모 옮김, 『대상관계이론과 자기심리학』(서울: 센게이지 러닝, 2015), 116-147.

47 Barth, "The New Humanism and the Humanism of God," 164.

48 May, 『중독과 은혜』, 31.

1 존 패튼은 상담자의 역할과 책임성, 그리고 목회적 관계에 대한 상담자의 이해와 표현, 그리고 신앙공
동체와의 관계성 등을 목회상담을 다른 형태의 상담 및 심리치료와 구별 짓는 주요 특징이라고 하였
다. John Patton, "pastoral counseling," in *Dictionary of Pastoral Care and Counseling*, gen. ed. Rod-
ney J. Hunter (Nashville: Abingdon Press, 1990), 850. 이관직은 목회상담을 목회적으로 만드는 요
인으로 '역사적 뿌리와 정체성', '교회의 사역으로서의 목회상담', '신학적 반추능력과 심리학적 인간이
해', '심리 체계적 접근과 선지자적 기능', 그리고 '목회상담자의 정체성' 등을 거론한다. 이관직, "목회
상담의 정체성," 안석모 외 공저, 『목회상담 이론 입문』(서울: 학지사, 2009), 19-35. 이재현은 목회상
담의 세 가지 근원을 제시하는데, 1) 예수 그리스도의 사역, 2) 한국 초기교회의 상호 돌봄, 3) 미국 대
각성운동과 경험신학의 전통이다. 이재현, 『목회상담과 예수 그리스도』(서울: 장로회신학대학교출판
부, 2018), 21-41.

2 권수영, 신명숙, 안석모, 홍영택, "목회상담의 역사: 현대 및 미래 전망," 안석모 외 공저, 『목회상담 이
론 입문』(서울: 학지사, 2009), 172-185.

3 복음주의적 목회상담운동은 클라이드 내러모어(Clyde Narramore), 제이 아담스(Jay Adams), 로렌
스 크렙(Lawrence Crabb), 게리 콜린스(Gary Collins) 등에 의해 주도되었으며, 성서와 기독교전통
을 중시하고 복음주의적 상담을 제공하려고 하였다. 미국기독교상담자협회(American Association of
Christian Counselors; 약자로는 AACC)는 복음주의적 기독교 상담자들이 활동하는 연합기구이다.
권수영 외, "목회상담의 역사: 현대 및 미래 전망," 185-188.

4 목회상담의 정체성 찾기 및 회복에 기여한 주요 인물로는 돈 브라우닝(Don Browning), 폴 프라이
저(Paul Pruyser), 토마스 오든(Thomas Oden), 도날드 캡스(Donald Capps), 찰스 거킨(Charles
Gerkin) 등이 있다. Don Browning, *The Moral Context of Pastoral Care* (Philadelphia: Westminster
Press, 1976). Paul Pruyser, *The Minister as Diagnostician: Personal Problems in Pastoral Perspective*
(Philadelphia: Westminster Press, 1976). Thomas Oden, *Care of Souls in the Classic Tradition* (Phil-
adelphia: Fortress Press, 1984. Donald Capps, *Biblical Approaches to Pastoral Counseling* (Philadel-
phia: Westminster Press, 1981), Charles Gerkin, *The Living Human Document: Re-Visioning Pastoral
Counseling in a Hermeneutical Mode* (Nashville, TN: Abingdon Press, 1984). 이들의 목회상담 정체
성 회복 노력은 기독교적 뿌리와 교회 전통을 중시한다는 점에서 복음주의적 목회상담운동과 통하는
부분이 있지만, 현대 심리학 및 심리치료 이론과의 대화를 진지하게 계속하며, 신학적 입장과 접근방
식을 새롭게 하고, 현대 심리치료 이론을 비판적으로 수용하고 변용하려고 한다는 점에서는 다르다.
권수영 외, "목회상담의 역사: 현대 및 미래 전망," 188-190.

5 이 장에서 목회신학은 실천신학의 한 분야로, 목회돌봄과 상담의 이론과 실제에 관한 신학을 말한다.
목회신학은 신학적 성찰의 성격을 가지며, 성경, 기독교 전통, 인간 경험, 교회, 문화 등을 다학제적으
로 연구한다. J. R. Burck and R. J. Hunter, "Pastoral Theology, Protestant," in *Dictionary of Pastoral
Care and Counseling*, 867-872.

6 Miroslav Volf, *Captive to the Word of God: Engaging the Scriptures for Contemporary Theological Re-
flection*, 황병룡 옮김, 『하나님의 말씀에 사로잡혀』(서울: 국제제자훈련원, 2012), 20.

7 위의 책, 45-48. 성경을 사용한 기독교상담의 방법론을 제시한 아래 논문들도 참고하라. 여한구, "기
독교 상담에서의 성서와 심리상담," 『신학과 실천』 44 (2015), 229-254. 하재승, "한국청소년의 학업
중압감 사례와 성경적 상담을 통한 신앙지도," 『신학과 실천』 18 (2009), 371-405. 최성미, "동기변화
를 통한 부부갈등의 회복-성경적 상담의 관점에서," 『신학과 실천』 58 (2018), 447-473. 최종일, "인구
절벽 시대에 기독 청년층을 위한 목회돌봄에 관한 연구: 성경을 근거로 하는 이야기치료를 중심으로,"
『신학과 실천』 68 (2020), 391-409.

8 대한성서공회, 『관주 해설 성경전서: 개역개정판』 독일성서공회 해설 (서울: 대한성서공회, 2004), 신
약 141-142. George R. Beasley-Murray, *World Bible Commentary: John* (Waco, TX: Word Books,
1999), 1-17.

9 대한성서공회, 『관주 해설 성경전서』, 신약 142.

10   Hans Conzelmann, "χάρις," in *Theological Dictionary of the New Testament*, ed. Gerhard Kittel, Gerhard Friedrich, trans. Geoffrey W. Bromiley (Grand Rapids, Mich.: Eerdmans, 1974), 9: 372-376.

11   Walther Zimmerli, "χάρις," in *Theological Dictionary of the New Testament*, 9: 376-381.

12   위의 책, 381-387.

13   Conzelmann, "χάρις," in *Theological Dictionary of the New Testament*, 9: 391-399.

14   Raymond E. Brown, *The Gospel According to John I*, 최흥진 옮김, 『앵커바이블: 요한복음 I』(서울: 기독교문서선교회, 2013), 234.

15   Beasley-Murray, *World Bible Commentary: John*, 14-15. Gottfried Quell, "ἀλήθεια," in *Theological Dictionary of the New Testament*, ed. Gerhard Kittel, trans. Geoffrey W. Bromiley (Grand Rapids, Mich.: Eerdmans, 1964), 1: 232-233.

16   대한성서공회, 『관주 해설 성경전서』, 용어 해설, "진리[진실]," 부록 57.

17   Craig S. Keener, *The Gospel of John: A Commentary II*, 이옥용 옮김, 『요한복음 II』(서울: 기독교문서선교회, 2018), 1283-1284.

18   Quell, "ἀλήθεια," in *Theological Dictionary of the New Testament*, 1: 233-238.

19   Rudolf Bultmann, "ἀλήθεια," in *Theological Dictionary of the New Testament*, 1: 238-241.

20   Beasley-Murray, *World Bible Commentary: John*, 14-15. Bultmann, "ἀλήθεια," in *Theological Dictionary of the New Testament*, 1: 241-247.

21   대한성서공회, 『관주 해설 성경전서』, 용어 해설, "진리[진실]," 부록 57.

22   예를 들면, 강용원, "복음주의 기독교상담의 전개: 사마리아 여인과의 대화를 중심으로," 『성경과 신학』 65 (2013), 37-73. 주지할 것은 흥미롭게도 예수의 상담방식에 대한 연구는 주로 기독교상담학자, 즉 복음주의 입장의 상담학자들에 의해 시행되었다는 점이다.

23   성서학자들은 예수가 유대에서 갈릴리로 가기 위해 요단 계곡을 경유할 수 있음에도 불구하고 굳이 사마리아를 통과한 것은 그 길이 지름길이었다는 객관적인 이유 외에도(요 4:4 참고), 사마리아 여인과 만나고 사마리아 지역을 전도하기 위한 목적이 있었을 것으로 추정한다. 그렇게 볼 때 예수의 사마리아 방문은 이 여인을 만나기 위한 의도적인 방문이었다고 볼 수 있다. 대한성서공회, 『관주 해설 성경전서』, 신약 147.

24   창의적이고 탁월한 상담가로 여겨지는 밀턴 에릭슨(Milton Erickson)을 예로 들 수 있다. Donald Capps, *Reframing: A New Method in Pastoral Care* (Minneapolis: Fortress Press, 1990), 47.

25   성서학자들도 사마리아 여인을 대하는 예수의 긍휼과 인내심을 특별히 부각한다. Beasley-Murray, *World Bible Commentary: John*, 66. "the compassion and patience of Jesus in dealing with a Samaritan woman"

26   Wilbert F. Howard, "The Gospel According to St. John, Introduction and Exegesis," *The Interpreter's Bible*, ed. George Arthur Buttrick (New York: Abingdon Press, 1952), 8: 521.

27   고고학 발굴에 의하면, 직사각형으로 된 약 100m 길이와 60m 넓이를 가진 연못이 그 지역에 실제로 있었으며, 이 연못의 네 변은 회랑으로 둘러있었고, 연못의 한 가운데에 회랑이 가로질러 있었다고 한다. 『관주 해설 성경전서』, 202. Howard, "The Gospel According to St. John, Introduction and Exegesis," 8: 539-540.

28   Howard, "The Gospel According to St. John, Introduction and Exegesis," 8: 542.

29   대한성서공회, 『관주 해설 성경전서』, 신약 150. 시편 103장 3절, 이사야 33장 24절을 참고하라.

30   이어지는 요한복음 9장 1-6절에서 예수는 나면서부터 맹인된 사람이 부모나 자신의 죄로 인해 맹인이 된 것이 아니라 그를 통해 하나님의 일을 나타내시고자 맹인이 되었다고 말씀하신다.

31   성서학자들은 예수가 신적인 지식(divine knowledge)으로 이 질병이 과거의 죄와 관련되어 있음을 알고 있었다고 본다. Howard, "The Gospel According to St. John, Introduction and Exegesis," 8: 542.

예수의 신적 지식에 대해서는 요 1:42, 48; 2:24-3:2; 4:19, 29, 39을 참고하라.

32 Barrett McRay, Mark Yarhouse, and Richard Butman, *Modern Psychopathologies: A Comprehensive Christian Appraisal*, 2nd ed. (Downers Grove, IL: IVP Academic, 2016), 89-113.

33 레위기 20장 10절과 신명기 22장 22-24절을 참고하라.

34 당시 사형의 판결권과 집행권은 로마 사람들에게만 있었다는 점을 주목하라. 대한성서공회, 『관주 해설 성경전서』, 신약 157.

35 이것은 비판받지 않으려면 비판하지 말라고 하셨던 예수의 말씀을 생각나게 한다. 마태복음 7:1-5 참조. 길귀숙, "성경에 나타난 예수 그리스도의 상담자의 모본 및 교회사회복지적 적용," 『한국인간복지 실천연구』 5 (2010), 329.

36 대한성서공회, 『관주 해설 성경전서』, 신약 158. Howard, "The Gospel According to St. John, Introduction and Exegesis," 8: 593.

37 목회상담자의 다양한 역할과 이미지에 대해서는 다음 책을 참고하라. Robet C. Dykstra, ed. *Images of Pastoral Care: Classic Readings* (St. Louis, MO: Chalice Press, 2005).

38 이만홍, 황지연, 『역동 심리치료와 영적탐구』(서울: 학지사, 2007), 15-19. Glen O. Gabbard, *Psychodynamic Psychiatry in Clinical Practice*, 이정태, 채영래 옮김, 『역동정신의학』(서울: 도서출판 하나의 학사, 2008), 35-94.

39 예수는 많은 치유 이적에서 병 나음과 죄의 용서를 결부시킨다. 예를 들어, 중풍병자 치유 사건(마 9:1-8; 막 2:1-12; 눅 5:17-26 참고)을 보면, 예수는 중풍병자의 병을 고치시기 전에 먼저 종의 용서를 선언하였다.

40 Carl Rogers, "The Necessary and Sufficient Conditions of Therapeutic Personality Change," *Journal of Consulting Psychology* 21 (1957), 95-103.

41 Carl Rogers, *A Way of Being*, revised ed. 오제은 옮김, 『칼 로저스의 사람-중심 상담』(서울: 학지사, 2007), 151-177.

42 Carl Rogers, *Client-Centered Therapy: Its Current Practice, Implications, and Theory*, 한승호, 한성열 옮김, 『칼 로저스의 카운슬링의 이론과 실제』(서울: 학지사, 1998), 49-70, 113-119.

43 이창규, "칼 로저스의 재발견: 인간중심상담에 대한 목회신학적 비평과 목회상담적 활용," 『신학과 실천』 61 (2018), 285-286.

44 상담에서 내담자의 아픈 과거를 직면하게 하는 일은 함부로 이루어져서는 안 된다. 오히려 역효과를 가져올 수 있기 때문이다. 예수가 이 여인에게 "가서 네 남편을 불러 오라"(요 4:16)고 직면하신 데는 분명히 이유가 있었다. 여인은 예수가 한 말을 잘 이해하지 못하고 "마술적인 물"을 요구했으며(요 4:15 참고), 불신앙적인 폐쇄성을 계속 유지했기 때문이다. 예수는 이러한 폐쇄성을 깨뜨리고 치유하며 구원의 신앙으로 나아갈 수 있도록 하기 위해 주제를 바꾸어 직면을 한 것이다. 『관주 해설 성경전서』, 신약 147.

45 이창규, "칼 로저스의 재발견," 279.

46 Gerald Corey, *Theory and Practice of Group Counseling*, 김명권, 김창대, 방기연, 이동훈, 이영순, 전종국, 천성문 옮김, 『집단상담의 이론과 실제』 8판 (서울: 학지사, 2015), 390.

47 Don Browning, *Moral Context of Pastoral Care* (Philadelphia: Westminster Press, 1976), 125-129.

48 Wayne E. Oates, *The Presence of God in Pastoral Counseling* (Waco, TX: Word Book Publisher, 1986), 23, 이재현, 『목회상담과 예수 그리스도』, 29 재인용.

49 이는 기독교 심리치료사로 왕성하게 활동했던 스캇 펙의 상담 사례에서 자주 발견된다. M. Scott Peck, *People of the Lie: The Hope for Healing Human Evil*, 윤종석 옮김, 『거짓의 사람들』(서울: 비전과 리더십, 2003), 52-58.

1   여성들의 독특한 경험과 삶의 문제에 근거한 여성주의 목회신학에 대해서는 정희성, 『여성과 목회상 담』(서울: 이화여자대학교출판부, 2011)을 참조하라. 이 책은 여성과 관련된 주요 이슈인 위안부 문 제, 성폭력, 우울증, 히스테리, 이혼문제 등은 다루고 있지만 아쉽게도 여성의 사별 경험에 대한 내 용은 없다. 사별의 슬픔을 표현하고 경험하는 데는 분명 성별에 따른 차이가 존재하겠지만, 이러 한 차이점은 이 글의 주요 관심사가 아님을 밝혀둔다. 사별에 따른 슬픔 표현의 성적 차이에 대해서 는 "Gender Differences in Mourning," in *Philip Culbertson, Caring for God's People: Counseling and Christian Wholeness* (Minneapolis: Fortress Press, 2000), 247-248을 참조하라.

2   비교적 최근에 발표된 죽음과 상실에 대한 목회신학적 논의는 다음의 글을 참고하라. 김홍근, "발달 적 애도를 통한 변형적 내면화 과정," 『신학과 실천』 제24호 2 (2010), 109-142; "애도를 통한 내면 화 과정과 새로운 자기표상형성," 『한국실천신학회 정기학술세미나』 (서울: 한국실천신학회, 2010), 9-38; 최재락, "슬픔의 치유를 위한 기독교상담," 『신학과 실천』 23 (2010), 287-315; 권명수, "사회적 애도 가능성 연구: 세월호 사건을 중심으로," 『한국실천신학회 정기학술세미나』 (서울: 한국실천신학 회, 2016), 169-184.

3   설문에 참여한 분들의 신원을 보호하기 위해 해당 교회의 구체적인 정보는 제공하지 않는다. 남성사 별자들을 위한 모임은 따로 없어서 여성사별자만을 대상으로 설문조사를 실시하였음을 밝혀둔다. 상 대적으로 적은 수의 표본 집단(참여자 22명)이긴 하지만, 사별자들의 상실과 슬픔에 관련된 다양한 내용과 이야기를 접할 수 있었다.

4   질적 연구 방법론을 사용하여 데이터를 수집하고 분석하는 데는 현상학적이고 해석학적인 연구방법 론을 채택하였다. 현상학적 연구방법론(phenomenological methodology)은 참여자가 직접 체험한 살 아있는 경험(lived experience)을 최대한 원형 그대로 표현하고 기술하는 것을 목표로 한다. 이를 위해 데이터 수집 시, 가능한 한 연구자의 기본 가정(basic assumptions)과 편견(bias)을 배제하려고 노력 했으며, 참여자들의 진술하고 솔직한 반응, 표현, 피드백을 모으는데 주력하였다. 현상학적 방법론을 통해 수집한 데이터는 해석학적인 분석과 연구(hermeneutical analysis and study) 방법론을 통해 정 리하고 분석하였다. 참여자들이 표현한 핵심 어휘, 문장, 공통된 의견 등을 파악하려고 노력했으며, 소수 의견이라도 의미가 있다고 여겨지는 부분은 "두꺼운 진술"(thick description)의 영역에 포함시 켜 기술하였다. 두꺼운 진술이란 어떤 현상을 상당한 구체성을 가지고 진술하는 것을 말한다. 이것은 피상적이고 상식적인 내용만 담고 있는 "얇은 진술"(thin description)과 대비되는 개념이다. 두꺼운 진술이라는 용어는 철학자 길버트 라일(Gilbert Ryle)에 의해 처음 사용되었으며, 문화인류학자 클리 포트 기르츠(Clifford Geertz)에 의해 한 문화를 기술하는 중요한 방식으로 이해되었다. 비록 인문학 적 기원을 가지고 있는 용어이지만, 오늘날 목회상담학을 비롯한 실천신학 분야에서 살아있는 인간 경험을 구체적으로 기술하는 중요한 방식으로 이 용어가 사용되고 있다. Gilbert Ryle, "Thinking and Reflection," in Gilbert Ryle, *Collected Papers*, vol. 2, (London: Hutchinson, 1971); Clifford Geertz, *The Interpretation of Cultures: Selected Essays* (New York: Basic Books, 1973); John Swinton & Harri- et Mowat, *Practical Theology and Qualitative Research* (London: SCM, 2006)을 참고하라.

5   Margaret Kornfeld, *Cultivating Wholeness: A Guide to Care and Counseling in Faith Communities* (New York: The Continuum International Publishing Group, 2002). 한국어로는 정은심, 최창국 교수에 의 해 기독교문서선교회에서 2013년에 번역, 출판되었다.

6   위의 책, 16-18.

7   위의 책, 13.

8   Jurgen Moltmann, "Eschatology and Pastoral Care," in *Dictionary of Pastoral Care and Counseling*, gen. ed. Rodney Hunter (Nashville: Abingdon Press, 1990), 361.

9   Walter Brueggemann, "The Formfulness of Grief," *Interpretation*, 31 (1977), 263-275; Kenneth R. Mitchell and Herbert Anderson, *All Our Losses, All Our Griefs: Resources for Pastoral Care* (Louisville: Westminster John Knox Press, 1983), 170에서 재인용.

10   Kornfeld, *Cultivating Wholeness*, 18-19.

11   위의 책, 19-20. 참된 공동체에 대한 좀 더 자세하고 구체적인 이해를 위해 같은 책, 21-35페이지를 참고하라. 콘펠드는 참된 공동체의 특징을 네 가지로 정리한다. 첫째, 구성원들이 정직하고 두려움 없이 의사소통할 수 있는 공동체, 둘째, 구성원들이 갈등을 해결할 수 있는 공동체, 셋째, 구성원들이 자신을 사랑하듯이 타인을 사랑하는 공동체, 넷째, 자신과 하나님이 만나는 공동체가 그것이다.

12   위의 책, 34-35.

13   위의 책, 38-40.

14   장례예식의 중요성과 의미에 대해서는 Culbertson, *Caring for God's People*, 222-223을 참고하라. 장례예식은 사별자의 종교, 가정환경, 신앙 배경, 교회 전통 등에 따라 많이 달라질 수 있지만, 3가지 중요한 의미가 있다. 첫째, 죽음을 받아들이는 방편을 제공하고, 둘째, 죽은 이의 삶에 대해 생각하고 존중할 수 있는 기회를 부여하며, 셋째, 사별자들을 위로하고 지원하는 수단이 된다. 장례예식 이외에도 성례, 기도, 설교, 안수, 가정 심방, 목회돌봄, 상담 등 목회자들이 제공해 줄 있는 다양하고 효과적인 사별 목회의 방편들이 있다.

15   사별을 당한 사람들의 애도과정에 대한 많은 연구들이 있었다. 애도 과정에 대한 전반적인 이해를 위해서는 Elisabeth Kübler-Ross, David Kessler, *On Grief and Grieving: Finding the Meaning of Life Through the Five Stages of Loss*. 김소향 옮김, 『상실 수업』(서울: 인빅투스, 2014)을 참조하라. 애도 과정에 대한 다양한 학자들의 견해를 요약해서 보기 위해서는 Culbertson, *Caring for God's People*, 223-229을 참고하라.

16   소위 "정상적인 애도"와 정신과적 도움이 요청되는 우울증을 구분하기 위해서는 전문적인 지식과 경험이 요구된다. 우울증에 대한 정확한 이해를 위해서는 미국정신의학회(American Psychiatric Association)에서 펴낸 최신 DSM-5(정신질환의 진단 및 통계 편람)을 참고하라. 정신과 의사 이외에도 목회상담을 전공하거나 관련 심리학 전공자들은 우울증 및 기본적인 정신장애에 대한 임상적 지식을 갖고 있는 경우가 많다.

17   그 외에 신앙공동체 안에서 사별자들에게 도움이 될 만한 활동들은 여행, 일기쓰기, 운동, 취미활동(예, 영화관람, 독서 등), 편지쓰기, 즐거웠던 기억 회상, 자선 활동 등이 있다.

18   허재기, "사별과 애도과정," 모교회 2016년 사별자 세미나 자료집에서 가져온 것임.

19   Elizabeth A. Doughty, Adrianna Wissel, and Cyndia Glorfield, "Current Trends in Grief Counseling,"(2011) http://counselingoutfitters.com/vistas/vistas11/Article_94.pdf을 참고하라. 사별자의 슬픔 인식에 대한 잘못된 전통적 견해를 비판하고 각 개인이 가진 사별 경험의 독특성에 주목하면서 사별 경험을 모자이크로 비유한, 사별 관련 최신 역작, Melissa M. Kelly, *Grief: Contemporary Theory and the Practice of Ministry* (Minneapolis: Fortress Press, 2010)을 참고하라. Kelly는 이 책에서 상실, 슬픔, 비애를 바르게 이해하고 최선의 목회상담을 제공하기 위해 최신 사회과학이론들 - 예를 들면, 애착이론, 건설적 의미형성(constructive meaning-making), 이야기치료접근 - 을 사용하여 상실의 슬픔에 대한 새롭고 혁신적인 목회상담적 방안을 제시하고 있다.

20   Elizabeth A. Doughty, Adrianna Wissel, and Cyndia Glorfield, "Current Trends in Grief Counseling," 2.

21   D. Klass and T. Walter, "Processes of Grieving: How Bonds are Continued," in *Handbook of Bereavement Research: Consequences, Coping and Care*, ed. M. S. Stroebe, R. O. Hansson, W. Stroebe, & H. Schut (Washington, DC: American Psychological Association, 2001), 431-448, Elizabeth A. Doughty, et. al. "Current Trends in Grief Counseling," 2-3에서 재인용.

22   Elizabeth A. Doughty, et. al. "Current Trends in Grief Counseling," 3-4. Elizabeth et al은 최신의 사별과 관련된 연구를 바탕으로 네 가지 주요 사별 상담이론을 소개한다. 애착이론, 이중과정모델, 사회구성주의관점(상실경험의 의미재구성), 적응적 애도스타일 이론이 그것이다. 위의 논문 4-7페이지를 참고하라. 상실에 따른 심리적 적응 수준과 의미의 재구성 간의 관계에 대해서는 최선재, 안현의, "상실 경험의 의미 재구성과 심리적 적응의 관계," 『상담학연구』 Vol. 14, no. 1 (2013), 323-341을 참고하라.

1 Paul Vitz, *Faith of the Fatherless: The Psychology of Atheism*, 김요한 옮김, 『무신론의 심리학』(서울: 새물결플러스, 2012), 205.

2 현대가족치료학에서는 부모와 자녀가 서로에게 영향을 미친다고 말한다. 즉, 전통적인 개인치료관점인 선형적 인과관계모델보다는 순환적 인과관계모델을 선호하는 경향이 있다. 필자는 순환적 인과관계모델의 기본적인 전제에 동의한다. 그러나 그렇다고 해서 부모와 자녀가 서로에게 동일한 영향력을 미친다고 보지는 않는다. 부모, 특히 아버지가 자녀보다 심리적으로 절대적인 힘의 우위에 있다고 생각하기 때문이다. 부모와 자녀 사이의 상호 관계 역동에 대해서는 홍인종, 『결혼과 가족: 기독교 상담과 가정사역』(서울: 하늘향, 2014), 148-176을 참고하라.

3 심리학, 특히 대상관계이론에서는 어머니가 자녀들의 삶에 미치는 영향력에 대해 자세하게 기술한다. 예를 들어, 멜라니 클라인, 도널드 위니컷 등은 대표적인 경우이다. Michael St. Clair, *Object Relations and Self Psychology*, 안석모 옮김, 『대상관계이론과 자기심리학』(서울: 센게이지 러닝, 2015)을 참고하라. 예외적으로 아버지됨의 의미와 역할에 대한 다양한 글들(시, 산문 등)을 모은 Alexandra Towle, ed. *Fathers* (New York: Simon and Schuster, 1986)가 돋보인다. 정신분석학의 창시자인 지그문트 프로이트는 자녀들에게 미치는 아버지의 영향력, 특히 종교적 영향력에 대해 비중 있게 다룬바 있다.

4 Vitz, 『무신론의 심리학』, 21-22.

5 David Kinnaman, *You Lost Me*, 이선숙 옮김, 『청년들은 왜 교회를 떠나는가』(서울: 국제제자훈련원, 2015).

6 Heinz Kohut, *The Analysis of the Self: A Systematic Approach to the Psychoanalytic Treatment of Narcissistic Personality Disorders* (New York: International Universities Press, 1971); *The Restoration of the Self* (New York: International Universities Press, 1977). 지금까지 코헛의 자기심리학을 바탕으로 한 연구가 많이 진행되었는데, 수치심, 우울, 공감, 자기애적 성격장애 치유 등이 있다. 홍이화, "한국인의 수치심(shame) 이해를 위한 하인즈 코헛(Heinz Kohut) 이론의 재 고찰: 객체적 자기인식(objective self-awareness) 안에서의 수치심," 『신학과 실천』 48 (2016): 171-194; 최주혜, "한국 목회자 자녀의 수치심," 『신학과 실천』 36 (2013): 389-415; 심정연, "우울 내담자의 자기구조 회복에 관한 기독교 상담적 고찰: 하인즈 코헛(Heinz Kohut)의 이론을 중심으로," 『신학과 실천』 69 (2020): 459-483; 김정선, "임상심리학적 공감 개념과 공감의 신학적 의미." 『신학과 실천』 59 (2018): 507-536; 홍이화, "자기애성 성격장애와 그 목회상담적 함축 - 자기심리학(self psychology)의 관점을 중심으로," 『신학과 실천』 23 (2010): 341-370.

7 Sigmund Freud, *The Future of an Illusion* (New York: Norton, 1961) and *Civilization and its Discontents* (New York: Norton, 1961). 종교에 대한 프로이트의 견해는 자신보다 훨씬 이전에 살았던 독일의 무신론 철학자 포이어바흐의 영향을 받은 것이다. Ludwig Feuerbach, *The Essence of Religion*, 강대석 옮김, 『기독교의 본질』(서울: 한길사, 2008)을 참고하라.

8 Vitz, 『무신론의 심리학』, 23-27. 현대정신분석학의 대상관계이론을 활용하여 한 개인이 가진 신 표상(representation of God)의 기원과 형성 과정에 대해 보다 설득력 있는 임상적 연구를 행한 사람은 정신분석가 애너-마리아 리주토이다. 그녀의 연구에 따르면, 신은 가정 안에서 발견되며, 대부분 부모에 의해 아이에게 제공된다. Ana-Maria Rizzuto, *The Birth of the Living God: A Psychoanalytic Study* (Chicago, University of Chicago Press, 1979). 대상관계이론을 통하여 인간이 하나님을 어떻게 경험하는지를 다룬 아래 책도 참고하라. Michael St. Clair, *Object Relations and Religion*, 이재훈 옮김, 『인간의 관계 경험과 하나님 경험』(서울: 한국심리치료연구소, 1998). 목회신학자 Philip Culbertson은 세 가지 차원의 하나님 이해에 대해 언급한 바 있다. 첫째, "주체-하나님"(The Subject-God)으로 이성적, 지적 차원으로 이해한 신학자들과 철학자들의 하나님, 둘째, "대상-하나님"(The Object-God)으로 초기 유아기의 이미지, 느낌, 기억 등으로 형성된 신 표상으로서의 하나님, 셋째, "초월자 하나님"(The God Beyond)으로 인간의 생각과 경험을 뛰어넘는 성경의 하나님이다. Culbertson은 정신분석학이나 대상관계이론을 통해 발견하는 하나님은 주로 "대상-하나님"으로 보았다. Philip Culbertson,

Caring for God's People: Counseling and Christian Wholeness (Minneapolis, MN: Augsburg Fortress, 2000), 99-108. 정신분석학과 종교의 관계에 대한 보다 심도있는 이해를 위해서는 James William Jones, *Contemporary Psychoanalysis and Religion: Transference and Transcendence*, 유영권 옮김, 『현대정신분석학과 종교: 전이와 초월』(서울: 한국심리치료연구소, 2002)를 참고하라.

9 Sigmund Freud, *Leonardo da Vinchi* (New York: Vintage/Random House, 1947), 98, in Vitz, 『무신론의 심리학』, 35에서 재인용.

10 위의 책, 43-60.

11 위의 책, 40-41.

12 오이디푸스 콤플렉스란 프로이트의 주요 심리발달이론 중의 하나로 5~6세경 남자 아이가 엄마에게 성적인 매력을 느끼고 경쟁상대로 여겨지는 아빠를 물리치고 엄마를 차지하려는 욕구이다. 정상적인 경우, 아이는 엄마의 사랑을 독차지하기 위해 아빠와 경쟁하기보다는 아빠를 닮아가는 동일시의 과정을 밟으며 이를 통해 엄마의 사랑도 얻고 아빠와의 갈등 관계도 극복하게 된다. Stephen Mitchell and Margaret Black, *Freud and Beyond: A History of Modern Psychoanalytic Thought*, 이재훈, 이해리 옮김, 『프로이트 이후: 현대정신분석학』(서울: 한국심리치료연구소, 2002), 49-54.

13 Vitz, 『무신론의 심리학』, 41-42.

14 위의 책, 43-49.

15 위의 책, 58-60.

16 위의 책, 60-81.

17 어느 날 프로이트의 아버지가 길을 걷고 있었는데 어떤 반유대주의자가 가까이 다가와서 "더러운 유대놈"이라고 외치면서 아버지의 모자를 쳐서 떨어뜨렸다. 프로이트의 아버지는 아무런 반응도 보이지 않고 떨어진 모자를 다시 주워 쓰고 조용히 길을 계속 걸었다. 프로이트는 이날 아버지의 이러한 유약한 모습을 옆에서 지켜보며 심한 굴욕감과 분노를 느꼈다고 한다.

18 Vitz, 『무신론의 심리학』, 81-89.

19 위의 책, 93-133.

20 위의 책, 137-178.

21 위의 책, 181-201.

22 최영민, 『쉽게 쓴 자기 심리학』(서울: 학지사, 2011), 15-27.

23 Sheldon Cashdan, *Object Relations Therapy*, 이영희 외 3인 옮김, 『대상관계치료』(서울: 학지사, 2005), 46-49.

24 St. Clair, 『대상관계이론과 자기심리학』, 251-264.

25 최영민, 『쉽게 쓴 자기 심리학』, 88-91. 194-196. Nancy McWilliams, *Psychoanalytic Diagnosis: Understanding Personality Structure in the Clinical Process*, 정남운, 이기련 옮김, 『정신분석적 진단: 성격구조의 이해』(서울: 학지사, 2008), 245-250.

26 St. Clair, 『대상관계이론과 자기심리학』, 256-263.

27 코헛은 이것을 "응집적 자기"(cohesive self)라고 표현했다. Jay Greenberg and Stephen Mitchell, *Object Relations in Psychoanalytic Theory*, 이재훈 옮김, 『정신분석학적 대상관계이론』(서울: 한국심리치료연구소, 1999), 545-575.

28 최영민, 『쉽게 쓴 자기 심리학』, 63.

29 자기심리학에서는 상담에서 상담자가 내담자에게 제공하는 것이 바로 건강한 자기대상관계이라고 말한다. 이를 부모-자녀 관계에 적용해 본다면, 건강한 자기대상으로서의 부모, 특히 아버지의 역할은 필수적이다. 이만홍, 황지연, 『역동심리치료와 영적탐구』(서울: 학지사, 2007), 163-165. Karen Maroda, 허재홍, 진현정, 박명희 옮김, 『초보상담자를 위한 정신역동상담: 상담자와 내담자의 감정다루기』(서울: 학지사, 2014), 59-100.

30 최영민, 『쉽게 쓴 자기 심리학』, 111-136.

31 St. Clair, 『대상관계이론과 자기심리학』, 251.

32 최영민, 『쉽게 쓴 자기 심리학』, 94-96. Nancy McWilliams, *Psychoanalytic Psychotherapy: A Practitioner's Guide*, 권석만, 이한주, 이순희 옮김, 『정신분석적 심리치료』(서울: 학지사, 2007), 247~249. 공감적인 의사소통의 중요성은 코헛 외에도 인간중심치료의 창시자 칼 로저스에 의해 주장되었다. 로저스는 내담자가 긍정적으로 변화되기 위해 치료자가 제공해야 할 주요 요소 중의 하나로 공감적 이해를 강조한 바 있다. Carl Rogers, "The Necessary and Sufficient Conditions of Therapeutic Personality Change," *Journal of Consulting Psychology* 21 (1957), 95-103; *On Becoming a Person: A Therapist's View of Psychotherapy*, 주은선 옮김, 『진정한 사람되기: 칼 로저스 상담의 원리와 실제』(서울: 학지사, 2009); *A Way of Being*, revised ed. 오제은 옮김, 『칼 로저스의 사람-중심 상담』(서울: 학지사, 2007); David Mearns, and Brian Thorne, *Person-Centered Counseling in Action*, 3rd. ed., 주은선 옮김, 『인간중심 상담의 임상적 적용』(서울: 학지사, 2012).

33 Gregory Hamilton, *Self and Others: Object Relations Theory in Practice*, 김진숙, 김창대, 이지연 옮김, 『대상관계이론과 실제: 자기와 타자』(서울: 학지사, 2007), 263-267.

34 최영민, 『쉽게 쓴 자기 심리학』, 96-101.

35 위의 책, 102-104.

8장. 기독교적 용서와 목회상담

1 Robert D. Enright, *Forgiveness is a Choice: A Step-by-Step Process for Resolving Anger and Restoring Hope*, 채규만 옮김, 『용서 치유: 용서는 선택이다』(서울: 학지사, 2004), 24-31. 용서가 신체, 심리, 사회에 미치는 전반적인 긍정적 효과에 대해서는 김광수 외, 『용서를 통한 치유와 성장』(서울: 학지사, 2016), 54-60을 보라.

2 H. Norman Wright, *Making Peace with Your Past*, 송현복, 백인숙 옮김, 『당신의 과거와 화해하라』(서울: 죠이선교회출판부, 1996), 102-106.

3 Miroslav Volf, *Free of Charge: Giving and Forgiving in a Culture Stripped of Grace* (Grand Rapids, MI: Zondervan, 2005), 199-214. 민족적이고 인종적인 갈등의 상황 속에서 어떻게 하면 용서와 포용, 화해를 실천할 수 있는지를 다룬 동일 저자의 아래 역작도 참고하라. Miroslav Volf, *Exclusion and Embrace: A Theological Exploration of Identity, Otherness, and Reconciliation* (Nashville: Abingdon Press, 1996).

4 Bobby B. Cunningham, "The Will to Forgive: A Pastoral Theological View of Forgiving," *The Journal of Pastoral Care* 39 (1985), 142-143.

5 손운산, "치료, 용서, 그리고 화해," 『한국기독교신학논총』 35(2004), 241-251. 손운산은 "용서에 대한 심리 치료적 이해" 외에도 "용서에 대한 도덕적 이해," "정치적 이해,"그리고 "목회신학적 이해"를 다루고 있다. 용서 연구를 확장시켜 다양한 종교(이스람교, 불교, 유대교, 기독교)의 용서 이해, 여성, 정치, 가족 관계에서의 용서, 그리고 우리 민족의 역사와 관련된 용서의 이슈 등을 폭넓게 다룬 동일 저자의 책, 손운산, 『용서와 치료』(서울: 이화여자대학교출판문화원, 2008)도 참고하라.

6 Lewis B. Smedes, *Forgive and Forget: Healing the Hurts We Don't Deserve*, 배웅준 옮김, 『용서의 기술』(서울: 규장, 1996), 20-104. 스미즈(Smedes)는 신학자이지만 그의 용서 연구에는 인간에 대한 깊은 심리적 통찰이 있고, 실제 상담과 문학 작품 등에 나타난 용서의 문제를 진단하고 용서의 실천을 강조하고 있기에 용서의 심리학 영역에 포함시켰다.

7 Everett L. Worthington Jr., *Forgiving and Reconciling: Bridges to Wholeness and Hope*, 윤종석 옮김, 『용서와 화해』(서울: 한국기독학생회출판부, 2006), 88-207.

8   Enright, 『용서 치유』. 안석, "엔라이트의 용서치유에 관한 연구," 『신학과 실천』 46 (2015), 261-292도 참고하라.

9   David Stoop & James Masteller, *Forgiving Our Parents, Forgiving Ourselves*, 정성준 옮김, 『부모를 용서하기 나를 용서하기』(서울: 예수전도단, 2001), 195-207.

10   손운산, "치료, 용서, 그리고 화해," 251.

11   이경순, "용서 과정에 대한 질적 연구: 근거이론을 중심으로," 『한국심리학회지: 건강』 13/1 (2008), 242-247.

12   Enright, 『용서 치유』. 95.

13   이것이 용서의 주제를 다룬 영화 "밀양"의 핵심 메시지 중 하나다. "밀양"은 이청준의 소설 『벌레이야기』(1985)를 영화화한 것이다.

14   Enright, 『용서 치유』. 117.

15   Stoop & Masteller, 『부모를 용서하기 나를 용서하기』, 195-202.

16   "마법의 눈"은 시미즈가 용서를 설명하기 위해 그의 책에서 소개한 이야기다. 자신을 배신한 아내(힐다)를 죽도록 미워했던 한 남편(푸케)이 아내를 배신한 사람으로 보는 대신 남편의 사랑을 갈망하는 연약한 여인으로 바라보면서 고통이 회복되고 치유되었다는 것이 핵심 내용이다. Smedes, 『용서의 기술』, 12-15을 참고하라. 영화 레미제라블을 상담적으로 분석하고 복수심 대신 마법의 눈이 사랑과 자비로 용서를 실천하는 모델을 제시한 임종환, 안석, "상처와 분노를 치유하는 기제로서의 용서에 관한 연구: 영화 Les Miserables 분석을 중심으로," 『신학과 실천』 63 (2019), 359-387도 참고하라.

17   Worthington, 『용서와 화해』, 73-74.

18   용서 연구와 관련된 긍정심리학의 주요 이론에 대해서는 오은규, 『이혼 후 성장』(서울: 학지사, 2020), 177-178을 참고하라. 오은규는 이혼의 상처를 극복하는 과정에서 긍정심리학의 용서 이론이 중요한 역할을 할 수 있다고 본다. 외도를 경험한 부부 사이에서 벌어지는 용서의 역동과 신학에 대해서는 반신환, "외도 후 부부관계의 용서: 정서적 분리와 화해," 『신학과 실천』 19 (2009), 209-228을 참고하라.

19   긍정심리학자인 크리스토퍼 피터슨과 마틴 셀리그만은 인간의 긍정적인 특질인 성격적 강점과 덕성을 과학적으로 찾고 분류하려고 노력한 끝에 6개의 핵심덕목(지혜, 자애, 용기, 절제, 정의, 초월)과 24개의 성격적 강점으로 구성된 분류체계를 구성하였다. 용기는 그 중에서 핵심덕목 절제 항목에 속하는 성격적 강점이다. Christopher Peterson and Martin Seligman, *Character Strengths and Virtues: A Handbook and Classification* (New York: Oxford University Press, 2004), 권석만, 『긍정심리학: 행복의 과학적 탐구』(서울: 학지사, 2008), 165-305에서 재인용.

20   권석만, 『인간의 긍정적 성품: 긍정 심리학의 관점』(서울: 학지사, 2011), 352-356.

21   위의 책, 352-353. 성격의 5요인 이론은 폴 코스타(Paul Costa)와 로버트 맥크래이(Robert McCrae)가 개발한 대표적인 성격 특질 이론으로, 이들이 주장하는 성격의 5요인은 신경과민성, 외향성, 개방성, 우호성, 성실성이며 "빅 파이브"(Big Five)라고도 불린다. 권석만, 『인간 이해를 위한 성격심리학』(서울: 학지사, 2017), 58-72.

22   권석만, 『인간의 긍정적 성품』, 353-354.

23   C. E. Rusbult, J. Verette, G. A. Whitney, L. F. Slovik, and I. Lipkus, "Accomodation Processes in Close Relationships: Theory and Preliminary Empirical Evidence," *Journal of Personality and Social Psychology* 60 (1991), 위의 책, 354에서 재인용.

24   M. Girard and E. Mullet, "Propensity to forgive in Adolescents, Young Adults, Older Adults, and Elderly People," *Journal of Adult Development* 4 (1997), 위의 책, 354-355에서 재인용.

25   용서의 유형을 분류할 때 가해자의 반응과는 상관없이 피해자가 선택한 내적 경험을 강조하는 경우를 "개인내적 모형"으로 분류하는 학자들도 있지만, 이 경우도 용서의 대상은 엄연히 존재하기에 크게는 "대인관계적 모형"에 속한 것으로 볼 수 있다. 김광수 외, 『용서를 통한 치유와 성장』, 32.

26 Volf, *Free of Charge*, 131.

27 홍영택, "하나님의 용서와 사람의 용서: 한국 기독교인의 용서 경험에 대한 설문 조사," 『한국기독교 신학논총』 31 (2004), 608.

28 Paul Tillich, *Systematic Theology* (Chicago: The University of Chicago Press, 1967), vol. III, 225, 위의 논문, 609에서 재인용.

29 용서와 정의의 관계에 대한 보다 깊은 논의를 위해서는 홀로코스트 생존자인 시몬 비젠탈의 책을 중심으로 용서의 가능성과 조건 등을 심도 있게 다룬 유상희, "『모든 용서는 아름다운가』에 나타난 용서의 함의," 『신학과 실천』 73 (2021), 407-438을 참고하라.

30 홍영택, "하나님의 용서와 사람의 용서," 608.

31 박병준, 김옥경, "'용서' 개념에 대한 철학상담적 접근," 『철학논집』 48 (2017), 13.

32 Volf, *Free of Charge*, 130.

33 Martin Luther, *Luther's Works*, ed. Harold J. Grimm, vol. 21 (Philadelphia: Fortress Press, 1957), 150, 위의 책, 156에서 재인용.

34 최주혜, "목회적 돌봄 속에서의 용서: 마태복음 18장 21-35절에 나타난 종의 이야기," 『신학과 실천』 57 (2017), 207.

35 Cunningham, "The Will to Forgive," 143.

36 Brian H. Childs, "Forgiveness," in *Dictionary of Pastoral Care and Counseling*, gen. ed. Rodney Hunter (Nashville: Abingdon Press, 1990), 439.

37 마태복음은 다른 복음서와 달리 예수님께서 "교회"라는 단어를 두 번씩이나 사용(마 16:18; 18:17)하시며, 부활 후 생겨날 교회의 존재를 염두에 두고 계심을 강조한다. 학자들은 마태복음 18장을 "교회에 관한 가르침"으로 본다. 그리고 마태복음에서 교회공동체는 뉘우침과 회개, 용서와 화해가 있는 신앙공동체로 그려진다(마 5:23-24; 18:15-18, 21-35 참고). 대한성서공회, 『관주 해설 성경전서』, "마태복음: 안내", 신약 1를 참고하라.

38 손운산, "치료, 용서, 그리고 화해," 242, 270.

39 위의 논문, 273. John Patton, *Is Human Forgiveness Possible: A Pastoral Care Perspective* (Nashville: Abingdon Press, 1985). 권명수는 발견으로서의 용서 개념을 확장하여 구체적인 용서공동체로서의 교회 공동체의 모습과 과제에 대해 설득력 있는 제안을 하였다. 권명수, "용서의 공동체 만들기-발견으로서의 용서," 『한국기독교신학논총』 58 (2008), 181-205.

40 John Swinton and Harriet Mowat, *Practical Theology and Qualitative Research* (London: SCM, 2006), 6.

41 많은 용서 연구자들이 참된 용서와 용서가 아닌 것, 즉 가짜 용서를 구별하려는 노력을 해왔다. 일반적으로 용서가 아닌 것은 묵인, 변명, 망각, 정당화, 관대함, 비난하지 않는 것, 갈등을 덮어두는 것 등이다. Enright, 『용서 치유』, 41-45. Smedes, 『용서의 기술』, 83-103.

42 워딩턴은 용서를 2가지 유형으로 나누었는데, 하나는 "결단의 용서"이며 다른 하나는 "정서적 용서"다. 그는 정서적 용서에 이르러서야 온전한 용서가 이루어졌다고 주장한다. Worthington, 『용서와 화해』, 50-55.

43 Herbet Anderson and Edward Foley, *Mighty Stories, Dangerous Rituals: Weaving Together the Human and the Divine* (Jossey-Bass, 1997). 이상억은 성경 및 질적 연구를 바탕으로 용서야말로 복음의 삶을 살아가는 방식이라고 주장한다. 이상억, "복음의 삶으로서의 용서에 대한 연구," 『장신논단』 46/4 (2014), 225-250. 용서를 하나님 나라에 대한 희망과 자기 내어줌과 포용의 사랑으로 서술한 김수영, "불의한 세상에서 용서를 희망하기," 『목회와 상담』 32 (2019), 9-37도 참고하라.

44 Paul Tournier, *Escape from Loneliness*, 윤경남 옮김, 『고독』 (서울: 한국기독학생회출판부, 1998), 180-182.

45 박병준, 김옥경, "'용서' 개념에 대한 철학상담적 접근," 39.

46 영화에 나오는 또 한 사람의 주인공 프레드 로저스(Fred Rogers)는 실존했던 인물로 그의 성은 인간 중심상담으로 유명한 칼 로저스(Carl Rogers)와 동일하다. 영화를 보며 칼 로저스가 생각이 났다. 프레드 로저스가 제공하는 인간관계방식이 많은 부분 칼 로저스의 방식과 통했기 때문이다. 사람을 있는 그대로 무조건적으로 인정해주고, 공감해주며, 진실하게 대했기 때문이다. 프레드 로저스는 영화 속에서 어린이 프로그램 제작자 및 진행자로 등장하지만 또한 목사이기도 하다. 프레드 로저스의 모습 속에서 목회상담자가 가져야 할 바른 자세와 태도를 배운다.

47 박병준, 김옥경, "'용서' 개념에 대한 철학상담적 접근," 36.

48 Worthington, 『용서와 화해』, 29-31.

9장. 동성애자를 위한 목회돌봄과 상담

1 목회신학의 정의에 대한 보다 자세한 논의를 위해서는 아래를 참고하라. J. R. Burck and R. J. Hunter, "Pastoral Theology, Protestant," in *Dictionary of Pastoral Care and Counseling*, gen. ed. Rodney Hunter (Nashville: Abingdon Press, 1990), 867-872.

2 동성애에 대한 성경적 논의는 많이 진행되었다. 전통적인 성경적 이해를 위해서는 이경직, 『기독교와 동성애』(서울: 기독교연합신문사), 2006; 신득일, "구약의 동성애 법," 『신앙과 학문』 14/2 (2009): 133-157을 참고하라. 동성애와 관련하여 성경을 새롭게 해석해야 한다는 주장은 곽분이, "동성애에 대한 성서의 입장," 『한국여성신학』 27 (1996 가을), 52-63을 참고하라. 동성애에 대해 비평적 성경 이해를 제시한 글은 허호익, "동성애에 관한 핵심 쟁점: 범죄인가, 질병인가, 소수의 성지향인가?" 『장신논단』 38 (2010): 239-246; 박노권, "동성애에 대한 목회상담적 접근," 『한국기독교신학논총』 28 (2003): 249-253; 이종원, "동성애에 대한 교회의 바람직한 태도," 『한국기독교신학논총』 64 (2009): 283-289을 참고하라.

3 고홍월 외, 『상담연구방법론』(서울: 학지사, 2013), 155.

4 위의 책, 156.

5 http://news.donga.com/Culture/more29/3/all/20070518/8443553/1 (동아일보, 2007년 5월 18일) 2018년 10월 2일 접속.

6 홍석천은 자신이 커밍아웃을 감행하게 된 가장 큰 이유가 자신을 속이지 않고 떳떳하고 행복하게 살기 위해서였다고 한다. 커밍아웃 이전 연봉이 2억이 넘었고 부모님께 용돈도 드릴 만큼 경제적으로 넉넉했지만, 결코 행복하지 않았다는 것이다. 커밍아웃 당시 "같이 농약을 먹고 죽자"며 말리는 아버지를 눈물을 흘리며 설득했으며, 커밍아웃 후 자신의 "진짜 모습"을 찾게 되어 행복하다고 말했다. http://m.chosun.com/svc/article.html?sname=news&contid=2004061970089#Redyho (조선일보, 2004년 6월 19일) 2019년 1월 24일 접속.

7 "주변에 부드럽고 예쁘고 웃고 다니는 착한 홍석천을 조지자는 생각을 갖고 나를 좋아하는 마음을 표현하려는 애들이 많았습니다"라고 그는 고백한다. 위 미주 5의 동아일보기사 참고.

8 https://namu.wiki/w/홍석천 (2018년 10월 15일 접속) "초등학교 4학년 때 첫 경험"은 위 미주 5의 동아일보 기사에서 나온 것이다.

9 위 미주 5의 동아일보기사 참고.

10 http://www.hani.co.kr/arti/politics/defense/140601.html#csidxce5704c261bd278a5ffdc30ff73ff2f (한겨레신문, 2006년 7월 11일) 2019년 1월 24일 접속

11 위 미주 6의 조선일보기사 참고.

12 네덜란드인 남성과의 연애담은 홍석천의 책, 『나는 아직도 금지된 사랑에 가슴 설렌다』(서울: 중앙 M & B, 2000)에 자세하게 기록되어 있다.

13 https://www.huffingtonpost.kr/2017/04/28/story_n_16305834.html (2017년 4월 27일 페이스북에 남긴 글) 2019년 1월 24일 접속

14 2010년 11월 4일 국가인권위원회 초청 강연을 바탕으로 제작한 동영상은 아래를 참고하라. https://www.youtube.com/watch?v=alEO9648xQk (2018년 10월 20일 접속) KBS 〈취재파일K〉 "나는 동성애자입니다"는 2010년 12월 5일에 방영되었다.

15 김정현, "동성애자들이 말해주지 않는 '동성애에 대한 비밀': 동성애자의 양심고백," 바른성문화를위한국민연합 편집, 『동성애에 대한 불편한 진실』(서울: 밝은생각, 2016), 19.

16 위의 책, 21-22.

17 김정현은 동성애자들의 애정 관계가 짧게 끝나는 까닭은 성적 모티브가 관계에 절대적인 비중을 차지하기 때문이라고 말한다. "육체를 탐하는 기간이 끝나고 다른 공감대가 없으면 그들은 쉽게 헤어집니다." 그래서 "동성애자의 사랑은 결코 정상적인 것이 아"니라고 역설한다. 위의 책, 25.

18 위의 책, 22.

19 김정현은 동성애자들이 자주 드나드는 "찜방"이 성병의 주요 근거지가 되고 있다고 고백하였다. 찜방은 상가 지하나 외진 곳에서 간판도 없이 새벽에 영업하는 경우가 많으며, 극히 음란한 동성애자들만 가는 곳으로 알려져 있으나 실상은 많은 수의 동성애자가 이용하는 곳이라고 한다. 문제는 찜방에서 이루어지는 성교가 에이즈를 비롯한 성병 감염에 무방비로 노출되어 있다는 데 있다. 김정현의 지인 두 사람은 젊은 나이에 에이즈에 걸렸는데, 찜방을 여전히 다니면서도 상대방에게 말하지 않는다고 한다. "식성을 통해 육체를 갈구하고자 하는 욕구는 에이즈에 걸렸다고 해서 사라지는" 것이 아니기 때문이다. 도박에 빠진 사람이 결국에는 가산을 탕진하는 것처럼, 나이가 들면 대부분의 동성애자들이 에이즈에 걸릴 수 있다는 게 김정현의 증언이다. 위의 책, 25-27.

20 위의 책, 27-28.

21 위의 책, 23-24.

22 위의 책, 24.

23 위의 책, 19.

24 위의 책, 29. "식성이 없어지고 남자가 나와 같은 개체임을 알게 된 시점부터 동성애는 급격히 떨어졌습니다. 자석이 같은 극끼리는 밀어내듯이 남자가 아무리 매력적이더라도 나와 같은 개체 ‑ 그도 남자, 나도 남자 ‑ 임을 새삼 식성을 벗어난 시각에서 보게 되자 더 이상 남자를 통해 나의 훼손된 남성성을 갈구하지 않게 되었습니다." 위의 책, 23-24.

25 김정현은 자신의 치료 경험을 이렇게 고백하고 있다. "치료를 계속 해나갔을 때 동성애의 내부 균열이 미세하게 진행되고, 거대 빙산이 붕괴되는 것처럼 때가 되면 급속히 무너지는 것을 경험했으며, 자신의 남성성이 얼마나 훼손되어 있었는가도 느낄 수 있었습니다. 성인 이후 늦게 동성애를 배운 사람은 이 과정만 극복해도 과거로 되돌아갈 수 있습니다." 위의 책, 29.

26 위의 책, 29.

27 잠언서 기자는 이런 고백을 했다. "나의 깨달은 것이 이것이라. 곧 하나님이 사람을 정직하게 지으셨으나 사람은 많은 꾀를 낸 것이니라"(잠언 7:29).

28 Martin Buber, Ich und Du, trans. Walter Kaugmann, I and Thou (New York: Charles Scribner's Sons, 1970).

29 Larry Kent Graham, Discovering Image of God: Narratives of Care among Lesbians and Gays (Louisville, Kentucky: Westminster John Knox, 1997).

30 치료적인 성격 변화를 위한 조건에 대해서는 Carl Rogers, "The Necessary and Sufficient Conditions of Therapeutic Personality Change," Journal of Consulting Psychology 21(1957), 95-103을 참고하라.

31 위 사례연구에서 언급한 것처럼, 홍석천이 커밍아웃을 했을 때 "난 아직 네 친구다"라는 친구의 수용이 가장 큰 힘이 되었다고 고백한 것을 기억할 필요가 있다. 성정체성의 혼란을 겪는 청소년들에게 전과 똑같이 대해 주라는 식의 조언도 수용의 중요성을 보여주는 것이다. 물론 이것은 동성애 성향과

행동을 완전히 인정하거나 용납하라는 의미로 받아들일 필요는 없다.

32 허정은, "동성애자에 대한 이해와 개입," 박경, 이희숙, 김혜경, 허정은, 『성 심리치료 이론과 실제』(서울: 학지사, 2013), 270.

33 R. Lee, "Health Care Problem of Lesbian, Gay, Bisexual, and Transgender Patients," *West Journal of Medicine*, 172 (2000), 403-408, in 허정은, "동성애자에 대한 이해와 개입." 268-269에서 재인용. 홍석천 또한 동성애로 인한 왕따, 자살, 가족으로부터 버림받음, 폭력 등의 위험성에 대해 언급하였다.

34 허정은, "동성애자에 대한 이해와 개입," 269-270.

35 Robert Winn, "Ten Things Gay Men Should Discuss with their Health Care Providers" (Washington, DC: Gay Lesbian Medical Association), 2012. http://www.glma.org/_data/n_0001/resources/live/top%2010%20forGayMen.pdf (2019년 1월 25일 접속) 이러한 의학적인 사실은 사례연구에서 김정현이 밝힌 내용과 상당부분 일치한다. 김정현은 동성애로 인한 에이즈 감염 위험성, 항문성교로 인한 성병 전염, 항문 관련 질환 등에 대해 자세히 진술하였다.

36 공성욱, 오강섭, 노경선, "남성 동성애자와 남성 이성애자의 삶의 질과 정신 건강 비교," 『신경정신의학』 41/5 (2002), 930-941. 이 연구는 20-30대의 남성 동성애자 129명과 남성 이성애자 114명을 대상으로 횡단 연구를 통해 비교한 것이다.

37 미국정신의학협회(APA)를 비롯하여 대부분의 서구 단체들은 다수의 동성애자들이 양호한 사회적 적응을 하고 있기 때문에 동성애를 정신 장애로 취급하지 않는다. 그러나 이러한 결정은 의학적인 결정이라기보다는 정치적인 결정이라는 견해도 있다. 동성애의 역사적, 정신의학적 관점에 대해서는 Jack Balswick and Judith Balswick, *Authentic human sexuality : an integrated christian approach*, 황병룡 옮김, 『진정한 성』(서울: IVP, 2002), 87-88을 참조하라. 동성애에 대한 정치적 결정 여부에 대해서는 길원평 외 59명 교수 일동, "미국정신의학협회가 동성애를 질병에서 제외하는 과정," 『동성결혼 합법화를 반박하기 위하여 정리한 동성애에 관한 과학적 사실들』(미발간 논문집, 연도 미상), 47-50을 참고하라.

38 "그리스도의 공동체는 모든 죄인을 하나님의 시각에서 가치 있는 사람으로 여기고 긍정하면서 그들을 환대한다. 그러나 주님이 유대교 지도자들에 의해 끌려온 간음한 여인에게 '다시는 죄를 범하지 말라'라고 단호히 명령하셨듯이(요 8:11), 그리스도의 제자들이자 환대하는 공동체는 어떤 유형의 악한 행위에 대해서도 긍정하지 않고 계속해서 거부한다." Stanley J. Grenz, *Welcoming but Not Affirming: An Evangelical Response to Homosexuality*, 김대중 옮김, 『환영과 거절 사이에서: 동성애에 대한 복음주의의 응답』(서울: 새물결플러스, 2016), 246-247. 그렌츠의 영어 원서는 1998년에 출판되었다.

39 Grenz, 『환영과 거절 사이에서』, 211-212.

40 "Along with other international organisations, World Psychiatric Association (WPA) considers sexual orientation to be innate and determined by biological, psychological, developmental, and social factors." https://www.wpanet.org/detail.php?section_id=7&content_id=1807 (2018년 10월 3일 접속) 위 내용을 소개한 한국 사이트는 아래를 참고하라: http://www.tongcenter.org/nondiscrim/sogi/wpa (2019년 1월 28일 접속)

41 "There is no consensus among scientists about the exact reasons that an individual develops a heterosexual, bisexual, gay or lesbian orientation. Although much research has examined the possible genetic, hormonal, developmental, social and cultural influences on sexual orientation, no findings have emerged that permit scientists to conclude that sexual orientation is determined by any particular factor or factors. Many think that nature and nurture both play complex roles; most people experience little or no choice about their sexual orientation." https://www.apa.org/topics/lgbt/orientation.aspx (2018년 10월 3일 접속, 강조는 필자의 첨가)

42 Franz. J. Kallmann, "Twin and Sibship Study of Overt Male Homosexuality," *American Journal of Human Genetics* 4 (1952): 136-146; Hamer, D. H., S. Hu, V. L. Magnuson, N. Hu, and A. M. L. Pattatucci, "A Linkage between DNA Markers on the X Chromosome and Male Sexual Orientation," *Science* 261 (1993): 321-350; Simon LeVay, "A Difference in Hypothalamic Structure between Heterosexual and Homosexual Men," *Science* 25 (1991): 1034-1036. 캘먼의 연구는 연구참여자 표본의 편향성(교도소 및 정신병원 수감자) 등으로 인해 비판을 받고 폐기되었으며, 최근의 다른 쌍생

아 연구 또한 동성애가 유전적 요인에 인한 것으로 보기에는 무리가 있다는 평가를 받았다. 허정은, "동성애에 대한 이해와 개입," 264-265 참고. 해머 연구팀의 연구의 경우, 라이스 등(1999)의 연구팀에 의해 유전자 관련성이 없는 것으로 확인되었으며, 최근에 널리 사용되고 있는 전유전체 연관성연구(genome-wide association studies: GWAS, 전유전자의 관련성 여부를 조사하는 최첨단 연구방법)에 의해서도 통계적으로 유의미한 동성애 관련 유전자를 발견하지 못하였다. G. Rice, C. Anderson, N. Risch, and G. Ebers, "Male Homosexuality: Absence of Linkage to Microsatellite Markers at Xq28," *Science* 284 (1999): 665-667; E. M. Drabant, A. K. Kiefer, N. Eriksson, J. L. Mountain, U. Francke, J. Y. Tung, D. A. Hinds, C. B. Do, "Genome Wide Association Study of Sexual Orientation in a Large, Web-based Cohort" *23andMe* (2012). http://www.ashg.org/2012meeting/abstracts/fulltext/f120123120.htm (2018년 10월 10일 접속) 그가 스스로 인정했듯이 자신의 연구는 동성애가 유전적이며 남성동성애자가 되는 유전적 원인을 발견한 것이 아니라는 점을 분명히 했다. 그는 단지 뇌의 특정 부위(시상하부)가 남성 동성애자의 경우 여성과 크기가 비슷하다는 점을 발견했을 뿐이라고 했다. David Nimmons, "Sex and the Brain," *Discover* (1994. 3. 1. 신문) http://discovermagazine.com/1994/mar/sexandthebrain346/?searchterm=levay (2019년 1월 28일 접속) 리베이의 연구는 표본으로 삼았던 동성애자 대부분이 에이즈로 사망했기 때문에 남성 동성애자와 이성애자 사이의 해부학적 차이를 에이즈의 탓으로 돌릴 수 있는 가능성을 제공하였으며, 후속 연구에 의해 그 연관성이 부인되었다. Balswick & Balswick, 『진정한 성』, 96-99. 한국 학자들에 의한 동성애의 선천성 주장에 대한 반박을 담은 아래 논문을 참고하라. 길원평, 도명술, 이명진, 이세일, 임완기, 정병갑, 최현림, "동성애의 선천성을 옹호하는 최근 주장들에 대한 반박," 『신학과 학문』 22 (2017): 7-29.

43 Lawrence S. Mayer, and Paul R. McHugh, "Sexuality and Gender: Findings from the Biological, Psychological, and Social Sciences," *The New Atlantis* 50 (2016), 7.

44 최근의 중요한 연구들 중에는 와이트헤드(Whitehead and Whitehead, 2016), 샌더스 등(Sanders et al., 2015), 배일리 등(Bailey et al., 2016)의 연구가 있다. 길원평 외, "동성애의 선천성을 옹호하는 최근 주장들에 대한 반박," 22를 참고하라.

45 Douglas C. Haldeman, "The Pseudo-science of Sexual Orientation Conversion Therapy," *Angles: The Policy Journal of the Institute for Gay and Lesbian Strategic Studies* 4 (December, 1999): 1-4.

46 동성애의 정신질환 여부 변천사에 대해서는 허정은, "동성애에 대한 이해와 개입," 261-262를 참고하라.

47 Haldeman, "The Pseudo-science," 3. 이종원, "동성애에 대한 교회의 바람직한 태도," 294-295.

48 Stanley J. Grenz, *Social Ethics: An Evangelical Perspective*, 남정우 옮김, 『성 윤리학: 기독교적 관점』(서울: 살림, 2003), 403-405.

49 Balswick & Balswick, 『진정한 성』, 93.

50 위의 책, 93-94.

51 위의 책, 95.

52 동성애의 원인을 설명하는 또 하나의 유력한 이론은 사회학습이론(social learning theory)이다. 간단하면 설명하면, 어린 시절의 경험이 학습되어 후에 그러한 행동을 반복하게 된다는 것이다. 홍석천과 김정현은 둘 다 어린 시절 적절한 이성 경험이 결여되어 있었고 일찍 동성애 접촉을 가졌다는 점에서 학습이론으로 설명이 어느 정도 가능하다. 김정현이 만났던 다른 동성애자들의 경우도 학습이론으로 많은 부분 설명이 된다. 그러나 상황적인 선택에 의해서 행한 동성애는 한시적이며, 사회학습의 영향으로 영구적인 동성애를 갖게 되는지는 확실하지 않다. 성인기에 보이는 성적 지향은 성적 경험보다는 정신적 사고와 정서에 의해서 영향을 받는다는 연구 또한 있다. 동성애 설명 이론으로서의 사회학습이론에 대해서는 Balswick & Balswick, 『진정한 성』, 91-92와 허정은, "동성애에 대한 이해와 개입," 267-268을 참고하라.

53 박노권, "동성애에 대한 목회상담적 접근," 258.

54 위의 논문, 258.

55 Robert L. Spitzer, "Can Some Gay men and Lesbians Change Their Sexual Orientation? 200 Participants Reporting a Change from Homosexual to Heterosexual Orientation," *Archives of Sexual Behav-*

ior 32 (2003): 403-417.

56 Clint E. Bruess & Jerrold S. Greenberg, *Sexuality Education: Theory and Practice*, 조아미 외 옮김, 『성교육의 이론과 실제: 성교육을 어떻게 할 것인가』(서울: 학지사, 2011), 52.

57 위의 책, 47-48.

58 국내에서 동성애를 벗어나 탈동성애자로 살아가고 있는 사람들의 사례를 살펴보면, 그 배후에 그들을 사랑으로 품고 고통을 함께 하며 희망을 전해 준 교회 공동체가 있었음을 알 수 있다. 한때 동성애자였지만 결혼하여 가정을 이루었으며, 현재는 탈동성애 사역을 하고 있는 박진권 씨의 경우, 더크로스처치를 통해 복음의 진리 앞에 섰으며, 힘든 시절 격려와 기도로 함께 해 주었다고 고백한 바 있다. http://news.kmib.co.kr/article/print.asp?arcid=0923561128 (국민일보, 2016년 6월 9일) 2018년 10월 15일 접속.

59 국내에서 교회 사역을 통해 동성애에 대한 돌봄과 상담을 제공하는 있는 예로는 이요나 목사의 갈보리채플서울교회를 들 수 있다. 이요나 목사는 잘 알려진 것처럼 한때 동성애자였으며 지금은 탈동성애 사역에 헌신하고 있다. 이요나 목사의 아래 책을 참고하라. 이요나, 『Coming Out Again: 진리 그리고 자유』(서울: 좋은땅, 2017).

60 전형준과 강윤경은 기독교상담 시각에서 동성애에 대한 다섯 가지 교회의 돌봄 방안에 대해 언급한 바 있다: 1) 사랑의 마음으로 동성애자를 만나기, 2) 건강한 가정을 세우는 사역하기, 3) 교회공동체가 사랑으로 받아주기, 4) 성령님께서 주시는 변화를 믿어주기, 5) 존중, 경청, 초대 그리고 그리스도의 몸의 지체로 세우기. 다소 추상적이고 원론적이라는 생각이 들긴 하지만 동성애 돌봄을 위한 교회의 출발점으로 삼을 만하다. 전형준, 강윤경, "동성애에 대한 복음주의 상담적 접근," 『복음과 상담』 25 (2017): 238-248. 동성애자들에 대한 교회의 현실적이고 바른 태도에 대해서는 이종원, "동성애에 대한 교회의 바람직한 태도," 294-298을 참고하라.

61 현재 미국의 정신장애진단및통계편람(DSM)에서 동성애 항목이 제외된 것은 사실이나 여전히 성과 관련된 어려움을 호소하는 내담자에 대한 상담은 가능하다. 예를 들어, 최신판인 DSM-5(2013)에는 "성 불편증"(Gender Dysphoria)이라는 항목이 있는데, 이것은 자신의 생물학적 성과 성행동 간의 현저한 괴리로 인해 심한 고통과 사회적 적응 곤란을 겪고 지속적으로 불편감을 느끼는 경우를 말한다. 이것은 물론 동성애와는 다르지만, 일부의 동성애자들의 경우, 성 불편증을 호소할 수 있다. 권석만, 『현대이상심리학』, 2판 (서울: 학지사, 2013), 512-516.

62 기독교적 관점에서 동성애 상담을 하기 위한 핵심 고려 사항, 이슈, 상담 절차와 방법에 대해서는 Earl D. Wilson, *Counseling and Homosexuality*, 남상인 옮김, 『동성연애상담』(서울: 두란노, 2002)를 참고하라.

63 Grenz, 『성 윤리학』, 404. 이종원, "동성애에 대한 교회의 바람직한 태도," 296 재인용. 사례 연구에서 다루었던 김정현 또한 성인기 이후 늦게 동성애를 접한 사람은 비교적 쉽게 이성애로 되돌아갈 수 있지만, 어린 시절 남성성이 훼손된 동성애자는 본질적인 남성성 회복이 요청되기에 더 많은 시간이 걸린다고 했다. 탈동성애자 박진권도 동성애에는 경증(동성애 포르노를 보고 쾌감을 얻는 경우)과 중증(앱을 통해 동성 파트너를 정기적으로 만나고 매일 동성애 찜질방을 찾는 경우)이 있다고 지적한 바 있다.

64 더글라스 후크(Douglas Hook)는 선교단체인 "아웃포스트"(Outpost)를 통해 동성애자 치료를 위한 4단계 프로그램을 발전시켰는데, 첫 번째 단계는 동성애 지향이 있는 사람이 자신의 행위를 변화시킴으로서 하나님께 복종하는 것이며, 두 번째 단계는 하나님의 은총에 근거하여 자기를 수용하는 것이라고 했다. Grenz, 『성 윤리학』, 405 재인용. 전형준과 강윤경 또한 동성애를 치료하는 과정에서 성령의 변화시키는 역사를 강조했다. 전형준, 강윤경, "동성애에 대한 복음주의 상담적 접근," 242-247. 박진권은 자신이 치유되는 과정에서 교회공동체의 지지 이외에도 동성애는 싸워야 할 대상이라는 분명한 인식, 본인의 변화 의지, 그리고 거듭난 신앙과 복음이 중요하다고 밝혔다. 박진권 과의 전화 통화 (2018년 11월 15일).

65 허정은, "동성애에 대한 이해와 개입," 275-285.

66 이런 목회신학적 관심을 공공 목회신학이라고 명명할 수 있다. 아래 글을 참고하라. Bonnie Miller-McLemore, "Pastoral Theology as Public Theology: Revolutions in the 'Fourth Area'," in *Pastoral Care and Counseling: Redefining the Paradigms*, ed. Nancy J. Ramsay (Nashville: Abingdon Press,

2004), 45-64; Larry K. Graham, "Pastoral Theology as Public Theology in Relation to the Clinic," *Journal of Pastoral Theology* 10 (2000): 1-17; Chang Kyoo Lee, "Toward Public Pastoral Theology: A Renewed Paradigm of Care," *Korea Presbyterian Journal of Theology* 49/3 (2017): 267-298.

10장. 고독의 시대를 살아가는 청년들을 위한 목회돌봄과 상담

1   송진순, "기독청년의 마음: 감정, 관계, 공동체," 『기독청년 인식조사: 가치관, 마음, 신앙 결과발표회 자료집』(서울: 한국기독교사회문제연구원, 2023), 59.

2   Robert Solomon, *The Passions: Emotions and the Meaning of Life*, 오봉희 옮김, 『감정은 어떻게 내 삶을 의미 있게 바꾸는가』(시흥: 오도스, 2023), 632, 송진순, "기독청년의 마음," 74에서 재인용.

3   송인순, "기독청년의 마음," 75.

4   Paul Tournier, *Escape from Loneliness*, 윤경남 옮김, 『고독』(서울: IVP, 1998).

5   Tournier, 『고독』, 188.

6   Richard J. Foster, *Celebration of Discipline*, 생명의 말씀사 옮김, 『영적 훈련과 성장』(서울: 생명의 말씀사, 1986), 140-159.

7   Tournier, 『고독』, 10-11.

8   Margaret Kornfeld, *Cultivating Wholeness: A Guide to Care and Counseling in Faith Communities* (New York: The Continuum International Publishing Group, 2002), 18-19.

참고문헌

국내문헌
외국문헌 및 번역서
인터넷 자료

1. 국내문헌

강경호. 『중독의 위기와 상담』. 서울: 한가족상담연구소, 2002.

_____. 『종교중독의 실체와 상담』. 서울: 한사랑가족상담연구소, 2018.

강용원. "복음주의 기독교상담의 전개: 사마리아 여인과의 대화를 중심으로." 『성경과 신학』 65 (2013), 37-73.

고홍월, 권경인, 김계현, 김성회, 김재철, 김형수, 서영석, 이형국, 탁진국, 황재규. 『상담연구방법론』. 서울: 학지사, 2013.

공성욱, 오강섭, 노경선. "남성 동성애자와 남성 이성애자의 삶의 질과 정신 건강 비교." 『신경정신의학』 41/5 (2002), 930-941.

곽분이. "동성애에 대한 성서의 입장." 『한국여성신학』 27 (1996), 52-63.

국립국어연구원 편. 『표준국어대사전』. 서울: 두산동아, 2001. S.v. "관상."

권명수. "용서의 공동체 만들기 - 발견으로서의 용서." 『한국기독교신학논총』 58 (2008), 181-205.

_____. "사회적 애도 가능성 연구: 세월호 사건을 중심으로." 『한국실천신학회 정기학술세미나』 서울: 한국실천신학회, 2016, 169-184.

권석만. 『긍정심리학: 행복의 과학적 탐구』. 서울: 학지사, 2008.

_____. 『인간의 긍정적 성품: 긍정심리학의 관점』. 서울: 학지사, 2011.

_____. 『현대이상심리학』 2판. 서울: 학지사, 2013.

_____. 『인간 이해를 위한 성격심리학』. 서울: 학지사, 2017.

권수영. 『기독(목회)상담, 어떻게 다른가요: 심리학과 신학의 만남』. 서울: 학지사, 2007.

_____. "서구 긍정심리학, 얼마나 긍정적인가?: 실천신학적 전망." 『신학과 실천』 30 (2012), 377-403.

_____. "기독(목회)상담사의 신학적 성찰: 임상현장에서의 상관관계의 방법." 『신학과 실천』 32 (2012), 369-396.

권수영, 신명숙, 안석모, 홍영택. "목회상담의 역사: 현대 및 미래 전망." 안석모 외 공저, 『목회상담

이론 입문』. 서울: 학지사, 2009, 172-185.

권영삼. "종교 중독 빗나가 버린 신앙: '열정적 믿음'으로 미화된 잘못된 믿음의 손상." 『아멘 뉴스』. 2004년 7월 14일.

길귀숙. "성경에 나타난 예수 그리스도의 상담자의 모본 및 교회사회복지적 적용." 『한국인간복지실천연구』 5 (2010), 320-341.

길원평 외 59명 교수 일동. "미국정신의학협회가 동성애를 질병에서 제외하는 과정." 『동성결혼 합법화를 반박하기 위하여 정리한 동성애에 관한 과학적 사실들』. 미발간 논문집, 연도 미상, 47-50.

길원평, 도명술, 이명진, 이세일, 임완기, 정병갑, 최현림. "동성애의 선천성을 옹호하는 최근 주장들에 대한 반박." 『신학과 학문』 22 (2017), 7-29.

김광수, 오영희, 박종효, 정성진, 하요상, 강주희, 추정인, 한선녀. 『용서를 통한 치유와 성장』. 서울: 학지사, 2016.

김기철. "인간이해를 매개로 한 신학과 심리학의 만남." 『신학사상』 170 (2015), 249-282.

김나함. "목회상담에 있어서의 심리학과 신학의 관계에 대한 연구." 『신학과 실천』 14 (2008), 141-166.

김명용. 『칼 바르트의 신학』. 서울: 이레서원, 2007.

김선미. "종교중독에서 심리적인 결핍에 대한 목회상담적 대응: 위니컷의 중간대상을 중심으로." 『신학과 실천』 48 (2016), 285-305.

김수영. "불의한 세상에서 용서를 희망하기." 『목회와 상담』 32 (2019), 9-37.

김정선. "임상심리학적 공감 개념과 공감의 신학적 의미." 『신학과 실천』 59 (2018), 507-536.

김정현. "동성애자들이 말해주지 않는 '동성애에 대한 비밀': 동성애자의 양심고백." 바른성문화를위한국민연합 편집. 『동성애에 대한 불편한 진실』. 서울: 밝은생각, 2016.

김충렬. "도박중독의 원인에서 의지적 원인의 연구." 『신학과 실천』 22 (2012), 209-254.

김홍근. "애도를 통한 내면화 과정과 새로운 자기표상형성." 『한국실천신학회 정기학술세미나』 서울: 한국실천신학회, 2010, 9-38.

_____. "발달적 애도를 통한 변형적 내면화 과정." 『신학과 실천』 제24호 2 (2010), 109-142.

대한성서공회. 『관주 해설 성경전서: 개역개정판』 독일성서공회 해설. 서울: 대한성서공회, 2004.

도은영, 정복례, 도복늠. "중독(Addiction)에 대한 개념분석." 『지역사회간호학회지』, 제12권 1호, 2001, 261-268.

박노권. "동성애에 대한 목회상담적 접근." 『한국기독교신학논총』 28 (2003), 249-253.

박병준, 김옥경. "용서 개념에 대한 철학상담적 접근." 『철학논집』 48 (2017), 9-43.

박보린. 『제4차 산업혁명에 대한 정신분석적 고찰』. 서울: 한국심리치료연구소, 2018.

반신환. "외도 후 부부관계의 용서: 정서적 분리와 화해." 『신학과 실천』 19 (2009), 2009-228.

_____. "경계선성격장애에 대한 변증법적 행동치료와 기독교상담." 『신학과 실천』 23 (2010), 317-340.

성열홍. 『딥씽킹』. 서울: 21세기북스, 2014.

손운산. "치료, 용서, 그리고 화해." 『한국기독교신학논총』 35 (2004), 241-283.

_____. 『용서와 치료』. 서울: 이화여자대학교출판문화원, 2008.

송진순. "기독청년의 마음: 감정, 관계, 공동체." 『기독청년 인식조사: 가치관, 마음, 신앙 결과발표회 자료집』. 서울: 한국기독교사회문제연구원, 2023, 56-75.

신득일. "구약의 동성애 법." 『신앙과 학문』 14/2 (2009), 133-157.

심정연. "우울 내담자의 자기구조 회복에 관한 기독교 상담적 고찰 : 하인즈 코헛(Heinz Kohut)의 이론을 중심으로." 『신학과 실천』 69 (2020), 459-483.

안석. "성숙에 대한 기독교상담학적 연구: 정신분석 및 인본주의심리학적 관점을 중심으로." 『신학과 실천』 32 (2012), 397-427.

_____. "엔라이트의 용서치유에 관한 연구." 『신학과 실천』 46 (2015), 261-292.

여한구. "기독교 상담에서의 성서와 심리상담." 『신학과 실천』 44 (2015), 229-254.

_____. "4차 산업혁명 시대의 기독교 상담." 『신학과 실천』 61 (2018), 205-229.

연문희. "미국 심리치료분야에서 Carl R. Rogers의 영향력." 『인간이해』 30 (2009), 1-19.

오은규. 『이혼 후 성장』. 서울: 학지사, 2020.

우선옥. "알코올 중독의 문제와 그 극복의 방안." 『신학과 실천』 46 (2015), 313-334.

유상희. "모든 용서는 아름다운가에 나타난 용서의 함의." 『신학과 실천』 73 (2021), 407-438.

유영권. "칼 로저스(Carl Rogers)의 자기개념에 대한 비판적 연구: 목회상담적 관점에서." 『한국기독교상담학회지』 7 (2004), 179-198.

이경순. "용서 과정에 대한 질적 연구: 근거이론을 중심으로." 『한국심리학회지: 건강』 13/1 (2008), 237-252.

이경직. 『기독교와 동성애』. 서울: 기독교연합신문사, 2006.

이관직. "목회상담의 정체성." 『목회상담 이론 입문』, 안석모 외 공저, 19-35. 서울: 학지사, 2009.

이만홍, 황지연. 『역동심리치료와 영적탐구』. 서울: 학지사, 2007.

이상억. "복음의 삶으로서의 용서에 대한 연구." 『장신논단』 46/4 (2014), 225-250.

이요나. 『Coming Out Again: 진리 그리고 자유』. 서울: 좋은땅, 2017.

이재현. 『목회상담과 예수 그리스도』. 서울: 장로회신학대학교출판부, 2018.

이종원. "동성애에 대한 교회의 바람직한 태도." 『한국기독교신학논총』 64 (2009), 281-303.

이창규. "긍정심리학에 대한 목회신학적 비평과 목회상담 활용가능성에 대한 연구." 『신학과 실천』 48 (2016), 221-255.

_____. "칼 로저스의 재발견: 인간중심상담에 대한 목회신학적 비평과 목회상담적 활용." 『신학과 실천』 61 (2018), 265-299.

이해국, 이보혜. "4대 중독 원인 및 중독 예방 정책." 『보건복지포럼』 (2013. 6), 30-42.

이형기. 『종교개혁신학사상: 루터와 칼빈을 중심으로』. 서울: 장로회신학대학출판부, 1984.

임종환, 안석. "상처와 분노를 치유하는 기제로서의 용서에 관한 연구: 영화 Les Miserables 분석을 중심으로." 『신학과 실천』 63 (2019), 359-387.

장보철. "목회상담에 있어서 인공지능의 유용성에 대한 연구." 『장신논단』 50/2 (2018), 305-328.

_____. "인공지능에 대한 목회신학적 고찰." 『신학과 실천』 59 (2018), 247-267.

전요섭. "4차 산업혁명 시대에 대한 기독교상담적 대응." 『신학과 실천』 61 (2018), 175-203.

전형준, 강윤경. "동성애에 대한 복음주의 상담적 접근." 『복음과 상담』 25 (2017), 238-248.

정동섭. "칼 로저스의 인간 중심 상담이론에 대한 기독교적 평가."『복음과 실천』16(1) (1993), 325-351.

정연득. "종교중독에 대한 목회신학적 대응: 정신분석학과 몸의 신학의 관점에서."『신학과 실천』26/2 (2011), 45-78.

_____. "서론: 현대목회상담학의 흐름." 한국목회상담학회 편.『현대목회상담학자연구』. 서울: 도서출판 희망나눔, 2014, 9-29.

_____. "신학함의 과정으로서의 목회돌봄과 상담."『신학과 실천』38 (2014), 347-377.

정형모, 이홍석, 장동원, 이민수. "정신분열증, 알코올중독, 약물중독에서 도파민 D2 수용체 유전자의 조절유전자(modifying gene)로서의 역할: 충동적, 강박적, 탐닉적 행동을 나타내는 정신질환들에서 도파미 D2 수용체의 조절유전자로서의 역할."『생물정신의학』4/2 (1997), 225-233.

정희성.『여성과 목회상담』. 서울: 이화여자대학교출판부, 2011.

조윤옥. "관계중독의 치유에 관한 연구."『신학과 실천』38 (2014), 409-440.

채규만 외 공저.『채박사의 중독 따라잡기』. 서울: 학지사, 2013.

최선재, 안현의. "상실 경험의 의미 재구성과 심리적 적응의 관계."『상담학연구』Vol. 14, No. 1 (2013), 323-341.

최성미. "동기변화를 통한 부부갈등의 회복 - 성경적 상담의 관점에서."『신학과 실천』58 (2018), 447-473.

최영민.『쉽게 쓴 자기 심리학』. 서울: 학지사, 2011.

최은영. "종교중독과 영성." 한국기독교상담심리학회 편,『중독과 영성』. 서울: 학지사, 2018, 243-272.

최의헌. "진단통계편람(DSM)의 이해와 목회상담에서의 응용." 이상억 외 공저.『목회상담 실천입문』. 서울: 학지사, 2009: 191-201.

최재락, "슬픔의 치유를 위한 기독교상담."『신학과 실천』23 (2010), 287-315.

최종일. "인구절벽 시대에 기독 청년층을 위한 목회돌봄에 관한 연구: 성경을 근거로 하는 이야기치료를 중심으로."『신학과 실천』68 (2020), 391-409.

최주혜. "한국 목회자 자녀의 수치심."『신학과 실천』36 (2013), 389-415.

_____. "중독과 영성."『신학과 실천』47 (2015), 349-372.

_____. "목회적 돌봄 속에서의 용서: 마태복음 18장 21-35절에 나타난 종의 이야기."『신학과 실천』57 (2017), 187-213.

하희승. "한국청소년의 학업 중압감 사례와 성경적 상담을 통한 신앙지도."『신학과 실천』18 (2009), 371-405.

한국목회상담학회 편.『현대목회상담학자연구』. 서울: 도서출판 희망나눔, 2014.

허정은. "동성애자에 대한 이해와 개입." 박경, 이희숙, 김혜경, 허정은.『성 심리치료 이론과 실제』. 서울: 학지사, 2013, 261-285.

허호익. "동성애에 관한 핵심 쟁점: 범죄인가, 질병인가, 소수의 성지향인가?"『장신논단』38 (2010), 237-260.

홍석천.『나는 아직도 금지된 사랑에 가슴 설렌다』. 서울: 중앙 M & B, 2000.

홍영택. "하나님의 용서와 사람의 용서: 한국 기독교인의 용서 경험에 대한 설문 조사."『한국기독교신학논총』31 (2004), 605-641.

홍이화. "자기애성 성격장애와 그 목회상담적 함축: 자기심리학(self psychology)의 관점을 중심으로." 『신학과 실천』 23 (2010), 341-370.

_____. "한국인의 수치심(shame) 이해를 위한 하인즈 코헛(Heinz Kohut) 이론의 재고찰: 객체적 자기인식(objective self-awareness) 안에서의 수치심." 『신학과 실천』 48 (2016), 171-194.

홍인종. 『결혼과 가족: 기독교 상담과 가정사역』. 서울: 하늘향, 2014.

2. 외국문헌 및 번역서

Al-Rodhan, Nayef. "로봇의 도덕률: 어떻게 로봇에게 옳고 그름을 가르칠까." In *The Fourth Industrial Revolution: A Davos Reader*. ed. Gideon Rose. 김진희 외 옮김. 『4차 산업혁명의 충격』. 서울: 흐름출판, 2016: 248-256.

Anderson, Herbert and Edward Foley, *Mighty Stories, Dangerous Rituals: Weaving Together the Human and the Divine*. Jossey-Bass, 1997.

Arterburn, Steven, Jack Felton. *Toxic Faith*. 문희경 옮김. 『해로운 믿음』. 서울: 죠이선교회, 2003.

Augustine of Hippo. *Confessions*. 선한용 옮김. 『성 어거스틴의 고백록』. 서울: 대한기독교서회, 1990.

Balswick, Jack O., and Judith K. Balswick. *Authentic Human Sexuality*. 황병룡 옮김. 『진정한 성』. 서울: IVP, 2002.

Barth, Karl. "The New Humanism and the Humanism of God." *Theology Today*, 8/2 (1951), 157-166.

Beasley-Murray, George R. *World Bible Commentary: John*. Waco, TX: Word Books, 1999.

Beck, Judith S. *Cognitive Therapy: Basics and Beyond*. New York: The Guilford Press, 1995.

Booth, Father Leo. *When God Becomes a Drug: Understanding Religious Addiction and Religious Abuse*. Long Beach: SCP Limited, 1998.

Bradshaw, John. *Healing the Shame that Binds You*. 김홍찬, 고영주 옮김. 『수치심의 치유』. 서울: 한국상담심리연구원, 2002.

Brown, Raymond. 최흥진 옮김. 『앵커바이블: 요한복음 I』. 서울: 기독교문서선교회, 2013.

Browning, Don S. *The Moral Context of Pastoral Care*. Philadelphia: Fortress, 1976.

_____. *Religious Ethics and Pastoral Care*. Philadelphia: Fortress, 1983.

_____. *Religious Thought and the Modern Psychologies: A Critical Conversation in the Theology of Culture*. Philadelphia: Fortress, 1987.

Brueggmann, Walter. *Theology of the Old Testament: Testimony, Dispute, Advocacy*. Minneapolis: Fortress, 1997.

Bruess, Clint E. and Jerrold S. Greenberg. *Sexuality Education: Theory and Practice*. 조아미, 박선영, 유우경, 이정민, 진영선, 박은혁, 정재민, 선필호, 김소희 옮김. 『성교육의 이론과 실제: 성교육을 어떻게 할 것인가』. 서울: 학지사, 2011.

Buber, Martin. *I and Thou*. Translated by Walter Kaufmann. New York: Charles Scribner's Sons, 1970.

Burck, J. R., and Rodney Hunter. "Pastoral Theology, Protestant." In *Dictionary of Pastoral Care and Counseling.* gen. ed. Rodney J. Hunter, 867-872. Nashville: Abingdon Press, 1990.

Busch, Eberhard. 박성규 옮김. 『위대한 열정: 칼 바르트 신학 해설』. 서울: 새물결플러스, 2017.

Capps, Donald. *Biblical Approaches to Pastoral Counseling.* Philadelphia: Westminster, 1981.

_____. *Life Cycle Theory and Pastoral Care.* Eugene, OR.: Wipf and Stock, 1983.

_____. *Reframing: A New Method in Pastoral Care.* Minneapolis: Fortress Press, 1990.

Cashdan, Shelden. *Object Relations Therapy.* 이영희, 고향자, 김해란, 김수형 옮김. 『대상관계치료』. 서울: 학지사, 2005.

Chambers, John, and Wim Elfrink. "도시의 미래: 만물인터넷이 삶의 방식을 바꾼다." In *The Fourth Industrial Revolution: A Davos Reader.* ed. Gideon Rose. 김진희 외 옮김. 『4차 산업혁명의 충격』. 서울: 흐름출판, 2016: 178-191.

Childs, Brian H. "forgiveness." In *Dictionary of Pastoral Care and Counseling.* gen. ed. Rodney J. Hunter, 438-440. Nashville: Abingdon Press, 1990.

Clebsch, William A. and Charles R. Jaekle, *Pastoral Care in Historical Perspective,* 1st softcover ed. New York: Jason Aronson, 1994. (originally published in 1964.)

Conzelmann, Hans, and Walther Zimmerli. "χάρις." In *Theological Dictionary of the New Testament.* ed. Gerhard Kittel and Gerhard Friedrich, trans. Geoffrey W. Bromiley, 9: 372-402. Grand Rapids, MI: Eerdmans, 1974.

Corey, Gerald. 김명권, 김창대, 방기연, 이동훈, 이영순, 전종국, 천성문 옮김. 『집단상담의 이론과 실제』 8판. 서울: 학지사, 2015.

Csikszentmihalyi, Mihaly. *Flow: The Psychology of Optimal Experience.* 최인수 옮김. 『몰입, FLOW-미치도록 행복한 나를 만난다』. 서울: 한울림, 2005.

_____. *Finding Flow: The Psychology of Engagement with Everyday Life.* 이희재 옮김. 『몰입의 즐거움』. 서울: 해냄출판사, 2010.

_____. *Flow-der Weg zum Gluck.* 임석원 옮김. 『미스터 몰입과의 대화 - 일 놀이 삶의 기쁨에 대하여』. 서울: 위즈덤하우스, 2011.

Culbertson, Philip. *Caring for God's People: Counseling and Christian Wholeness.* Minneapolis: Fortress Press, 2000.

Cunningham, Bobby B. "The Will to Forgive: A Pastoral Theological View of Forgiving." *The Journal of Pastoral Care.* 39 (1985), 141-149.

Doehring, Carrie. *The Practice of Pastoral Care: A Postmodern Approach.* Louisville, KY: Westerminster John Knox, 2006.

Dykstra, Robet C. ed. *Images of Pastoral Care: Classic Readings.* St. Louis, MO: Chalice Press, 2005.

Egan, Gerard. *The Skilled Helper.* 제석봉, 유계식, 김창진 옮김. 『유능한 상담자』. 서울: 학지사, 2015.

Ehrenreich, Barbara. *Bright-sided: How the Relentless Promotion of Positive Thinking has Undermined America.* New York: Metropolitan Books, 2009.

Enwright, Robert. *Forgiveness is a Choice.* 채규만 옮김. 『용서 치유: 용서는 선택이다』. 서울: 학지사, 2004.

Erickson, Millard. *The Doctrine of Humanity and Sin.* 나용화, 박성민 옮김. 『인죄론』. 서울: 기독교

문서선교회, 1993.

Faber, Barry A., Deborah C. Bink, and Patricia M. Raskin, eds. *The Psychotherapy of Carl Rogers: Cases and Commentary.* 주은선 옮김. 『칼 로저스의 심리치료: 사례와 해설』. 서울: 학지사, 2017.

Faller, George. "Positive Psychology: A Paradigm Shift." *Journal of Pastoral Counseling* 36 (2001), 7-20.

Feuerbach, Ludwig. *The Essence of Religion.* 강대석 옮김. 『기독교의 본질』. 서울: 한길사, 2008.

Foster, Richard. *Celebration of Discipline.* 생명의 말씀사 옮김. 『영적 훈련과 성장』. 서울: 생명의 말씀사, 1986.

Freud, Sigmund. *The Future of an Illusion.* New York: Norton, 1961.

_____. *Civilization and its Discontents.* New York: Norton, 1961.

Gabbard, Glen. *Psychodynamic Psychiatry in Clinical Practice.* 이정태, 채영래 옮김. 『역동정신의학』. 서울: 도서출판 하나의학사, 2008.

Geertz, Clifford. *The Interpretation of Cultures: Selected Essays.* New York: Basic Books, 1973.

Gerkin, Charles V. *The Living Human Document: Re-Visioning Pastoral Counseling in a Hermeneutical Mode.* Nashville: Abingdon, 1984.

Graham, Elaine, Heather Walton, and Frances Ward, *Theological Reflection: Methods.* London: SCM Press, 2005.

Graham, Larry K. *Discovering Image of God: Narratives of Care among Lesbians and Gays.* Louisville, KY: Westminster John Knox, 1997.

_____. "Pastoral Theology as Public Theology in Relation to the Clinic." *Journal of Pastoral Theology* 10 (2000), 1-17.

Greenberg, Jay and Stephen Mitchell. *Object Relations in Psychoanalytic Theory.* 이재훈 옮김. 『정신분석학적 대상관계이론』. 서울: 한국심리치료연구소, 1999.

Grenz, Stanley J. *Sexual Ethics: An Evangelical Perspective.* 남정우 옮김. 『성 윤리학: 기독교적 관점』. 서울: 살림, 2003.

_____. *Welcoming but Not Affirming: An Evangelical Response to Homosexuality.* 김대중 옮김. 『환영과 거절 사이에서: 동성애에 대한 복음주의의 응답』. 서울: 새물결플러스, 2016.

Haldeman, Douglas C. "The Pseudo-science of Sexual Orientation Conversion Therapy." *Angles: The Policy Journal of the Institute for Gay and Lesbian Strategic Studies* 4 (December, 1999), 1-4.

Hamer, D. H., S. Hu, V. L. Magnuson, N. Hu, and A. M. L. Pattatucci. "A Linkage between DNA Markers on the X Chromosome and Male Sexual Orientation." *Science* 261 (1993), 321-350.

Hamilton, Gregory. *Self and Others: Object Relations Theory in Practice.* 김진숙, 김창대, 이지연 옮김. 『대상관계이론과 실제: 자기와 타자』. 서울: 학지사, 2007.

Hart, Archibald. *Healing Life's Hidden Addictions.* 온누리회복사역본부 옮김, 『참을 수 없는 중독』. 서울: 두란노, 2005.

Held, Barbara S. "The Negative Side of Positive Psychology." *Journal of Humanistic Psychology.* 44

(2004), 9-46.

Hiltner, Seward. *Pastoral Counseling*. New York: Abingdon Press, 1949.

Holifield, E. Brooks. *A History of Pastoral Care in America: From Salvation to Self-Realization*. Lima, Ohio: Academic Renewal Press, 2003. (Originally published in 1983).

Howard, Wilbert F. "The Gospel According to St. John, Introduction and Exegesis." *The Interpreter's Bible*, ed. George Arthur Buttrick, 8: 435-811. New York: Abingdon Press, 1952.

Hunter, Rodney. J. "Pastoral Care and Counseling." In *Dictionary of Pastoral Care and Counseling*. gen. ed. Rodney J. Hunter, 845. Nashville: Abingdon Press, 1990.

Johns, Stanton L. & Richard E. Butman. *Modern Psychotherapies: A Comprehensive Christian Appraisal*. 이관직 옮김. 『현대심리치료와 기독교적 평가』. 서울: 대서출판사, 2009.

Jones, James William. *Contemporary Psychoanalysis and Religion: Transference and Transcendence*. 유영권 옮김. 『현대 정신분석학과 종교: 전이와 초월』. 서울: 한국심리치료연구소, 2002.

Kallmann, Franz. J. "Twin and Sibship Study of Overt Male Homosexuality." *American Journal of Human Genetics* 4 (1952), 136-146.

Keener, Craig. *The Gospel of John: A Commentary II*. 이옥용 옮김. 『요한복음 II』. 서울: 기독교문서선교회, 2018.

Kelly, Melissa M. *Grief: Contemporary Theory and the Practice of Ministry*. Minneapolis: Fortress Press, 2010.

Kinast, R. L. "Pastoral Theology, Roman Catholic." In *Dictionary of Pastoral Care and Counseling*. gen. ed. Rodney J. Hunter, 873-875. Nashville: Abingdon Press, 1990.

Kinnaman, David. *You Lost Me*. 이선숙 옮김. 『청년들은 왜 교회를 떠나는가』. 서울: 국제제자훈련원, 2015.

Kohut, Heinz. *The Analysis of the Self: A Systematic Approach to the Psychoanalytic Treatment of Narcissistic Personality Disorders*. New York: International Universities Press, 1971.

_____. *The Restoration of the Self*. New York: International Universities Press, 1977.

Kornfeld, Margaret. *Cultivating Wholeness: A Guide to Care and Counseling in Faith Communities*. New York: The Continuum International Publishing Group, 2002.

Kubler-Ross, Elisabeth, and David Kessler. *On Grief and Grieving: Finding the Meaning of Life Through the Five Stages of Loss*. 김소향 옮김, 『상실 수업』. 서울: 인빅투스, 2014.

Lartey, Emmanuel Y. *Pastoral Theology in an Intercultural World*. Cleveland, OH: The Pilgrim Press, 2006.

Ledley, Deborah R., Brian P. Mark, & Richard G. Heimberg, *Making Cognitive-Behavioral Therapy Work: Clinical Process for New Practitioners*. New York: The Guilford Press, 2005.

Lee, Chang Kyoo. "Christian Hope in Korean American Experience: A Practical Theology of Hope for a Marginalized Population." Ph.D. diss. Claremont School of Theology, 2011.

_____. "Practical Theology as a Theological Discipline: Origins, Developments, and the Future." *Korean Journal of Christian Studies*. 75 (2011), 293-318.

_____. "Toward Public Pastoral Theology: A Renewed Paradigm of Care." *Korea Presbyterian Journal of Theology* 49/3 (2017), 267-298.

Lee, R. "Health Care Problem of Lesbian, Gay, Bisexual, and Transgender Patients." *West Journal of Medicine* 172 (2000), 403-408.

LeVay, Simon. "A Difference in Hypothalamic Structure between Heterosexual and Homosexual Men." *Science* 25(1991), 1034-1036.

May, Gerald. *Addiction and Grace.* New York: Harper & Row, 1988.

May, Gerald. *Addiction and Grace.* 이지영 옮김. 『중독과 은혜』. 서울: IVP, 2005.

_____. *The Awakened Heart: Living Beyond Addiction.* New York: HarperSanFrancisco, 1991.

Mayer, Lawrence S. and Paul R. McHugh. "Sexuality and Gender: Findings from the Biological, Psychological, and Social Sciences." *The New Atlantis* 50 (2016), 10-143.

McRay, Barrett, Mark Yarhouse, and Richard Butman. *Modern Psychopathologies: A Comprehensive Christian Appraisal,* 2nd ed. Downers Grove, IL: IVP Academic, 2016.

McWilliams, Nancy. *Psychoanalytic Psychotherapy: A Practitioner's Guide.* 권석만, 이한주, 이순희 옮김. 『정신분석적 심리치료』. 서울: 학지사, 2007.

_____. *Psychoanalytic Diagnosis: Understanding Personality Structure in the Clinical Process.* 정남운, 이기련 옮김. 『정신분석적 진단: 성격구조의 이해』. 서울: 학지사, 2008.

Mearns, David, and Brian Thorne, *Person-Centered Counseling in Action,* 3rd. ed. 주은선 옮김. 『인간중심 상담의 임상적 적용』. 서울: 학지사, 2012.

Menahem, Samuel E. "Cases of Anger and Hurt: The Development of Rogers and Spiritual Psycho-therapy." In *The Psychotherapy of Carl Rogers: Cases and Commentary,* ed. Barry A. Faber, Deborah C. Bink, and Patricia M. Raskin. 주은선 옮김. "'분노와 상처' 사례: 로저스와 영적 심리치료의 발전." 『칼 로저스의 심리치료: 사례와 해설』. 서울: 학지사, 2017. 455-471.

Miller-McLemore, Bonnie. "Pastoral Theology as Public Theology: Revolutions in the 'Fourth Area'." In *Pastoral Care and Counseling: Redefining the Paradigms.* ed. Nancy J. Ramsay, 45-64. Nashville: Abingdon Press, 2004.

Mills, L. O. "Pastoral Care (History, Traditions, and Definitions)." In *Dictionary of Pastoral Care and Counseling.* gen. ed. Rodney J. Hunter, 836-844. Nashville: Abingdon Press, 1990.

Mitchell, Kenneth R. and Herbert Anderson. *All Our Losses, All Our Griefs: Resources for Pastoral Care.* Louisville: Westminster John Knox Press, 1983.

Mitchell, Stephen and Margaret Black. *Freud and Beyond: A History of Modern Psychoanalytic Thought.* 이재훈, 이해리 옮김. 『프로이트 이후: 현대정신분석학』. 서울: 한국심리치료연구소, 2002.

Moltmann, Jurgen. "Eschatology and Pastoral Care." In *Dictionary of Pastoral Care and Counseling.* gen. ed. Rodney Hunter, 360-362. Nashville: Abingdon Press, 1990.

Moschella, Mary Clark. "Positive Psychology as a Resource for Pastoral Theology and Care: A Pre-liminary Assessment." *The Journal of Pastoral Theology* 21 (2011), 5-1~5-17.

Nourbankhsh, Illah Reza. "The Coming Robot Dystopia: Human-Robot Interaction." In *The Fourth Industrial Revoution: A Davos Reader, ed. Gideon Rose.* 김진희 외 옮김. "다가오는 로봇 디스토피아: 로봇과 인간의 상호작용을 위해." 『4차 산업혁명의 충격』. 서울: 흐름출판, 2016. 192-205.

Nowak, Martin and Roger Highfield. *SuperCooperators: Altruism, Evolution, and Why We Need Oth-*

er to Succeed. 허준석 옮김. 『초협력자』. 서울: 사이언스북스, 2012.

Oden, Thomas C. *Pastoral Theology: Essentials of Ministry.* New York: Harper & Row, 1983.

_____. *Care of Souls in the Classic Tradition.* Philadelphia: Fortress Press, 1984.

Papagiannis, Helen. *Augmented Human.* 문은주 옮김. 『증강 인간』. 서울: 에이콘출판사, 2018.

Patton, John. *Pastoral Counseling: A Ministry of the Church.* Eugene, OR: Wipf and Stock, 1983.

_____. *Is Human Forgiveness Possible: A Pastoral Care Perspective.* Nashville: Abingdon Press, 1985.

_____. "Pastoral Counseling." In *Dictionary of Pastoral Care and Counseling.* gen. ed. Rodney J. Hunter, 849-854. Nashville: Abingdon Press, 1990.

_____. *Pastoral Care in Context: An Introduction to Pastoral Care.* Louisville, KY: Westminster John Knox Press, 1993.

Paulson, Steven D. "Luther on the Hidden God." *Word & Word.* 19 (1999), 363-371.

Peck, Scott. *People of the Lie: The Hope for Healing Human Evil.* 윤종석 옮김. 『거짓의 사람들』. 서울: 비전과 리더십, 2003.

Peterson, Christopher & Martin Seligman. *Character Strengths and Virtues: A Handbook and Classification.* New York: Oxford University Press, 2004.

Peterson, Christopher. *A Primer in Positive Psychology.* New York: Oxford University Press, 2006.

Poling, James Newton. *The Abuse of Power: A Theological Problem.* Nashville: Abingdon Press, 1991.

_____. *Deliver us from Evil: Resisting Racial and Gender Oppression.* Minneapolis, MN: Fortress Press, 1996.

Pruyser, Paul. *The Minister as Diagnostician: Personal Problems in Pastoral Perspective.* Philadelphia: Westminster Press, 1976.

Quell, Gottfried, Gerhard Kittel, and Rudolf Bultmann. 'ἀλήθεια.' In *Theological Dictionary of the New Testament.* ed. Gerhard Kittel, trans. Geoffrey W. Bromiley, 1: 232-247. Grand Rapids, MI: Eerdmans, 1964.

Ramsay, Nancy J. *Pastoral Diagnosis: A Resource for Ministries of Care and Counseling.* Minneapolis: Fortress Press, 1998.

_____. *Pastoral Care and Counseling: Redefining the Paradigms.* Nashville: Abingdon Press, 2004.

Rice, G., C. Anderson, N. Risch, and G. Ebers. "Male Homosexuality: Absence of Linkage to Microsatellite Markers at Xq28." *Science* 284 (1999), 665-667.

Rifkin, Jeremy. *The Third Industrial Revolution: How Lateral Power Is Transforming Energy, the Economy, and the World.* Basingstoke: Palgrave MacMillan, 2011.

Rogers, Carl. *Client-Centered Therapy: Its Current Practice, Implications, and Theory.* Boston: Houghton Mifflin, 1951.

_____. "The Necessary and Sufficient Conditions of Therapeutic Personality Change." *Journal of Consulting Psychology* 21 (1957), 95-103.

_____. *Counseling and Psychotherapy: Newer Concepts in Practice.* 한승호, 한성열 옮김. 『칼 로저스의 카운슬링의 이론과 실제』. 서울: 학지사, 1998.

_____. *A Way of Being*, revised ed. 오제은 옮김. 『칼 로저스의 사람-중심 상담』. 서울: 학지사, 2007.

_____. *On Becoming a Person: A Therapist's View of Psychotherapy*. 주은선 옮김. 『진정한 사람되기: 칼 로저스 상담의 원리와 실제』. 서울: 학지사, 2009.

Rizzuto, Ana-Maria. *The Birth of the Living God: A Psychoanalytic Study*. Chicago, University of Chicago Press, 1979.

Ryckman, Richard M. *Theories of Personality*, 7th ed. Belmont, CA: Wadsworth/ Thomson Learning, 2000.

Ryle, Gilbert. "Thinking and Reflection." In Gilbert Ryle, *Collected Papers*, vol. 2. London: Hutchinson, 1971.

Schwab, Klaus. *The Fourth Industrial Revolution*. 송경진 옮김. 『클라우스 슈밥의 제4차 산업혁명』. 서울: 새로운 현재, 2016.

_____. *Shaping the Fourth Industrial Revolution*. 김민주, 이엽 옮김. 『더 넥스트: 클라우스 슈밥의 제4차 산업혁명』. 서울: 새로운 현재. 2018.

Seligman, Martin E. P. *Authentic Happiness: Using the New Positive Psychology to Realize Your Potential for Lasting Fulfillment*. 김인자 옮김. 『마틴 셀리그만의 긍정심리학』. 서울: 도서출판 물푸레, 2009.

Seligman, Martin E. P. & Mihaly Csikszentmihalyi. "Positive Psychology: An Introduction." *American Psychologist* 55 (2000), 5-14.

Smedes, Lewis. *Forgive and Forget: Healing the Hurts We Don't Deserve*. 배웅준 옮김. 『용서의 기술』. 서울: 규장, 1996.

Snyder, C. R., and Shane J. Lopez, *Handbook of Positive Psychology*. 이희경 옮김. 『긍정심리학 핸드북』. 서울: 학지사, 2008.

Spitzer, Robert L. "Can Some Gay men and Lesbians Change Their Sexual Orientation? 200 Participants Reporting a Change from Homosexual to Heterosexual Orientation." *Archives of Sexual Behavior* 32 (2003), 403-417.

St. Clair, Michael. *Human Relationships and the Experience of God: Object Relations and Religion*. 이재훈 옮김, 『인간의 관계 경험과 하나님 경험』. 서울: 한국 심리치료연구소, 1998.

_____. *Object Relations and Self Psychology*. 안석모 옮김. 『대상관계이론과 자기심리학』 4판. 서울: 센게이지 러닝, 2015.

Stoop, David and James Masteller. *Forgiving Our Parents, Forgiving Ourselves: Healing Adult Children of Dystunctional Families*. 정성준 옮김. 『부모를 용서하기 나를 용서하기』. 서울: 예수전도단, 2001.

Susskind, Richard and Daniel Susskind. *The Future of the Professions: How Technology Will Transform the Work of Human Experts*. 위대선 옮김. 『4차 산업혁명 시대, 전문직의 미래』. 서울: 와이즈베리, 2016.

Swinton, John & Harriet Mowat. *Practical Theology and Qualitative Research*. London: SCM, 2006.

Tan, Siang-Yang, "Applied Positive Psychology: Putting Positive Psychology into Practice." *Journal of Psychology and Christianity* 25 (2006), 68-73.

Taylor, Cherly Zerbe. "Religious Addiction: Obsession with Spirituality." *Pastoral Psychology* 40/4 (2002), 291-315.

Thorne, Brian. *Carl Rogers*, 2nd ed. 이영희, 박외숙, 고향자 옮김. 『칼 로저스』. 서울: 학지사, 2007.

Tournier, Paul. *Escape from Loneliness*. 윤경남 옮김. 『고독』. 서울: IVP, 1998.

_____. *The Strong and the Weak*. 정동섭 옮김. 『강자와 약자』. 서울: IVP, 2000.

_____. *Guilt and Grace*. 추교석 옮김. 『죄책감과 은혜』. 서울: IVP, 2001.

_____. *Le Personnage et la Personne*. 강주헌 옮김. 『인간이란 무엇인가』. 서울: 포이에마, 2013.

Towle, Alexandra, ed. *Fathers*. New York: Simon and Schuster, 1986.

Urschel, Harold. *Healing the Addicted Brain*. 조성희 외 옮김. 『중독된 뇌 살릴 수 있다』. 서울: 학지사, 2012.

Vanderheyden, Patricia Anne. "Religious Addiction: The Subtle Destruction of the Self." *Pastoral Psychology* 47/1 (1999), 294-302.

Vitz, Paul. *Psychology as Religion*. 장혜영 옮김. 『신이 된 심리학』. 서울: 새물결플러스, 2010.

_____. *Faith of the Fatherless: The Psychology of Atheism*. 김요한 옮김. 『무신론의 심리학』. 서울: 새물결플러스, 2012.

Volf, Miroslav. *Exclusion and Embrace: A Theological Exploration of Identity, Otherness, and Reconciliation*. Nashville: Abingdon Press, 1996.

_____. *Free of Charge: Giving and Forgiving in a Culture Stripped of Grace*. Grand Rapids, MI: Zondervan, 2005.

_____. *Captive to the Word of God: Engaging the Scriptures for Contemporary Theological Reflection*. 황병룡 옮김. 『하나님의 말씀에 사로잡혀』. 서울: 국제제자훈련원, 2012.

Wilson, Earl D. *Counseling and Homosexuality*. 남상인 옮김. 『동성연애상담』. 서울: 두란노, 2002.

Wolf, Martin. "기술낙관론에 대한 반박." In *The Fourth Industrial Revolution: A Davos Reader*. ed. Gideon Rose. 김진희 외 옮김. 『4차 산업혁명의 충격』. 서울: 흐름출판, 2016: 162-177.

Worthington, Everett. *Forgiving and Reconciling*. 윤종석 옮김. 『용서와 화해』. 서울: IVP, 2006.

Wright, J. H., M. R. Basco, and M. E. Thase, *Learning Cognitive-Behavior Therapy*. 김정민 옮김. 『인지행동치료』. 서울: 학지사, 2009.

Wright, Norman. *Making Peace with Your Past*. 송현복, 백인숙 옮김. 『당신의 과거와 화해하라』. 서울: 죠이선교회출판부, 1996.

3. 인터넷 자료

중독포럼. "중독이란." http://www.addictionfr.org/web/content02/index1_3.php. 2022년 4월 12일 접속.

Doughty, Elizabeth A., Adrianna Wissel, and Cyndia Glorfield, "Current Trends in Grief Counseling." 2011, Retrieved from http://counselingoutfitters.com/vistas/vistas11/Article_94.pdf.

Drabant, E. M., A. K. Kiefer, N. Eriksson, J. L. Mountain, U. Francke, J. Y. Tung, D. A. Hinds, and C. B. Do, "Genome Wide Association Study of Sexual Orientation in a Large, Web-based Cohort" *23andMe* (2012).http://www.ashg.org/2012meeting/abstracts/fulltext/

f120123120.htm. 2018년 10월 10일 접속.

Ruark, Jennifer. "An Intellectual Movement for the Masses: 10 Years after its Founding, Positive Psychology Struggles with its own Success in Philadelphia." *Chronicle of Higher Education*. 55 (2009). http://chronicle.com/article/An-Intellectual-Movement-for/47500. 2016년 1월 20 접속.

Winn, Robert. "Ten Things Gay Men Should Discuss with their Health Care Providers." Washington, DC: Gay Lesbian Medical Association, 2012. http://www.glma.org/_data/n_0001/resources/live/top%2010%20forGayMen.pdf. 2019년 1월 25일 접속.

http://discovermagazine.com/1994/mar/sexandthebrain346/?searchterm=levay Discover. (1994년 3월 1일) 2019년 1월 28일 접속.

http://m.chosun.com/svc/article.html?sname=news&contid=2004061970089#Redyho "대학 강단에 선 동성애 강사 홍석천." (조선일보, 2004년 6월 19일) 2019년 1월 24일 접속.

http://news.donga.com/Culture/more29/3/all/20070518/8443553/1. (동아일보, 2007년 5월 18일) 2018년 10월 2일 접속.

http://news.kmib.co.kr/article/print.asp?arcid=0923561128. (국민일보, 2016년 6월 9일) 2018년 10월 15일 접속.

http://www.hani.co.kr/arti/politics/defense/140601.html#csidxce5704c261bd278a5ffdc30ff73ff2f. (한겨레신문, 2006년 7월 11일) 2019년 1월 24일 접속.

http://www.tongcenter.org/nondiscrim/sogi/wpa, 2019년 1월 28일 접속.

https://ko.wikipedia.org/wiki/생물소재, 2020년 2월 18일 접속.

https://namu.wiki/w/홍석천, 2018년 10월 15일 접속.

https://www.apa.org/topics/lgbt/orientation.aspx, 2018년 10월 3일 접속.

https://www.huffingtonpost.kr/2017/04/28/story_n_16305834.html, 2019년 1월 24일 접속.

https://www.wpanet.org/detail.php?section_id=7&content_id=1807, 2018년 10월 3일 접속.

https://www.youtube.com/watch?v=alEO9648xQk "동성애자의 양심고백," 2018년 10월 20일 접속.

각장 출처
Acknowledgments

1장. 긍정심리학에 대한 목회신학적 비평. 이창규. "긍정심리학에 대한 목회신학적 비평과 목회상담 활용가능성에 대한 연구."『신학과 실천』48 (2016), 221-256.

2장. 인간중심상담에 대한 목회신학적 비평. 이창규. "칼 로저스의 재발견: 인간중심상담에 대한 목회신학적 비평과 목회상담적 활용."『신학과 실천』61 (2018), 265-299.

3장. 4차 산업혁명에 대한 목회신학적 비평. 이창규. "4차 산업혁명의 기회와 도전."『장신논단』. 53-1 (2021), 303-328.

4장. 종교중독에 대한 목회신학적 비평. 이창규. "종교중독에 대한 목회신학적 성찰과 목회상담."『신학과 실천』79 (2022), 341-366.

5장. 은혜와 진리의 목회신학. 이창규. "은혜와 진리의 목회신학: 예수에게서 배우는 목회돌봄과 상담."『신학과 실천』87 (2023), 359-387.

6장. 사별의 슬픔 이해와 목회돌봄 및 상담. 이창규. "사별의 슬픔에 대한 현상학적 이해와 신앙공동체를 통한 목회돌봄과 상담: 크리스천 사별 여성들의 경험을 바탕으로."『신학과 실천』53 (2017), 305-336.

7장. 아버지 부재와 신앙. 이창규. "아버지 부재와 신앙: 정신역동적 고찰."『신학과 실천』72 (2020), 381-407.

8장. 기독교적 용서와 목회상담. 이창규. "기독교적 용서와 목회상담: 용서의 목회신학."『신학과 실천』78 (2022), 335-360.

9장. 동성애자를 위한 목회돌봄과 상담. 이창규. "동성애자를 위한 목회돌봄과 상담: 사랑과 변화의 관점에서."『장신논단』51-2 (2019), 179-209.

10장. 고독의 시대를 살아가는 청년들을 위한 목회돌봄과 상담. 이창규. "고독의 시대를 살아가는 대학 청년들을 위한 교회의 목회돌봄과 치유."『교육교회』(2024. 05), 38-47.